安徽省高等学校“十一五”省级规划教材

旅游文化

LÜYOU WENHUA

（第二版）

黄成林◆主　编
刘云霞◆副主编

安徽师范大学出版社
·芜湖·

内容简介："旅游的内核是文化""旅游如游学"，已经成为社会共识。熟悉旅游中的"门道"，掌握旅游中的"说道"，已经成为旅游"老道"的标准之一。第一章重在厘清旅游、文化、旅游文化、文化旅游的概念和特点，分析旅游与文化、旅游文化与文化旅游的关系，为后面八章奠定理论基础。第二至第九章重在以大众旅游最重要的客体山水、民居、园林、牌坊、饮食、宗教和戏曲为对象，以揭示其中的文化为出发点，理论与实践相结合，和你一道走进山山水水，诠释传统民居，游览古典园林，品味中华美食，体验宗教文化，鉴赏梨园百花……"看见""看好""看懂"旅游中的文化。

责任编辑：郭行洲　　**装帧设计**：丁奕奕　顾　平　　**责任印制**：郭行洲

图书在版编目(CIP)数据

旅游文化 / 黄成林主编，刘云霞副主编.—2版.— 芜湖：安徽师范大学出版社，2014.8
ISBN 978-7-5676-1491-8
Ⅰ.①旅… Ⅱ.①黄… ②刘… Ⅲ.①旅游文化—高等学校—教材 Ⅳ.①F590

中国版本图书馆CIP数据核字(2014)第195780号

旅游文化(第二版)
黄成林　主　编
刘云霞　副主编

出版发行：安徽师范大学出版社
　　　　芜湖市九华南路189号安徽师范大学花津校区　　邮政编码：241002
网　　址：http://www.ahnupress.com/
发 行 部：0553-3883578　5910327　5910310(传真)　　E-mail：asdcbsfxb@126.com
印　　刷：安徽芜湖新华印务有限责任公司
版　　次：2010年8月第1版，2014年8月第2版
印　　次：2014年8月第3次印刷
规　　格：700mm × 1000mm　1/16
印　　张：20.75
字　　数：360千
书　　号：ISBN 978-7-5676-1491-8
定　　价：36.00元

前 言

随着知识经济和科学技术的迅猛发展，劳动效率空前提高，人们生活有了更多的闲暇，以致休闲逐渐成为人们生活的重要组成部分，不少国家和地区已经进入“休闲经济”“体验经济”时代，休闲产业逐渐成为重要的经济产业。如果说我国二十世纪七八十年代的第一次消费革命以自行车和家用电器为热门商品，二十世纪九十年代以来的第二次消费革命靠电子商品引领潮流的话，随着闲暇时间的增多和收入水平的提高，休闲消费将成为我国第三次消费革命的主角，全民旅游休闲时代已经到来。

改革开放以来，作为休闲消费重要组成部分的旅游业始终是我国社会经济发展方略中关注的重点乃至热点，“大力发展旅游业”以及旅游业是“重点发展的第三产业部门之一”“第三产业积极发展序列的第一位”“国民经济新的增长点”之类的表述，屡见于政府工作报告、五年计划等重要文献中。特别是2009年12月国务院颁发的《关于加快发展旅游业的意见》，要求“把旅游业培育成为国民经济的战略性支柱产业和人民群众更加满意的现代服务业”，旅游业的产业地位空前提高。随着国民收入水平的稳步提高，闲暇时间的增多，消费观念的更新，旅游设施的完善，旅游内容的丰富，旅游已经成为国人现代生活中非常重要的组成部分和时尚。与此同时，我国旅游业快速发展，已经从精英消费阶段发展到大众消费阶段，从旅游资源大国、国内旅游大国、入境接待大国、国际出游大国发展成为亚洲旅游强国、世界旅游大国，正朝着世界旅游强国的发展目标迈进。

2011年3月30日，国务院常务会议通过决议，自2011年起，每年5月19日为“中国旅游日”。中国旅游日是全国性的旅游活动日、宣传日。

2013年2月2日，国务院办公厅颁布《国民旅游休闲纲要(2013—2020年)》，提出国民旅游休闲发展目标：到2020年，职工带薪休假制度基本得到落实，城乡居民旅游休闲消费水平大幅增长，国民休闲质量显著提高，与小康社会相适应的现代国民旅游休闲体系基本形成。该纲要重点体现了提倡绿色旅游休闲理念、保障国民旅游休闲时间、鼓励国民旅游休闲消费、丰富国民旅游休闲产品、提升国民旅游休闲品质等五大亮点。

2013年4月25日,全国人民代表大会常务委员会第二次会议通过并公布《中华人民共和国旅游法》,自2013年10月1日起施行。《中华人民共和国旅游法》分总则、旅游者、旅游规划和促进、旅游经营、旅游服务合同、旅游安全、旅游监督管理、旅游纠纷处理、法律责任、附则共10章112条,规范了旅游活动和经营的方方面面,在促进旅游发展、统筹旅游管理、旅游资源保护、旅游安全保障和旅游投诉处理等体制机制方面做出了制度性安排,对提升旅游品质和文明旅游提出了引导性的要求。这些内容对促进旅游业持续健康发展具有重大现实意义和深远历史影响。

2014年7月2日,国务院总理李克强主持召开国务院常务会议,确定促进旅游业改革发展的政策措施。会议认为:旅游业是现代服务业的重要组成部分,带动作用大;加快旅游业改革发展,是适应人民群众消费升级和产业结构调整的必然要求,对于扩就业、增收入,推动中西部和贫困地区脱贫致富,促进经济平稳增长和生态环境改善,意义重大;要着力推动旅游业转型升级,使旅游开发向集约节约和环境友好转型,旅游产品向观光、休闲、度假并重转变,旅游服务向优质高效提升。

没有文化的旅游是走路,没有旅游的文化是读书。旅游具有承载文化、展示文化、传播文化的功能,文化伴随着旅游活动全过程。自从有旅游活动以来,旅游与文化像孪生兄弟,有着天然的联系。旅游是文化的利用方式之一,文化是旅游的"根基"和"灵魂",没有文化的旅游就没有魅力,没有旅游的文化则缺少活力。"问渠那得清如许,为有源头活水来。"文化是旅游取之不尽、用之不竭的源泉,旅游脱离文化犹如无源之水、无本之木。旅游的优势体现在市场上,文化的优势体现在内涵上。文化的内涵决定着旅游的价值和品位,是旅游业增强吸引力、感染力、竞争力、影响力的根本所在,是支撑旅游业可持续发展的核心资源。旅游是文化的利用方式,是传承民族优秀传统文化、普及科学知识、弘扬民族精神的重要载体。站在旅游的角度看,抓住了文化就抓住了旅游的核心价值;站在文化的角度看,抓住了旅游就抓住了文化的巨大市场。旅游过程已经成为旅游者体验文化、欣赏文化、享受文化的过程,文化因素已经渗透到现代旅游活动的各个层面。因此,可以说,文化是旅游者的出发点和归结点,是旅游的生命力所在,是旅游景观魅力的源泉;旅游和文化相互融合,相互促进，相得益彰，共同繁荣。

旅游是人们离开家门，求新、求知、求乐的一种社会活动。旅游是一种户外学习，可以帮助游人了解异地的地理环境，见识异地的历史文化，欣赏异地的风景名胜，加深游伴之间的友谊，是亲近自然、放松心情、愉悦精神、增长阅历、获取知识、启迪思想、传播文明、体验文化、拓展人生、享受生活进而提升国民素质的最直接的渠道之一……对旅游者身心健康具有重要意义。旅游能增加外汇收入，平衡国际收支，加速货币回笼，减轻市场压力，促进和带动相关产业的发展，提供就业机会，促进社会发展，缩小社区差别，加强民间了解，弘扬爱国主义，扩大国际合作，加速社会进步……对国民经济和社会发展具有积极意义。

旅游，即旅行、游览，亦旅行亦游览，寓游览于旅行之中。游学，即游览、问学，亦游览亦问学，寓问学于游览之中。旅游与游学紧密相伴，都是到异地去汲取不同文化的营养，古今中外，概莫能外。因为阅历是学问的宝藏，经历多、体会深，文如泉涌，才能勾兑出学问的香醇佳酿；因为阅历是学问的源泉，视野广、感触深，厚积薄发，才能酿造出知识的玉液琼浆。

“旅游”与“游学”的共同点在于都需要旅行，都在旅行中学习。“旅游”与“游学”的不同点在于：“旅游”的重心是“游览”，在“游览”中间接“学习”，陶冶情操；“游学”的重心是学习，在“旅行”中“直接学习”，获取知识。通常说“旅游如游学”，是说“旅游”具有“游学”的功能，必须以增长知识为目的，而不是仅仅是对表象的肤浅感知和有限体验。

中国有着非常悠久的游学传统，无论“宦游”“遨游”还是“卧游”，都包含有学习的成分。先秦时期，游学成风，游学之士行走四方，周游列国，投师问学，相互切磋，连孔子亦从鲁之曲阜游学于周之洛邑，问礼于老子。汉代司马迁年轻时周游名山大川，后来随汉武帝巡游时亦探古察今，千古名作《史记》始有浩瀚的原始资料。僧人玄奘孤身潜行，忍饥挨饿，越沙漠，过雪岭，顶风暴，万水千山，九死一生，历经艰辛，历时17年，去西域游学，取回佛教经典。诗人李白游走于秀美山川，学习于大好河山，写出了《蜀道难》《行路难》《将进酒》《静夜思》等瑰丽无比的诗篇。无数自然科学家也从“游学”中给我们留下了宝贵的文化遗产：郦道元跋山涉水而注《水经》，徐弘祖历经千山万水始有《徐霞客游记》，李时珍翻山越岭才有《本草纲目》……清代梁绍壬在《两般秋雨庵随笔》卷五中《铭》载：“《眼睛铭》：‘读万卷书，行万里路，有耀自他，我得其助’”在一定意义上，行万里路胜读万卷书，因为“纸上得来终觉浅，绝知此事要躬行”。

可以断言,随着社会经济的发展,会旅游日益成为现代公民必不可少的能力之一。但是,在现实旅游活动中,我们不无遗憾地看到:不少游人由于不懂"门道",外出旅游只会看"热闹",有些导游也没有"说道",或者说的不"精到",以致旅游过程"走马观花",仅局限于"到此一游","上车睡觉,下车拍照,回家什么都不知道",出游次数不少,出游花费不菲,旅游质量不高。之所以如此,主要原因在于旅游者对旅游客体蕴含的文化内涵知之不多。鉴于此,我们编写了本书,试图帮助读者认识旅游客体的文化内涵,提高旅游质量。

旅游是一种"看"的行为,"看"的效果如何既取决于"看"的对象(旅游客体),更取决于"看"的主体(旅游者)。通常说"看不等于看见,看见不等于看好,看好不等于看懂"。"看"仅仅是视线接触"看"的对象,是"乍一看";"看见"就是"看到"了"看"的对象,"知道它是什么";"看好"是"看到"了"看"的对象的基本特征;"看懂"是弄明白了隐藏在"看"的对象后面的道理。以北京四合院为例,"乍一看"是房子;"看见"的是北京四合院;"看好"的是"硬山式""无台阶","四面围合的砖木结构的平房","外实内空(外墙厚实,对外窗少窗小,内有庭院)","坎宅巽门,对称布局",居住"长幼有别、主仆有别"等基本特征;"看懂"的是隐藏在这些特征后面的北京地区的自然地理环境、中国文化的"内向性气质""伦理性内核"和"和谐型风格","坎宅巽门"有利于采光、保暖和私密性,等等。

"旅游文化"作为术语在我国出现约有三十年了。三十年来,到底什么是旅游文化,仍然是见仁见智,莫衷一是。本书理论与实践相结合,第一章着重讨论了旅游、文化、旅游文化和文化旅游等相关概念,分析旅游与文化、旅游文化与文化旅游等相互关系,并从文化概念的基础上引申出旅游文化概念,认为旅游文化概念的复杂性源于旅游、文化概念的复杂性和旅游活动的综合性,旅游文化概念有不同的维度,从旅游主体角度出发,旅游文化宜界定在"旅游客体的文化内涵"上。第二章至第九章以大众旅游的主要客体山水、传统民居、古典园林、牌坊、饮食、宗教、戏曲为对象,以"旅游的内核是文化"为基本理念,诠释旅游客体中的文化内涵,理论与实践相结合,帮助旅游者学会感受山水风光,认识传统民居,品味中华美食,体验宗教文化,欣赏梨园百花……熟悉旅游中的"门道",体验旅游中的"说道",努力成为旅游中的"老道",引导读者在游中学、在学中游,寓学问于旅游之中,为提高读者的旅游质量奠定坚实的文化基础。

目 录

第一章 旅游文化与文化旅游

什么是旅游,什么是文化,什么是旅游文化,什么是文化旅游,见仁见智。本章在梳理旅游、文化、旅游文化、文化旅游概念的基础上,讨论它们的特点,分析旅游与文化、文化旅游与旅游文化的关系,旨在廓清本书的视角,方便读者把握本书的基本思路。

第一节 旅游、文化及其相互关系

旅游,顾名思义,既旅行又游览,亦旅行亦游览,寓游览于旅行之中。从这个层面上看,人类旅游活动起始久远,无论是帝王巡游、释道云游,还是学者访游、军旅征游,无论是宦游,还是遨游,不论旅行艰辛与否,或多或少都有游览的成分。但是,如果从经济学角度看,旅游作为一种经济性活动,应该诞生于商品经济出现以后。

一、旅游

旅游与闲暇、休闲、游憩密切相关,但又有很大区别。

(一)旅游的概念

闲暇(leisure)是指人们在扣除谋生活动时间、睡眠时间、个人和家庭事务活动时间之外剩余的时间。休闲(recreation)是指人们在闲暇时间里所从事的各种活动。游憩是人们以放松、愉悦、健身等恢复身心健康为本质特征的户外活动方式。旅游(tourism)是人们在闲暇时间里离开居住或工作环境,短暂地到异地所从事的休闲活动。

闲暇是时间概念,是休闲、游憩和旅游的必要条件;休闲、游憩和旅游都是活动方式,以闲暇为前提。在休闲、游憩和旅游三种活动方式中,后者从属于前者;

从活动空间看，休闲有室内和户外之分，游憩仅仅是户外休闲，但也有本地和异地之分，旅游仅仅是异地户外休闲。

从闲暇的时间长短看，有每天的小闲暇、双休日和因节假日调休而形成的三天“小长假”的中闲暇以及“黄金周”的大闲暇。从长短不等的闲暇所从事的休闲活动看，休闲可分为小休闲、中休闲和大休闲。小休闲是在小闲暇里所从事的各种活动；中休闲是在中闲暇里所从事的各种活动，包括一到三天的短程旅游，如“近郊游”“周边游”“城际游”等；大休闲是大闲暇里所从事的各种活动，包括时间长短不等的中远程旅游。从休闲方式看，休闲可分为室内休闲、户外休闲、家庭休闲和流动休闲，旅游属于户外休闲和流动休闲[1]。

旅游的概念很多，大体分为两类：一类是依据惯例，在很大程度上是基于旅游者角度，从理论抽象出发给出的概念性定义（conceptual definition）；另一类是为了满足统计工作的需要，划定旅游边界的技术性定义（operational definition）。

1. 旅游的概念性定义

依据惯例，作为旅游概念性定义，旅游是人们在闲暇时间里离开居住或工作环境，短暂地到异地所从事的游憩活动。该定义强调旅游活动的本质特征——审美性和消遣性，虽表述比较简洁，但缺乏可操作性，比如多长时间为“短暂”等。

2. 旅游的技术性定义

为了便于操作，世界旅游组织和联合国统计委员会提出了旅游的定义，我们习惯称之为旅游的技术性定义：“为了休闲、商务或其他目的离开他（她）们惯常环境，到某些地方并停留在那里，但连续不超过一年的活动。”并且特别提出旅游目的包括六大类：“休闲/娱乐/度假”“探亲访友”“商务/专业访问”“健康医疗”“宗教/朝拜”“其他”。在技术性定义中，消遣性并非旅游的唯一核心要素，“停留时间”明确，“活动”内容具体，只要离开惯常环境，并且停留时间少于一年的出行，都可以看做是旅游。但是，技术性定义给人们很多困惑，因为“探亲访友”“商务/专业访问”的“出行”成分远大于“旅游”成分，首先必须完成主要任务“探亲访友”“商务/专业访问”，然后才可能旅游，“探亲访友”“商务/专业访问”到底应该是“出行”还是“旅游”？

鉴于旅游技术性定义的广泛性，有必要把旅游分成劳作性旅游和欣赏性旅游两类。劳作性旅游创造价值，也可以称之为价值创造性旅游，如会议旅游、商

---

[1] 魏小安. 发展休闲产业论纲[J]. 浙江大学学报：人文社会科学版，2006(5)：107-114.

务旅游、公务旅游、疗养旅游、宗教旅游、探亲旅游等，参与者必须首先完成首要任务，然后才开始游览观光，这类旅游活动属于非观光旅游。欣赏性旅游偏重休闲，也可以称之为审美欣赏性旅游，如观光旅游、度假旅游、娱乐旅游等，参与者的首要任务就是开展与其名称相一致的旅游活动，这类旅游活动以愉悦身心、求知益智为主要目的。

在旅游活动中，旅游主体是旅游者，旅游客体是旅游资源，旅游介体是旅游业。没有旅游主体，也就没有旅游客体，反之亦然，二者相辅相成。

（二）旅游的特点

基于旅游的概念性定义，旅游具有消费性、异地性、短暂性、享受性等特点。

1. 消费性

或者称之为"非经济性"。消费性是旅游与其他活动的根本性区别，贯穿于旅游活动的始终。消费活动伴随旅游活动的开始而开始，随着旅游活动的结束而中止。旅游者花钱消费，得到享受，不仅要求旅游者具备一定的可自由支配收入，还要求旅游目的地能够为旅游者提供相应的旅游设施和旅游服务，以满足旅游者的消费要求。旅游过程中，旅游者期望消费不能实现，问题是旅游供给不足或者供给类型单一。

2. 异地性

旅游是离开常住地到异地进行的非经济性活动。旅游活动的异地性特点决定了旅游者活动的异地性特点。旅游者到异地旅游的过程，是一个不断调适自己以适应异地自然和人文环境的过程，如对旅游目的地的气候、地形等自然条件和饮食、风俗习惯等人文环境的接受与适应等。在这一过程中，旅游目的地要能够为旅游者提供必要的享受性空间，包括物质生活条件和对外来文化"侵入"的心理容忍程度。

由于旅游者所处的自然环境、文化背景、经济水平、社会制度、风俗习惯等具有明显的地域差异，以致不同地域旅游者的旅游动机存在差异，旅游者对旅游目的地的选择存在偏好。

3. 短暂性

或者称之为"业余性"。旅游是在闲暇时间在异地开展的非经济性活动，受可自由支配收入、闲暇时间和健康状况的综合影响，因而具有短暂性。

不同民族的"恋家"程度有差异，有的喜欢"安土重迁"，有的乐意"浪迹天涯”，即使可自由支配收入、闲暇时间和健康条件不受限制，各民族外出旅游逗留时间长短也有很大差异。

4. 享受性

或者称之为“消遣性”。旅游者外出旅游的最终目的是为了获得身心上的享受。无论是观光旅游，还是休闲度假、专项旅游，其最根本的追求都是通过旅游放松精神，恢复体力，调节心情，增长知识。即便是宗教旅游者，他们也是在追求享受性，只不过他们所追求的主要是心理上的超凡享受。

旅游的享受性更多地表现在精神上。旅游具有精神价值，对现代人在物质满足基础上的精神愉悦、素养提升具有重要意义。这不仅因为旅游是现代人生活的重要方式之一，是人们生活的重要组成部分，旅游在人们获取知识、舒展精神、放松心情、亲和自然、增进愉悦、人际交往等方面功能突出，而且随着人们物质生活水平的提高，旅游日益成为人们品尝生活真味、追美求善、提高素质的重要途径。旅游使人“休闲”，使人有更多的时间“放松自己”，有更多的机会与他人和谐相处以分享友善真诚，与自然亲密接触以培养坚韧达观的体魄和气质；旅游使人感受到一种心性的自然“逍遥”，德性的自然“感悟”，生活的自然“和美”。

（三）旅游的属性

旅游具有多种属性，如经济、文化、社会等属性，其中最重要的是经济和文化属性。旅游的表象（外壳）是经济，旅游的内核（内涵）是文化。

1. 旅游的表象是经济

(1)发展旅游的目的是为了发展经济。发展旅游业的积极意义非常多，如增加外汇收入，平衡国际收支；加速货币回笼，减轻市场压力；促进和带动相关产业的发展，提供就业机会；促进社会发展，缩小社区差别；加强民间了解，弘扬爱国主义；扩大国际合作，加速社会进步；等等。在这些积极意义中，很多都是为了发展经济。

正因为旅游具有经济功能，所以各地竞相发展旅游。如在我国，改革开放之初，百废待兴，政府千方百计地“优先发展入境旅游”，接着是“大力发展入境旅游”“积极发展入境旅游”，充分发挥旅游业“无形贸易”功能，为国民经济建设积累外汇；当居民收入有所提高时，“积极发展国内旅游”，继之是“全面提升国内旅游”“全面发展国内旅游”，拉动内需，回笼货币；当外汇积累达到一定水平、居民收入进一步提高时,“适度发展出境旅游”“规范发展出境旅游”“有序发展出境旅游”,平衡国际服务贸易。由于旅游业综合性、关联性强,1992年,中共中央、国务院在《关于加快发展第三产业的决定》中,明确提出把旅游业列为第三产业中重点发展的行业之一;1995年,中国共产党第十四届五中全会把旅游业列为第三产业积极发展序列第一位;二十世纪九十年代末,旅游业被列为国民经济新的增长点。特别是2009年12月国务院颁发的《关于加快发展旅游业的意见》,要把旅游业培育成为国民经济的战略性支柱产业和人民群众更加满意的现代服务业,旅游业的产业地位空前提高。

发展旅游也有不少消极影响,如旅游目的地的地价、消费品价格、人力资源价格上涨,对当地不能从旅游中获利者有一定的负面影响;旅游业是最敏感的产业之一,旅游活动的季节性导致旅游设施设备和人力资源、旅游资源淡季闲置,旺季超负荷运转;如果旅游开发不当,传统的节会庆典、民间节日、宗教仪式“舞台化”“商品化”,表演时间、地点、内容、节奏、次序等由约定俗成变成了纯商业性的娱乐方式,失去了民族文化、宗教文化特定的文化内涵等。在这些消极影响中,很多也是经济方面的。

(2)旅游者需要花钱才能出门旅游。总体上,旅游是一种有钱有闲人的活动,没有钱只能“望山兴叹”“望景却步”。我国城镇居民出游率远高于农村居民出游率,原因就在于城镇居民较农村居民平均收入水平高。改革开放以来,特别是二十世纪九十年代以来,我国国内旅游、出境旅游持续出现“井喷”现象,根源在于我国人均收入水平大幅度提高。

(3)旅游企业以获取利润为主要目的。例如,景观业靠门票和服务为生,旅行社业靠中介和服务获利,酒店业靠设施设备和服务发展。在不损害消费者利益的前提下,旅游企业总希望利润最大化。某些旅游企业让利或降价销售旅游产品,如景区景点门票、接待服务设施淡旺季价格不同,在特定的时段针对特定人群实行减免门票等优惠政策,表面上减少了企业的利润,实际上是为了做大旅游市场,避免或减少旅游设施设备和人力资源、旅游资源闲置造成更大的损失。

2. 旅游的内核是文化

换言之,文化是旅游的灵魂,没有文化的旅游是苍白的旅游,旅游是商品化的文化,文化是旅游业的依托。这里的“旅游”,不仅仅指旅游者的旅游活动,也包括整个旅游业。

(1)文化需求是旅游者的主要动机。一般认为,可自由支配收入、闲暇时间和旅游动机是产生旅游者的前提条件。为什么很多有钱有闲的人在“黄金周”或适宜旅游的时间却不外出旅游?因为可自由支配收入和闲暇时间只是产生旅游的先决条件或限定因素,旅游动机是推动人们从事旅游活动的内在动力,是旅游消费的决定性因素。

虽然学者对旅游动机的分类多种多样,但求知、求美、求新、求异等方面的追求是主要动机,而这些追求均属于文化动机。

既然各种旅游都离不开文化,“返璞归真,回归自然”是不是真的回到了没有文化的“自然”?答案是否定的。首先,所谓“返璞归真,回归自然”,只是相对短暂地避开城市的喧嚣,暂时回到那种比较传统的社会中,暂时回避现代都市文明的喧嚣,短期逃离“钢筋水泥森林”,社会文明进步到今天,不可能还有人愿意长期过着鲁滨孙时代的漂流生活。其次,现实世界中,在旅游者可及的地方,已经没有了纯自然的世界。

(2)文化消费是旅游消费的主体。马斯洛认为,人们的需求分为五种,从最低层次到最高层次依次是生存需求、安全需求、社交和归属需求、尊重需求、自我实现需求。旅游需求属于后三种,表面上有物质消费,实质上主要是文化消费、感性消费。

旅游消费属于感性消费。商品消费大体分为物质性消费和感性消费两种不同且又密切相关的类型。物质性消费与人们自身基本生活需要相联系,以物质性满足为主要目的,注重商品的内在质量,直接利用商品的实际效用。感性消费则是人们在消费中除了物质性满足外,希望获得更多的心理和精神上的满足,因而这类消费特别注重和利用商品具有的象征意义和表现能力,通过消费商品,表现出商品消费者的社会地位、经济地位、生活情趣、个人修养等个性特征。

从旅游消费类型属性看,旅游消费虽然永远脱离不了物质性满足,但主要追求的是精神上的满足,是一种感性消费,在物质性满足的同时,追求精神上的愉悦。

旅游消费属于文化消费。旅游活动本质上是一种文化活动。一方面,旅游者和经营者之间的协议虽然是经济的,旅游者虽然也有物质方面的需求,但在服务内容上则要求更多地满足旅游者精神享受的需要;另一方面,旅游者出游主要不是追求物质享受,而是寻求精神上的愉悦,以精神方面的需求为主,通过文化体验,获取精神上的满足。

旅游的核心产品是文化产品。旅游经营者必须为消费者提供文化享受，方能从交换中获得更多的利益。

(3)文化是旅游资源魅力的源泉。一方面，差不多所有的自然景观都不同程度的人文化了；另一方面，人类依托自然创造的人文景观丰富多彩，使旅游客体充满着各种各样的文化元素。

景观(landscape)一词原意是指风景，现在一般是指地球表面各种现象的综合体。景观分为自然景观和人文景观(或文化景观)两类。自然景观是指完全未受直接的人类活动影响或受这种影响程度很小的自然综合体，如原始森林。人文景观则是指居住在其土地上的人的集团，为满足某种实际需要，利用自然界所提供的材料，有意识地在自然景观之上叠加的自己所创造的景观，如园林、城市等。

人们开发利用自然景观，实际上就是人们以自己或他人的审美标准来整治、美化自然景观，从而使自然景观深深地烙上了文化印记，由自然物变成了"文化物"。天然林里的树是自然物，但是一经移栽到庭院或公园里，经过人们按照自己的意愿修剪、造型等"文化"过程，自然景观就变成了人文景观。由此看来，当今世界已经没有了纯自然的旅游资源，所有自然旅游资源都不同程度地浸润了人类文化的痕迹，不同程度地"文化"了。人们给不同的灵山、秀水、巧石、奇树取以文化意味深长的名称，如安徽的"天柱山"、新疆的天山"天池"、黄山的"飞来石"、九华山的"凤凰松"等，都是自然旅游资源被"文化"的具体表现。

人文景观是人类文化的结晶。人文景观由物质文化景观和非物质文化景观两部分构成。物质文化景观是指具有物质形态的人工创造物，是可被人们肉眼感觉到的有形的文化景观，如村庄、街道、梯田等。物质文化景观较为具体，人们比较容易观察到。非物质文化景观是指不一定具有物质形态的人类创造物，如音乐、戏剧、生活方式、风俗习惯、宗教信仰等。除此之外，非物质文化景观还包括一种可以感受到而难以表达出来的"氛围"，而且这种"氛围"只有在文化特征相同的人群中才能被感受和理解。

文化意蕴越深厚越独特，人文景观的价值越高。人文景观是长期积累起来的文化。外国人对北京、上海、西安、西藏感兴趣，原因就在于这些地方拥有我国其他地方没有的京城文化、现代都市文化、古都文化、藏文化景观。佛殿门前的台阶，如果从交通意义上看，仅仅是一段蹬道，但通常修成81级，则成了佛教文化观念的外化和物化，表现的是一种文化，意在"历经劫难，方成正果"。

人文旅游资源是历史文化的载体，是社会生活方式的反映，是人类价值观念的物化，是民族文化的标志。遗留至今的人文旅游资源，无论是中西建筑、宗教寺观、名城古镇、园林艺术、雕塑绘画，还是陵寝古墓、民俗风情、服装发饰、风味佳肴，都历经时代风雨的考验，具有科学性、历史性和文化性，均以实物的形式向人们昭示着不同时代的人类文化的辉煌。

文化能提升景观的知名度。安徽宣城敬亭山成为“江南诗山”，与众多文人墨客密不可分。敬亭山自谢朓、李白而名扬天下。“山不在高，有仙则名。”谢朓任宣州太守时，写下了大量赞美宣州和敬亭山的诗篇。“一生好入名山游”的李白追慕谢朓，七游敬亭山，赋诗44首，赞美敬亭山的诗篇10余首，其中《独坐敬亭山》“众鸟高飞尽，孤云独去闲。相看两不厌，唯有敬亭山”，已成为千古绝唱。随着谢、李诗篇的传诵，敬亭山名驰海内，自南齐至清末，有记载的就有320多位文人墨客登临敬亭山，留下了诗文近千首(篇)，其中包括王维、孟浩然、白居易、杜牧、韩愈、梅尧臣、苏东坡、欧阳修、范仲淹、黄庭坚、杨万里、施闰章等名家的传世作品。

也必须指出，旅游需要文化，但有文化的东西不一定适合所有旅游者，不一定都可以开发成旅游产品。例如，某一新石器时代文化遗址，对于观光旅游者来说，可能是“有说头”“没看头”，缺少视觉震撼力；对于研究这一领域的专项旅游者而言，可能是“有说头”“有看头”“乐不思蜀”；对于休闲度假旅游者而言，可能是“没说头”“没看头”，找不到一点休闲度假的闲情雅致，“味同嚼蜡”。由于年龄结构、认知水平的差异，不同旅游者的旅游偏好存在差异。

(4)文化是旅游业的依托。旅游业为旅游者提供“食、住、行、游、购、娱”等多项服务，其中每一项服务都包含着文化。

以酒店服务为例，没有文化的服务是低层次的服务，低层次的服务难以被社会和消费者认可，也难以获得回头客。酒店的文化性至少体现在语言文化、行为文化、餐饮文化、客房文化和环境文化五方面。

中华民族历来以语言文明著称于世，被称为“礼仪之邦”。酒店服务人员高雅、规范、得体的交际语言，加上热情友好的形体语言，能给游人以温馨、谦逊之感，增加游人对酒店的好感。面带微笑、语调轻柔、伴有身姿语的“您好”“欢迎光临”“慢走”等文明用语、规范用语，不失为拉近主客关系的一张非常灵验的通行证。

行为文化范围很广，狭义的行为文化称为举止文化。良好的举止，包括端庄、大方、得体、规范、不骄不傲、不卑不亢，男的有阳刚之气，女的有娴雅之美，处处表现出东方人特有的气质和文化素养，给人以亲切感和信任感。中国人强调

“站如松、坐如钟、行如风、卧如弓”,“站有站相、走有走相、坐有坐相、食有食相”等,都是良好的行为文化要求。

单纯的生存饮食需求是解决温饱,旅游饮食追求“色、香、味、形、器、意、名”,追求具有地方特色的风味食品。在很大程度上,旅游者既为填饱肚子而饮食,更为了解特色而品尝,以致很多游人把旅游途中餐饮的过程当成品尝不同菜系特色的过程,当成欣赏饮食艺术和精神享受的过程。

酒店前厅、客房、酒吧、娱乐室等场所,在设施选配、灯光照度、室内装饰、欣赏物品的摆放等方面,充分体现出一定的文化情趣,使一切非常协调。星级饭店,尤其是高星级饭店,其大堂就是一座艺术博物馆。酒店的档次既是一个地方物质文明的绝好写真,更是该地精神文明的最佳体现。客房文化可视性极强,巧妙温馨的布置等,使客人有“如归故里”的感觉,像回到了家中一样亲切、坦然。

环境氛围是酒店文化的外在体现。营造优美的环境,既需要有良好的硬化、净化、绿化、美化、亮化条件,更需要衬以良好的文化环境。酒店店招、告示、横幅、彩旗、宣传折页、文化专栏等,每一项都经过精心制作和布置,使游人能在饭后茶余处处体验到酒店的文化品位和管理水平。

优质服务需要较高的文化素养。旅游从业人员需要有广博的文化。在外地人、外国人面前,不仅旅游从业人员,就是每一个旅游目的地的居民,都应该是当地形象、国家形象的代表,他们的好客度、文明度,会在旅游者心目中留下深刻的印象,会通过“口碑”影响着潜在客源市场。

二、文化

“文化”是相对“自然”而言的。笼统地说,文化是一种社会现象,是人们长期创造形成的产物。同时,文化又是一种历史现象,是社会历史的积淀物,是历史、地理、风土人情、传统习俗、生活方式、文学艺术、行为规范、思维方式、价值观念等的集合。

(一)文化的概念

文化是一个非常宽泛的概念,给它下一个严格而精确的定义非常困难。自从二十世纪初以来,虽然不少哲学家、社会学家、人类学家、历史学家和语言学家等试图从各自学科的角度来界定文化的概念,然而迄今为止,仍然没有一个公认的令人满意的定义。据统计,有关“文化”的各种不同的定义不少于200种。

广义的文化是指人类在社会实践过程中所获得的物质、精神的生产能力和所创造的物质、精神财富的总和。狭义的文化是指精神生产能力和精神产品，包括自然科学、技术科学、社会意识形态等一切社会意识形式。

有时候，文化专指教育、科学、文学、艺术、卫生、体育等方面的知识与设施；有时候，文化专指德性、教养、修养，如说某人“有知识没文化”中的“文化”；有时候文化专指文化长河中的一个“断面”，如“仰韶文化”“良渚文化”等。

作为一种历史现象，文化的发展有历史的继承性，同时又具有民族性、地域性。不同民族、不同地域的文化构成了人类文化的多样性。作为社会意识形态的文化，是一定社会的政治和经济的反映，同时又给予一定社会的政治和经济以巨大影响。随着民族的产生和发展，文化具有民族性。每一种社会形态都有与其相适应的文化，每一种文化都随着社会物质生产的发展而发展。社会物质生产发展的连续性，决定了文化的发展也具有连续性和历史继承性。

看起来文化比较抽象，实质上文化非常具体。如宗教文化，乍一听摸不着边际，细想起来，包括宗教圣地、宗教建筑、宗教活动和宗教艺术等要素。再细化一下，宗教圣地有具体的空间，如中国佛教四大名山——“清凉佛国”五台山、“仙山佛国”峨眉山、“海天佛国”普陀山、“莲花佛国”九华山，中国道教四大名山——武当山、龙虎山、齐云山、青城山；宗教建筑由寺庙宫观、殿堂塔窟等组成，雄伟肃穆的布局、气宇轩昂的建筑、精美细腻的装饰，它们是凝固的音乐，承载着宗教文化的内涵，表现了宗教艺术的独特审美情趣、艺术追求和文化“意境”，潜移默化地影响着人们的心理情绪，强烈吸引着那些热衷于探秘访幽的游客；宗教活动由诵经、祈祷、礼忏等组成，特殊的氛围让心灵感受到前所未有的空灵；宗教艺术则通过雕刻、塑像、壁画、音乐等表现出来，让人感知其中的宗教观念、宗教情感、宗教精神等，理解宗教审美。

（二）文化形态

按照形态，文化可以分成两个方面三个层次：两个方面即物质文化和非物质文化（包括制度文化和精神文化）；三个层次即物质文化、制度文化和精神文化。物质文化居于文化的最表层，包括文化的物质要素和物质层面；制度文化介于表层和里层之间，是物质文化和精神文化的中介；精神文化位居文化的最里层。

1. 物质文化

物质文化又称“物态文化”。物质文化是人类的物质生产活动方式和产品的总和,是可触知的具有物质实体的文化事物。物质性、基础性、易变性等是物质文化最基本的特点。

物质性是物质文化区别于其他文化存在形式的关键。物质文化的功能是物质的。食品中的“饼”可以充饥,但“画饼”不可以充饥,问题就在于前者是物质文化,后者是画家笔下的“饼”,只能欣赏,是精神文化。就精神文化产品字画而言,虽然“画纸”是物质的,但它只是“画”的载体,人们不是欣赏“画纸”而是欣赏纸上的“画”。

物质文化虽然是物质的,但它是其他文化形态存在和发展的基础,它可以观照出整个文化的历史积淀水平和样式。以传统民居为例,庶民“三间五架”,没有红墙黄瓦,既是传统制度文化约束的结果,也是封建等级观念的客观反映。

物质文化的易变性,主要在于物质文化处于文化的最表层,容易受到多种因素的影响发生变化。以民居建筑窗户为例,随着时代的变迁、建筑材料的发展,从塞草防风的窗户、糊纸的窗户发展到玻璃窗户等,从土窗、砖窗、木窗发展到铁窗、铝合金窗、塑料型材窗等。物质文化的易变性多数是指物质材料、外部形态等的易变性,其功能可能不变或者变化很小。还以窗户为例,不论材料如何变化,窗户的通风、采光等物质性功能依然没有变。

2. 制度文化

制度文化是人类在社会实践过程中形成的各种社会行为规范或体系。政治制度、经济制度、家庭制度、婚姻制度、法律制度、礼仪制度、风俗习惯、旅游合同、导游行为规范等,都属于制度文化。

制度文化是维系群际关系的重要纽带。没有制度文化,个体将落于自纵,群体将沦为无序,社会亦将成为杂烩。实际上,制度文化充当了个体、群体与社会之间的一种内在凝聚剂,是人们言行举止、交往互动的准则系统。

制度文化主要来源于社会组织和约定俗成。前者如中央文明办、国家旅游局2006年10月2日联合颁布的《中国公民国内旅游文明行为公约》《中国公民出境旅游文明行为指南》;后者如我国传统春节期间的祭灶、扫尘、小除夕、贴门神、贴春联、吃年夜饭、守岁、给压岁钱、放鞭炮、祭祖、拜年等,端午节的插菖蒲艾叶、系香袋、饮雄黄酒、贴钟馗像、赛龙舟、吃粽子等,中秋节的赏月、吃月饼、品鲜果等,重阳节的登高、赏菊、吃蒸糕等。

制度文化存续时间长短不一,长者延续几百几千年,如诸多民俗等,短者甚至只有几分钟,如导游员告诉大家"五分钟后,大家上车去机场"。

3. 精神文化

精神文化是人类在精神需求的驱动下所形成的精神活动的方式及其对象化产品的总和。例如,书画是精神文化产品,书画的过程同样属于精神文化范畴。

与物质文化相比,精神文化的内容和功能均是精神的。有些精神文化的载体是物质,如承载书面文化的纸,雕塑的原材料木材、金属,构成园林文化的山石、溪水、植物和建筑小品等,但它们的功能都是精神而非物质。

精神文化可以分为四个层面:书面文化、行为文化、艺术文化和心理文化。前两者可以视为显型文化,心理文化则是隐型文化,艺术文化介于隐显之间,是精神文化中的一种特殊形式。

书面文化是以书面的形式凝固了的精神文化,有比较确定的内容和外在形态,反映的内容是一定社会历史时期的哲学、历史、文化、道德、教育、科技等思想观念及理论体系,分属于社会科学、自然科学和技术科学。"白纸黑字"和电子信息都是书面文化。

行为文化是"言语的与非言语的沟通"的文化,是心理文化的直接呈示,包括言语、服饰、仪容仪表、动作等。行为文化像书面文化一样,均属精神文化的外在形态。但是,书面文化是精神文化的外在固定形态,而行为文化则是精神文化的外在活动形态。行为文化只有在具有共同行为方式的人群中才会被理解,如同"暗送秋波""眉目传情"只有在"心有灵犀一点通"的"情人"之间才会被理解一样。在很大程度上,文明旅游、绿色旅游也是一种行为文化。

艺术文化指的是人类艺术活动的方式及其产品的总和。例如,在戏剧文化中,演员通过唱、念、做、打等艺术表现形式,把剧中人物的喜、怒、哀、乐传达给观众,观众从中获得的是一种艺术享受。例如,丽江的歌舞晚会《丽水金沙》,不但瑰丽华美,而且可以从中管窥到这方神秘土地的古老而又历久弥新的文化宝藏。《丽水金沙》以舞蹈诗画的形式,荟萃了丽江奇山异水孕育的独特的滇西北高原民族文化和亘古绝丽的古纳西王国的文化宝藏,择取了丽江各民族最具代表性的文化意象,全方位地展现了丽江独特而博大的民族文化和民族精神。《丽水金沙》共分"序""水""山""情"四场。在"序"中,人们仿佛置身于一幅古老久远的历史画卷之中,可以看到世界上仅存的象形文字——东巴文字,可以看到东巴祭司以他独特的方式向你述说历史,可以看到威严慈爱的雪山女神以她特有的方式呵护着阳光如风的滇西北高原上自强不息的高原民族和高原风情。

心理文化指的是内化并凝聚于大脑中的精神活动的方式和价值取向的总和。从构成上看,心理文化包括认识方式、创造力、思维模式和价值观念等。

文化结构各层面具有内向包容性和外向渗透性的特点。物质文化通过特定的形式、结构、样式、颜色和格局等,表现特定的价值追求、思想理念,蕴含一定的伦理、制度等,从而成为制度文化和精神文化的载体;与此同时,正因为通过渗透,物质文化中蕴涵着制度文化和精神文化,物质文化才有了"精""气""神",从而更富有活力与人性。

近些年来,人们把遗产分为物质文化遗产和非物质文化遗产两部分。2005年3月26日,国务院办公厅颁布了《关于加强我国非物质文化遗产保护工作的意见》,并在其附件《国家级非物质文化遗产代表作申报评定暂行办法》中对非物质文化遗产作了如下界定:非物质文化遗产是"指各族人民世代相承的、与群众生活密切相关的各种传统文化表现形式(如民俗活动、表演艺术、传统知识和技能,以及与之相关的器具、实物和手工制品等)和文化空间"。非物质文化遗产的范围包括:①口头传统,包括作为文化载体的语言;②传统表演艺术;③民俗活动、礼仪、节庆;④有关自然界和宇宙的民间传统知识和实践;⑤传统手工艺技能;⑥与上述表现形式相关的文化空间。这里的"文化空间"即定期举行传统文化活动或集中展现传统文化表现形式的场所,兼具空间性和时间性。从上述界定和列入我国非物质文化遗产名录的具体项目来看,我国非物质文化遗产主要属于制度文化和精神文化层面,以及这些文化的生产过程,更多的是"无形文化"和"文脉","物质文化""有形文化"和"文象"是其重要载体和外在表现方式。

三、旅游和文化的关系

从广义文化概念角度讲,旅游属于文化范畴,旅游是一种文化现象。从文化在旅游中的重要性而言,文化是旅游的灵魂和源泉,没有文化就没有旅游。从旅游活动过程看,旅游者既消费文化又创造文化,旅游者在作跨文化的交流。对于旅游者来说,旅游活动是经济性很强的文化活动。对于旅游经营者来说,旅游活动是文化性很强的经济活动。

(一)文化是旅游的灵魂,旅游是文化的利用方式之一

旅游活动的出现是人类文化发展到一定阶段的产物;旅游是人们谋求身心

需求得到满足的行为过程，是一种文化现象；绝大多数旅游动机的刺激因素来自文化方面。

旅游具有承载文化、展示文化、传播文化的功能，文化始终伴随着旅游的全过程。自从有旅游活动以来，旅游与文化像孪生兄弟，有着天然的联系。文化是旅游的“根基”和“灵魂”，旅游是文化的利用方式之一，没有文化的旅游就没有魅力，没有旅游的文化也缺少活力。旅游的优势体现在市场上，文化的优势体现在内涵上。站在旅游的角度看，抓住了文化就抓住了旅游的核心价值；站在文化的角度看，抓住了旅游就抓住了文化的巨大市场。旅游过程已经成为旅游者体验文化、欣赏文化、享受文化的过程，文化因素已经渗透到现代旅游活动的各个层面。因此，可以说，文化是旅游者的出发点和归结点，是旅游业的生命力所在，是旅游景观魅力的源泉；旅游和文化可以相互融合，相互促进，相得益彰，共同繁荣。

改革开放以来，特别是二十世纪末以来，文化在旅游中的重要地位越来越进一步凸显。回顾我国旅游业发展历程，从开发景点卖门票、兴建酒店卖床位到发掘内涵卖文化，从景点驱动、需求驱动到形象驱动，从卖方市场、买方市场到引导消费，从要素驱动、投资驱动到创新驱动，无一不在一步步地凸显出文化之于旅游的重要性。

从我国旅游产品开发阶段看，大体经历了依托现状开发、深化开发和市场导向等三个阶段。在很大程度上，旅游产品消费者的消费取向是文化取向，即对“异地文化”的偏好。

从我国旅游资源开发过程看，大体经历了普遍开发、重点开发和创新开发等三个阶段。创新开发的重心是文化创意和文化创新。近些年来，从大型山水实景演出《印象·刘三姐》《印象·丽江》《印象·西湖》《印象·海南岛》《印象·大红袍》等“印象”系列到《禅宗少林·音乐大典》，从平遥古城的室内舞台剧《一把酸枣》到太原的音乐歌舞《天下黄河》，还有内蒙古的《鄂尔多斯婚礼》、五台山的《盛世佛韵》、贵州的《多彩贵州风》、西藏的《雅砻盛情》、丽江的《丽水金沙》、杭州的《宋城千古情》、吴桥的《杂技大世界》、西安的《大唐乐舞》、深圳华侨城的《龙凤舞中华》、曲阜的《杏坛圣梦》、宜昌的《盛世峡江》等，无不通过人物动作、背景、音乐等鲜活灵动的载体，再现了丰富多彩的地域文化、特色文化，并且场面宏大，制作精美，演艺精湛，格调高雅，雅俗共赏，充满着民族风、民族情、民族韵，使死文化活化，静态文化动态化，鲜见文化常态化，让游客“有看头”“有说头”，旅游文化企业“有搞头”“有赚头”。这些演出首先给人们以视觉冲击力，继而由视觉冲击力引发人们心灵的文化震撼，最终让人们感受到不同地域文化的博大精深。

从我国旅游企业竞争情况看，大体经历了价格竞争、质量竞争和文化竞争等三个阶段，文化竞争是其中最高层次的竞争。旅游企业经营的是文化，旅游者到旅游企业消费实际上就是购买文化、体验文化、消费文化和享受文化。文化竞争是企业竞争的最高层次，也是企业竞争最终的一条必由之路。

从旅游产品与旅游市场的关系看，一般要经历从利用现有市场到培育市场、创造市场等三个阶段。利用市场是适应现实旅游市场需求，培育市场是挖掘潜在旅游市场需求，创造市场则是在引领新兴旅游市场需求。在很大程度上，从利用现有市场到培育市场、创造市场，文化在旅游产品中的地位越来越突出。我国发展很成功的主题公园，有的就是“无中生有”、创造市场的典范。

（二）旅游既消费文化又创造文化

1. 文化消费是旅游消费的主体部分

旅游消费并非生存消费，而是一种享受性消费、发展性消费和文化性消费。文化消费是旅游者的出发点和归宿点，文化需求是旅游者的主要动机，旅游者出游的主要目的是求新、求奇、求异、求美、求知、求乐、求特。虽然旅游者花钱购买旅游产品，但从根本上说，旅游者并没有带走物质产品，获得的仅仅是一种“经历”“体验”“感受”等，更多的是一种精神文化，正所谓“旅游留下了金钱和脚印，带走了经历和记忆”。

人们可能认为，到一些山水景观为主的旅游区旅游是否也在消费文化？答案是肯定的。例如河溪漂流项目，表面上文化氛围不浓，好像是“回归自然，返璞归真”，没有消费文化，实质上从阡陌乡村到景点命名，从艄公、竹筏到游人念念不忘的“吃农家饭、住农家屋、干农家活、购农家物、观农家景、享农家乐”，感受最多的还是文化，包括“天人合一”的乡村文化。

旅游中的文化消费主要包括几个层面：一是直接消费文化产品，如食、住、行、游、购、娱过程中涉及的物质文化产品；二是感受文化氛围，体会那种难以言表的风情、风俗、规范等制度文化和风趣等精神文化；三是旅游过程中获取的知识逐渐内化为旅游者的行为，进而上升到情感态度和价值观高度的精神文化。

2. 大好河山孕育文化，文化辉映大好河山

从古至今，不论达官贵人，还是文人墨客，甚至布衣庶民，在寄情山水的过程中，或触景生情，或借景抒情，写下了不少名篇佳作，创作了不少诗词书画，山水与文化相得益彰，正所谓“大好河山孕育文化，文化辉映大好河山”。

诗仙李白于唐开元十三年(725)出蜀后初次过安徽天门山,写下了绝句《望天门山》:"天门中断楚江开,碧水东流至此回。两岸青山相对出,孤帆一片日边来。"绝句勾勒了天门山的雄伟气势和秀丽景色,刻画了澎湃奔腾的滔滔长江在这里被天门山绝壁巨岩所阻急弯北流、汹涌激荡的气势,成为千古绝唱。

山水借文章以显,文章凭山水以传。自然山水依靠家喻户晓的文学艺术作品的宣扬为人们所向往,客观描绘自然山水的文学艺术作品又因自然山水的千古永恒而世代相传,山水和文章互相依存,彼此都得到了永恒和传扬。安徽琅琊山、敬亭山、褒禅山等,无一不是"山以文丽、文以山传"的典范。

(三)旅游是跨文化的交流

说"旅游是跨文化的交流",是说这种交流更多地发生在有差别哪怕是细微差别的文化携带者之间。这些有差别的文化携带者,既包括旅游者,也包括旅游目的地的相关人群,如旅游区管理人员、旅游目的地居民、与旅游者发生交往的服务人员等,还包括有差别的文化遗存。这种交流是旅游者求新、求奇、求异、求美、求知、求乐、求特的必然过程。

说"旅游是跨文化的交流",是说旅游者跨出不同行政区划等级的地域乃至国界,在与本土文化相异的文化环境中开展旅游活动,与非本土人群所进行的交流。

跨文化交流,既能引起文化惊喜、文化模仿、文化整合等积极性的文化效果,也能产生文化摩擦和冲突、文化自大或者文化自卑等负面后果。要消除跨文化交流的消极性后果,达到文化和谐,除了强调跨文化旅游者对旅游目的地的主观适应外,更要重视旅游目的地和旅游业对跨文化旅游者的文化关怀[1]。

1. 与古人和异地人交流

文化遗存是古人劳动的结晶。旅游者面对各种各样的文化遗存,触景生情,品头论足,或赞叹不已,或浮想联翩,或跃然纸上,或留存心田,无不受益良多,这就是与古人交流。

《念奴娇·赤壁怀古》是北宋著名文学家、诗人苏轼贬居黄州游黄州城外赤壁矶时的一首名作,写于宋元丰五年(1082)七月。面对赤壁,苏轼即景抒情,感慨古今,作品雄浑苍凉,大气磅礴,昂扬郁勃,把人们带入江山如画、奇伟雄壮的景色和深邃无比的历史沉思中,唤起读者对人生的无限感慨和思索,融景物、人事

[1] 刘丹青,黄荣. 论跨文化旅游的文化后果及其解决[J]. 长沙理工大学学报:社会科学版,2006(1):93–96.

感叹、哲理于一体，给人以撼魂荡魄的艺术力量。

旅游过程是旅游者与旅游目的地相关人群交流的过程，也是来自不同客源地的旅游者之间的交流过程。与异地人交流是旅游信息流的基本特征之一。听导游讲解，询问大理为何有“风花雪月”之说，与丽江四方街跳街舞的纳西族老人一同手舞足蹈，向香格里拉卖银器的藏民了解银器的保养知识等，都是和异地人交流。

出国旅游是一种跨出国界的跨文化交流，旅游者能够感受异域文化的奇特与风采。

2. 在休闲活动中接触与交往

旅游这种跨文化的交流，产生于旅游者与旅游目的地相关人群面对面的、民间的在休闲活动中的接触和交流过程中。交流方式可能是言语对话，也可能是来自游人的感悟和理解，可能是润物细无声，也可能是强烈的视觉冲击乃至心灵震撼，可能是有意识的，也可能是无意识的，无论何种方式，交流双方的文化都在影响对方，都在自觉不自觉地向对方传播自己的文化。

3. 旅游者和旅游目的地相关人群都是文化交流的主体和载体

在旅游这种跨文化的交流中，旅游者和旅游目的地相关人群既都是文化源，也都是文化汇，既是文化交流的主体，也是各自文化的载体。在很大程度上，如果两种文化存在着很大的差异，比如现代文化与传统文化的差异，携带现代文化的一方对携带传统文化一方的影响，远大于携带传统文化一方对携带现代文化一方的影响。

在出游地文化明显强于目的地文化的条件下，旅游者对旅游目的地文化的影响远大于目的地文化对旅游者的影响。正因为如此，传统特色鲜明的社区如何保护自己的特色文化不因现代特色鲜明的旅游者的到来而发生弱化或消失，做到国际化与本土化并行不悖，是一件既具有重要意义又迫切需要高度重视的事情。

第二节 旅游文化、文化旅游及其相互关系

“旅游”“文化”概念的多样性，决定了它们的合成词“旅游文化”“文化旅游”概念的不确定性，以及旅游文化和文化旅游相互关系的复杂性。

一、旅游文化

在我国旅游业处于起步阶段的二十世纪八十年代初期，“旅游文化”是一个

受到广泛关注与热烈讨论的概念，把它与“旅游经济”并列甚至相对立使用，以强调旅游活动和旅游业的文化属性[1]。强调旅游的文化属性，并非抹杀旅游的经济属性，而是要使旅游经济的发展拥有更坚实的基础。

（一）旅游文化的概念和形态

1. 旅游文化概念

到目前为止，国内外对旅游文化概念的界定尚无共识。基于广义文化的概念，旅游文化可以定义为：“旅游文化是人类过去和现在所创造的与旅游有关的物质财富和精神财富的总和”[2]；或者“旅游文化是人类过去和现在创造的与旅游关系密切的物质财富与精神财富的总和”[3]。总之，旅游文化是指以一般文化的内在价值为依据，以食、住、行、游、购、娱六大要素为依托，以旅游主体、旅游客体、旅游介体之间的相互关系为基础，出现在旅游活动过程中的不同文化形态的总和。

从我国许多关于旅游文化的著述来看，很多人对于旅游文化的认识偏好于强调旅游文化的外在物化表现，把旅游对象物的文化内涵等同于旅游文化。这种理解虽然有失偏颇，但对于旅游者来说，他最感兴趣的恰恰是旅游对象物的文化内涵，他希望看到的“门道”、听到的“说道”也就是旅游对象物的文化内涵。通常讲的旅游经营者要提升旅游产品的文化内涵，在很大程度上也就是要让旅游者不仅看到“热闹”，更重要的是让他看到“门道”、听到“说道”，而且都很“精到”。

旅游客体的文化内涵和价值是一种客观存在，只不过在旅游者欣赏它以前，它可能以另一种文化形式存在，也不因为被旅游者欣赏就变成了旅游文化。例如，民居属于建筑文化，不论旅游者是否前往，它都是一种客观存在。当旅游者前往古村落游览时，看到的是民居建筑文化，包括有形的房屋这种物质文化，通过三间五架、台阶、墙壁和瓦当的颜色等观照到的当时的建筑制度文化，通过楹联、匾额、案几上的陈设等（如徽派民居案几上的钟、瓶、镜）体察到的当时人们的精神文化等，并不因为民居建筑文化被旅游者欣赏了就变成了旅游文化。

2. 旅游文化形态

（1）按照现代旅游三大组成部分划分，旅游文化可以分为旅游主体文化、旅游客体文化和旅游介体文化。

[1] 徐菊凤. 旅游文化与文化旅游：理论与实践的若干问题[J]. 旅游学刊，2005（4）：67-72.
[2] 冯乃康. 首届中国旅游文化学术研讨会纪要[J]. 旅游学刊，1991（1）：57.
[3] 王明煊，胡定鹏. 中国旅游文化[M]. 杭州：浙江大学出版社，1998：9.

旅游主体文化是与旅游者的思想观念、心理特征和行为方式有关的文化。旅游主体文化内容很多，如旅游者的美学素养、心理和认知特征等。面对同一个旅游客体，为什么不同年龄段、不同知识层次的旅游者认识不同，甚至差异很大，这就与旅游主体文化有关。看庐山，有人认为是山，有人认为是峰，雄姿各不相同，具有哲学视野的苏轼横看、侧看、远看、近看，在《题西林壁》中写道："横看成岭侧成峰，远近高低各不同"，这在很大程度上就是旅游主体文化的差异所致。

旅游客体文化是与旅游资源关系密切的文化。无论自然景观，还是人文景观，每一旅游客体都包含着文化。

旅游介体文化是联系旅游主体与旅游客体，与旅游供给、旅游产品关系密切的文化，如旅行社文化、酒店文化等。

(2)按照文化形态划分，旅游文化可以分为物质、制度和精神三个层次，即最外层的旅游物质文化，中间层的旅游制度文化，核心层的旅游精神文化。

旅游物质文化包括帮助旅游主体实现旅游目的的所有物质和装备，如物质性的旅游客体，旅游者行装，旅游中介提供的饭店及其所有设备，交通设施设备等，是旅游者视觉可以辨认的物质文化实体，大体分为景观、旅游商品、旅游服务设施等三类。

旅游制度文化包括政府和旅游行政主管部门、旅游行业协会以及旅游企业所制定的各种有关旅游的法律、法规、规定、办法、管理制度，以及旅游活动中各种社会规范和约定俗成等，如旅游法律法规、导游岗位职责、旅游行业自律公约等。

旅游精神文化包括蕴含于旅游主体旅游活动以及旅游中介经营管理活动中的特定文化心理、价值观念和思维方式等精神内涵，以及引导、影响人们旅游实践的直接的和间接的在旅游实践中抽象出来的价值观、审美情趣、思维方式等，如旅游主题形象广告等。人们经常可以从大众传媒中看到反映旅游目的地形象的广告语，如"好客山东"，"美好江苏"，"活力广东"，"多彩贵州"，"江西风景独好"，"大美青海"，"中国山西，晋善晋美"，"诚义燕赵，胜境河北"，"满韵清风，多彩辽宁"，"美好安徽，迎客天下"，"记忆中原，老家河南"，"天下风景，美在广西"，"遍行天下，心仪广西"，"七彩云南，旅游天堂"，"天下四川，熊猫故乡"，"塞上江南，神奇宁夏"，"拜水都江堰，问道青城山"，"神奇灵秀地，大愿九华山"，"天地之美，美在黄山，人生有梦，梦圆徽州"，"问道武当山，养生太极湖"，"红色金寨，绿色天堂"，"美丽乡村，梦里故乡，江西婺源"，"中国画里乡村"(安徽省黟县宏村)，

"桃花源里人家"(安徽省黟县西递村)等,它们均属于旅游精神文化范畴,能唤起旅游者的无限遐想,吸引旅游者前往旅游。

如果某旅游介体推出的旅游产品被旅游者所喜欢,至少说明旅游主体和旅游介体在该项旅游产品的审美情趣方面达到一致。

本书冠以旅游文化,偏重于旅游客体的文化内涵和旅游者最关心的旅游客体文化,着重探讨大众旅游的主要客体山水、传统民居、园林、牌坊、饮食、宗教、戏剧中的文化,以"门道""说道"为主,力争"精到"。

(二)旅游文化的特点

旅游文化特点是在文化特点的基础上衍生出来的。

1. 多样性

旅游文化的多样性特征,除了表现为上述旅游文化形态的多样性以外,还表现为旅游主体文化动机的多样性,价值取向的多样性,旅游文化消费形式的多样性和旅游媒介文化的多样性等。就旅游客体文化而言,既体现在旅游食、住、行、游、购、娱六要素上,更体现在传统文化与现代文化、本土文化与外来文化,以及具体的民族文化、民俗文化、宗教文化、园林文化、建筑文化、服饰文化、饮食文化、影视文化等方面。

2. 传承性

文化是不断发展的,今天旅游者感受到的文化实际上很大一部分是在历史基础上逐步发展起来的。这种发展主要以演化的形式表现出来,演化过程中充满着文化扬弃、整合和融合。

以佛教寺庙布局和礼佛方式为例。佛教寺庙布局和礼佛方式不断发展演化,前后相继。两汉之际至南北朝,寺院多建于城池。隋唐以后,禅宗异军突起,追求人与自然的"物我同化",寺院由都市走向乡村。东汉至南北朝,寺以塔为中心,僧众绕塔步行,以深情的目光注视着塔刹诚心礼塔。隋唐时期,寺以高大的佛阁为中心,阁内置通贯各层的巨型佛祖塑像,信徒绕层行礼。唐宋时期,提倡"伽蓝七堂制",佛寺向普及化、专业化方向发展,礼佛多行跪拜礼。

还以佛教文化为例。佛教进入中国以后,与中国本土的儒家学说和道教相结合,形成了具有中国特色的佛教,对中国的文字、绘画、碑刻、楹联、建筑和社会习俗等产生了巨大影响。一方面,佛教与中国的思辨哲学相结合,向学术化发展,教义研究日益加深,由此产生了佛教诸多宗派;另一方面,与中国精美工艺相结合，向艺术化方向发展，使佛教成为绚丽多彩的艺术宝库；还有一方面，与中国人生理想相结合，向社会化方向发展，使佛教与中国社会生活密切联系。人们今天体验佛教文化，更多的是欣赏以山岳为载体的佛教名山，感受以寺院、石窟、佛塔、塔林等佛教建筑物为主要载体的佛教人文景观，体验以佛教节日、香会、庙会和法会等佛事活动为主要表现形式的佛教精神文化。

3. 民族性

每个民族都有自己的民族文化。旅游文化的民族性就是这个民族的精神、性格和共同心理素质在旅游文化中的体现，也是与其他民族旅游文化的差异所在。

不论中外，人们都善于借用一些可以感受的形象或符号，来表达一种精深的哲理、意境或某种思想感情，并且慢慢演化成民俗，使某一象征体在传达某一文化信息时既含蓄又具体。在中国，人们常以某些数字、颜色和物象等来象征某一抽象理念，从而使这些抽象理念的载体蕴涵着深刻的文化内涵。

(1)数字。差不多自数字诞生之日起，人们就将其与自身的福祸凶吉联系在一起。由于语言、宗教、历史、文化等方面的差异，各民族对数字都有讲究，偏好某些数字，忌讳某些数字，甚至对同一数字的喜恶也有差异。中国人偏好某些数字，也忌讳某些数字，以致今天一些吉祥号频频出现在各地拍卖市场上。过去很好的数字，如四（“四季发财”）、二（“二家有喜”）等，随着时代的变迁，被人们逐渐唾弃（“四”谐音“死”，“二”被视为“二百五”）。

表1-1　部分国家的数字观

阿拉伯数字	国家	象征意义	寓　意
3	韩国	吉利	完成，最高，稳定，神圣
4	中国	忌讳	谐音“死”
	荷兰	吉利	在荷兰语中发音同“庆祝”相近
6	中国	吉利	顺利，吉祥
	泰国	忌讳	在泰语中发音“浩”，是“下坡路”“不好”的意思
	印度	忌讳	在印度占星术中第6宫预示疾病
	荷兰	忌讳	在荷兰语中发音与“性”相近
7	欧美各国	吉利	可能与基督教有关。基督教说上帝用6天创造了世界，第7天休息
8	中国	吉利	在粤语中发音“发”，意味着繁荣、财富和地位
	印度	忌讳	在印度占星术中第8宫代表死亡
9	中国	吉利	天长地久
	泰国	吉利	在泰语中的发音与泰语中的“上升”“进步”相同

①九。数字可以分为奇数和偶数两大类。在我国古代，认为奇为阳，偶为阴。奇数之极为九，又称天数，所以用“九”象征“天”，象征“帝王”，凡是与帝王有关的事物多与九有关，帝王的殿宇楼阁及其他建筑中都含有“九”。如紫禁城以及皇家园林的大门装饰用“九路钉”；故宫“三大殿”、正阳门正楼、颐和园排云殿、天坛祈年殿的高度都是九丈九尺；天坛圜丘的坛面、台阶、栏杆和所用石块数都是九或九的倍数：天坛最高一层直径九丈九尺，围绕寰丘坛面中心天心石共有九圈石环，即含有九重天的意思，每圈石环的扇形石块皆为九的倍数，第一圈为9块，第二圈为18块……第九圈为81块；故宫总共9 999间房，故宫的角楼有9梁18柱72条脊，皇帝宝座背后的屏风上雕有九条龙等。“九”在我国还有“多”“大”“广”“高”的意思，如很多曲桥不论是否有九曲都称之为“九曲桥”，还有九州、九天、九霄、九九归一等。

②九五。在古代，“九五”象征“帝王之尊”，象征帝王和帝位。因为“九”为阳数之极（至尊之意），“五”是阳数之中位数，所以，在我国古代建筑中，凡与帝王和帝位有关的往往都含有“九五”之数。如天安门城楼面阔九间，进深五间，金水桥五座；午门面阔九间，上覆重楼五座；乾清宫面阔九间，进深五间等。

③六。“六”除了用来说明上下四方“六合”之外，还用来表达吉祥如意，主要取其谐音“禄”和“六六大顺”之意。故宫太和殿皇帝宝座两旁为六根蟠龙金柱，含有“六六大顺”“四方归一”之意。故宫后两殿之东六宫、西六宫，暗含“六六”之数，寓意位居东六宫、西六宫之嫔妃都应“顺承”天子。

④八。“八”为偶数之极，象征“地”。在粤语中，“八”谐音“发”，故而成为吉利数字。北京地坛是明清两代皇帝祭祀“地神”的场所，也是中国历史上连续祭祀时间最长的一座地坛。方泽坛是地坛的中心建筑。在中国古代，“天圆地方”的观念源远流长，天坛坛面呈圆形，地坛的方泽坛坛面呈方形。按照古代“天阳地阴”的说法，方泽坛坛面的石块均为阴数，而且许多数字均为八或八的倍数。围绕着中心，上台砌有8圈石块，最内圈36块，最外圈92块，每圈递增8块；下台同样砌有8圈石块，最内圈100块，最外圈156块，也是每圈增加8块；上台和下台两层平台之间用8级台阶相连。

在我国民间习俗中，因为“八”是八卦的系数，所以“八”是一个大吉大利的数字。“佛家八宝”“道家八宝”和“民间八宝”，多数都象征吉祥如意。中国传统食品中有“八宝饭”“八宝粥”“八宝菜”，也许它们的原料不正好八种，同样取其大吉大利之意命名。

“佛家八宝”是指螺、轮、伞、盖、莲、瓶、鱼、肠,是象征吉祥如意的佛家八件供器,常供奉于佛像前,都有一定的含义:法螺——妙音吉祥;法轮——佛法永存;宝伞——慈护众生;白盖——庄严佛土;莲花——纯洁无染;宝瓶——福智圆满;双鱼——清净解脱;盘肠——贯通自如。

“道家八宝”是指道家八仙所持的八件宝物,即汉钟离的扇,吕洞宾的剑,铁拐李的葫芦,曹国舅的玉板,蓝采和的花篮,张果老的鱼鼓,韩湘子的笛子,何仙姑的莲花。这八件宝物代表八仙,所以又称此八宝为“暗八仙”。“暗八仙”象征吉祥如意、万事顺利、逢凶化吉,也象征八仙庆寿。

“民间八宝”包括灵芝、松、鹤、龙门、荷盒、玉鱼、鼓板、磬,各有特定的内涵。灵芝,又称“瑞草”,常被视为仙药,寓意延年益寿。松,历来被认为是长寿的象征,寓意健康长寿。鹤为羽族之长,亦称“一品鸟”,与龟同为长寿之物,具有高雅、纯洁、长寿和充作仙人乘骑的职能,历来被视为祥瑞之物。龙门乃士人发迹之门,鲤鱼跳过龙门即化鲤为龙。龙门被视为灵物,寓意仕途顺利,功名有望。荷盒是指“荷盒二仙”,一个手执荷花,一个手捧六角形的盒子,欢天喜地,甜蜜无比,寓意天配良缘、百年和合。玉鱼即双鱼,象征夫妻恩爱、子孙兴旺、富足常乐。鼓板,亦称拍板,可以使乐曲节奏有序,有板有眼,寓意生活有序、平平安安、无灾无难。磬是一种古老的石质打击乐器,寓意合家和睦,共享天伦之乐。“民间八宝”虽然各有含义,但有相近之处,前三宝意为延年益寿,第四宝意为飞黄腾达、功名利禄,后四宝意为夫妻恩爱、家庭和睦、子孙兴旺、富足有余。

在祝寿的中堂画上,可以看到松、鹤、高山、流水等,象征着延年益寿、寿比南山、子孙绵延等诸多良好的祝愿。

⑤一百零八。“一百零八”的来历说法不一,一说取三十六天罡七十二地煞之数;一说取一年有十二个月二十四节气七十二候之数;一说来自佛教。佛教认为,人生是一个苦海,形成苦海的主要原因有二:一是“烦恼”,二是“业”(行为)。人有一百零八个烦恼,只要专心念一百零八遍佛经,捻动一百零八颗佛珠,走一百零八级台阶,敲钟一百零八下,听一百零八响钟声,就能消除烦恼,化凶为吉。

(2)颜色。颜色是人们对客观世界的一种感知,无论在大自然还是在社会生活中,都存在着各种各样的颜色。所谓“绚丽世界”“五彩人生”,说明人们生活与颜色密切相关,人们生活在色彩之中。人们经常使用的某些带有颜色的词汇,都具有丰富的感情色彩和文化内涵。

值得注意的是,在跨文化交流中,由于不同民族、不同文化背景或虽属于同一民族、同一文化背景但分属于不同社会集团或社会阶层的成员，对各种颜色符号的感知不完全相同，甚至相同颜色表示不同的象征意义。

表1-2　不同国家的颜色偏好

国家	喜好颜色	忌讳颜色
中国	红，黄，绿	黑，白
日本	柔和色调，红，白，金，银，紫，红白相间	黑，深灰，绿，黑白相间
印度	绿，橙，红，黄，蓝，鲜艳色	黑，白，淡色
叙利亚	青蓝，绿，白，红	黄
英国	蓝，金黄	红
意大利	浅红，绿，茶蓝，黑，鲜艳色，金黑相间	紫茶红，深蓝
阿根廷	黄，绿，红	黑，紫黑相间
委内瑞拉	黄	红，绿，茶，白，黑
突尼斯	红，绿，黑，鲜艳色	白
埃塞俄比亚	鲜明色	黑

①黄色。在中国传统文化里，黄色居五色之中，是“帝王之色”。黄色地位之高源于古代阴阳五行学说中的“黄色”代表中央方位，体现了古代对地神的崇拜。东汉班固在《白虎通》中写道：“黄者，中和之色，自然之性，万世不易。”黄色是大地的自然之色，亘古不易，代表了“天德”之美、“中和”之美，所以成为尊色。南宋王楙在《野客丛书卷八·禁用黄》中写道：“唐高祖武德初，用隋制，天子常服黄袍，遂禁士庶不得服，而服黄有禁自此始。”明清时期，更有明文规定，只有皇帝的宫殿、陵墓以及奉旨兴建的坛庙等建筑才准许使用黄色琉璃瓦。可见，黄色在中国封建社会是法定的尊色，象征着皇权、辉煌和崇高等。

表1-3　五方与五行、五色、四神兽的对应关系

五方	东	南	中	西	北
五行	木	火	土	金	水
五色	青	赤	黄	白	黑
四神兽	青龙	朱雀		白虎	玄武

青、赤、白、黑四色与四季农事活动有关。古人认为，东方的青色象征春天万物生长，南方的红色象征夏天万物茂盛，西方的白色象征秋天收获，北方的黑色象征冬天储藏。秋收冬藏，农事虽有所收获，但天气日趋肃杀，万物渐次凋零，人们活动半径越来越小，情绪上容易产生悲凉与哀伤之感，因而给西方和北方分别以“白色”和“黑色”。

②红色。在中国传统文化中，红色源于古代对日神的崇拜，是美满、喜庆、成功、吉利、忠诚和兴旺发达等的象征，意味着庄严、幸福、富贵。自周朝开始，宫殿

建筑普遍使用红色。随后,红色一直是封建帝王“至高无上”和“尊贵富有”的专用色。在中国民俗中,认为红色具有避邪驱恶之作用。所以,旧时新娘上轿时习惯穿红色衣服,除了表示喜庆外,主要还是为了破不吉、驱邪恶。

③青色。青色象征“天”“平等”“诚实”“磊落”“永恒”,具有广阔、深渊、沉静之感。南京中山陵青色琉璃瓦盖顶,蕴含着孙中山“天下为公”的思想。在中国京剧中,廉洁的县官被称为“青天大老爷”,包公被称为“包青天”。在文学中,常用“名垂青史”赞美英雄,意即英雄功名永恒。

表1–4　在汉语和英语语境中部分颜色的象征意义

颜色	语境	象征意义	示　例
红色	汉语	喜庆;吉利;成功;革命,进步	红喜字,红盖头,大红袄;红火,红利,红包;红人,大红大紫;红军,又红又专
	英语	暴力流血;灾祸;危险;亏损;淫秽	a red battle(血战);red ruin(战祸);red alert(空袭警报);red ink(赤字);a red light district(花街柳巷)
白色	汉语	死亡;反动;失败;奸邪;徒劳	白事,打白幡;白色恐怖;白旗,白痴;白脸奸臣;白忙,白费力
	英语	美好幸福;正直诚实;幸运吉利;合法、无恶意的	a white Christmas(银装素裹的圣诞节),days marked with a white stone(幸福的日子),Snow White(白雪公主);white hands(公正廉洁的),white spirit(正直的精神);a white day(吉日);white market(合法市场),white list(经过批准的合法明单)
黑色	汉语	庄重严肃;邪恶反动;犯罪违法	“黑脸”包公;黑心肠,黑幕,黑帮,黑手,黑名单;走黑道,黑货,黑市,黑钱
	英语	盈利;凶兆灾难;邪恶犯罪;耻辱不光彩;沮丧愤怒	interest in the black(应收利息);Black Mass(安灵弥撒),black words(不吉利的话);Black Man(邪恶的恶魔),black guard(恶棍流氓),blackmail(敲诈勒索);a black mark(污点),black sheep(败家子);black dog(沮丧情绪),The future looks black(前途暗淡),to look black at someone(怒目而视)
黄色	汉语	政权,权威,威严,辉煌;下流堕落	黄袍加身,黄榜,黄道吉日;黄色电影,黄色书刊
	英语	卑鄙,胆怯	yellow dog(卑鄙的人),yellow-livered(胆小的)
蓝色	汉语	恬淡宁静,意蕴深远	蓝色的梦想
	英语	忧郁伤感;出身名门;黄色下流	Blue Monday(沮丧的星期一),sing the blues(垂头丧气);blue blood(贵族血统);blue talk(下流的言论),blue joke(黄色笑话)
绿色	汉语	侠义	绿林好汉
	英语	嫉妒眼红;无经验、新鲜的;幼稚;有经济实力;青春活力	green-eyed monster(十分嫉妒);green hand(新手),green meat(鲜肉),green recollection(记忆犹新);as green as grass(幼稚);green power(财团),green back(美钞);in the green wood(在青春旺盛的时代),in the green(血气方刚),a green old age(老当益壮)

④白色。中国有些宗教建筑喜欢用白色,如喇嘛塔、喇嘛教经堂等。佛教用

白色象征着“洁净”“无邪”“虔诚”，所以驮运佛经的乘骑在印度多用白象，在中国多用白马。观音菩萨因常穿白色衣服而名“白衣大士”。

⑤黑色。黑色代表水。故宫文澜阁屋面采用黑色琉璃瓦，寓意水克火，祈求没有火灾，以保藏书阁平安。在道教文化中，玄武大帝是水神，所以，玄武大帝殿堂内所有神像、器物一律黑色。

总体上，西方文化中存在着重白忌黑的传统，在中国传统文化中黑白两色都象征不祥。在中国特殊时期，“白”和“黑”都被当做“红”的对立面，代表反动、落后、顽固的意思。颜色的象征和表意往往具有双重性格，大部分颜色同时具有正面和负面意义。颜色的象征意义，有时候与大自然的事物有关，如蔚蓝的天空、金色的阳光、绿色的森林等，使人精神愉悦；大部分颜色的象征意义与民族文化有关，尤其与政治、宗教、神话、习俗有关。

4. 地域性

即旅游文化具有地方特色。如我国传统民居有“南巢北穴”之说，传统交通方式有“南船北马”之说，饮食有“南甜北咸、东酸西辣”之说，不同民族对颜色、数字的偏好等，就是旅游文化地域性的表现。五里不同风，十里不同俗，百里不同情，是对旅游文化地域性的最精辟的概括。

表1–5　我国东部地区南方与北方的文化差异[1]

文化差异	说明
南巢北穴	南方缘自巢居，原始建筑为棚；北方缘自穴居，原始建筑为地窝
南花北柏	在园林植物构成上，南方花木种类繁多，四季花香；北方松柏为主，庄严肃穆
南水北石	在园林构成要素上，南方多小桥流水，理水为先；北方少聚水为池，善于叠山
南繁北齐	南方语言繁杂，方言比较多；北方语言比较整齐划一，方言比较少
南私北皇	南方多私家园林，北方多皇家园林
南细北爽	南方人说话比较委婉，北方人说话比较直率
南柔北刚	南方和北方在戏曲和音乐上的差异：杏花春雨江南，南曲如抽丝；古道西风冀北，北曲如轮枪
南米北面	南方人种水稻，偏爱米食；北方人种旱粮，偏爱面食
南甜北咸	南方人口味偏甜，北方人口味偏咸
南敞北封	南方民居建筑高敞轻盈，北方民居建筑敦厚严实
南文北武	南方多才子，北方多武将
南船北马	南方多雨水，河道纵横，传统交通工具多船舶；北方少雨水，河流较少，河流水位变化大，传统交通工具多马驴
南小北大	南方酒具、茶具、食具比较小，北方酒具、茶具、食具比较大
南多北少	南方食品种类多，北方食品种类少
南少北多	南方每种菜品分量少，北方每种菜品分量多

[1] 根据胡兆量、阿尔斯朗、琼达等编《中国文化地理概述》(北京：北京大学出版社2001年第1版)中的表1–3和表7–2等内容整理。

“一方水土养一方人，一方人孕育一方文化。”旅游文化的多样性、民族性、地域性都与地理环境有关。

我国地域广袤，历史悠久，人口众多，旅游资源丰富多彩，特色突出。由于我国东部与西部、南部与北部在地形、气候、生物、历史、文化等方面存在明显的差异，我国旅游资源也存在着明显的地域差异，旅游文化的地域性特色非常明显[1]。

大体上以大兴安岭—燕山山脉—鄂尔多斯高原—六盘山地—青藏高原东缘—中缅边界线西端为界，我国东、西两部分自然景观差异明显。东部自然景观相互协调辉映，具有和谐型特点，如山清水秀，桃红柳绿，以平原为主，大山群山少，低山孤山多，季风气候显著，降水较多，河湖众多，植被繁茂。由于深居内陆和地形地势的影响，西部自然景观相互对立，具有矛盾型特点，如干旱大漠中的一片绿洲，高寒缺氧条件下的高原动物等。西部以高原、山地为主，山地成群成带，气候或者干燥，或者高寒，降水较东部少，植被较东部稀疏。

在我国东部，大体上以秦岭—淮河为界，可以分成南、北两部分。南、北两部分的自然景观具有“南秀北雄”的特点。南方多丘陵，水热条件好，植物茂盛，生物多样，水面宽阔，自然景观清新灵秀，以“秀”为主。北方生物和水景逊于南方，但有一望无际的田园，有强烈侵蚀的黄土地貌，有茫茫的林海雪原，其“雄”的特点较南方突出。

地形、气候、水体、生物是形成我国自然景观“南秀北雄”的主要原因。地貌差异是形成“南秀北雄”的基本骨架。北方高大山地与宽广平原的强烈对比，可以给人以雄伟的感觉；南方丘陵、平原面积较小，而且山地、丘陵相间分布，相对高差不大，再加上植被覆盖好，视野不开阔，自然景观的雄伟特征往往不明显。气候条件差异是形成“南秀北雄”的又一原因。南方纬度低，受海洋影响比北部强烈，水景、气象景（光景、云雾等）等比北方丰富。生物和水体的差异是形成“南秀北雄”的直接因素之一。南方之所以秀丽，得益于南方水体面积大，植被覆盖率高，且多佳木美竹和名贵花卉，降水丰沛，四季常绿，娇秀、巧秀。

在我国西部，大体上以昆仑山—祁连山一线为界，自然景观之差异大体分成南、北两部分，具有“北干南寒”的特点。北部是内蒙古、宁夏、甘肃和新疆，既有无垠的大草原，也有浩瀚的沙漠戈壁，还有千奇百怪的风成地貌，自然景观的干旱特征非常明显。南部是青藏高原，既有雄伟的雪峰、广布的冰川、众多的湖泊，还有

[1] 李永文. 中国旅游资源地域分异规律及其开发研究[J]. 旅游学刊，1995（2）：45-48.

高山草原草甸、耐寒的藏羚羊和牦牛等高原动物，自然景观高寒特征突出。青藏高原地广人稀，自然环境受人类干扰少，原始自然风貌突出，对游人具有神秘感。

在人文景观方面，大体上以大兴安岭—燕山山脉—鄂尔多斯高原—六盘山地—青藏高原东缘—中缅边界线西端为界，我国东、西两部分人文景观差异很大：东部以汉族文化为特色，西部以少数民族文化为特色。东部是汉族的发祥地和集中分布区，数千年来，汉族兼收并蓄，创造了汉语、汉字、汉医、汉药、汉服等博大精深的汉文化，并使汉文化成为中华文化的主体。西部是我国少数民族的主要分布区，尤其是维吾尔族、蒙古族、回族和藏族等，自然条件差别大，加上民族构成不同，以致西部在风俗习惯、节日庆典、宗教信仰、文学艺术、生产活动以及食、穿、住、行、乐等方面与东部有很多不同。

在我国东部，大体上以秦岭—淮河为界，人文景观的南北差异非常明显。北方有巍峨的宫殿、高大的陵墓、气派的皇家园林、雄伟的礼制建筑，还有壮观的万里长城、悠久的历史古城、宽阔整齐的道路、数不尽的文化古迹等，"块头"都很大，处处给人以"雄"的美感。南方，从传统民宅、私家园林，到田原风光、城市街景等，"块头"都很小，处处都透露出"秀"的特色。

人文景观"南秀北雄"的差异，主要由自然、历史等多种因素造成的。东部的南方和北方自然条件不同，如气候条件不同，使得南、北方建筑和生产生活设施表现出很大不同。北方长期是我国的政治、经济、文化和人类活动的中心，封建统治者为了满足其统治、奢侈享受、显示威严权贵的需要，往往倾全国之财，举全国之力，建设各种浩大的工程，如巍峨的宫殿、高大的陵墓、气派的皇家园林、雄伟的礼制建筑等，而且用料极其讲究，富丽堂皇，规划性建设。南方这类建筑则非常少。南方经济发达，富商和大户比较多，私家住宅、园林比北方私家住宅、园林气派，建筑式样、用工用料都非常讲究，多秀丽淡雅、曲径通幽之趣。北方既是中华民族的发源地，也是历代王朝战争争夺的重点，许多重大的战争都发生于北方。北方原始人类活动遗址比较多，游览战争遗迹或古遗址，能给人一种原始、粗犷的人文美。南方开发晚，发展快，两宋之际成为我国经济重心，多富商大贾，较少皇宫建筑，常给人留下精巧秀雅的美感。

大体以昆仑山—祁连山为界，我国西部人文景观也存在巨大的南北差异。在西部的北方，从内蒙古，经宁夏、甘肃，到新疆，气候干旱，民族构成以蒙古族、回族、维吾尔族等少数民族为主，伊斯兰文化非常明显，佛教文化多藏传特色，民族风情以维吾尔族、蒙古族和回族为主，牧场、绿洲和古城特色突出。热情的少数民族,多姿的民族风情,悠久的丝绸之路文化,丰富的文物古迹,生机勃勃的绿洲,构成本区最重要的人文景观。西部的南方为青藏高原,地势高峻,气候寒冷,是藏族同胞的主要分布区,以藏传佛教为主的宗教色彩浓厚,包括藏语、藏文、藏医、藏药、藏戏、藏服、藏歌、藏族风情等为主要内容的藏文化特点非常突出,生产生活景观都具有高寒性特点。

地域性也就是差异性,差异性是旅游吸引物的魅力所在。旅游资源或产品开发强调“人无我有,人有我优,人优我特,人特我绝”,错位发展,弘扬个性,就是突出旅游资源的地方特色。近些年来,云南、西藏、新疆等西部地区的旅游业蓬勃发展,旅游资源的地域特色是不可忽视的一个重要原因。

5. 交融性

中国文化源远流长。在中国文化发展的过程中,华夏文化与荆楚文化不断融合,形成中国本土文化;中国本土文化不断吸收少数民族文化和外来文化,形成中国传统文化;中国传统文化又不断吸纳外来文化,形成今天如此磅礴恢宏的中国文化。交融性实际上也是涵化。佛教中国化过程就是佛教不断吸收和融合中国传统文化的过程。

在交融的同时,有些文化现象发生了变化,有些文化现象不一定发生变化。如在佛塔中国化过程中,中国塔依然保留了中国塔的原有用途,所以中国很多塔并不全是佛塔:西安大雁塔是为存放玄奘自印度带回的梵文佛经而建,杭州六和塔是为镇钱塘江大潮而建,河北定县的开元寺料敌塔是为瞭望监视敌情而建,南京报恩寺琉璃砖塔是朱棣为报生母之恩而建,承德须弥福寿庙琉璃塔是为乾隆70寿辰而建,镇江的过街塔是为过江求得菩萨保佑而建,晋江姑嫂塔是为纪念姑嫂二人杀身成仁的精神而建,芜湖的中江塔系风水塔等。

6. 时代性

如果说我国古代旅游文化具有农耕经济条件下求稳、内向、保守等特征(如汉族明清古民居外实内虚、高墙围合等),近现代旅游文化则是在机器大生产条件下的商品经济开放性、流动性的延伸的话(如西餐开始进入中国时是“西餐西食”等),那么,当代旅游文化则具有在经济全球化、全球一体化背景下前所未有的国际性、融合性、广泛性和多样性以及个性、开放、活力的风格(如当下既有“中餐中食”“西餐西食”,也有“中餐西食”“西餐中食”)。

从旅游主体构成看,古代主要是帝王将相、皇亲国戚、达官显贵等上层贵族,现代则是普通大众,时代性特征同样十分明显。

在安徽，在旅游客体方面有“天造黄山，佛造九华，人造方特”之说。芜湖“方特欢乐世界”“方特梦幻王国”“方特水上乐园”完全是现代科技的产物，而且游览项目随着市场需求不断更新，同样具有时代性。

7. 综合性

如同旅游业具有综合性特征一样，旅游文化也具有综合性，是社会环境中多种文化现象的综合反映。以旅游消费的综合性为例，人们从准备旅游开始到游程全部结束，都充满着文化消费的色彩：购买相关书籍和方便食品，戴上太阳帽，拿上照相机，背起旅行包，一副出门旅游的样子，与平时大不一样；在旅行途中，关心的是旅游目的地的方方面面；到了旅游目的地，要购买旅游图、旅游纪念品，留影纪念，品尝风味小食；返程途中还要回味整个旅程。差不多在旅游者的全部旅游经历中，每时每刻都在自觉不自觉地追求、消费并创造着文化，“食、住、行、游、购、娱”全面涉及，综合性非常突出。

二、文化旅游

国际社会对文化旅游非常重视。联合国教科文组织在“关于二十一世纪的关键问题”国际专家圆桌会议上预测了旅游业未来发展的优先地位，强调“要把文化作为旅游的核心和灵魂，文化和文化旅游的关系应当受到长期和密切关注。”世界旅游组织前秘书长曾经说过：“中国旅游的未来在于文化。”西班牙政府认为，西班牙必须以90%的精力发展文化旅游。

从我国每年的旅游主题看，文化是旅游主题的主要内容。1992年以来，我国每年推出一个旅游主题：1992年“友好观光游”，1993年“山水风光游”，1994年“文物古迹游”，1995年“民俗风情游”，1996年“休闲度假游”，1997年“中国旅游年”，1998年“华夏城乡游”，1999年“生态环境游”，2000年“神州世纪游”，2001年“体育健身游”，2002年“民间艺术游”，2003年“烹饪王国游”，2004年“百姓生活游”，2005年“红色旅游年”，2006年“中国乡村游”，2007年“和谐城乡游”，2008年“中国奥运旅游年”，2009年“中国生态旅游年”，2010年“中国世博旅游年”，2011年“中华文化游”，2012年“中国欢乐健康游”，2013年“中国海洋旅游年”，2014年“智慧旅游年”。在这23个旅游主题中，没有哪一个主题与文化无关，至少一大半是纯文化主题。

文化旅游业是现代服务业的重要组成部分。大力发展文化旅游，发挥旅游对文化消费的促进作用，无疑是稳增长、调结构、促转型、增活力的重要举措。

(一)文化旅游的概念

尽管文化旅游发展很快,但学界和业界对什么是“文化旅游”亦没有形成共识。

1. 文化旅游的概念

(1)“过程论”。“文化旅游是人们对异地或异质文化的求知和憧憬引发的,离开自己的生活环境,观察、感受、体验异地或异质文化,满足文化介入或参与需求冲动的过程。”[1]在这个概念中,包括了文化旅游三个最基本的元素:文化旅游的动机——对异地或异质文化的憧憬;文化旅游的直接原因——了解异地或异质文化;文化旅游的功能——休闲、调适。

文化旅游是“通过旅游这种方式进入到异质文化的现实氛围中,以切身体验和了解其生活习惯、社会风俗、宗教、艺术、文化、历史发展、民族特点的行为;其目的绝非单纯的消遣娱乐,更重要的是获得异质文化的相关知识和体验[2]。”

有学者认为,消费者消费各种带有文化色彩的旅游产品的过程即是文化旅游[3]。这个概念同样属于“过程论”。

(2)“类型论”。“文化旅游是一种旅游类型。具体表现形式可分为遗迹遗址旅游、建筑设施旅游、人文风俗节庆旅游和特色商品旅游等四大类型。”[4]“文化旅游属于运动的范畴,是旅游的一种类型。”[5]

表1-6 文化旅游类型

状 态	类 型		示 例
静态吸引物	文物古迹	宗教建筑,公共建筑,历史建筑,宫殿城堡,园林,陵寝建筑……	三国故地访古,中原古迹觅踪
	博物馆	民间文化博物馆,艺术博物馆……	
	旅游专题线路	文化—历史专线,艺术专线……	京杭大运河沿线游
	主题公园	历史文化主题公园,考古类主题公园,建筑公园,现代科技主题公园……	唐城游,宋城游,芜湖方特欢乐世界游
动态吸引物	历史文化活动	宗教节目,世俗节目……	九华山庙会
	艺术活动	艺术展览,艺术表演……	安庆黄梅戏艺术节

[1] 张国洪. 中国文化旅游——理论·战略·实践[M]. 天津:南开大学出版社,2001:15-16.
[2] 刘宏燕. 文化旅游及其相关问题研究[J]. 社会科学家,2005(S1):431.
[3] 郭丽华. 略论“文化旅游”[J]. 北京第二外国语学院学报,1999(4):42-45.
[4] 徐菊凤. 旅游文化与文化旅游:理论与实践的若干问题[J]. 旅游学刊,2005(4):69.
[5] 马波. 现代旅游文化学[M]. 青岛:青岛出版社,2001:37.

如果把"文化旅游"作为一种旅游类型，那么与它相对应的旅游类型则是"自然旅游"。

2. 对文化旅游概念的几点认识

(1)从旅游行为角度看，文化旅游就是旅游者涉足、接触、观赏、体验异地文化及其环境氛围的过程。无论"类型论"，还是"过程论"，只是学者的视角不同，都从一个侧面阐述了什么是"文化旅游"。文化旅游不是一种旅游产品，不可与观光、度假、休闲等其他形式的旅游产品相提并论，观光、度假、休闲之中都包含着深厚的文化内涵。

(2)从旅游者角度看，文化旅游是一个过程，"过程说"恰如其分。

(3)从旅游企业角度看，文化旅游是一种产品类型，"类型论"有其合理成分。

(4)从旅游客体角度看，"文化旅游"的资源客体是文化景观而非自然景观，或者是文化意蕴大于自然情趣的旅游客体。严格说来，世界上所有的旅游客体都不同程度地"文化"了，已经没有了纯自然的旅游客体。但是，当人们游览世界文化与自然遗产黄山、世界自然遗产九寨沟、黄龙、武陵源、三江并流、大熊猫栖息地等，还是认为自己游览的是自然景观，属于自然旅游，因为它们的自然情趣远浓于文化氛围。若游览了世界文化遗产秦始皇陵及兵马俑坑、布达拉宫、安阳殷墟、开平碉楼，或者平遥古城、故宫、长城、安徽古村落西递—宏村等，人们认为这是文化旅游，因为它们的文化氛围远大于自然情趣。

(5)从旅游目的角度看，文化旅游者希望得到的是文化体验、参与和享受。

(6)从欣赏主题角度看，以文化为主题的旅游活动称之为文化旅游。根据旅游客体的主题文化差异，可以将文化旅游分为三种类型：①以文物、遗址、建筑等为依托的物质文化型；②以生活习俗、节日庆典、祭祀、婚丧等为依托的制度文化型；③以科技、宗教、信仰、文学、艺术等为依托的精神文化型。

(7)从旅游活动的短暂性、异地性等特点看，文化旅游是一种过程，这个过程结束了，文化旅游也就告一段落。

综上所述，文化旅游是旅游者为实现特殊的文化感受，深入体验旅游资源文化内涵，从而得到全方位的精神享受的一种旅游活动。

(二)文化旅游的特点

1. 可持续性

(1)旅游主体的文化追求无止境，文化旅游市场广阔。例如从旅游空间来看，旅游者首先在家乡旅游，后来发展到在本省、本国范围内旅游，进而把旅游空间扩展到邻国、外洲乃至全世界，现在人类已经把自己的旅游空间拓展到了太空，未来太空旅游者也不会像当下这样凤毛麟角。空间不断扩大，异地异质文化丰富多彩，为文化旅游者的旅游客体选择提供了广阔的空间。从旅游类型来看，文化观光内容不断丰富，专项文化旅游日益涌现，享受生活的休闲度假旅游蓬勃发展，为文化旅游者体验、享受文化提供了多种多样的消费方式。

(2)人类不断创造新的文化景观，为文化旅游提供了源源不断的旅游客体。文化旅游的对象主要是人文景观或场景、氛围，人文景观大都是历史文化的积淀或人类思想精华的凝聚，以各式各样的实物、丰富多样的知识与技能或海量的信息等形式存在。在社会发展进程中，人类会不断地创造出新的文化景观，也会不断吸收优秀传统文化的精华，通过自己的创造，变成更加丰润多彩的文化景观传承后人，满足一代又一代人的旅游需求。从中国旅游现实看，旅游者早已不限于“白天爬山看庙、晚上关门睡觉”，而是传统与现代、乡村与城市、物质与精神、静态与动态等多种景观“兼收并蓄”，连卫星发射场等高科技场所都成了旅游目的地。

(3)文化旅游有利于文化景观保护。发展文化旅游，一定程度上更加有利于文化旅游资源的保护。例如文物保护单位，“博物馆式”保护缺少资金，也不利于保护；动态性保护、保护性开发既有利于为保护积累资金，也有利于延长文物寿命。以传统民居为例，没有人居住的房屋因为空气不流通，容易滋生病菌，危害房屋，又缺少必要的保养和维护，最容易坍塌，适度发展旅游，有利于保护传统民居。所以，《中华人民共和国文物保护法》规定，在保护和不改变文物保护单位现状的情况下，文物保护单位可以辟为游览参观场所。

从另外一个层面看，传统旅游目的地的居民因为文化旅游而受益，感到身边的人文景观已经从“丑小鸭”变成了“白天鹅”，文化自卑心理减弱，文化自珍意识增强，文化自毁现象消失，从而为当地文化景观的保护奠定了良好的群众基础。

2. 知识密集

文化旅游客体蕴涵着海量的知识信息，文化旅游是知识密集型旅游。文化旅游能为旅游者提供大量丰富的科普知识、历史知识和社会知识等，让游人从中接受熏陶，提高文化修养，得到某些感悟与升华。如到明清民居中旅游，民居楹联或者崇尚孔孟之道，或者注重教化，或者抒情言志，或者劝人积德行善，或者教人修齐治平，认真品读，大有茅塞顿开之感。又如到现代科技型主题公园旅游，能让我们深切感受到科技并不遥远，生活中充满着科技，科技就在我们身边。

三、旅游文化和文化旅游的关系

如同玻璃窗户不同于窗户玻璃其间有交叉一样，旅游文化同样不同于文化旅游，二者之间既有联系，也有区别。

（一）旅游文化与文化旅游的联系

1. 概念范畴上的联系

从概念范畴上看，“旅游文化”和“文化旅游”都关注旅游和文化的结合点；二者的交集，一是文化旅游资源，二是取向于文化景观的旅游活动。

2.“旅游文化”与“文化旅游”相互促进

“旅游文化”对“文化旅游”实践活动起吸引作用，“文化旅游”的发展可以极大地扩大“旅游文化”的影响，发挥“旅游文化”的功能。“旅游文化”是从文化学的视角研究与旅游有关的文化，把文化作为旅游的欣赏对象加以研究；“文化旅游”是从旅游学的角度划分的一种旅游类型，是旅游者的一种活动方式。从中观角度看，旅游文化是文化旅游的基础，文化旅游是实现旅游文化价值的重要手段。

（二）旅游文化与文化旅游的区别[1-2]

1. 侧重点不同

“旅游文化”是以“旅游”为限定词，“文化”为核心词，侧重点在“文化”，是文化范畴的一部分。“文化旅游”是以“文化”为限定词，“旅游”是核心词，侧重点在“旅游”，是旅游活动的一种重要类型。

2. 学科归属不同

按照我国目前的学科划分体系，“旅游文化”主体属于旅游社会学、旅游心理学、旅游资源学等的研究范畴；“文化旅游”主体属于旅游管理学、旅游市场学、旅游规划学等的研究范畴。

从西方学术界对于学科的划分体系看，“旅游文化”属于基础学科，“文化旅游”属于应用学科。

只有充分发掘旅游客体蕴含的文化，旅游从业人员知道其中的“说道”，而且做得很“精到”，“文化旅游”才能蓬勃、扎实地开展起来，旅游者才能享受“精神大餐”。

---

[1] 吴光玲. 关于文化旅游与旅游文化若干问题研究[J]. 经济与社会发展，2006(11)：161.

[2] 徐菊凤.旅游文化与文化旅游：理论与实践的若干问题[J]. 旅游学刊，2005(4)：68.

复习思考题

1. 闲暇、休闲、游憩与旅游的概念、联系和区别。

2. 旅游对国民经济和旅游者有哪些积极意义。

3. 谈谈你对旅游的表象和内核的认识。

4. 理解并举例说明旅游和文化的关系。

5. 旅游文化、文化旅游的概念众说纷纭,谈谈你对诸多见解的认识。

6. 谈谈你对“山水借文章以显,文章凭山水以传”的认识。

7. 理解并举例说明旅游文化的分类。

8. 理解并举例说明旅游文化的特点。

9. 理解并举例说明旅游文化与文化旅游的关系。

10. 有人说“熟悉的地方没有风景”,有人说“熟悉的地方也有风景”,谈谈你的认识。

11. 说说你对“旅游”与“游学”和“旅游如游学”的认识。

12. 旅游是一种“看的艺术”,结合某一旅游客体,说说你“看见”了什么,“看好”了什么,“看懂”了什么。

第二章 山岳文化

“游山玩水”,凝结着中国人旅游深厚的山水情怀;“游山如读史”,“观山如观画”,反映了中国人旅游浓郁的文化情结;“一山一世界”,蕴含着中国人认识山水的无限理性。本章在廓清我国名山起源和发展历程的前提下,分析了名山功能的演变、名山的价值和作用,阐述了山岳自然美和人文美欣赏原理,并分门别类地介绍了不同类型名山的形成原因和主要景观。

按照旅游文化“总和说”,山岳文化是指人类创造的以山岳为载体的在旅游过程中可以感知的物质文化和精神文化的总和。按照旅游文化“内涵说”,山岳文化是指人类创造的以山岳为载体的在旅游过程中可以感知的旅游客体的文化内涵。

根据海拔高度,陆地凸起的地貌可以划分为丘陵和山地等。绝对高度不同、相对高度不同、切割程度不同的山地,景观特征有很大差异。

表2-1 山地和丘陵的划分及不同切割程度条件下的景观特征

地貌类型	绝对高度(m)	相对高度(m)	侵蚀切割程度	景观一般特征
丘陵	200~500	>200		
低山	500~1 000	100~500	轻微切割	平缓匀称,山矮谷浅
		500~1 000	中等切割	
中山	1 000~3 500	100~500	轻微切割	平缓匀称,山矮谷浅
		500~1 000	中等切割	↓
		>1 000	强烈切割	雄伟陡峭,山高谷深
高山	3500~5 000	100~500	轻微切割	平缓匀称,山矮谷浅
		500~1 000	中等切割	↓
		>1 000	强烈切割	雄伟陡峭,山高谷深
极高山	>5 000	>1 000		

山以较小的峰顶面积区别于高原,又以较大的高度区别于丘陵。人们习惯称谓的山不同于地貌学上的山,是指陆地表面高度较大、坡度较陡的隆起地貌,在海拔上没有严格的限制,海拔5 000米以上的称之为山,如喜马拉雅山,不足100米的也称之为山,如主峰仅58.59米的颐和园万寿山。

上海辞书出版社1999年版《辞海》说:岳,高大的山。汉语大词典出版社1997年版《汉语大词典》说:岳,作嶽,古代指名山"四岳"或"五岳";又说:山岳,高大的山。《诗经·大雅·崧高》曰,崧高维岳。朱熹注,山大而高曰崧,山之尊者曰岳。据此,"山""岳"都是山,只不过"岳"之声望高于"山",或者"岳是高大的山"。本书把高度不大、声望不高的"山"和高度很大、有声望的"岳",通称为山岳。

人们习惯把外出旅游说成是"游山玩水",由此可见,山岳是人们最常见的旅游客体,在旅游发展史上有着极其重要的地位。

"游山如读史"。一座山就是一部历史,既包括难以穷尽的自然科学史,也包括意味无穷的社会文化史。与山岳有关的神话传说、宗教文化、摩崖石刻、文人游记等,都是山岳社会文化史的重要组成部分。

"观山如观画"。这里的"画",不仅包括云蒸霞蔚、气象万千、充满意境、如诗如画的山水风光,还包括劳动人民的"画作",如难以揭秘的史前文明,或刻或绘、经久不变的岩画,内涵丰富、极具史料价值的摩崖石刻,有"大地艺术""大地雕塑"之称的梯田,或曲或直、时隐时现的山道,各具特色、与自然浑然一体的山地民居,等等。

我国是一个多山的国家,山地约占全国面积的33%,丘陵约占全国面积的10%。山岳是我国旅游的主要客体之一,我国的世界遗产近三分之一是山岳,我国的世界地质公园几乎都是山岳,我国国家级风景名胜区的45%左右是山岳,我国的地质公园、自然保护区、森林公园均以山岳为主。

一个国家山岳景观美不美,取决于该国的面积是否辽阔,南北延伸是否宽广,地貌类型是否多样,低纬度是否有"一山有四季、十里不同天"的山地,气候类型是否丰富,历史是否悠久等因素的综合作用。在世界上面积超过900万平方千米的四个国家中,我国气候类型最为复杂,地貌类型最为多样,高山最高,垂直地带性最为明显,历史最为悠久,因而名山最为著名。我国是世界上最早开发山岳风景资源、把山岳作为观光对象的国家之一。

一山一世界。每座山都有每座山的美,每座山都有每座山的文化。山是物质的,一草一木、一花一果、一土一石……它们与我们的物质生活紧密相连;山是精神的，山光水色、摩崖石刻、神话传说……它们丰富着我们的文化生活；山是深奥的，有形的物质世界难以穷尽，无形的精神世界永无止境。

第一节　名山的起源和发展

从美学角度看，名山是指知名度很高的以具有强烈美感的山岳自然景观为基础、渗透着很高文化价值的人文景观的山地空间综合体。

“山不在高，有仙则名。”在中国乃至世界，山岳文化以名山最为著名。名山是由普通的山岳逐渐演变而来的。普通的山岳演变为名山，除了山岳本身某些与众不同的特征，如高度、特殊的位置（如平原中凸起的山地等）、与众不同的形态、丰富多样的生物、特殊的天象（如佛光等）等基础条件外，最重要的是人类的创造和推崇。概言之，自然条件奠定了名山的基础，人类创造了名山，使山出名的“仙”不是别人，正是人类自己和人类创造的文化。

随着人们物质生活的改善，特别是文人墨客、封建士大夫、王公贵族等，生活无忧无虑，开始游览山岳，山岳慢慢成为他们海阔天空、寄情山水、抒情言志的对象，普通的山岳慢慢成为名山。

道教崇敬老庄，极力主张“人法地，地法天，天法道，道法自然”。道家清静无为、返璞归真、崇尚自然、师法自然的处世态度，以及恬淡养性、超然物外、清心寡欲的修炼方式，促使道士超脱功利，避开喧嚣，远离世俗，遁隐山林。佛教避世隐逸以及对修行环境选择的态度和道教有异曲同工之妙。佛教进入中国以后，仿效佛祖、道家，选择山林环境，寻求幽静清寂之地作为自我解脱、自我净化的修炼场所。或者为了长生不老、洞天福地，上山采药炼丹以炼就不朽之躯，或者为了修身养性、传经布道，上山寻找佛国仙境，于是有了“天下名山僧占多”的现象，进而发展为“天下名山僧建多”，“可惜湖山天下好，十分风景属僧家”。中国道教十大洞天、三十六洞天、七十二福地、四大名山，中国佛教四大名山等，都是这一过程的杰作。

探险家、科学家的科考活动，把名山文化从社会科学层面推进到自然科学层面，名山的自然科学之谜逐渐为人们所破解，名山文化的内涵较之以前多了份科学，更为丰富多彩。

新中国成立以后，尤其是二十世纪七十年代以后，由于山岳具有特殊的环境和功能，如山清水秀、生态宜人、健身康体等，一些大大小小的山岳逐渐为我国各级政府乃至国际组织等冠以各种称谓，在保护的同时，逐渐成为人们的旅游胜地。

名山是中华民族五千多年文明的产物之一。人们对山的认识，受制于社会经济、科学技术发展水平和思想意识等，从古到今，差异很大。大体上可以说，在人类认识山岳这个漫长的过程中，原来仅仅作为衣食之源之一的普通的自然之山，经过黎民百姓的自然崇拜、山神祭祀，封建帝王的封禅活动，文人墨客的登临览胜，佛道两教的建庙修观，科学工作者的探究奥秘，社会组织的刻意打造，逐渐演变成为非同一般的名山，山岳文化逐渐丰富起来，山岳主要的功能从衣食之源发展成为自然崇拜、观景览胜、宗教活动的场所，进而发展成为探索科学奥秘的对象。

一、名山的起源[1]

从远古到秦汉王朝，即公元220年以前，名山主要是人们自然崇拜的对象。

人类与山岳有着先天的缘分。考古发现表明，早期人类大都生活在丘陵山麓毗连河谷的地方。因为这里离深山不远，距河流很近，从事维持生存的活动，如狩猎、采摘、捕捞等，比较方便。

（一）山神崇拜

远古时代，人类几乎没有科学知识，一方面，先民对赖以生存的作为衣食之源之一的山林环境富有好感，另一方面，当先民面对巍峨壮观的山岳和发源于峻山险谷的河流，无法理解山岳高耸入云的磅礴气势、兴云布雨和孕育万物的神秘力量时，总以为有某种神灵左右着未知的大自然，以为种种强大的自然力是神灵所为，无意识中产生了“敬畏自然”“崇拜自然”的思想。这种原始的“敬畏自然”“崇拜自然”的思想慢慢催生了原始神话和原始宗教，反过来，原始神话和原始宗教又赋予山岳以神秘性。于是，先民们“崇拜自然”，把山岳作为祈求风调雨顺、保佑家人安康的对象来崇拜，山上有了山神庙，山神崇拜由此而产生。

1. 民祭

或者为了风调雨顺，免受饥寒之苦、灾祸侵扰，以获得更多的生产生活资料，或者为了禳安祈福、人丁兴旺，人们怀着虔诚的心情祭祀山神。自然崇拜源于何时无从查考，但却留下了自然崇拜的标志——山神庙。直到二十世纪上半叶，我

---

[1] 谢凝高. 中国的名山[M]. 上海：上海教育出版社，1987：5–10.

国许多大大小小的名山上还有山神庙。

春秋战国时期,祭祀山神的活动已经遍及全国,并且形成了一定的礼仪,祭品规格差异很大。祭品规格的差异,实质上是名山等级的最初反映。

2.封禅

"封禅"是古代封建帝王祭祀天地的一种礼仪活动,"封"是设坛祭天,"禅"是设坛祭地。封建帝王标榜自己"奉天承运",拜天祭地,封禅四方,祈求江山社稷绵延千秋,子民百姓幸福安康。由于身份、地位等方面的差别,被帝王祭祀或被封禅的山岳的地位明显高于其他的山岳。中国帝王的封禅活动,自有史记载的秦始皇登泰山祭天拜地始,一直延续到清朝晚期。

(1)秦始皇祭泰山。我国封禅活动由来已久,起源不详,但有史实记载的封禅活动始于秦始皇。秦始皇统一中国后,于公元前219年登临岱顶封泰山,并命李斯篆书刻石,以纪功德。该刻石是泰山最早的刻石,也是我国名山摩崖石刻的始篇和先导,对后世名山石刻的发展产生了巨大的影响。

封禅是中国名山中特有的文化现象,是封建社会政治和迷信的混合物。泰山被称为"五岳之尊",其原因与秦汉之际开始的封禅活动有关。传说,先秦有72代君王封禅泰山。正史记载的到泰山举行大规模封禅活动的帝王,有秦始皇嬴政、汉武帝刘彻、光武帝刘秀、唐高宗李治、唐玄宗李隆基、宋真宗赵恒。宋以后,帝王到泰山不再行封禅之礼,但仍然要举行祭祀活动。清康熙、乾隆都曾到过泰山,其中乾隆到泰山11次。

(2)汉武帝封"五岳"。中国岳山之称始见于《尚书》。《尚书》上有东、西、南、北四岳,而无五岳,四岳山名见于经书者唯有东岳岱宗。《周礼·大宗伯·大司乐》始言五岳,但未言五岳为何山。司马迁在《史记·封禅书》中有五帝至秦代我国名山的演变过程,但其真实性,或者是否是经学家的附会,无从查考。一般认为,到汉武帝时才正式创立五岳制度,并登礼南岳。据《汉书·郊祀志》记载,神爵元年(公元前61年)汉宣帝颁布诏书,确定泰山为东岳,霍山(一说今安徽天柱山,一说今安徽霍山白马尖)为南岳,华山为西岳,恒山(今河北曲阳西北与山西接壤处)为北岳,嵩山为中岳。大体上可以说,当时的五岳被视为天下五个方位的代表,是以中原为中心、当时人们认识到的地域范围的方位或尽端之代表。

汉武帝封禅活动规模之大,持续时间之长,前所未有,并对以后历代帝王的封禅活动产生了巨大影响。汉武帝以后,不少帝王对五岳不断追加各种封号,如唐玄宗封五岳为"王",宋真宗封五岳为"帝",明太祖封五岳为"神"。在我国两千多年的封建社会里，历代帝王为了宣扬“受命于天”，封禅成了一种旷世大典。由于历代帝王的封禅，五岳成了圣山、神山，成为天下名山之首，形象至高无上。

今天所称的“五岳”与汉宣帝确定的“五岳”有所不同。隋文帝杨坚统一南北朝以后，为拓展南疆，于开皇九年(589)诏南岳尊号至湖南衡山。汉代至宋代，一直以河北恒山为北岳。金、元、明、清诸代均建都于北京，而河北曲阳之北岳在京城之西南，岳名与位置不符，而山西浑源的恒山恰好在京城之西北。明代始称山西浑源恒山为北岳，但因路途遥远，交通困难，仍在河北曲阳祭祀。直到清顺治十八年(1661)，才诏改北岳于山西恒山。至此，今天的“五岳”方成定局。

(3)“五镇”。关于“五镇”的记载，始见成书于战国时期的《周礼·职方氏》。当时天下九州各有镇山，共有九镇。以后与五岳对应，取五方之主山为五镇，即东镇青州沂山(今山东省中部沂山，一称东泰山)，西镇雍州吴山(今陕西陇县西南岳山)，中镇冀州霍山(今山西省霍州市霍山，又称太岳)，南镇扬州会稽山(今浙江绍兴市境内)，北镇幽州医巫闾山(今辽宁锦州市医巫闾山，简称“闾山”)。

在相当长的时间里，五镇差不多与五岳齐名。直到清朝，名声依旧不减。清康熙多次造访南镇、西镇，题有匾额。清乾隆曾三登北镇，为闾山题词留咏。十九世纪后期以来，由于战争等因素，五镇名声渐衰。

(二)“仁者乐山”

孔子曰：“智者乐水，仁者乐山。”仁者为何乐山?《韩诗外传》解释说：“山者，万人之所瞻仰。草木生焉，万物殖焉，飞鸟集焉，走兽伏焉。生万物而不私，有群物而不倦，出云导风，天地以成，国家以宁，有似夫仁人志士。此仁者所以乐山也。”[1]朱熹在《论语集注》中解释说，智者达于事理而周流无滞，有似于水，故乐水；仁者安于义理而厚重不迁，有似于山，故乐山。

春秋战国时期，除了山神崇拜以外，学术思想比较活跃，在诸子百家的言论中，萌发了赞美山水、敬仰山水、借山比君子之德、借水比智士仁人的山水观。当时，有识之士对山岳的认识，不是单纯的功利主义和盲目崇拜，而是有了初步的科学和美学见解。

1.《山经》与《禹贡》

《山经》与《禹贡》是春秋战国时期科学山水观的代表作。

[1] 蒋红星. 山岳与文化[J]. 湖南林业，2006(5)：26.

《山经》也叫《五藏山经》，是《山海经》中成书最早也是最重要的一部分，成书时代无考，但一般认为早于《禹贡》。《山经》首次从全国范围着眼，以山为纲，分东、南、西、北、中五部，共五卷，因而称《五藏山经》。书中以今山西省西南隅和河南省西部为《中山经》，并以此为中心，对其他地区按地理方位分为《东山经》《西山经》《南山经》和《北山经》，每山记有方向、道里、河流、动物、植物、特产以及神话传说、祭祀活动等。可以说，《山经》是一部内容比较丰富的名山录，是我国最早的山志。

《禹贡》是《尚书》中的一篇，约成书于战国，作者不详，全书1 193字。《禹贡》假托大禹治水所划分的疆界，以山河为标志，把全国划分为冀、兖、青、徐、扬、荆、豫、梁、雍九州，每州分述其山川、湖泊、物产、贡赋等。该书的“导山”部分专论山岳，字数不多，但从字里行间中可以看出作者当时掌握了九州之内山岳西高东低、西集中东分散的特点。

2. 张骞和司马迁

张骞、司马迁等是这一时期对科学认识山岳有明显推动作用的代表性人物。

秦始皇统一中国以后，建立了中国历史上第一个中央集权的封建帝国。秦亡汉兴，经过半个多世纪的休养生息，到汉武帝时，国家繁荣，政权空前巩固，人民生活稳定，为各种旅行活动创造了很好的条件，出现了不少的旅行家，其中最有代表性的是张骞和司马迁。

西汉著名的探险家、旅行家和外交家张骞，出使西域，开创“丝绸之路”，不但架起了东西方人民友谊和文化交流的桥梁，而且实地考察和记录了西域的山川。

西汉伟大的史学家、思想家、文学家司马迁“究天人之际，通古今之变”，为作《史记》，踏遍山山水水，实地考察，搜集资料。他随从汉武帝巡游四方，封禅泰山，祭祀南岳，几乎走遍了中原及周边地区。司马迁是中国历史上长时间、远距离、带有科学考察性质旅行的第一人。司马迁随从汉武帝巡游四方，但他不信鬼神，而是壮游名山，寻访历史古迹。司马迁探古察今式的游历四方，不仅对其撰写《史记》起了不可估量的积极作用，而且也对后世游览名山大川的方式和目的产生了深刻的影响。

综观远古社会到秦汉王朝，名山的诞生始于人们对山神的自然崇拜。那些形象高大、形态奇特的山岳，被视为神灵之居所，成为岁时祭祀的名山。随着氏族社会的瓦解，奴隶制国家的诞生，直至统一的封建帝国的建立，对山神的祭祀逐渐成为统治阶级巩固统治地位的一种精神手段，封禅成为国家法定礼仪。至汉代，全国已经形成了“五岳”“五镇”为骨架的名山体系，名山在人们心目中具有代表天地、至高无上的地位。

二、名山的发展[1]

魏晋南北朝到清朝鸦片战争期间(220—1840),是我国名山的发展阶段,我国绝大多数名山是这一时期奠定雏形或形成的。这一阶段,名山的主要功能发生了变化,从自然崇拜发展到观景览胜、宗教活动,进而发展成为科学探索的对象。

促使名山发展的原因,一是社会经济的发展,二是科学文化水平的提高,三是宗教的广泛传播,四是各种游览活动的蓬勃兴起。

名山发展阶段,大体上分为转变和大发展两个时期。

(一)转变时期

转变时期主要在魏晋南北朝期间(220—589),名山的职能从自然崇拜向观景览胜、宗教活动转变。当时,士族享有特权,物质条件充裕,过着清淡玄理、登临山水的悠闲生活。同时,一些政治上失意的文人、官宦,或肆意遨游,或退隐田园,以寄情山水。前者的代表如晋宋间诗人谢灵运,后者有晋宋间诗人陶渊明。他们游山玩水的原因多种多样,但都促进了名山功能由自然崇拜的对象转向观景览胜的场所。

1. 山水诗

山水诗的兴盛始于南朝,游记散文创作差不多与此同步。

山水诗,即以山水为歌颂对象,以反映"人文化"和"非人文化"的自然风光为主要内容的诗篇。山水诗语言简洁,节奏明快,韵律和谐,想象力丰富,富有意境美,篇幅短小,易记易背,广为流传。山水诗反映了地理环境特点,具有丰富的科学内涵乃至深刻的哲学道理,既是重要的旅游资源,也是宣传旅游的重要载体。如唐代诗人白居易的《大林寺桃花》:"人间四月芳菲尽,山寺桃花始盛开。长恨春归无觅处,不知转入此山中。"短短四句,写出了平原和山区气候的差异以及由此带来的物候差异。我国山水诗中的不少名句,如"曲径通幽处,禅房花木深"(唐·常建《题破山寺后禅院》),"山重水复疑无路,柳暗花明又一村"(南宋·陆游《游山西村》),"蝉噪林愈静,鸟鸣山更幽"(南朝·王籍《入若耶溪》),"亭台到处皆

[1] 谢凝高. 中国的名山[M]. 上海:上海教育出版社,1987:10-26.

临水，屋宇虽多不碍山”，“几个楼台游不尽，一条流水乱相缠”等，还对我国园林造景、布局等有着重要的指导意义[1]。

谢灵运在政治上屡有沉浮，因此经常愤愤不满，遂寄情山水，开创了山水诗派，被称为山水诗的鼻祖。谢灵运的作品改变了东晋以后的“理过其辞，淡乎寡味”之诗风，具有划时代的意义，特别是那些垂范后世的佳句，无不显示着高超的山水景物的描摹技巧。如：“白云抱幽石，绿筱媚清涟”（《过始宁墅》）；“晓霜枫叶丹，夕曛岚气阴”（《晚出西射堂》）；“云日相辉映，空水共澄鲜”（《登江中孤屿》）；“林壑敛暝色，云霞收夕霏”（《石壁精舍还湖中作》）；“春晚绿野秀，岩高白云屯”（《入彭蠡湖口》）；“池塘生春草，园柳变鸣禽”（《登池上楼》）；“残红被径隧，初绿杂浅深”（《读书斋》）；“野旷沙岸净，天高秋月明”（《初去郡》）；“密林含馀清，远峰隐半规”（《游南亭》）；“近涧涓密石，远山映疏木”（《过白岸亭》）等，语言工整精练，境界清新自然，犹如一幅幅鲜明的图画，从不同的角度向人们展示着大自然的美。由于官场失意，谢灵运虽然寄情山水，但是“山水不足以娱其情，名理不足以解其忧”，以致“人在山水中，心在山水外”，因而他的诗意难以达到情景交融、浑然一体的境界，名句不少，佳篇难觅。

陶渊明则不然，他早年便爱慕自然，经历了三出三归十三年仕隐不定的生活后，终于不为“五斗米折腰”，挂冠归田。重返自然、离开政坛以后，陶渊明有一种冲出“樊笼”之感，生活悠然自得，耕读田园，与美好的风景结下了不解之缘，甚至达到了物我两忘的境界。如其《饮酒·其五》曰：“结庐在人间，而无车马喧。问君何能尔？心远地自偏。采菊东篱下，悠然见南山。山气日夕佳，飞鸟相与还。此中有真意，欲辩已忘言。”陶渊明的田园诗充满了对纯洁田园的热爱，他的山水田园风光审美观及其关于“桃花源”的畅想，对后世名山景观的美学形象产生了深刻的影响。

2. 山水画

在山水文学出现的同时，山水画也作为独立的画科诞生了。无论是历史之悠久，还是艺术成就之高，中国山水画都在中国和世界绘画史上占有极其重要的地位。中国山水画的出现要比欧洲的风景画早1 000多年。

在中国绘画史上，这一时期出现了一批山水画家，名山成为他们游览和绘画的对象。东晋画家顾恺之的《庐山图》、戴勃的《九州名山图》等，是这一时期山水画的代表作。

---

[1] 孙文昌. 山水诗的科学内涵在旅游开发中的作用[J]. 东方论坛，1994（1）：85-89.

3. “天下名山僧占多”与“天下名山僧建多”

中国名山的发展与宗教关系密切，佛教和道教都起了积极作用，名山因佛教、道教上山进一步声名远扬。“天下名山僧占多”“天下名山僧建多”，高度概括了中国名山与僧侣和宗教的关系，名山形成离不开僧侣和宗教文化；僧侣出于宗教教义的需要，追求“佛国仙山”的自然环境，上山修持(“占山”)，以便更好地修身养性；名山的形成和发展离不开僧侣的开发、建设和管理(“建山”)。

佛教由两汉之际传入我国，至南北朝时，已经十分兴盛。从两汉之际到东晋，佛教的主要活动是翻译经卷，因而佛寺多建在都城长安、洛阳附近。洛阳白马寺是我国的第一个佛寺。到东晋时，全国已经形成三个佛教中心：北方以长安为中心，南方以庐山和建康(今南京)为中心。东晋100多年间，全国寺院达1 700处。到了南北朝，帝王贵族更加好佛，大肆兴建寺院，仅建康一带寺院就达500处。

自东汉至南北朝，佛寺多建在城区。到了唐代，佛寺多依山而建，融秀丽山色于一体。其后，一些名寺古刹大都建在名山大川之中。究其原因，与禅宗学说有关。禅宗主张“物我同化”，“万物与我为一”，追求人与自然的“物我同化”，必然喜欢在“幽洞泉清、高峰月白”的山林中结庐，在大自然中陶冶性情，体悟禅门“物我合一”的境界。

寺院建在自然景观优美、清幽静雅的山林环境之中，有利于众僧超脱“红尘”，潜心修持，修成正果。由于佛教开山建寺创造了有利于旅游的物质条件，因而寺庙建设也就成了名山建设的重要组成部分。

道教以崇拜自然、回归自然、返璞归真为主旨，认为高山是神仙之住所，于是上山采药、炼丹、修身养性，以求得道成仙。在道教看来，理想的成仙修道环境是白云缭绕、拔地通天、幽深僻静、超尘脱俗的名山大川。因此，当时许多大山，如五岳、九华山等，都曾被道教所占。九华山道教始于汉代，唐开元年间(713—741)建有“开元观”“仙坛观”等；唐乾宁年间(894—897)，赵知微建延华观于凤凰岭，并在此羽化仙去；随后，道家相继修建了“云峰堂”“白云观”等道观，故九华山被道家封为“三十九福地”。今九华山仍有一些道观遗址、文物和传说。

无论佛教还是道教，之所以寺庙宫观上名山、占据名山，原因有三：一是出于宗教教义之需要；二是追求“佛国仙山”的优美自然景观，以满足精神需求；三是良好的生态环境有利于“长生不老”。僧尼道众上山建庙宇，修道观，特别是寺庙宫观等人文景观与自然景观融为一体，相得益彰，有利于观景览胜。

名山寺庙宫观的建设，为文人雅士、诗人画家游山、观景、创作提供了食宿条件。虽然僧人羽士、文人画家各有所求，但他们在哲学和山水审美观上有着共同的语言，因而在名山中结成了朋友。不少高僧因此不仅精通佛理，而且还精通诗文绘画，如新安画派奠基人和领袖高僧渐江等。许多诗人因此也深通佛学，交好僧人，如谢灵运等。

由此可见，中国名山的开辟和建设，很早就有名人雅士参与其中，加之能工巧匠的精湛技艺，他们共同创造了丰富多彩的山岳文化，包括寺庙宫观、摩崖石刻、壁画雕塑、诗词书画等。尤其是石窟造像，一直保留到今天，成为名山大川之瑰宝。我国现有石窟120多处，其中不少建于南北朝。

“山不在高，有仙则名。”名山为信佛或修道者提供了修身、养性或栖隐、采药、炼丹的理想场所，而佛道二家的大量传说和丰富的文化遗迹，也为名山平添了奇幻的色彩和迷人的魅力，正所谓“寺观借名山扬名，名山借寺观增色”。

综上所述，魏晋南北朝期间，人们对名山的认识，以及赋予名山的含义，已经发生了根本性的转变，即由对名山的山神崇拜，转变为游览观光和宗教活动。这是我国名山发展史上伟大的转变时期。

（二）大发展时期

大发展时期大体上从隋朝一直持续到鸦片战争爆发（589—1840）。魏晋南北朝长达三个半世纪的分裂以后，隋统一了中国。隋朝和秦朝一样，是个短命的封建王朝。唐太宗吸取教训，承袭、改进和发展了隋朝的种种制度。到唐玄宗时，唐朝发展到了繁荣富强的顶峰，呈现出中国封建社会前所未有的盛世景象，即所谓“开（元）天（宝）盛世”。这一时期，科学、文化和宗教都有发展，名山的开拓和建设达到了前所未有的规模。以后，虽然朝代更迭，时分时合，然而名山的发展却一直趋于不断扩大、发展、深化之中。

大体上，盛唐时期作为游览观赏和道教佛教活动场所的名山已经基本定型，宋明时期的名山，不仅成为游览观光的对象，还成为科学研究的对象。

1. 山水文学

（1）山水诗词。在诗词方面，名山名水都有佳作传世。这一时期对山水诗词有重要影响的诗人有王维、李白、柳宗元、苏轼、王安石、黄庭坚等。

“一生好入名山游”的李白，以“一斗百篇逸兴豪，到处山水皆故宅”的豪情逸趣浪迹天涯，为名山大川写下了许多脍炙人口的不朽之作。李白以他对名山特有的美感、丰富的想象力和浪漫主义色彩，在名山的审美观上达到了前无古人的高度,他的诗歌给人以大山大川雄伟豪放的美感。今天,当人们游览庐山香炉峰时,很自然想起了“飞流直下三千尺,疑是银河落九天”的千古名句;当人们游览三峡时,很自然想起了“朝辞白帝彩云间,千里江陵一日还。两岸猿声啼不住,轻舟已过万重山”的不朽诗篇。

北宋著名文学家、诗人苏轼一生屡遭贬谪,宦游四方,但他热爱山水,处处歌颂名山大川。苏轼吟水诗作最为著名,如写西湖:“水光潋滟晴方好,山色空濛雨亦奇。欲把西湖比西子,淡妆浓抹总相宜。”又如写长江,在《念奴娇·赤壁怀古》中有“大江东去,浪淘尽,千古风流人物”“乱世穿空,惊涛拍岸,卷起千堆雪”“江山如画,一时多少豪杰”等佳句,写尽了长江的浩荡气派。苏轼从地理联想到历史,借景抒情,超越了一般的怀古之作,为具有悠久历史文化的中国式的游山览胜起了示范作用。

苏轼的咏山诗词中,有的深入浅出地反映了深刻的哲学道理。如他在《题西林壁》诗中写道:“横看成岭侧成峰,远近高低各不同。不识庐山真面目,只缘身在此山中。”苏轼不但游览、赞美祖国名山大川,还为考察研究山水科学迈出了一步,他的著作《石钟山记》便是一例。他所写的《南康八景》等诗作,开创了我国建设“八景”“十景”系列风景名胜之先河。

(2)散文游记。宋代散文游记成就很大。北宋文学家欧阳修的《醉翁亭记》写出了琅琊山水相映之美,朝暮变化之美,四季变幻之美,动静对比之美,清新秀美,刚健委婉。苏轼的《石钟山记》有景有情,有声有色,有缓有急,波澜起伏,具有震人心魄的感染力[1]。

2. 山水画

到了隋代,我国的山水画已经达到了非常成熟的境界。唐代以后,山水画家辈出,宋代则达到了顶峰。山水画的成熟和发展,反映了画家对名山大川自然美的挖掘深度。明清时期,山水画家几乎都是名山的常客。

3. 宗教隆盛与名山建设

盛世唐代,也是宗教发展的隆盛时期,尤其是佛教。当时,佛教寺庙遍及大小名山,进一步推动了名山的开发和建设。

(1)佛教隆盛的原因。第一,朝廷的支持。历代封建统治者都利用宗教来巩固自己的统治,并为自身精神上的解脱祈福。第二,群众对未来的期盼。广大群

---

[1] 潘宝明,朱安平. 中国旅游文化[M]. 北京:中国旅游出版社,2001:224-225.

众处于被压迫被奴役的地位,对今生无望,求来世幸福,进而崇拜佛教。第三,失意的知识分子和士大夫的宣传。失意的知识分子和士大夫为了求得精神上的依托,寻求世外桃源以寄情山水,于是名山宝刹、寺庙塔院成了他们最佳的游憩之地。他们结交高僧大德,有的甚至成了高僧。他们虽无政治、经济之功,却是重要的舆论宣传力量。第四,太平盛世,经济生活宽裕,文人、富豪、商贾游山玩水,逢庙拜佛,见佛烧香,不可能不给"功德钱",进而推动了寺庙的发展。

(2)佛教建筑遗存。这一时期,名山大兴土木,建设了不少寺、塔和石窟造像。

唐代佛寺建筑很多,历经千百年,留存至今的尚有五台山的南禅寺和佛光寺大殿。唐代宝塔遗存不少,著名的有西安大雁塔、小雁塔及嵩山会善寺的净藏禅师墓塔等。

宋代佛教文化中,最具有代表性的是富有写实精神的塑像。塑像遗存的代表作是甘肃麦积山石窟中供养人像,苏州洞庭湖东山紫金庵罗汉像等。宋代,摩崖石刻已经从北方扩散到了南方。四川大足宝顶山摩崖造像极其精练,富有浓郁的生活气息。

元代,佛事费用由国库开支,并拨给寺庙大量田地作为庙产,因而宗教更加兴盛不衰。据元至元二十八年(1291)宣政院统计,全国有寺院24 318所,僧尼213 148人。皇室兴建的寺院为数不少,北京西山卧佛寺的卧佛为元英宗在至治元年(1321)冶铜50万斤铸造而成。

明清时代遗留下来的宗教建筑和造像更多。根据清康熙六年(1667)礼部统计,全国有寺庙79 622处,僧尼118 907人。到清末,全国僧尼约80万人。

唐宋以来,宗教信徒为主的成千上万民众朝山进香,游览名山,蔚然成风。信男善女的这种活动,培养了民众名山大川的审美观和保护、建设名山的自觉性。虽然这种保护主要基于宗教观念"仙山佛国""风水宝地"不能轻举妄动,但在客观上起到了保护名山自然和人文景观的作用。

宗教对名山的贡献主要表现在三方面:一是保护了自然景观和生态环境;二是建设了协调于自然景观的人文景观;三是管理名山。

4. 因山就势,因境而成

对于名山建设而言,这一时期基本形成了最重要最普遍的原则之一——"因山就势,因境而成",或者"依山采势,就水取形"。即在不同的地方建房、架桥、修路、勒石等,都要位置得当,体量合适,色彩协调,与自然环境和谐。这种理论在明代已为画家、高僧、工匠所接受。永乐十年(1412),明成祖命工部在武当山兴建庞大的道教建筑群时，曾要求他们根据山水形胜来确定建筑物位置和占地面积大小，建筑物要随山就势，以不破坏山容地貌为原则。

5. 名山科学的萌芽

唐宋到明清这一时期，不仅在名山建设理论、名山欣赏和实践方面达到了很高水平，而且出现了研究名山成因、探索名山科学价值的科学家和先进的地理理论。代表性人物有宋代博物学家、旅行家沈括和明代地理学家、旅行家徐霞客等。他们是远远走在世界同学科科学家前面的伟大学者。他们的实践和理论，为名山发展开创了崭新的科学内容，发现了名山的科学价值。

雁荡山由岩浆岩构成，主要是流纹岩、凝灰岩和熔岩，局部有花岗岩出露。沈括在《梦溪笔谈》中探讨了雁荡山巧石的成因，认为巧石“当是为谷中大水冲激，沙土尽去，唯巨石岿然挺立耳”。并说：“如大小龙湫、水帘、初月谷之类，皆是水凿之穴。”这表明，沈括在十一世纪末已经认识到了流水对地形的侵蚀作用，而在西欧学术界，直到1780年才有英国地貌学家郝顿提出侵蚀学说，比沈括晚了六七百年。

徐霞客不仅游历名山大川，而且探索名山大川的科学成因，堪称我国名山科学的奠基人。《徐霞客游记》是世界上最早的有关岩溶的宝贵文献。徐霞客把欣赏美景与探讨成因结合起来，使旅游者既能享受山水之美，又能得到自然科学知识，这正是我们今天游览山水乃至游览一切景物所积极倡导的。

徐霞客两游黄山、一游白岳（今皖南齐云山），在三篇日记里盛赞皖南山水，感叹“黄山当生平奇览，而有奇若此，前未一探，兹游快且愧矣”。民国年间，民间流传徐氏曾说过“五岳归来不看山，黄山归来不看岳”（1935年元旦《徽声报》有记）。另据清代闵麟嗣《黄山志定本》载，有人问徐霞客：“游历四海山川，何处最奇？”徐氏答曰：“薄海内外无如徽之黄山，登黄山天下无山，观止矣！”[1]

明清时期，许多名山陆续编纂了山志。这些山志系统汇集了各山的历史沿革和主要自然景观、人文景观，对我国名山研究有重要的参考价值。

三、名山的衰落

鸦片战争以后，直到新中国成立，总体上是中国名山的衰落时期。这一时期，西方列强武力打开了中国的大门，践踏祖国的大好河山，中国逐渐沦为半殖民地半封建国家；时局动乱，国力式微，民族处在水深火热之中，山岳的发展缺少

[1] 黄山志编纂委员会. 黄山志[M]. 合肥：黄山书社，1988：245.

必要的社会经济基础；无能的政府割地赔银，入侵者大肆盗取文物，在名山修别墅，建疗养院，锦绣山河黯然失色；洋人带头，军阀仿效，亦在名山建设别墅，修公馆，据名山为己有。

事实上，我国的名山，如五岳，千百年来就有被保护的明文规定，劳动人民也有保护名山的优良传统，只是到了近代，名山才惨遭厄运。

这一时期，不少中国学者学习西方近代科学，一些西方学者到中国传播近代科学，都推动了中国名山科学的发展。

四、名山的复兴

新中国成立以后，名山建设提上议事日程，修缮、保护名山中的重要文物，植树造林，恢复植被，建设基础设施，尤其是道路建设，名山的科学探索不断加强，为进一步研究名山打下了基础。

“十年动乱”时期，中国名山遭到了破坏，山岳上的文物古迹在“破四旧”的浪潮中被“打”“砸”，僧尼道众或还俗或四散，山林植被被乱砍滥伐，有限的管理队伍严重流失。

改革开放以后，我国名山建设进入一个全新时期。随着居民收入水平的提高，闲暇时间的增多，旅游活动日益大众化，政府不仅重视保护名山，而且大力恢复名山，发展名山，建设名山，乃至打造名山，设立风景名胜区、自然保护区、森林公园、地质公园等，评定等级旅游区（点），成立管理机构，编制保护和开发规划，完善基础设施和接待服务设施，名山成了大众观景览胜、健身疗养、休闲度假的天地，成了繁荣地方经济的“金山”“银山”，昔日“靠山吃山”的农民从“垦山”种粮、“砍树”为生，发展到今天让别人“爬山”“看树”，自己赚钱。

表2–2　中国名山涉及的国内外知名品牌称号

品牌类型	品牌称号
国际品牌	世界遗产：世界文化遗产，世界自然遗产，世界文化与自然遗产，世界文化景观；世界生物圈保护区，世界地质公园
国内品牌	风景名胜区：国家级风景名胜区，省级风景名胜区 自然保护区：国家级自然保护区，地方级自然保护区 地质公园：国家地质公园，省级地质公园 森林公园：国家森林公园，省级森林公园 等级旅游区（点）：AAAAA级旅游区（点），AAAA级旅游区（点），AAA级旅游区（点），AA级旅游区（点），A级旅游区（点）

与此同时,国际组织出于保护遗产或遗迹的需要,打造了“世界遗产”“世界地质公园”“世界文化景观”等品牌名山,在全球范围内推动了名山的发展。

在山岳文化中,大体上可以说,地形乃山之“体”,植被乃山之“衣”,流水乃山之“脉”,动物乃山之“灵”,文化乃山之“魂”。

“山以文名,文以山传。”美丽的山水随着赞美山水的优秀文学作品的流传而声名远扬,赞美山水的优秀文学作品因山水的永恒而得到传承和宣扬。

第二节　名山的价值和作用

名山是锦绣河山的代表,是古老文明的象征。名山已经超出了一般山岳的采矿、伐木、狩猎的功能和作用,日益成为人们观景览胜、文学创作和科学研究等的对象。

一、名山的价值

名山的价值不同于矿山、森林,是一种不可再生的自然和精神文化资源,只要有效保护,合理开发,价值会越来越高。如黄山“迎客松”几乎成了安徽旅游的象征;九华山“凤凰松”已经成了九华山自然景观的象征,“凤凰不落无宝之地”;天柱山“天柱松”依崖临渊,顶天立地,尽管石径艰难,游人无不到访。

(一)美学价值

名山是具有美感的空间综合体,具有雄伟、奇特、险峻、秀丽、幽静、奥妙、空旷等美学特征,是人们游览观赏的对象,画家的“老师”,绘画的摹本,文学家创作灵感的源泉,天然摄影棚。

(二)历史文化价值

我国名山开发历史悠久,具有丰富的文化遗产。以五岳之首的泰山为例,从公元前219年秦始皇登泰山以来,经过历代不断开发建设,留下了丰富多彩的摩崖石刻、古建筑、宗教文化和历史人物活动遗迹,以致有人认为,走进泰山,仿佛走进了一幅浓缩的历史书卷,泰山是一座“文山”。我国名山,无一部充满着历史文化,一座山就是一部教科书。

(三)科学价值

名山具有自然界典型的现象和景观,在研究和认识地球发展史、地质变迁以及自然地理规律等方面具有重要的价值。如不同地区、不同山地、不同垂直自然带谱和地质遗迹,桂林岩溶景观,广东丹霞山的丹霞景观,湖南张家界的砂岩塔状峰林景观,黄山花岗岩峰林景观等,都蕴含着丰富的科学史实。山岳亦是生物多样性最为丰富的地区。

(四)经济价值

且不说名山上的成片森林、飞禽走兽、地下宝藏,仅旅游资源具有的经济价值就难以估量。游览名山,特别是名山的利用方式由农民“伐木砍树”发展到游人“登山看树”时,游人“留下了金钱,带走了美好的感受和记忆”,只要合理利用,将会创造无穷的经济价值。

二、名山的作用

(一)爱国主义教育的课堂

名山好比“激发器”,置身其间,使人产生良好的感受和联想,从而激发起热爱山水、热爱祖国的情感。爱国,必然热爱祖国的山山水水。祖国是一个抽象的名词,山山水水是祖国的载体。祖国的山山水水是我们的衣食之源,潜移默化地铸就了我们民族的性格。爱国主义、热爱祖国,不是一句空话,最根本的就是热爱祖国的山山水水。“江山如此多娇,引无数英雄竞折腰。”自古以来,多少爱国志士,为了壮丽的河山,留下了光辉的史诗,许多名山都有爱国志士的光辉篇章。

(二)健身活动场所

游览山岳,不仅可以陶冶性情,洗涤精神上的污秽,而且本身就是一项很好的有氧运动,即使气喘吁吁、大汗淋漓,亦有助于扩大肺呼量,加速或促进新陈代谢。秀丽的名山往往也是生态环境优美的地区,山清气爽,空气中含氧量高,负氧离子浓度高。负氧离子能够抑制病菌的繁殖,使空气清新,享有“空气中的维生素”之称。负氧离子能够激活体内多种酶,促进消化吸收,加速代谢。

另外,森林中的含有各种药理作用的树木花草散发出来的芳香微粒流,可以通过口鼻、皮肤进入人体而达到全身,袪病健身。到山地森林里散步做操,闭目养神,腹式呼吸,泡森林浴,尤其是在春天,袪病强身的效果更好。

再则,山岳秀丽的风光和清新的空气,能使人神清气爽。这种良性刺激作用于大脑神经中枢,能降低大脑的兴奋程度,并使血压降低。红外线可以扩张血管,促进血液循环和新陈代谢。紫外线可以使皮肤里的麦角醇变成维生素D,促进钙、磷的吸收。山岳上红外线和紫外线比较强,适度接受红外线、紫外线照射,同样有利于健康[1]。

(三)山水文化的源泉

名山可以激发诗人、画家、文学家、摄影家、园艺家的灵感,通过他们的艺术创造,会产生山水诗、山水画、山水游记、山水摄影、影视风光片等新的山水文化表现形式,而这些新的山水文化表现形式又进一步宣传了名山,实现了"山以文丽、文以山传"的良性循环。

(四)天然博物馆

名山不仅展示了多姿多彩的自然景观,承载着自然科学史,还记录了历史文化的发展片段乃至全部轨迹,可供人们考察、学习和研究地学、生物学及有关人文科学,借以传播科学知识。

(五)游览对象

游览名山是我国传统的旅游活动内容之一,是培养高尚情操的游览活动。名山是产生精神文明和物质文明的不冒烟的"工厂"。在名山,不仅可以观光游览、休闲度假、文化体验,还可以开展登山、科考等专项旅游。

第三节 山岳美欣赏原理

山岳之美来自诸多方面:地势起伏大,山外有山,开阔人们的胸怀;自然景观美,如地质地貌之美、生物之美、气象之美、水之美、空气之美,美不胜收;垂直地带性明显,"一山有四季,十里不同天",凸显了高下之美;生物多样性丰富,蕴含

[1] 钱今昔. 中国旅游景观欣赏[M]. 合肥:黄山书社,1993:21.

着科学探索之美；文化遗产多样，如建筑遗产、宗教遗产、摩崖石刻、文化典籍、神话传说等，无不浸润着人类文明之美；景观系统复杂多样，可供观光游览、修学科考、休闲度假之旅，可享感知（如观景、听声、闻香等）、体验、领悟之美。

名山包含着多种美，这些美大体包括自然美和人文美两类。山岳自然美相当于"天生丽质"，山岳人文美则相当于"浓妆淡抹"。所谓美感，就是人们在欣赏景观等认识过程中产生的良好心理反应。美感属于主观意识，因人而异，但也有基本相同的美感。如游览黄山的人都有"五岳归来不看山，黄山归来不看岳"之共识，游览桂林的人都有"桂林山水甲天下"之体验，游览九寨沟的人都有"九寨归来不看水"之赞叹。

山水之美，有主有从，互相配衬，互相呼应，形成和谐美、有序美、整体美。北宋中期著名山水画家郭熙在《林泉高致·山水训》中讨论了山水等诸多构景要素之间的关系，认为"山以水为血脉，以草木为毛发，以烟云为神彩。故山得水而活，得草木而华，得烟云而秀媚。水以山为面，以亭榭为眉目，以渔钓为精神。故水得山而出，得亭榭而明快，得渔钓而旷落。""山无烟云，如春无花草。山无云则不秀，无水则不媚，无道路则不活，无林水则不生，无深远则浅，无平远则近，无高远则下。"这些质朴、精辟的语言，不仅教我们如何认识和欣赏山水，也教我们如何建设和美化山水。

一、山岳自然美欣赏原理

山岳自然美包括形象美、色彩美、动态美和听觉美等。

（一）山岳形象美

山岳形象美具体反映在雄伟、奇特、险峻、秀丽、幽静、奥妙和空旷等方面。

1. 雄伟

山之雄伟主要是指山的高大形象。山是否雄伟，主要取决于山的相对高度和坡度。相对高度大，山坡陡峭，观景仰角大，在视觉中就会产生形象高大、"高山仰止"的效果，能给人以雄伟美。如泰山突兀于齐鲁丘陵之上，庐山耸立于鄱阳湖平原之上，故而高大雄伟。

"泰山天下雄"。泰山主峰玉皇顶海拔 1 532 米，泰山之西是仅为海拔 50 米左右的华北大平原，其余三面是海拔一二百米的丘陵，相比之下，泰山显得通天拔地，雄伟高峻。断块山庐山，主峰汉阳峰海拔 1 474 米，矗立于长江之滨、鄱阳湖畔，加之山体四周悬崖峭壁，谷深峰陡，故而山体格外雄伟。又如登黄山，若从慈光阁上山，直到鳌鱼峰，路从半山腰穿过，山体陡峭坡度大，左为悬崖，右为峭壁，游人弓背前行，左顾右盼，上下打量，沿途一派雄伟风光；过了平天矼，游飞来石、排云亭、清凉台、始信峰，处处秀丽多姿。所以，黄山以平天矼为界，“前山雄伟，后山秀丽”。

2. 奇特

“奇特”是指山岳景观非同一般，出人意料。桂林奇峰异洞，武夷山奇秀东南，指的都是景观与众不同。

“黄山天下奇”，奇就奇在山石、苍松、云海、水泉与众不同，峰奇、石奇、松奇、云奇。

黄山“峰奇”主要表现在峰高、峰险、峰多等方面。黄山主峰莲花峰海拔1 864米，为华东第三高峰。黄山山峰陡峭，多悬崖峭壁，群峰如林，有名者多达70座，无名峰岭不可胜数，千米以上的山峰有77座。

黄山“怪石”之“怪”有三：一是形态千奇百怪，似人似物，似鸟似兽，形态各异，令人叫绝，如“猴子观海”“武松打虎”“十八罗汉朝南海”“仙人晒靴”“仙人晒鞋”等；二是观赏角度不同，形态不同，如在半山寺看到的“金鸡叫天门”到了龙蟠坡回首看则是“五老上天都”，“喜鹊登梅”与“仙人指路”“飞来石”与“仙桃石”等也是一石两景；三是巧石与奇松相伴，构成一幅幅天然松石画卷，如“仙女弹琴”“梦笔生花”等。

黄山“松奇”奇在无松不奇，奇在生长环境上，奇在形态上。在黄山，从海拔800米左右一直到山顶，都有黄山松的分布，由于生长环境不同，黄山松形态有差异。在向阳避风、土层深厚的谷地中，黄山松长势良好，树干挺拔，郁郁葱葱，形成茂密的森林，如黄山北海“万松林”。在危岩峭壁、土层很薄或根本没有土壤的环境下，黄山松树形奇特，冠扁顶平，向阳面和背阴面枝丫不对称，犹如蛟龙探海，雄鹰展翅，千姿百态，各具神韵。黄山“奇松”指的就是后者。山峰越高，峡谷越深，岩壁越危，生态环境越恶劣，黄山松形态越奇特。

“黄山自古云成海”。黄山“云奇”奇在云海以峰为体，以云为衣，以美、胜、奇、幻享誉古今，一年四季皆可观，尤以冬季最佳。每当雨过天晴，万道沟壑间，云雾上下飘动回旋，云海浩瀚，似雪浪翻滚，蔚为壮观。依云海分布方位，全山有东海、南海、西海、北海和天海之分；登莲花峰、天都峰、光明顶可尽收诸海于眼底，领略“海到尽头天是岸，山登绝顶我为峰”之境地。玉屏楼观南海，清凉台望北海，排云亭看西海，白鹅岭赏东海，鳌鱼峰眺天海。由于地形的原因，有时西海云遮雾罩，白鹅岭上却青烟缥缈，北海一带竟晴空万里。黄山每年有52个云海日，主要出现在9月至次年5月。冬季最多，月平均云海日5～7天；夏季最少，月平均只有两天。这种明显的季节变化，主要是由于云的凝结高度随季节变化——夏高冬低而造成的。

3. 险峻

山岳坡度特别大、山脊特别窄的地方，往往奇险天成，峻峭无比。

“无奇不险，无险不奇”，道出了“险”与“奇”的相互关系：险处往往有奇景。因为越险峻的地方，去的人越少，越不为众人所知，少见多怪，叹为奇特。因此，险峰往往是名山最有吸引力的地方之一。

无限风光在险峰。登山最苦最累的地方往往有最美的风景，也是这个道理。险峰不但给人们以美的享受，而且还能激发起人们探险的好奇心和征服险峰的决心。攀登险峰的过程，实质上就是一个磨炼意志的过程。

“华山天下险”，险在山体陡峭挺拔，群峰顶天立地，山道难以攀登。“自古华山一条路”，说的是华山在索道开通以前，华山山势特别陡峭险峻，从青柯坪攀登主峰只有一条道路，由此路攀登主峰，五段险道令人骨酥腿软，望而却步：“千尺幢”——人工在山崖开凿的脚窝式磴道，370多级，磴道之宽只容一人上下，石级之宽仅容半足，手抓铁索方可拾级而上；“百尺峡”——势危坡陡，夹壁悬梯，惊险异常；“老君犁沟”——两侧石壁陡立，一条700多级石阶的沟状险道凿岩而过；“擦耳崖”——崖陡路窄，游人贴壁而行亦有悬崖擦耳之险；“苍龙岭”——山脊长约1 500米，步道宽约1米，步道两侧为峡谷深渊。

天都峰是黄山三大主峰中最险峻的一峰。天都峰有三险：一是登山老道犹如一线天梯，自云霄垂下，高不可攀；二是天都新道临深渊，缘峭壁，险象环生；三是“鲫鱼背”，长12米，宽不足1米，两侧深谷，只能容一人单向通过，即使胆大好奇者环顾左右，亦感心虚骨酥腿软。天都峰是集奇、险、雄、峻于一体的黄山峰峦风光的典型代表。

4. 秀丽

秀丽的山景必须具备两个基本条件：一是植被良好，多茂林修竹，少秃山裸石，色彩盎然，生机勃勃；二是山体形态丰满，轮廓线条柔和优美。“山明水秀”“山绿水秀”“山清水秀”，都说明了山之“清”“明”“绿”与水之“秀”的构景关系。我国南方雨量充沛，植被茂盛，许多名山都具有秀丽的景色。如西湖山水之娇秀，富春江山水之锦绣，桂林、雁荡山水之奇秀等。

“峨眉天下秀”。“秀”是峨眉山自然景观的最大特色，包括雄秀、幽秀、翠秀、清秀等方面。峨眉山主峰万佛顶海拔3 099米，金顶海拔3 077米，高于附近平原2 500多米，此为“雄秀”。峨眉山多峡谷，谷坡陡立，谷底流水潺潺，植被茂密，洞穴亦洞内有洞，洞洞相连，幽奥无比，此为“幽秀”。峨眉山满目葱郁，珍稀、特有植物多，植被除了季相变化外，植被类型亦随海拔高度变化而变化，此为“翠秀”。峨眉山降水丰沛，溪、涧、泉、瀑无所不有，山景水中映，清泉石上流，此为“清秀”[1]。

5. 幽静

“幽”景通常位于丛山深谷或山麓地带，辅以铺天盖地的高大乔木为条件，构成半封闭的空间。在幽静的地区，视野比较局促，光亮少，空气洁净，景观深邃，富有层次，有深幽静谧之妙，无一览无余之感。

“幽”与“静”关系密切，“幽”的地方肯定“静”，“静”的地方有可能“幽”。“曲径通幽”，描述了道路和幽静的关系，宽阔笔直的大道的尽端不可能有幽静之处。

“青城天下幽”。四川都江堰市西南的青城山，处处充满着幽景、幽意、幽情、幽趣，如幽静的参天大树，幽深的峡谷，幽暗的岩穴，曲径通幽的林间小道，清幽的山泉，幽香的山花，引人幽思的鸟语，别样幽奇的“圣灯”，别具幽趣的天梯等[2]。

6. 奥妙

“奥”景是比“幽”景更封闭的空间景观，如四周崖壁环列，通道如岩隙，曲折而出，深奥如井。石灰岩地区的溶洞塌陷处、落水洞，就是这种景观。在安徽池州大王洞上洞口一带，由于溶洞塌陷，两座天生桥之间出现一片深邃的凹地，四周巉崖拱卫，步入其间，峡谷幽深，密林阴森，溶洞幽奥迷离，抬头仰望，犹如坐井观天，奥妙无穷。“地天三尺平”的贵州，多石灰岩景观，多奥妙之景。

7. 空旷

“旷”景主要出现在视野开阔的区域。在宽阔的水面或平旷的平原或丘陵地区附近，登高远眺可得“旷景”。如登泰山“一览众山小”，登九华山天台“莲花佛国”尽收眼底等。

莲花峰为黄山最高峰。登上莲花峰，一览众山小，云天一色，江河一线。光明顶为黄山第二高峰，四面可观，可观四面，因地势高旷，为晨观日出、暮看晚霞、

[1] 石高俊. 中国旅游资源[M]. 南京：江苏教育出版社，1996：30–31.

[2] 石高俊. 中国旅游资源[M]. 南京：江苏教育出版社，1996：59.

远赏云海的理想之地。

人们对名山的形象美有很多评价，如泰山天下雄，黄山天下奇，华山天下险，峨眉天下秀，青城天下幽等，指的都是各山的典型特征。事实上，每座山往往都具有雄伟、奇特、险峻、秀丽、幽静、空旷、奥妙等种种形象美，如前述峨眉山、黄山等，只要你细心观察，从不同的角度去欣赏，就会有所发现。如黄山，前山雄伟，后山秀丽，天都险峻，松石奇特，松谷幽静，西海奥妙，天海空旷等。

（二）山岳色彩美

山岳色彩美主要来自植物、动物、水体和气象景等。

1. 山光水色

“山光”主要来自植物的颜色及其季相变化，树叶在不同季节不同光照条件下反射出来的颜色等。绿色是山岳中最常见的颜色，也是人们视觉中最舒服的一种颜色，使人赏心悦目，心旷神怡。有些植物的叶子天生就是彩色的，如紫叶李。有的植物不仅叶子好看，还能开出美丽的花，结出好看的果，如彩叶桂樱，一树两色。

植物的季相变化“春翡夏翠秋金冬银”，给人以色彩美。秋天，银杏叶由绿色变成黄色，黄栌由绿色变成铜红色、红色再变成鲜红色，金叶小檗由绿色变成金黄色，糖槭由绿色变成橘黄色等，都是植物的叶子季相变化带来的色彩美。在九寨沟，初春的山间丛林中，红、黄、白、紫色的杜鹃花点缀其间，随后有山桃花、野梨花相继吐蕊，夹杂着嫩绿色的树木新叶，整个林海繁花似锦；盛夏，九寨沟是绿色的海洋，翠绿、浓绿、黛绿，绿得那样清脆，显示出旺盛的生命力；深秋，浅黄色的椴叶、绛红色的枫叶、殷红色的野果，大有万山红遍、层林尽染之势；冬天，如果碰上下雪天气，则茫茫林海皑皑白雪，似玉树琼花，洁白高雅。

“看万山红遍，层林尽染”，写的是秋天长沙岳麓山爱晚亭一带枫叶流丹、风起叶动、十分壮观的景色。“西山红叶好，霜浓色愈浓”，不仅盛赞了北京香山红叶，还一语中的地道出了绿叶变红的外部原因——气温下降。原来，植物叶片中，除了叶绿素以外，还有其他的色素，如黄色的叶黄素、胡萝卜素，红色的花青素等。通常情况下，因为叶绿素含量较多，遮盖了其他颜色，使叶片呈绿色。到了秋天，叶绿素因为气温下降而逐渐分解，其他色素的颜色逐渐显露出来。秋天树叶变黄，是因为叶黄素增多的缘故，如银杏叶、白杨叶、梧桐叶等。秋天树叶变红，是因为花青素增多的原因，如枫叶、乌柏叶、柿叶等。某些树叶叶片中贮存的糖分较多，到了秋冬季节，这些糖分还会转变成花青素，从而使叶片的颜色更加艳红,如枫叶。

“一山有四季,十里不同天”,是中低纬度中高山地区自然景观随山地海拔高度变化而变化的一种自然现象。由于每上升100米气温下降0.6℃左右,在中低纬度中高山地区,山麓可能还是赤日炎炎的夏季景观,到了山顶有可能已是冰天雪地的北国风光,如在喜马拉雅山南坡等地。

花卉同样给人以色彩美。如苍山洱海间的山茶花,黄山的杜鹃花,八达岭的杏花,巢湖银屏山、铜陵凤凰山的牡丹花,天山的雪莲花,南京梅山的梅花等。

动物的躯体也有不同的颜色,同样可以给人以色彩美。如色彩斑斓的孔雀,身如白雪的白鹇,毛如金丝般的金丝猴,随季节变化而不断改变颜色的大兴安岭的柳雷鸟等。

“水色”主要受水体深浅、流速、透明度、矿物质、河床、河岸风光、阳光等因素的影响。如黄山翡翠谷,河床色彩斑斓,水体深浅不一、洁净无比,加上清泉石上流,涟漪的波光,摇曳的倒影,水景绿如翡翠。又如九寨沟,随着朝夕、春夏秋冬、阴晴雨雪的变化,水体的颜色有黛绿、深蓝、翠蓝等多种颜色。更为奇特的是,五花湖底的钙华和各种色泽艳丽的藻类,以及沉水植物分布的差异,使一湖之中形成宝蓝、翠绿、橙黄、浅红等斑斓的色彩。

2. 气象万千

“气象万千”也是一种色彩美。如阴晴雨晦,霞光佛光,雨绵绵,雾蒙蒙,晨曦朝晖,旭日东升,夕照霞霭,皎洁月光等。黄山光明顶、清凉台、狮子峰观日出,排云亭、光明亭观晚霞,天都峰观佛光,向为奇观。淡云薄雾往往给山岳涂上了一层调和色,使群山的色彩更加柔和、淡雅、协调。山石也具有多种多样的颜色,例如红色的火焰山,银装素裹的冰山雪峰,蓝天白云下的丹霞山等。

“圣灯”和“佛光”能给山岳增添神秘的色彩。“圣灯”又称“神灯”,佛门弟子说它是“佛灯”。在峨眉山日隐月稀的夜幕中,在金顶舍身崖下的山谷间,忽而数十道蓝绿色的光点时闪时现,看似迎面而来,却又转瞬即逝,即为“圣灯”。至于“圣灯”成因,说法不一:一说是峨眉山丰富的磷灰石矿产生的含磷气体自燃所发出的淡绿色光亮,一说是动物遗骸散发出来的含磷气体自燃所发出的光亮,一说是树木上的“密环菌”在空气中水分达到或接近100%时的生物性发光。“圣灯”是峨眉山四大奇观(佛光、云海、日出、圣灯)之一,由于出现的概率比较高,规模比较大,有“万盏明灯照峨眉”“万盏明灯照普贤”之说。

佛经中说,“佛光”是释迦牟尼眉宇间放射出来的光芒。其实,“佛光”是一种非常特殊的物理现象。出现“佛光”一定要具备两个必要条件，一是要有太阳光，二是要有云海或者云雾，且还要位置恰当。当观赏者走到山崖的边上，太阳、观赏者、云雾三点成一条直线，把观赏者的影子投射到云雾上去，这时就有看到“佛光”的可能性。因为当观赏者背向太阳而且人影斜射到观赏者前下方云雾之中时，云雾中的细小冰晶与水滴有可能形成独特的外红内紫的彩色光环，人影在光环正中，并且人影随着人动而动，人去影空，变幻之奇，出乎意料。“佛光”的出现需要阳光、地形和云雾等众多自然因素的有机结合，只有极少数具备了以上条件的地方才可能欣赏到。由于峨眉山经常出现“佛光”，其他地方比较罕见，十九世纪初，科学界便把这种甚为奇特的自然现象命名为“峨眉宝光”。我国其他一些名山，如黄山、泰山、庐山、九华山、天柱山等地，亦可偶尔看到佛光。

（三）山岳动态美

1. 流泉飞瀑

“山中一夜雨，树杪百重泉。”流水、清泉和瀑布是山岳景观中重要的构景因素，也是山岳景观中动态美的重要因子。黄山的“人字瀑”“百丈瀑”“九龙瀑”，飘飘洒洒，飞流直下，声若洪钟，为周围群山带来了活力，成为黄山著名景点。

2. 流云飘烟

云既能造境，也能育景。“山无云不秀”，充分说明了云的育景功能。流云漂烟能够产生一种“山在虚无缥缈间”的意境，置身其间，身在“仙境”，如作“云游”。如黄山云海，或波涛汹涌，或轻纱曼舞，无不扣人心弦。无形的风是产生动态美的动力之一。风能驱动浮云，掀起波澜，摇动竹海，产生松涛，使山水变活。“山得云而媚”，似云似雾，似烟非烟，妩媚动人。

3. 飞禽走兽

飞禽走兽也是构成动态美的重要因素。攀援跳跃的松鼠、猕猴、金丝猴，憨态可掬、行动风趣的大熊猫，长尾拖曳的白鹇，展翅高飞的山鹰等，无不使山岳充满着灵气和动感。

（四）山岳听觉美

1. 音源多样

听觉美音源多样，如瀑落深潭，惊涛拍岸，溪流山涧，泉泻清池，雨打芭蕉，风起云涛，幽林鸟语，寂夜蝉鸣等。

2. 音源因山而异

不同的名山有不同的音源，如黄山有“八音鸟”，九华山有“叮当鸟”等。即使是同一种飞禽走兽，在不同地区、不同情况下，发出的声音也不尽相同，似乎动物也有“方言”。

上述自然美类型的划分是相对的。例如，“水石相喷薄、咆哮如雷声”的镜泊湖吊水楼瀑布，“白绢悬空、银龙飞舞”的长白山天池瀑布，“飞流直下三千尺、疑是银河落九天”的庐山黄岩瀑布，“龙湫山高势绝天、一条瀑走兜罗棉”的雁荡山龙湫瀑布，“千尺银河、溅玉飞珠”的衡山水帘洞瀑布等，虽然都是一种动态美，其实都包含着声、色、形，动态美、听觉美、色彩美等诸美应有尽有。

二、山岳人文美欣赏原理

山岳人文美是依附于山岳的各种建筑物、摩崖石刻、神话故事、民间传说、民俗风情等给人们的美感享受。那些经得起时间考验、“虽由人作、宛自天开”、与自然景观和谐的各种各类建筑物，那些与场景协调的摩崖石刻，那些依附于山岳的神话故事、民间传说，那些具有本土文化底蕴的民俗风情等，往往都是山岳人文美的重要组成部分，都能进一步强化山岳自然美。

山岳人文美因景观类型的差异而有很大不同。

(一)建筑景观美

建筑景观美主要包括雄伟美、对称美、造型美、和谐美等方面。

1. 雄伟美

山岳建筑物雄伟美，是指建筑物的高大形象，建筑物或者突兀于山巅之上，或者让人举目仰视、高不可及。

八达岭居高临下，地势险要，八达岭长城用整齐的大条石和大城墙砖构筑在山巅之上，城墙最高处离地8.5米，底宽6.5米，顶宽5.7米，既高大雄伟，又异常坚固。登高远望，只见万里长城沿着山脊的曲折高低而蜿蜒起伏，势如长龙腾跃于云端，城墙接着堡垒，堡垒连着城墙，不见尽头，气势非常雄伟。

2. 对称美

对称是指以一条线为中轴，两个或两个以上相同或相似的物体对偶性的排列组合。对称分为左右对称、上下对称和辐射对称等。对称性的景观能给人以平衡、稳健、庄重之感。山岳建筑景观中，以左右对称为主。如依山而建的寺庙宫观、帝王寝陵多采用左右对称，以山门、大殿为中轴，辅殿、钟鼓楼左右对称排列。

3. 造型美

造型美通常是针对单体建筑而言的。如塔，其塔基、塔座、塔高比例协调，塔身收分有度，能给人造型美，否则就有比例不协调之感。寺庙宫观、楼台亭阁等建筑物，同样讲究造型美。

4. 和谐美

各种建(构)筑物，包括游览道路、寺庙宫观、亭台楼阁等，是山岳中最常见的人文景观。如何使建筑景观达到和谐美，关键是要"因山就势，因境而成"，"以涵为主，涵露结合"，最终达到"虽由人作，宛自天开"的效果。

(1)"因山就势，因境而成"与"虽由人作，宛自天开"。在山岳型景区景点，如果能够依据自然景观特征"雄伟""奇特""险峻""秀丽""奥妙""幽静"和"空旷"的不同，做到合理布局和构建建筑景观，"因山就势，因境而成"，与环境协调，强化自然美，就能达到"虽由人作，宛自天开"的效果。

以"雄伟"为自然景观形象特征的景区景点，建筑物常常布局在山脊、山顶或明坡上，以协调或加强雄伟高大的气势。例如，九华山的天台寺、百岁宫，峨眉山的金顶，都有居高临下的威势，增强了山体雄伟高大的美感。另外，陡直的坡道亦可加强"雄伟"，如九华山月身宝殿、天台寺门前的蹬道等。

以"奇特"为自然景观形象特征的景区景点，在建筑设计与布局上，往往采取出其不意、巧于安排的手法，达到"山重水复疑无路，柳暗花明又一村"的境界。如云南石林的游览道路，巧借石林景观，时上时下，时洞时桥，时隐时现，曲折迷离，如入迷宫。又如四川石宝寨，就悬壁之势，建九层楼阁，成为登玉印山之楼梯，构思新奇。

以"险峻"为自然景观形象特征的景区景点，建筑物往往临悬崖，依峭壁，凭险而居，而不是去险削峻，使险峻以平常。例如九华山的拜经台，前临深渊，后傍悬岩，还有悬石"大鹏听经石"；华山南天门、下棋亭及鹞子翻身、长空栈道，黄山西海峡谷栈道等，无不如此。山西恒山的悬空寺，建在悬崖壁凹之中，飞梁穿石缝，楼阁通栈道，整个庙宇有殿宇楼阁40间，全部依壁临渊，远看悬空而建、立木支撑，险峻无比，实则挑梁楔入崖壁之中，有惊无险。

以"秀丽"为自然景观形象特征的景区景点，建筑物多依山傍水，林木掩映。在山清水秀的江南地区，这类建筑物很多。一般是在主要观景点上置以造型轻盈、体量适中、色彩素雅的亭阁，引游人静观山水，使风景益增雅趣。在湖光山色的低山丘陵区，有时在山冈之巅修建宝塔，以突破平缓的曲线，亦能使秀丽多了几分妩媚。杭州、桂林、太湖等地有很多这方面的佳例。

以“奥妙”为自然景观形象特征的景区景点，建筑物往往与洞穴结为一体。如雁荡山合掌峰下的观音洞，顺山势建造的九层殿堂，远看是天然洞穴，近看隐约有殿宇，入内有九重楼阁，且可以容纳数百之众。在安徽齐云山，不少道教建筑构筑在向内倾的负坡下，如紫霄岩下的灵霄殿，游人至此，奥妙之感油然而生。

以“幽静”为自然景观形象特征的景区景点，建筑物常常选择在山麓、山谷、小盆地的古树茂枝之中，造成“深山藏古寺，密枝隐殿宇”的意境。如安徽祁门牯牛降，森林覆盖率高达98%以上，空气清新，石涌清泉，虽然集“雄”“险”“奇”“幽”于一身，但木结构的度假设施散落在苍松翠竹之间，吊桥、栈道掩映在古藤野蔓之中，让你感受到从未有过的幽静。

以“空旷”为自然景观形象特征的景区景点，建筑物布局在山冈上，以超然于其他景物、建筑的主体建筑，为游人登高观景、扩大视野创造条件。如武汉蛇山的黄鹤楼、钱塘江畔的六和塔等，都有平地突兀、超然他物、傲视群雄之感，登高远望、俯瞰，顿生空旷之感。

(2)“以涵为主，涵露结合”。不仅山岳建筑，整个中国传统建筑，在构筑“引景”和“主景”时，都强调“以涵为主，涵露结合”。“引景”强调“露”，“主景”强调“涵”，至于何处“涵”何处“露”，则“因境而成”。在“雄伟”“险峻”“空旷”为特色的自然景观所在地，建筑物通常以“露”居多；而以“秀丽”“幽静”“奥妙”为特色的自然景观所在地，建筑物则以“涵”为主。即使“露”，也往往“以露引涵”为常见。如黄山、九华山等，皆露山门，亮牌楼，引山中美景或佛寺庙宇等。在皖南一些古村落布局上，也遵循“以涵为主，涵露结合”的原则，如黄山市唐模等村落，“露”水口园林、路亭、牌坊，“引”“涵”山乡水街古村落。

(二)摩崖石刻

摩崖石刻是我国古代文化的光辉结晶之一。沿着山岳游览步道两侧分布的摩崖石刻，是一条文化、书法艺术的长廊，一座天然艺术博物馆和史料档案馆，为研究历史人物活动、文学书法艺术和社会科学等提供了珍贵资料。

什么是摩崖石刻，看法不尽相同。广义的摩崖石刻是指人们在天然石壁上摩刻的所有内容，包括各类文字石刻、造像石刻、岩画等，集文学、书法、绘画、雕塑等为一体；狭义的摩崖石刻则专指文字石刻，即利用天然石壁刻文抒情、记事、言志。本书中攀崖石刻仅指文字石刻。

咏景类摩崖石刻大多是欣赏名山之后，游人对某一景区、景群、景点、景物发出的由衷感慨或赞叹。名山都有摩崖石刻，而且品类繁多，风格千秋。

1. 形式美

从书体看，正、草、隶、行、篆俱全；从书体风格上看，有的方俊奇伟，有的浑厚质朴，有的清朗明丽，有的苍劲古朴，有的飘逸洒脱，有的端庄刚劲；就流派而言，颜、柳、欧、赵，应有尽有；从字体大小看，有的擘窠巨字，有的工细小楷；从刻石方法看，阴阳兼有，方圆相济。从文体看，有诗词歌赋，有赞语颂字等。从书写人物看，有达官显贵，有社会名流，有文人墨客，有僧侣佛子，有失意官员，有隐士遗贤。从年代看，大体上始于秦汉，盛于宋明，延续至近现代。

2. 内容美

从内容上看，有的题名记事，有的咏赞山水，有的游览记胜，有的抒情言志，有的点石成景，有的点题意境，有的因景寓意，有的因景寄情，涉及天文、地理、政治、经济、军事、文化等各个方面。

表2-3　列入全国重点文物保护单位的部分摩崖石刻

名称	时代	列入年份	所在地
药王山石刻	隋至明	1961	陕西省耀县
云峰山、天柱山摩崖石刻	北魏	1988	山东省掖县、平度县
铁山、岗山摩崖石刻	北周	1988	山东省邹县
九日山摩崖石刻	宋	1988	福建省南安县
天柱山山谷流泉摩崖石刻	宋至清	2001	安徽省潜山县
鼓山摩崖石刻	宋至近代	2001	福建省福州市
泰山石刻	北齐至唐	2001	山东省泰安市
七星岩摩崖石刻	唐至近代	2001	广东省肇庆市
阿什哈达摩崖	明	2006	吉林省吉林市
齐云山石刻	宋至清	2006	安徽省休宁县
秀峰摩崖	唐至民国	2006	江西省星子县
洪顶山摩崖	南北朝	2006	山东省东平县
圣经山摩崖	金至元	2006	山东省文登市
云梦山摩崖	宋至民国	2006	河南省淇县

用文学艺术的美去赞颂自然美，对景区景点起着点题、润色的作用，可以使人们通过游览山水，不仅欣赏到风景美和文学艺术美，还能获得历史文化知识。历史、文化艺术和自然山水三者融汇名山，是我国名山的一大特色。如庐山仙人洞门前一块横空巨石上的“纵览云飞”，黄山的“果然”“观止”等，都有画龙点睛、

引人入胜之妙。

咏景的摩崖石刻尤其讲究遣词造句,给人丰富想象力的词句最佳,令人百品不厌;过于直白的词句没有内涵,缺少韵味,难以让人过目不忘;排他、比附类的词句,如“岱宗逊色”“江北九寨沟”等词句,并不可取。

泰山是我国摩崖石刻最丰富的山岳之一,包括题记、题名、题诗、题联、题额石刻,碑碣、摩崖、造像等。泰山石刻是中国文化史中的一枝奇葩,中国书法艺术品的一座宝库。历代帝王到泰山祭天诰地,儒家释道传教授经,文化名士登攀览胜,均赋诗撰文,留下了丰富的文化精品。登临泰山的文化名人中,孔子、管仲、司马迁、张衡、诸葛亮、曹植、李白、杜甫、刘禹锡、苏轼、欧阳修、范仲淹、王世贞、姚鼐、郭沫若等都挥笔疾书,留下了浩如烟海的颂岱诗文,把游人从山神崇拜中引向游览观赏、求知审美的新视角。泰山石刻源远流长,自秦汉以来至新中国成立以后,上下两千余载,历代皆有。泰山现存石刻1 800余处,其中碑碣800余块,摩崖石刻1 000余处,由山脚拾级而上直到泰山之巅,处处可及。

泰山石刻内容丰富多彩,主要包括历代帝王封禅祭文、寺庙创建重修记、石经墓铭、颂岱诗文、题景及楹联等五类,多数是自然石刻。其文字,既有洋洋千言的鸿篇巨制,也有一字之惊;既有帝王御言,也有黔黎之说。其形式,既有雄伟高大的“万丈碑”,也有盈尺小碣;既有精雕细磨之作,也有粗犷片石之刻。其书法艺术精彩纷呈,既有真草隶篆,也有四体糅融;既有如斗大字,也有蝇头小楷;既有古拙若痴者,也有龙飞凤舞者;既有大家之手,也有石匠之书。其规模之大,作品之多,时代之连续性,以及风格、流派、艺术之精湛,构景之巧妙,都是世界其他名山难以相提并论或无与伦比,无愧为最壮观的“中国天然书法展览”。

(三)神话传说与民间故事

名山的神话故事很多,并且往往具有浓厚的自然地理特征。例如:围绕潭瀑一类的水文景观,其传说往往与大海龙王联系在一起,潭名多以龙命名,如黄山有“黄龙潭”“乌龙潭”“双龙潭”等;沿节理、岩层或断裂分离但依旧紧密相依的巨石,则大多留有“试剑石”“飞来石”“霹雳石”之类的美谈;形似人物、走兽一类的造型地貌,总冠以神、仙、睡美人、石佛像、灵兽之称,如黄山的“猴子观海”“仙人指路”,九华山的“观音峰”,三清山的“巨蟒出山”“东方女神”“玉女开怀”等。

神话传说和民间故事,还表现出人文特点。有关泰山的传说,总离不开帝王登山封禅的话题。江西龙虎山传说,多和张道陵有关,因为相传龙虎山是道教天师张道陵练成九天神丹的地方。黄山的神话故事多与黄帝炼丹之说有关。唐代道教旧籍中，有关于轩辕黄帝和容成子、浮丘公来黄山炼丹、得道升天的仙道故事，影响深广，至今黄山的许多峰名还与上述神仙故事有关，如“轩辕峰”“浮丘峰”“炼丹峰”“仙都峰”“道人峰”“望仙峰”等。古新罗国国王金氏近族金乔觉，削发为僧，渡海来华，圆寂九华，肉身不腐，李白改“九子山”为“九华山”，九华山的传说多与高僧金乔觉、诗仙李白有关。天柱山的传说，多与汉武帝南巡封禅、道教名家左慈有关。

第四节 名山类型

名山如何分类，尚无统一的认识和标准。从山神崇拜出发，名山有“五岳”“五镇”之分；从宗教活动出发，佛教有“四大名山”，道教有“三十六洞天”“七十二福地”等之分。名山是在不断发展演化之中，有些名山，如道教“洞天福地”，有的早已湮没为无名的荒山；与此同时，一些新的名山又不断被发现和开发出来为人们所认识，如湖南张家界、河南云台山、安徽牯牛降等。

郑霖从四个方面对我国名山进行了分类：按成因划分，有地质名山、地理名山、气候名山、生物名山等；按属性划分，有历史名山、文化名山、宗教名山、政治名山、军事名山等；按功能划分，有观光游览名山、攀登探险名山、科学考察名山、宗教朝圣名山、健身疗养名山等；其他分类方法还有按级别规模分类，按物理特性分类，按神话传说分类等[1]。

实际上，我国很多名山是综合性的，难以把它归为哪一类。如黄山，既是观光名山，“五岳归来不看山，黄山归来不看岳”；又是文化名山，据统计，从盛唐到晚清，描写黄山的散文有数百篇，歌咏黄山的诗词有两万多首；还是地质名山，气势磅礴的花岗岩峰林地貌、奇异无比的巧石景观叫人目不暇接。正由于黄山景观的丰富多样性，因而获得“世界文化与自然遗产”和“世界地质公园”称号。

我国名山的成因大体可以分为自然因素和人文因素两大类。大多数名山成名是以自然因素为基础，人文因素为辅；小部分名山成名主要是人文因素。

我国传统山水观以崇拜自然为本，名山建设以自然景观为主体。如僧道开山之初，一般总是选择自然景观优美、生态环境优良的山地，作为他们“修身养

[1] 郑霖. 论中国名山的分类[J]. 山地研究，1998(1)：21–26.

性”“得道成仙”的“佛国仙山”。除去迷信的芜杂之外，这种选择主要依据人们长期的实践经验，注重山岳的美学特征、生态环境、气候、土壤、水文以及地理位置等因素的利弊。

若以岩性为基础，综合考虑自然景观、美学和人文特征，我国名山大体可以分为花岗岩名山、岩溶名山、丹霞名山、其他名山等类型。

一、花岗岩名山

黄山、泰山、九华山、华山、衡山、天柱山、三清山、崂山、天台山、天目山、普陀山等，有高有低，但它们都是我国著名的花岗岩名山。它们有的以自然景观见长，有的以人文景观取胜，有的自然景观、人文景观交相辉映。

表2-4　我国部分著名花岗岩名山概览

名称	景观特色	主要品牌	所在地
黄山	“黄山天下奇”，奇松、怪石、云海、温泉、冬雪为黄山“五绝”	世界文化与自然遗产，世界地质公园，国家级风景名胜区，AAAAA级旅游区	安徽省黄山市
泰山	“泰山天下雄”；文化之山，名山之祖	世界文化与自然遗产，世界地质公园，国家级风景名胜区，AAAAA级旅游区	山东省泰安市
华山	“华山天下险”，“自古华山一条路”	国家级风景名胜区，AAAAA级旅游区	陕西省华阴市
衡山	秀冠五岳，势雄、景秀、境幽、文丰，祝融峰之高、方广寺之深、藏秀殿之秀、水帘洞之奇为南岳“四绝”	国家级风景名胜区，AAAAAA级旅游区	湖南省衡阳市
天柱山	山麓灵秀，山顶雄奇	世界地质公园，国家级风景名胜区，国家地质公园，国家森林公园，AAAAA级旅游区	安徽省安庆市

（一）形成原因

花岗岩是由地壳深处的岩浆侵入地壳破裂带后结晶冷凝而成的岩石，大部分被深埋在地下，一部分由于地壳运动被抬升上来。在花岗岩岩体结晶冷凝成岩之初，由于冷却收缩作用，岩体中会产生纵、横、斜三组原生节理；岩体固结以后，在大规模持续的断块抬升隆起和构造作用下，形成了不同方向强烈发育的多组断裂、裂隙和动力作用次生节理；在温差、重力等因素作用下，形成了表生节理。这些节理走向各异，或相互平行，或彼此垂直，或彼此斜交，把岩石分割成许许多多方形、菱形的岩块。与此同时，覆盖在花岗岩上部的岩石被风化剥离以后，花岗岩露出了地表。由于岩体中发育的节理密度、产状等不尽相同，因而在外力作用下，尤其是出露到地表后经历长期的物理风化、化学风化和生物风化，岩石的抗风化能力和风化速度明显不同，从而形成了不同风化程度的花岗岩形态，逐渐形成奇特的地貌景观。

以黄山为例，黄山的形成经历了漫长的地质历史时期：在距今两三亿年前的古生代志留纪，黄山地区一片汪洋大海；到距今约1.4亿年前的晚侏罗纪，我国东部地区发生了一次名为“燕山运动”的造山运动，黄山地区地壳薄弱，地下炽热岩浆沿地壳薄弱地带上侵；大约在距今6 500万年前后，黄山地区的岩体发生了较强烈的隆升；随着地壳的间歇性抬升，地下花岗岩体被抬升到地表，花岗岩体上面的盖层遭到风化、剥蚀，同时受到来自不同方向的各种内外力的作用；自第四纪（距今约175万年）以来，黄山地区有过三次间歇性上升，形成了三级古剥蚀面。在黄山花岗岩岩体中，由于在矿物组分、结晶程度、矿物颗粒大小、抗风化能力和节理的性质、疏密程度等多方面存在差异，经过大自然长期的内外力作用，逐渐形成了如今鬼斧神工般的黄山花岗岩美景。

（二）主要景观

花岗岩山地的景观主要有悬崖峭壁、孤峰、峰林、岩洞、象形石、峡谷、“一线天”“六月晴雪”等。这些景观的形成与花岗岩的性质和物质组成有关。

1. 悬崖峭壁、孤峰和峰林

花岗岩山地垂直节理发育，因而风化过程中常常出现崩塌，从而形成悬崖峭壁或孤峰擎天或石柱林立的景观。黄山属花岗岩峰林景观，以雄峻瑰奇著称，千米以上的高峰有77座，峰高峭拔，峰顶尖陡，峰脚直落谷底。黄山有三十六大峰、三十六小峰，主峰莲花峰海拔1 864米，与平旷的光明顶、险峻的天都峰一起，雄居景区中心，周围还有70多座千米以上的山峰，群峰叠翠，群峰周边多悬崖峭壁。黄山西海群峰、北海石笋矼，是典型的花岗岩峰林。

2. 岩洞

花岗岩山地的岩洞成因有三：一是从悬崖陡壁上崩落下来的花岗岩块相互叠垒形成曲折幽奥的洞穴，成为游人探幽之所，如黄山“莲花洞”“飞来洞”“转身洞”“天都石屋”，天柱山“神秘谷”，安庆大龙山“灵山石树”等。二是因为重力作用，巨大岩块沿节理面滑塌下来，斜倚在山坡或谷壁上，被遮盖的部分变成了岩洞。三是人们顺着崖壁中的节理，将岩块掏空而成，如黄山鳌鱼峰下的“鳌鱼洞”等，或者直接开凿的岩洞。总之，花岗岩山地没有石灰岩地区那种洞内景观奇特的天然洞穴。

3. 象形石

花岗岩山地象形石比较多，一方面与花岗岩节理非常发育有关，另一方面与外营力的“精雕细刻”有关。被节理分割成块状的花岗岩，其棱角部位最容易风化。各种外营力沿花岗岩节理裂缝风化、剥蚀、冲刷、冻融等，形成柱状、块状“粗坯”。经过大自然的再“雕刻”，“粗坯”棱角逐渐圆化，便形成形态繁多、造型逼真的各类怪石——象形石。著名的如九华山的“观音峰”，黄山的“猴子观海”“仙人指路”“松鼠跳天都”“飞来石”，三清山的“巨蟒出山”“东方女神”等。

有时候，花岗岩分化的坡积物石英砂堆积在山脊上、缓坡上，茫茫一片，有如“晴雪”一般。

二、岩溶名山

岩溶地貌是指可溶性岩类（主要是碳酸盐类的石灰岩、白云岩等），在一定的地质、气候和水文条件下，主要通过地表水和地下水的溶蚀和冲刷作用所产生的特殊地貌类型。我国石灰岩等碳酸盐类岩石分布很广，总面积约130万平方千米，约占国土总面积的13.5%，主要分布在华南和西南地区。岩溶发育受自然条件的影响很大，特别是受气候条件的影响，因而岩溶地貌分布有一定的地带性。桂林山水、肇庆七星岩、路南石林、黄龙、九寨沟，均是我国著名的岩溶名山[1]。

（一）形成原因

溶洞成因与“水滴石穿”有很大区别，前者主要依靠水的溶蚀力，后者主要依靠水的重力作用。影响岩溶发育的因素很多，但最主要的是以下三方面。

1. 可溶性岩石

最主要最普遍的可溶性岩石是碳酸盐类中的石灰岩。石灰岩中的主要成分是碳酸钙。在一定条件下，碳酸钙比较容易溶解于水。石灰岩是岩溶发育的物质基础。

2. 富有溶蚀力的流水

岩溶水中，钙离子很容易饱和，只有当水流不断、水中钙离子不饱和时，水才有溶蚀力和冲蚀力。所以，岩石透水性好、雨量丰富的湿热地区，水才能保持较高的溶蚀力，才有较多的溶洞分布。我国北方发育非常好的溶洞不多，与气温偏

---

[1] 谢凝高. 中国的名山[M]. 上海：上海教育出版社，1987：51.

低、降水较少有一定的关系。

3. 岩石的透水性

岩石透水性的优劣，主要取决于岩性及岩体在地壳运动中所产生的层理、裂隙和断层发育程度。岩石的裂隙度和孔隙度越大，透水性越好，越能加速岩溶的发育，更容易出现丰富的造型地貌。

水的溶蚀力好比雕塑家雕刀的锋利程度，水的溶蚀力的强弱主要取决于水的流动性和水中所含 CO_2 的多少。岩溶作用过程如下：

$$CaCO_3+CO_2+H_2O=Ca(HCO_3)_2 \rightleftharpoons Ca^{2+}+2HCO_3^-$$

表2–5　我国部分著名岩溶景观概览

名　称	景观特色	主要品牌	所在地
路南石林	奇峰怪石，森立如林	世界自然遗产，世界地质公园，国家级风景名胜区，AAAA级旅游区	云南省昆明市
织金洞	岩溶瑰宝，溶洞奇观；“溶洞博物馆”；“织金洞外无洞天”	国家级风景名胜区，国家地质公园，AAAA级旅游区	贵州省毕节市
黄龙—九寨沟	人间瑶池，天下丽水	世界自然遗产，国家级风景名胜区；九寨沟为AAAAA级旅游区	四川省松潘县、九寨沟县
龙　宫	核心景区大小水旱溶洞90余个，全球水旱溶洞最多最集中的地方之一	国家级风景名胜区，AAAAA级旅游区	贵州省安顺市
桂林山水	“桂林山水甲天下”；无山不洞，无洞不奇	桂林喀斯特为世界自然遗产“中国南方喀斯特”二期项目，漓江为国家级风景名胜区、AAAAA级旅游区	广西壮族自治区桂林市
太极洞	以“博、大、广、深”著名，“天下四绝”之一	国家级风景名胜区，国家地质公园，AAAA级旅游区	安徽省广德县
肇庆七星岩	七座奇峰布列状如北斗，以“峰险、石异、洞奇、庙古”而著名	国家级风景名胜区，AAAA级旅游区	广东省肇庆市

（二）主要景观

岩溶景观主要有悬崖峭壁、孤峰、峰林、石林、石芽、地下河、溶洞、天生桥、钟乳石、石帷、石幔、石笋、石柱、钙华田等。

1. 孤峰、峰林和石林

孤峰是孤立的石灰岩山峰，顶部多锥状，四壁有时如刀削斧劈。如桂林独秀山等。

成群的石灰岩山峰分布在开阔的岩溶盆地或平原上，构成峰林。如桂林山水以石灰岩峰林为基础，桂林之奇在于峰、石、洞、水融为一体。唐代文学家韩愈赞桂林山水“江作青罗带，山如碧玉簪”。明代大旅行家徐霞客写桂林“无山不洞，无洞不奇”。

在岩溶景观中，成群低矮的山峰为石林。路南石林是世界上罕见的特大型石林，游人至此无不叹为观止。成群低矮的岩石为石芽，如安徽淮南八公山、芜湖丫山、宣城太极洞景区多石芽。

2. 地下河、溶洞、天生桥和天坑

地下河是流水溶穿石灰岩山地而形成的天然河流，又称暗河、伏流。

当地壳上升、地下河水位下降时，地下河河道就成了溶洞。安徽太极洞、大王洞、蓬莱仙洞都是地下河形成的溶洞，有的现在还是流水潺潺的地下河。绮丽虚幻的洞穴，可以满足人们的好奇心，产生神秘感。

如果溶洞顶部坍塌，留下部分似拱桥状的洞体，上连下空，状如天桥的石灰岩体，称为天生桥。安徽大王洞有两处天生桥，横空出世，蔚为壮观，其中一座天生桥上还可通行载重汽车。

安徽太极洞，古称“长乐洞”“广德埋藏”，地处皖苏浙三省交界处，为一石灰岩溶洞。太极洞约形成于2.5亿年前，明代文学家冯梦龙在《警世通言》中把它与“雷州换鼓”“登州海市”“钱塘江潮”并称为“天下四绝”。

安徽石台溶洞众多，被称作“溶洞之乡”。著名的有蓬莱仙洞、鱼龙洞、慈云洞、仙岩洞、仙人洞、龙王洞、罗汉洞、石燕洞、鸳鸯洞、狮子洞、龙岩洞等。蓬莱仙洞洞体全长3 000多米，面积2万多平方米，分天洞、中洞、地洞、地下河四层，有迎宾厅、探海长廊、东海龙宫、通明宫、迷仙宫、玉婵宫、银海长廊、瑶池仙境、南海观音殿、送客厅等40多个景点。“罗纱帐”“天丝”“石花”和“立体山水壁画”，并称为蓬莱仙洞“四绝”。

3. 钟乳石、石幔、石笋和钙华田

在溶洞里，因钙离子堆积而成的象形物非常多，钟乳石、石幔、石笋、钙华田仅仅是其中的一部分。从上往下生长呈乳房状者称钟乳石，帷幔状者称为石幔或石帷，从下往上生长呈竹笋状者叫石笋，柱状者叫石柱。钙华田是富含钙离子的片状流水在缓坡处形成的梯田状景观，类似于微型广西龙胜梯田。

“太湖石”是一种经水溶蚀的石灰岩景观石，盛产于太湖周围地区。在我国江南，有石灰岩的地方往往有这类景观石。欣赏“太湖石”，讲究“瘦”“皱”“漏”“透”“丑”。“瘦”就是秀，即形态秀丽，楚楚动人。“皱”是指太湖石表面高低不平，错落有致。"漏""透"是指太湖石上要多孔穴,孔孔相通。

在溶洞里,有时候偶然触摸到一块石笋或块石,闻之有墨香,人们习称这类石笋或块石为"墨香石"。"墨香石"的上方地表一般有或明或暗的落水洞或渗水的裂隙,落水洞或裂隙的附近通常有耕地。耕地中的草木灰类物质随着岩溶水的下渗,滴落在溶洞内的石笋或块石上,久而久之,就使溶洞内的石笋或块石产生墨香。

四川黄龙以彩池、滩流、雪山、古寺、民俗"五绝"著称于世,以宏大的地表钙华景观为主,是集大型露天岩溶钙华景观、高原自然风光、民族风情为一体的综合型旅游区。巍峨雪山流下的富含碳酸钙的清澈泉水,在黄龙沟营造出世界最壮观的钙华滩。壮观的地表钙华蜿蜒于森林中,3 000多个大小不等的串珠状彩池呈梯田状层层叠叠逶迤而下,莹红漾绿,泻翠流金,形成八个彩池群落,宛若金色巨龙身上的鳞甲,闪烁出各种奇幻的色彩,艳丽诡谲,人称"圣地仙境,人间瑶池"。

为了增添溶洞里的景观,极少数溶洞会用水泥构筑石笋或象形石。如果石笋或象形石上方溶洞顶棚上没有钟乳石或滴水,排除从其他地方移置过来之外,该石笋或象形石极有可能是人工构筑物。如果溶洞有多个出入口,空气对流强烈,洞外空气中尘埃很容易进入溶洞并吸附在潮湿的原本是象牙白或米黄色钙离子凝结物上,进而使象牙白或米黄色钙离子凝结物石笋或象形石变成灰褐色,也为人工打造溶洞中的石笋和象形石仿品提供了可能。

三、丹霞名山

丹霞山、武夷山、青城山、龙虎山、齐云山等,是我国著名的丹霞名山。

(一)形成原因

从侏罗纪到早第三纪,我国很多地区发育了一种红色的砂砾岩层,简称"红层"。由于这种红层地貌在我国以广东韶关市仁化县丹霞山最为典型,故把这种红层地貌统称为"丹霞地貌"。

红层的形成,是由于当时气候干热,干湿季交替明显,沉积在地势低洼盆地中的碎屑物——泥沙、砾石等,经过强烈的氧化和钙化胶结等地质作用,加之泥沙、砾石中富有氧化铁,使岩体呈现红色。由于氧化铁富集程度的差异,岩层有紫色、绛红、浅红等色彩变化。我国南方多雨湿润,岩石表面大多包有地衣,故而红色岩石表面呈黑褐色或黑灰色，唯有悬崖峭壁或生石面上方能见到真正的颜色。

由于形成原因和所处气候带的差异，我国丹霞地貌景观呈现明显的南北差异。以秦岭—淮河为界，南方丹霞地貌露头不仅规模大、数量多、色彩鲜明，而且形态多样奇特；北方丹霞地貌露头不仅规模和数量均较小，而且色彩和形态比较单一[1]。

红层胶结、固结程度普遍较差，易受风化侵蚀。由于侵蚀、风化剥落、重力崩塌等的综合作用，红层地区多形成山体形状为顶平、身陡、麓缓的方山、石墙、石峰、石柱、石穴等奇险的丹崖赤壁地貌。

表2-6　我国部分著名丹霞名山概览

名　称	景观特色	主要品牌	所在地
丹霞山	赤壁丹霞；世界上同类特殊地貌的命名地和同类名山的典型代表；以阳元石之雄、阴元石之奇、巴寨之险、锦江之秀、翔龙湖之幽被誉为“中国红石公园”	世界自然遗产“中国丹霞山地貌”组成部分之一，世界地质公园，国家级自然保护区，国家级风景名胜区，AAAAA级旅游区	广东省韶关市
武夷山	丹山碧水，奇秀东南，天然山水园林，“三三秀水清如玉，六六奇峰翠插天”	世界文化与自然遗产，国家级风景名胜区，国家级自然保护区，AAAAA级旅游区	福建省武夷山市
云台山	以山称奇，以水叫绝	世界地质公园，国家级风景名胜区，国家级自然保护区，国家森林公园，AAAAA级旅游区	河南省焦作市
金　湖	“水上丹霞”：峡谷深切、丹崖高耸、洞穴众多，宽窄不一、动静不同的水体景观与丹霞地貌及良好的生态环境相融合	世界自然遗产“中国丹霞山地貌”组成部分之一，世界地质公园，国家级风景名胜区，AAAAA级旅游区	福建省泰宁县

（二）主要景观

因为红层没有花岗岩坚硬，又不像石灰岩那样可溶，所以红层形成的景观除了自己特有的红色格调外，还兼有花岗岩、石灰岩景观的某些特征。丹霞风光主要有赤壁巨崖、奇峰、巧石、岩洞等。

1. 赤壁巨崖和奇峰

红层是地质历史上最新一次造山运动形成的，是陆相沉积岩中成岩时代最

[1] 周学军. 中国丹霞地貌的南北差异及其旅游价值[J]. 山地学报，2003(2)：180.

晚的一种地层，受地壳运动的影响相对较少，岩石块体高大，整体感强。如武夷山仙掌岩，高200多米，长600多米，无层理裂隙，被誉为“天下第一石”。

红层层理比较发育，在风化过程中，沿层理风化的红层往往沿层理面产生重力崩塌，形成悬崖峭壁（如齐云山“舍身崖”）、孤峰（如武夷山的“大王峰”“玉女峰”，齐云山的“香炉峰”）和峰林（如齐云山的“五老峰”）等种种奇异的造型地貌。

红层岩石硬度较小，便于人工斧凿，如四川乐山大佛、广元摩崖石刻等，都雕凿在红层上。

有的红层受断裂构造运动的影响，产生倾斜，形成单斜山，如武夷山的“虎啸崖”等。

2. 岩洞

在红层中，不同岩层或同一岩层的不同部位的抗风化程度存在差异。有些含钙多的岩层或某些松散部位，往往被溶蚀冲刷成洞穴。如丹霞山的“梦觉关”，齐云山的“小壶天”。这些洞穴一般沿岩层伸展，发育于峭壁间，规模不大，不像石灰岩溶洞深广复杂、奥妙无穷。

红层还有球状风化的某些特征，所以常见到浑圆的峰顶、馒头状的山包以及线条流畅的巨石等丹霞地貌景观。

齐云山位于安徽省休宁县境内，以典型的峰丛式丹霞地貌为特色，集奇、险、秀、美于一身，辅以恐龙化石、道教文化、摩崖石刻于一体，奇峰峥嵘，怪石嶙峋，丹崖赤壁危立，重峦叠嶂，千姿百态。

齐云山丹霞地貌经历了漫长的地质历史时期。在距今9 000万至6 500万年间的晚白垩纪，形成了紫红色砾岩、砂岩、钙质砂岩互层的浅湖相—山麓河流相沉积岩，期间又经历了基性玄武岩喷发，共同构成了齐云山丹霞地貌的物质基础。

5 300万年前的第三纪喜马拉雅运动，使休宁盆地全面抬升变为侵蚀区。在几千万年的抬升过程中，由于差异升降，齐云山地区的抬升幅度高于周边地区近100米到300米。抬升过程中形成的断裂，构成了齐云山丹霞地貌的基本格局；近水平的地层产状和岩性的明显差异，为平台、崖洞等丹霞地貌景观的形成提供了基础条件。伴随着地壳的抬升，流水和重力作用又促进了齐云山丹霞地貌景观的进一步形成。

齐云山丹霞地貌除了赤壁丹霞外，还有典型的平顶方山、狭窄的石墙、兀立的石柱、幽深的巷谷、众多的岩洞以及独特的天生桥。这些特点使齐云山成为我国少见的一处类型齐全的典型丹霞地貌分布区。

齐云山石崖有雄、险、奇之特点。一般相对高度50米到100米，最高达230米，长度则在千米以上，坡面倾角一般都在80度到90度，有的是向内倾的负向坡，如紫宵崖、舍身崖等。齐云山的洞穴有的分布在崖壁底部，有的高挂在绝壁之上，有的顺同一软弱岩层发育，也有的呈两层或多层楼阁状。洞穴的规模大小不等，深度不一。

在齐云山地区白垩纪地层中，还富含古生物化石，尤其是近年来相继发现了恐龙足迹、恐龙蛋化石、恐龙骨骼化石。在同一处发现这种三位一体的恐龙化石群，实属罕见。

齐云山还是著名的道教名山。道教建筑巧妙利用了丹霞地貌自然风光，讲究建筑与自然的和谐统一，或依山就势，或随洞赋形，深刻体现了中华建筑艺术“天地互化、神人合一”的精髓。

四、其他名山

其他名山主要包括其他岩性的名山和文化名山。

(一)其他岩性的名山

我国很多名山岩性非常复杂，火成岩、水成岩、变质岩兼而有之。

表2–7 其他岩性的部分名山概览

名称	岩性及景观特色	主要品牌	所在地
武陵源	以砂岩为主，石灰岩为辅；群峰叠嶂，水绕山转，有“奇峰三千、秀水八百”之称	世界自然遗产，世界地质公园，国家级风景名胜区，国家森林公园，AAAAA级旅游区	湖南省张家界市
雁荡山	流纹岩；灵峰、灵岩、大龙湫被称为“雁荡三绝”，“日景耐看，夜景销魂”，有“寰中绝胜”“天下奇秀”之称	世界地质公园，国家级风景名胜区，AAAAA级旅游区	浙江省温州市

1. 武陵源

武陵源位于湖南省张家界市，以世界上独一无二的砂岩峰林地貌景观为核心，以岩溶地貌景观为衬托，兼有典型的地质剖面、特殊化石产地等大量地质遗迹，构成独具特色的砂岩峰林地貌组合景观。山体由石英砂岩和薄层砂页岩组成，拔地而起的奇峰以千计，号称“自然雕塑的博物馆”。

2. 雁荡山

雁荡山位于浙江省西南部，主要由岩浆岩组成，包括流纹岩、凝灰岩和熔岩等，并有局部花岗岩出露。雁荡山之奇主要是峰、嶂（连续展开的悬崖峭壁）、洞、瀑四绝交辉。从景观造型风格看，雁荡山是以流纹岩为基础，以物理风化为主而形成。大自然用“物理斧”“机械刀”“创作”了雁荡山的峰峦叠嶂。雁荡山景观造型富有宏博奇险、苍古拙朴之风格。相比较而言，桂林之奇，是峰、石、洞、水融为一体，以石灰岩为基础，以化学风化为主，大自然用“化学斧”“溶蚀刀”雕镂了桂林的奇峰异洞，使桂林景观具有迤逦精巧、玲珑剔透的特色。

雁荡山有“天下奇秀”之称，奇在流纹岩特有的造型上，奇在自然景观非同寻常、出人意料、变幻莫测之美上，奇在摩天劈地、拔自绝壑的峰峦上，奇在倚天拔地、气势磅礴的嶂屏上，奇在夺人心魄的大大小小的瀑布上。

（二）文化名山

文化名山是以人文景观或历史遗迹为主要内容的名山。其实，我国很多花岗岩名山、岩溶名山、丹霞名山等同样以文化而闻名，佛教名山、道教名山、历史遗迹名山、革命纪念名山等，更是充满着文化。

根据主要文化内涵的差异，文化名山可以分为宗教文化名山、历史遗迹名山和革命纪念名山等。

1. 宗教文化名山

我国宗教文化名山很多，宗教名山在保存宗教典籍和中国传统文化遗产方面发挥着重要作用。

中岳嵩山主要由石英砂岩组成，局部有花岗岩、片麻岩和石灰岩等。位于河南登封，五岳之一。历史上，嵩山地处多战事的中原地区，保护寺院的任务很重，以致中国武术四大派别之一的少林武术讲究实战，享誉世界。

2. 历史遗迹名山

如八达岭、麦积山等，前者因长城而闻名，后者因麦积山石窟而闻名。

麦积山位于甘肃省天水市东南。麦积山石窟与云冈石窟、敦煌莫高窟、龙门石窟为我国著名石窟。与大同石窟、敦煌莫高窟、云冈石窟相比，麦积山石窟以精美的泥塑、良好的植被、优美的自然景观而显得与众不同。

3. 革命纪念名山

革命纪念名山很多，如井冈山、大别山、太行山、延安宝塔山等。近些年来兴起的红色旅游，已经使革命纪念名山成为了解革命历史，增长革命斗争知识，学习革命斗争精神，培育新的时代精神，观光游览的景区景点。红色旅游，是指以

表2-8 中国佛教和道教部分名山

名 称	岩性与自然景观特色	宗教文化特色	主要品牌	所在地
五台山	沉积岩;"华北屋脊","清凉世界"	"清凉佛国"	世界文化景观,国家级风景名胜区,国家地质公园,国家森林公园,AAAAA级旅游区	山西省五台县
峨眉山	沉积岩;"峨眉天下秀"	"仙山佛国"	世界文化与自然遗产,国家级风景名胜区,AAAAA级旅游区	四川省峨眉山市
普陀山	花岗岩;以神奇神圣神秘驰誉中外	"海天佛国"	国家级风景名胜区,AAAAA级旅游区	浙江省舟山市
九华山	花岗岩;群峰竞秀,怪石林立,气象万千,素有"秀甲江南"之誉	"莲花佛国",常有僧尼圆寂之后肉身不腐现象	国家级风景名胜区,AAAAA级旅游区	安徽省池州市
嵩 山	石英岩为主	少林寺,少林武术,中岳	少林寺古建筑群是世界文化遗产"天地之中古建筑群"组成部分之一,世界地质公园,国家级风景名胜区,少林寺景区为AAAAA级旅游区	河南省登封市
青城山	"青城天下幽"	道教名山	世界文化遗产,国家级风景名胜区,AAAAA级旅游区	四川省都江堰市
武当山	沉积岩为主,局部有花岗岩	道教名山,武当武功发源地	武当山古建筑群被列为"世界文化遗产",国家级风景名胜区,AAAAA级旅游区	湖北省丹江口市
龙虎山	红色砂岩,丹霞地貌	道教名山	世界自然遗产"中国丹霞地貌"组成部分之一,世界地质公园,国家级风景名胜区,国家森林公园,AAAAA级旅游区	江西省鹰潭市
齐云山	红色砂岩,丹霞地貌	道教名山	国家级风景名胜区,国家地质公园,国家森林公园,AAAA级旅游区	安徽省休宁县
三清山	花岗岩;以奇峰怪石、古树名花、流泉飞瀑、云海雾涛并称自然景观"四绝"	"天下第一仙峰,世上无双福地","露天道教博物馆"	世界自然遗产,国家级风景名胜区,国家地质公园,AAAA级旅游区	江西省上饶市

革命纪念地、纪念物及其所承载的革命精神为吸引物,组织接待旅游者进行参观游览,实现学习革命精神,接受革命传统教育和振奋精神、放松身心、增加阅历的旅游活动。红色旅游是把红色人文景观和绿色自然景观结合起来,把革命传统教育与促进旅游产业发展结合起来的一种新型的主题旅游形式。

井冈山由砂页岩、石灰岩、变质岩及局部出露的花岗岩组成，“青山、绿水、红土地”是井冈山的基本特征。

表2-9　中国部分革命纪念名山概览

名　称	革命史绩概要	主要品牌	所在地
井冈山	“星星之火，可以燎原”；“中国革命的摇篮”，“浸透着烈士鲜血的圣地”	红色旅游经典景区，全国爱国主义教育基地，国家级风景名胜区，AAAAA级旅游区	江西省井冈山市
大别山	新民主主义革命时期，以天堂寨为中心的大别山是中国红军第四方面军诞生的摇篮；长征会师后的8万红四方面军主力为共和国的诞生立下了的汗马功劳；1947年，刘邓大军千里跃进大别山，人民解放军转入战略进攻；湖北红安、安徽金寨为著名的“将军县”	全国重点红色旅游区	鄂豫皖三省接壤处
太行山	抗日战争时期，八路军将士驰骋杀敌的战场，人民子弟兵的摇篮，日本侵略者的坟墓	全国重点红色旅游区	河北、山西等

4. 其他文化名山

江西庐山是一座断块山，由砂页岩和变质岩、花岗岩组成，文化、地质遗迹众多，是世界文化景观、世界地质公园、国家级风景名胜区和AAAAA级旅游区。庐山交通方便，古往今来，众多文人墨客、僧人羽士、文官武将游览匡庐，留下无数壮丽诗篇，这是其他名山难以比拟的。白居易曾曰：“匡庐奇秀甲天下”。“匡庐飞瀑，雁荡龙湫，黄山石笋”，被誉为天下三奇。李白“日照香炉生紫烟，遥看瀑布挂前川。飞流直下三千尺，疑是银河落九天”，是对庐山黄岩瀑布的真实写照。

庐山是一座文化山。庐山是隐逸名山，众多隐士隐居庐山，或逃避战乱，或愤世嫉俗，或潜心研读。庐山是宗教名山，先是道教，后是佛教，都有过辉煌的历史，东林寺是净土宗创始之地，今日香火依旧兴旺。庐山是教育名山，南宋时期的白鹿洞书院位居中国四大书院之首。庐山是科考名山，沈括、李时珍、徐霞客考察过庐山，李四光认为庐山发生过第四纪冰川，庐山植物园是世界著名的植物科考、观赏基地。庐山是政治名山，秦皇汉武曾祭祀庐山，朱元璋在庐山活动过；庐山是国民政府的“夏都”，曾在这里召开过11次“庐山会议”；新中国成立以后，三次“庐山会议”，使庐山与当代中国的命运紧密相连。庐山是度假疗养名山，从光绪年间英国传教士开始在牯岭租借土地兴建别墅开始，西式建筑应有尽有，庐山逐渐成为中外著名的避暑胜地。

复习思考题

1. 简述中国名山的发展历程和名山功能的演变。

2. 理解并举例说明名山的价值和作用。

3. 山岳自然美有哪些类型？举例说明从哪些角度欣赏山岳各种类型的自然美。

4. 山岳人文景观主要有哪些类型？主要人文景观有哪些人文美类型？举例说明从哪些角度欣赏山岳主要人文景观的人文美。

5. 理解并举例说明中国山岳建筑“因山就势、因境而成”，“因山采势、就水取形”，“以涵为主、涵露结合”和“虽由人作、宛自天开”的内涵。

6. 理解并举例说明“一山有四季、十里不同天”，“山以文名、文以山传”，“游山如读史”，“观山如观画”，“天下名山僧占多、天下名山僧建多”和“一山一世界”的内涵。

7. 花岗岩、岩溶和丹霞山主要有哪些自然景观?

8. 说说“泰山天下雄”“黄山天下奇”“华山天下险”“峨眉天下秀”“青城天下幽”的科学道理和具体内涵。

9. 说说“山光水色”“山清水秀”的成因或影响因素。

第三章 水文化

“水者何也？万物之本原，诸生之宗室也。”综观世界文化流源，恰恰是水孕育了人类文明，水文化堪称是其他文化的母体。本章在明确水文化内涵与分类的基础上，阐述了水的自然美和人文美的美感类型及欣赏原理，介绍了它们各自的文化景观，探讨了水对人文精神的影响。

在人类发展史上，可以没有电力，没有计算机，但不可以没有水。水是生命之源，没有水就没有生命，也就没有人类的诞生和繁衍。综观世界文化流源，尼罗河孕育了灿烂的古埃及文明，幼发拉底河的枯荣消长影响了古巴比伦王国的盛衰兴亡，地中海沿岸的自然环境是古希腊文化的摇篮，黄河、长江则滋润了内涵深厚的中原文化和灿烂多姿的楚文化。所以，从人类起源和发展的角度看，似乎可以将水文化看做是一切文化现象产生的根源，“水文化”堪称是其他文化的母体。

第一节 水文化的内涵和分类

人类的历史是一部与水共舞的历史。人类从童年开始就已经深深体会到，水、空气与阳光是生命不可缺少的物质，是水孕育了文化。水是一种自然资源，自身并不能成为文化。但是，水一旦与人发生了联系，人们对水有了认识，有了思考，有了治水、用水、管水的创造，就产生了水文化。

一、水文化的内涵

目前，国内学术界总体倾向于对水文化作如下界定：广义的水文化是指人类创造的与水有关的科学、人文等方面的精神与物质的文化成果的总和；狭义的水文化是指观念形态水文化，是人们对水事活动的一种理性思考，或者说是人们在水事活动中形成的一种社会意识。对水文化的这种初步界定，可以从以下几方面来理解[1]。

第一,水事活动是水文化的源泉。水事活动是人与水打交道的一切活动,既包括人们对水的开发、利用、治理、配置、节约、管理、保护等创造物质财富的活动,也包括人们对水的认识、反映、观赏、表现等创造精神财富的活动。人们在除水害兴水利的实践中,兴建了大量水利工程,形成了水的物质文化景观;而反映水与人、水与社会各方面联系的活动就形成了以水为载体的精神文化景观,如与水有关的观念、制度、组织等。这些文化现象的总和构成了水文化。因此,离开了人与水的联系,离开了水事活动,水文化就成了无源之水、无本之木。水事活动是创造和繁荣水文化的唯一源泉。

第二,水文化是人们对水事活动的理性思考。人们对水事活动的认识有一个从感性到理性的过程,水文化就是人们对各种水事活动理性思考的结晶。这种理性思考的成果,集中表现为对用水、治水、管水、保护水的经验总结和规律性的认识,表现为人们在欣赏各类水体时获得的惬意感受,表现为以水为媒的科学规律、哲学理念和文学艺术等。

第三,水文化是反映水事活动的社会意识。社会存在决定社会意识,社会意识反映社会存在。水事活动是一种客观的社会存在,人们对水事活动的理性思考,必然形成与之相适应的社会意识。这种社会意识主要表现为水行业的文化教育、科学技术,表现为与水相关人员的思想道德、价值观念、行为规范和以水为题材创作的文学艺术等社会意识形态。这些都是人类精神财富宝库中的灿烂明珠,都是反映水事活动的社会意识。

第四,水利文化是水文化的主体。水文化与水利文化是既相联系又有区别的两个概念。水利文化是人们在开发水利、治理水害活动中创造的具有水行业特征的水文化,具有显著的行业性。水文化泛指一切与水有关的文化,它的内涵与外延比水利文化更为宽泛。以除害兴利为主要内容的水利文化在水文化中居主体地位。

第五,水文化是民族文化的重要组成部分。民族文化是每个人从呱呱落地就浸润其中的精神家园,是从深厚的民族生活土壤中生长出来的民族感情和民族意识,是保持民族尊严、维系民族团结的精神纽带和不断发展的重要力量。民族文化是由各种不同的形态文化组成的,内容十分广博。水文化是民族文化中

---

[1] 李宗新. 浅议中国水文化的主要特性[J]. 北京水利,2004(6):56-57.

以水为轴心的文化集合体，作为历史的积淀和社会意识的清泉，渗入社会心理的深层，构成民族文化园中的一枝奇葩。

二、水文化的分类

水文化内容博大精深，是一个非常复杂的系统，其分类方法有很多种。从文化形态角度，水文化可以划分为水的物质文化、水的制度文化和水的精神文化；从层次上，水文化可以分为表层的自然文化、中层的利用文化和深层的理念文化；从时空角度，水文化可以分为时代水文化和区域水文化。

（一）按层次划分[1]

1. 水的自然文化

水是自然物质，具有与其他物质不同的特质、形态、运动、变化规律。水的自然文化现象包括湖泊文化、流域文化、水质文化、水量文化等不同类型。

2. 水的利用文化

水在社会、生产、生活中的利用价值无可替代，已延伸到各个角落，是人类的无价之宝。对水的开发、利用，形成了水的利用文化。它包括水的社会利用文化、水的生产利用文化和水的生活利用文化，并由此衍生出水管理文化、水经营文化、水法律文化、水建筑文化、水用具文化、水采掘文化等。水利行业就是水的社会利用文化的创造者之一。水文化、水利文化和水行业文化三者既有区别，也有联系，不可混为一谈。

3. 水的理念文化

也叫水的概念文化。由于水的特质，千百年来，人们寄情于水，寄理于水，哲学家、艺术家、文学家等都可以从水中寻找灵感与寄托，因而形成了水哲学、水审美和水文学等文化类型。

（二）按时空划分[2]

从时空划分，水文化分为时代水文化和区域水文化。

1. 时代水文化

主要包括远古时代的水文化、古代水文化、近代水文化和现代水文化。远古

[1] 刘星原. 议水文化分类结构大纲[J]. 湖南水利水电，2005(1)：77.

[2] 李宗新. 浅议中国水文化的主要特性[J]. 北京水利，2004(6)：56-57.

时代的水文化以传说为主，如女娲补天、大禹治水等传说。古代水文化主要指我国奴隶社会和封建社会时代的水文化。近代水文化主要指我国沦为半殖民地半封建社会时代的水文化。现代水文化主要指新中国成立以后的水文化。每一个时代水文化还可以分为不同的发展阶段。

2. 区域水文化

区域水文化是指不同地区的水文化，如中国水文化、外国水文化、城市水文化、农村水文化、各流域水文化等。不同地区由于受自然条件和区域文化环境的影响，都会形成有本地区特点的水文化。中国的水文化与外国的水文化具有不同特点。如中国大禹治水的传说，表明通过人的努力，洪水得到平服，最终实现人与水共处；而国外诺亚方舟的传说，说明依靠上帝的恩赐战胜洪水，人们才得到安宁。城市水文化与农村水文化也各有特点。城市一般是一个地区的政治、经济、文化中心，文化氛围较浓，层次较高，所以城市水文化多以精致的水工建筑和和谐的水文化景观为特色。传统的农村水文化受农耕文化影响较深，以水工建筑和水祭祀为特色；现代农村水文化日益向城市水文化靠近。水资源丰富地区的水文化与干旱地区的水文化有所不同，各个流域的水文化也各具特点。

第二节　水景观欣赏

水有自然美，也有人文美，各自的美感类型和景观也有很大差异，需要多层面理解。

一、水的自然美

水在自然界中无处不在，不同的环境形成了不同形态的水。水体景观是旅游资源中不可缺少的部分，其光、影、形、声、色、味、固态、液态、气态等都是生动鲜活的旅游素材。汹涌澎湃的大海，浩荡奔腾的江河，碧波荡漾的湖泊，飞流直下的瀑布，千姿百态的清泉，银光闪闪的冰川，银装素裹的雪原，构成了地球上千妩百媚的“水国”景色。有水的平面才能反映出高低、起伏、明暗的景物。水中云天、水天一色，亦能反映出朝夕、阴晴等景象的变化。溪流潺潺、惊涛拍岸、巨浪滔天，水又造成不同的音响与声势。所以，水是自然界中最活跃的物质之一。世界上著名的游览胜地，大多兼有水光山色之秀。“山得水而活，水得山而媚”，正是对二者的真实写照[1]。

(一)水的自然美感类型[2]

水无常形,山无定势。由于水的形态不同,会给人不同的感受:或壮阔,或雄险,或幽静,或缠绵。

1. 形象美

地球上的水体多是具有一定形象美的地理实体。海洋波澜壮阔,无边无际;江河滔滔奔流,形似游龙;湖泊形态多样,静如明镜;瀑布飞流直下,巨练悬挂;泉水淙淙而流,清澈晶莹;冰川银光闪闪,玉龙擎天;雪花漫天飞舞,飘飘洒洒。水的千姿百态,给游人以强烈的视觉震撼和吸引力。

2. 色彩美

水本身是无色的,但是透入水中的光线,受水中悬浮物质及水的选择吸收与散射作用,呈现出不同的颜色。水中泥沙、生物及水底沉积物亦可影响水色,使之形成五颜六色的美景。如九寨沟的一些"海子",在阳光的照射下,常呈现出蓝、黄、橙、绿等色彩,衬之以蓝天、白云、雪山、翠林的倒影,十分美丽。另外,高山冰雪的银白,辽阔大海的湛蓝,南方河流的青碧,众多湖泊的翠绿……无不给游人以鲜艳的色彩美。

3. 声音美

水体在流动或运动时能产生各种美妙动听的声响,如河流的哗哗声,小溪的潺潺声,巨浪的滔滔声,瀑布的轰鸣声……其声随水体规模的大小、运动速度的快慢而变化,频率有高有低,节奏有快有慢,或声如雷鸣,或悠扬悦耳,给人以种种听觉美。

4. 倒影美

水是无色透明的液体,水体旁的所有景物,如高山、奇石、树木、花草、小桥、楼阁乃至蓝天、白云、月亮等都会在水中形成倒影。虽是虚无的倒映,却美妙迷人,尤其在微风吹拂下,水面泛起波浪时,倒影晃动闪烁,更是迷人。

水体作为一种自然景观,更重要的美学特征还在于它和其他人文景观的交融渗透、相互结合,从而形成多姿多彩的旅游景观。

另外,水体还能给人以清洁凉爽的感觉美。某些水体,如洁净的河、溪、湖、

[1] 韩杰. 现代世界旅游地理[M]. 青岛:青岛出版社,2001:20.
[2] 石高俊. 中国旅游资源[M]. 南京:江苏教育出版社,1996:131-132.

泉之水,还能给人以甘甜可口的味觉美。

(二)水的自然景观欣赏

从形态上分,水的自然景观主要有以下几种。

1. 浩瀚的大海

海洋浩瀚无际,约占地表总面积的70.9%。大海有时怒潮澎湃,有时碧波万顷,极目远眺,水天一色。到海上旅行能使人胸襟宽广开阔。海色、海浪、海潮、海洋生物、海岛风光、海岸地貌及沿海胜迹等,都是海洋旅游资源的重要组成部分。

海洋广阔无垠,无边无际,由此形成水体的宏阔,给人带来的是外向拓展、锐意进取的感觉。调查表明,生活在沿海的人比生活在内陆的人在性格上更具有开放性和拓展性,内陆人在选择旅游地时往往首选海滨旅游胜地。

不同的季节、不同的时段、不同的气候,观赏海景时亦会有不同的画面和感受。"登临碣石,以观沧海","海日生残夜,江春入旧年","海上生明月,天涯共此时",都是从不同的角度、时段对大海的描写和感慨,寄托的是不同的心境和思绪。风和日丽时,海面风平浪静,而且还因其深浅、海底情况和阳光照射等原因,呈现出白色、天蓝、深蓝等多种颜色。此时的大海,给人的感觉是温柔、宁静与平和,同时令人感受到的是它的波澜壮阔和容纳百川的宏大胸怀。碧水蓝天,海鸥白帆,是游客倾心的美景。例如,青岛的"碧海、蓝天、红瓦、绿树"被列为"四大景观",并成为青岛旅游的标志形象。狂风怒吼时,大海波涛汹涌,有着强劲巨大的伟力和气魄,给人以感召和启示。毛泽东诗中的"四海翻腾云水怒,五洲震荡风雷激",虽然写的是革命形势,但却准确地借用了大海的壮观。

海滩也是现代旅游中一类极为重要的旅游资源,它以沙细柔软、水清浪小、阳光和煦、空气清新的自然魅力吸引着旅游者。因此,有人把阳光(sun)、海洋(sea)和海滩(sand)视为对游人有巨大吸引力的"3S"。如我国昌黎海岸,位于渤海西岸,碧海、蓝天、黄沙、绿林是其突出的景观特点。这里因其沙质海岸,沙质纯净,色泽金黄,且沙细、滩缓、水清、潮平,成为我国著名的海滨度假胜地之一。

海潮是大洋海水在日、月引潮力作用下引起的海面周期性涨落现象。我国沿海均可见到海水的这种运动,最为著名的是钱塘潮奇观。每年农历八月十八前后,这里的涌潮现象最为壮观。起初只见远处一条素练缓缓而来,伴随着隆隆的声响,素练逐渐临近,顷刻间变成一堵高耸的水墙,像飞舞的银龙直扑海塘,涛声震耳,气势磅礴。唐代诗人李白在《横江词·其四》中对此作过贴切的描绘:"海神来过恶风回，浪打天门石壁开。浙江八月何如此，涛似连山喷雪来。”唐代诗人刘禹锡亦有诗云：“八月涛声吼地来，头高数丈触山回。须臾却入海门去，卷起沙堆似雪堆。”海潮奇观引起人们的极大兴趣，每年钱塘江大潮期间，都会吸引众多游人前来观潮，人山人海。

根据游人旅游的动机和需求，我国长达18 000千米的海岸线上开辟了许多不同功能的海滨旅游胜地，不少海滨城市一跃成为我国的旅游热点城市。如大连、秦皇岛、烟台、青岛、连云港、宁波、舟山、厦门、深圳、珠海、海口、三亚、北海等，都已成为我国规模不同的综合性海滨旅游基地。我国先后开辟的海滨旅游地有：大连海滨、金石滩，秦皇岛老龙头和北戴河，抚宁县南戴河，昌黎黄金海岸，烟台蓬莱丹崖山，青岛海滨，连云港海滨，普陀山，厦门鼓浪屿，汕头“海上石林”，深圳大小梅沙，珠海海滨，三亚海滨，北海海滨等和浙江海盐观潮胜地。

在大海上，我们有时候还能看到海市蜃楼和海滋现象。

2005年5月7日上午，在“人间仙境”山东蓬莱海滨、蓬莱阁和八仙渡景区以东海域上空，出现了极为罕见的海市蜃楼奇观，并伴有海滋现象。上午，蓬莱海滨薄雾渐退，海面上空出现乳白色带状云雾，蔚为壮观。从11时40分开始，海面上出现海滋现象：远处，长山列岛开始变幻万端，只见岛屿两头翘起，相继变幻成海龟、军舰、大桥、鲸鱼等各种形状，从大海深处徐徐飘来，又慢慢隐去，时隐时现。同时，长山列岛之间原本空旷的海面上，出现了多个奇形怪状的墨绿色海岛，并且不断变幻，似蘑菇，似树桩，又似轮船……霎时，蓬莱阁东部海域上空出现一道天幕，海市蜃楼奇观呈现在人们面前，如同一幅繁华美丽的城市美景，极为清晰壮观。

从这幅漫无边际的“画面”上看，好像一个依山傍水的海滨小城镶嵌在蓬莱阁东侧上空：前面似绕城而过的护城河，碧水荡漾，舟楫横渡，钓竿根根；后面是碧水环绕的繁华小城。“画面”的中央宛如鳞次栉比的城市建筑群，高楼大厦、红砖瓦房、挺立的信号塔和宽广的城区道路清晰可见，时有车辆穿梭、人员走动；“画面”的左边是层叠山峦和绿树掩映下的古典式亭台楼阁，并逐渐转换成海边小岛，船儿点缀其间；“画面”的右边既像绵延千里、葱绿茂盛的热带森林，又像山野村庄散落在遥远的天际。这一高度清晰的“天象”一直到16时后才开始渐渐转淡，最后在海风中慢慢飘失，持续时间长达4个小时。

自古以来，海市蜃楼就为世人所关注。在西方神话中，海市蜃楼被描绘成魔鬼的化身，是死亡和不幸的凶兆。我国古代则把海市蜃楼看成是仙境，秦始皇、汉武帝曾率人前往蓬莱寻访仙境,还屡次派人去蓬莱寻求灵丹妙药。现代科学证明:海市蜃楼和海滋都是一种光学现象,是大气折射形成的虚像,与地理位置、地球物理条件以及发生地特定时间的气象特点关系密切。

春夏、夏秋之间,万里无云,海水与水面的空气层容易出现较大温差。当海水温度低于空气温度时,水面上的大气层与空中大气层的密度具有较大差异,光线通过密度不同的大气层会发生折射或全反射,从而形成了海市蜃楼和海滋奇观。

海市蜃楼有两个特点:一是在同一地点重复出现,如美国阿拉斯加上空;二是出现的时间一定,如我国蓬莱的海市蜃楼大多出现在每年的五六月份,俄罗斯齐姆连斯克附近海市蜃楼往往出现在春天,美国阿拉斯加的海市蜃楼一般出现在6月20日以后的20天内。

2. 奔腾的江河

水是生命之源,江河是人类文明之源。陆地上江河纵横交织,不计其数。仅我国流域面积在1 000平方千米以上的河流就有1 580多条,大小河流总长度超过42万千米。众多的江河不仅给人们以灌溉和舟楫之利,而且有些河流自身景观独特或与其他景观相结合构成重要的江河风景旅游资源。

一般来说,江河河源、上游和中游的景观最为游人所青睐。究其原因,江河发源地通常是冰山雪川或者是沼泽湿地。如长江源头沱沱河,人迹罕至,原始而神秘,景色异常奇幻,给人一种敬畏和向往。长江上游,如过去的长江三峡,因受奇峰夹峙而使峡谷急流翻腾,水势湍急,形成“雄”“秀”“险”等不同特色,不仅给人一种视觉震撼,更予人一种激励和刺激[1]。 而在长江中游,一般沃野千里,沿江景色秀美,古遗迹、古战场等文化景观丰富,至今还保留着古栈道遗迹、巴人悬棺、屈原故里、昭君故里、三游洞以及其他楚汉文化、三国遗迹等。当然,在长江下游特别是三角洲地区,天水一色,湖荡棋布,别有一番韵味,是有名的水乡泽国、鱼米之乡。如周庄、同里、乌镇等江南六大古镇,其“小桥、流水、人家”的精美格局吸引着无数的中外旅游者。正是有了水,才赋予了生命和灵性;正是有了小桥,才撑起了江南的特色,才显现出江南水乡的婉约和灵秀。“小桥、流水、人家”三者是一个整体,有了小桥,流水才会幽深绵长;有了流水,小桥才会风姿绰约;有了人家,小桥、流水才显得充实。当游人摇着乌篷船,穿水过街,倾听着吴侬软

[1] 庄志民. 旅游美学[M]. 上海:上海三联书店,1999:31.

语,感受着水乡风情,自然别有一番惬意在心头。

中国第一水乡——周庄,以水为命脉,整体格局由南北市河、后港河、油车漾河、中市河而定。繁华的街道,沿河而走;古老的民宅,因水而建。前门对后院,隔的只是一带之水,桥梁将街坊民居连接起来,水清、船行,桥上行人走,桥下船桨声,廊外碧水蓝天,廊内花枝弄影。水,赋予周庄迷人的魅力;水,同样赋予周庄久远的生命;水,更是周庄文化的基础。沈万三成为令帝王忌妒的首富,就是利用水乡之便,经由水路走向海洋与国外通商,积累了财富。水,创造了周庄;水,保存了江南典型古镇风貌;水,永远是衡量周庄价值的标准和发展的内生动力。

黄河、漓江等是我国江河的重要代表,其水景观各具特色。黄河被誉为中华民族的母亲河,沿岸保留了众多的古代文化遗存,如人类遗址遗迹地、古都城遗迹、帝王陵墓、宗教胜迹等。壶口瀑布有“黄河之水天上来”之势,景色壮丽。珠江是岭南地区的长河,漓江是其支流桂江的一部分。由桂林到阳朔83千米的漓江水程,酷似青箩带,流转于奇峰之间,蜿蜒曲折,明洁如镜,与千姿百态的山、幽奇的洞、鬼斧神工的怪石,一起构成“山青、水秀、洞奇、石美”的桂林“四绝”,这就是具有“甲天下”之称的桂林山水。

3. 明净的湖泊

湖泊是陆地表面天然洼地中积蓄的水体。如果说河流是一条玉带,是奔腾动态之美,那么湖泊就宛如系在玉带上的一颗颗明珠,是含蓄静态之美。可以说,正是湖泊将流动着的江河文明因子沉淀下来,形成厚实的文化积淀。例如,我国的吴文化是典型的江南水文化代表。

大小不同的湖泊,分布不同,形态万千。有的身居高山之中,群峰环抱;有的静卧原野之上,烟波浩渺;有的坐落在城市郊外,碧水一泓;有的则点缀在园林之内,秀丽清雅。

由于构造、成因等方面的不同,湖泊景观绚丽多姿。如我国云贵高原上的滇池、洱海、抚仙湖等湖泊,为断层湖,一般坡陡水深,湖形狭长,周围山峰高耸。长白山天池等属火口湖,形状如盆。五大连池、天山天池、黄龙寺梯湖等属堰塞湖,可以说是山水相映,风光秀丽。五大连池水色有差异,五个小池如五颗晶莹明亮的宝石洒落在群山之中,形成一幅独特的山水画。具有“瑶池”之称的天山天池宛如一块天镜,与碧蓝的天空、皑皑的雪峰、苍翠的森林构成了一幅天然画卷。黄龙寺梯湖因位于不同高度,又因水中的物质不同及水的深浅、周围树木和山色的不同,池水亦呈现出乳白、银灰、浅黄、金黄、绛紫、深蓝等不同色彩,被称为“五彩池”。青藏高原的纳木错等属冰川湖，湖水湛蓝，净如无云的蓝天，被称为“天湖”。太平湖、千岛湖等则属人工湖。太平湖宛如镶嵌在黄山、九华山两座大山中的一颗明珠，湖面秀丽、恬静，幽深而风情，碧水映青山，湖面泛涟漪，湖中小岛错落有致，相得益彰的山水结合，体现的是一种和谐的生态自然。某些湖泊的不明现象等，也给游人增加了神秘感，诱发人们的好奇心，如一度纷纷扬扬的新疆喀纳斯湖的“湖怪”。

从湖水盐度来看，有淡水湖、咸水湖或盐湖之分。我国著名的淡水湖泊历来是集中展示自然形胜之美和人文历史之美的观光胜地。面积最大的鄱阳湖，岸线长达1 800千米，水域宽广，气势磅礴。“茫茫彭蠡杳天地，白浪春风湿天际”，描绘的就是鄱阳湖大海般的壮阔与雄美。鄱阳湖与湖中的大姑山、湖口的石钟山、湖滨的庐山及滔滔奔流的长江一起，构成了一幅大湖、名山、巨川为中心内容的宏观巨景。“衔远山，吞长江，浩浩荡荡，横无际涯，朝晖夕阳，气象万千”，描绘的是“八百里洞庭”的美景。湖畔的岳阳楼与湖景融为一体，相得益彰。登岳阳楼，面对八百里洞庭，气魄宏伟，视野开阔。地跨江、浙两省的太湖，湖面广阔，烟波浩渺，湖中有大小岛屿48个，连同沿湖山峰，号称72峰，形态多姿。“太湖佳绝处，毕竟在鼋头。”登上鼋头远眺，湖水茫茫，水天一色，白帆绿岛，云烟缭绕；近看湖浪奔涌，拍击湖岸，浪花四溅，美不胜收。

另外，在一些园林中，因为湖的存在而显得更加妩媚而灵巧。如北京颐和园中的昆明湖，北海公园中的太液池，济南的大明湖，南京的玄武湖、莫愁湖，扬州的瘦西湖，嘉兴的南湖，武汉的东湖，芜湖的镜湖等。

4. 飞瀑涌泉

(1)瀑布[1]。瀑布是从河床纵断面陡坡或悬崖处倾泻而下的水流。瀑布表现出来的银河垂落、飞流直下的形态，如雷轰鸣、惊心动魄的声态，磅礴宏大、喷珠溅玉的气势，成为一项颇具吸引力的资源，可谓是“瀑布喷出千尺练，天外银河倒影寒”。

瀑布景观具有明显的立体性、层次性。其狭义的立体性、层次性包括上层的造瀑层、中层的瀑布主体层及下层的瀑下深潭。从更广泛的立体空间来看，上层景观还可以包括蓝天、白云、彩虹及裂点周围的景观，因为它们都是瀑布宏观景观形成的背景；下层景观还可以包括瀑下深潭以下的景观。另外，从空间的前后而言，亦有层次性，如瀑布主体层，从前向后一般可分为三个层次：瀑前水雾层，

[1] 石高俊. 中国旅游资源[M]. 南京：江苏教育出版社，1996：131–132.

它由瀑布泻落后激起的浪花和细小水珠组成;瀑布层及瀑后悬崖层。悬崖的高度、坡度、岩性、颜色等都会对瀑布的美学特征产生不同的影响。

按照瀑布产生的环境,可分为江河瀑布、山岳瀑布和洞穴瀑布。

一般来说,河流中、上游落差较大,河床纵剖面比较陡,最易形成急流和瀑布。著名的江河瀑布有黄果树瀑布、秦晋边境的黄河壶口瀑布、黑龙江镜泊湖吊水楼瀑布、四川九寨沟诸瀑布等。黄果树瀑布位于贵州省镇宁苗族布依族自治县的打帮河支流白水河上,落差67米,水帘宽20~40米,其浪花四溅、水雾腾空的壮观场景,曾被明代旅行家徐霞客形容为“捣珠崩玉,飞沫反涌”,“一溪悬捣,万练长空”。壶口瀑布是黄河上最大的瀑布,是一幅“源出昆仑衍大流,玉关九转一壶收”的壮观场面。

山岳瀑布主要分布在相对高差较大、起伏明显的山岳地区。这类瀑布一般落差大,造型丰富,气势磅礴。特别是在一些名山大川中,瀑布往往成为一道独特的景观,更能凸显山的壮美。如雁荡山的大龙湫瀑布,水从190米高的连云嶂凌空泻下,蔚为壮观。“飞流直下三千尺,疑是银河落九天”,描写的是庐山黄岩瀑布的壮观声势。另外,像黄山的人字瀑、九华山的龙池瀑布、云南的大叠水瀑布、丹霞山的马尾瀑等,都是著名的瀑布景点。

在一些喀斯特洞穴中,雄伟奇特的地下瀑布与曲折奥妙的洞穴、造型丰富的奇石、神秘奇特的暗河一起构成胜景。比较有名的有浙江金华的冰壶洞瀑布、江苏宜兴的善卷洞瀑布、贵州安顺的龙宫瀑布等。

(2)泉水。泉是地下水流出地表的天然露头。泉不仅为人类提供了理想的水源,具有很好的疗养、休闲功能,而且本身就是一道景观,具有神奇的造景功能。如水火同源、间歇喷发等。

一般来说,有泉的地方环境都较幽雅、清净。泉旁,常常是水声潺潺,碧水淙淙,树木苍翠,郁郁葱葱。在一些水质甘甜的泉旁,游人可以一边小憩,一边品尝。尤其是名泉泡名茶,常常成为游人的一大引力。如杭州的虎跑泉水泡龙井茶,被誉为“西湖双绝”。

我国名泉不胜枚举,如镇江中泠泉、北京玉泉、济南趵突泉等都被命名为“天下第一泉”。镇江泉、无锡惠山泉等均在名泉之列。济南因号称有72泉,被誉为“泉城”。云南大理的蝴蝶泉,每年农历四月二十五前后有幸可观赏到蝴蝶盛会,无数色彩斑斓的蝴蝶首尾相衔,从蝴蝶树上直垂泉水水面,独特而迷人。

现代旅游不仅仅局限于观光、游览,随着人们需求的多样化,旅游的主题日益丰富和多样化，如近年来保健旅游的兴起和推崇。由于泉水独特的理疗功能，矿泉和温泉疗养已成为当今休闲度假、保健康体的重要内容之一。一般来说，温泉水富含硫黄等多种矿物元素，具有杀菌疗疮、消除疲劳之功效，同时具有润肤养颜、增强皮肤弹性和提高人体抵抗能力的效能。因此，温泉疗养深受现代都市人的喜欢和推崇。世界温泉旅游大国日本，温泉疗养设施居世界之首，仅靠这一点，每年接待的旅游人次达到一亿。在我国，北京小汤山温泉、安徽半汤温泉、南京汤山温泉、西安骊山温泉、广东从化温泉、黑龙江五大连池药泉等，都是著名的矿泉理疗旅游地。

5. 冰雪景观

（1）冰川[1]。冰川是由积雪变质成冰并能自行流动的冰体。它们像一个个雕塑师，塑造了千姿百态的地形。它们自身则像一条条洁白的玉龙盘踞于巍巍高山峡谷之中，银光闪烁，气势磅礴。

在我国西部高山区，有着极为丰富的冰川地貌景观，其高、寒、险、奇等特点，使几乎杳无人烟的地方成为探险旅游的理想佳地。

著名的珠穆朗玛峰是一座典型的角峰，外貌呈巨大的金字塔形，上部坡形陡直，峻峭奇特。珠穆朗玛峰北侧的冰塔林世界，更是高山冰川奇观。冰面上矗立着数十米高的冰墙，在阳光下显得晶莹剔透，绚丽多姿。冰塔林下有冰水河流溶蚀而成的冰河、冰蘑菇、冰柱等怪异造型，宛如一座水晶宫殿。陕西太白山的大爷海、二爷海，是冰川消退后积水而成的冰斗湖，湖面为围椅状的陡峭冰壁所环绕，仿佛天外飞来的一方方粼粼丝绢。这样的冰川景观，在云南丽江玉龙雪山、四川贡嘎山东坡的海螺沟、祁连山冰川旅游区都可以观赏到。

（2）雪凇与雾凇。初冬季节，雪花飘落时气温较高，雪花落到地面或树木上立刻融化成水。随着时间的推移，气温逐渐下降，雪不再融化，雪花被树枝上的水珠粘住、冻结，越积越厚，使树木变成一片白色，这就是雪凇。在我国一些著名的山岳风景区，如黄山、庐山、华山等，由于地形特殊，雪凇出现的次数比较多，是冬日雪景中不可多得的靓丽风景。黄山的冬雪已成为继“奇松、怪石、云海、温泉”四绝之后的第五绝。雪后的黄山银装素裹，玉树琼枝，漫山遍野的雪凇、雾草、雾石、冰挂，宛如一个珊瑚盛开的世界，晶莹剔透，缤纷绮丽，“一夜瑞雪飞，遍地惜琼瑶”。

---

[1] 庄志明. 旅游美学[M]. 上海：上海三联书店，1999：31.

雾凇又叫“树挂”、银枝、水汽花、冰花、雾冰，它是雾天里形成于树枝上、电线上和景物上的白色而松软的水滴凝结物，其直径比雨滴小得多。因水滴凝结物之间空隙很多，故雾凇呈完全不透明的白色。吉林市雾凇以其出现天数长、分布密集、色相浓重、造型丰富闻名海内外。清晨，行道树上洁白剔透的雾凇千姿百态，有的像盛开的腊梅，有的像怒放的菊花，有的像淡雅的水仙，有的像银色的丝链……风格独特，美不胜收。

二、水的人文美

水给了人类衣食之源，也给了人类洪荒之祸。为了除水患，兴水利，人类发挥自己的能动性，积极地改造、利用水资源。如早在4 000多年前的中国夏代，禹就开始治水，其后治水历代一直没有间断。在人类除水害、兴水利的实践活动中，兴建了各种水利工程、桥梁等。这些水工建筑既是水文化的重要内容，也是重要的人文景观。

(一)水的人文美感类型

与水相关的人文景观类别多样、形态各异，既丰富了旅游审美的内容，也使旅游者增长了知识，了解了历史，得到了审美享受，提高了精神境界。

1. 功能实用美

众多与水有关的人文景观，建造本意就是充分发挥它们的实用功能，为人类的生产、生活服务。水的人文景观美，首先就是它的功能实用美。一些历史遗存的水利工程、桥梁，如都江堰、赵州桥等，历经百年甚至千年，仍然完好无损，依旧发挥着它的实用功能，本身就给人以美感，人们为它们历经风雨不衰而惊叹。

2. 构建艺术美

人们在构建与水有关的人文景观时，除了考虑其使用价值，又注意其审美价值，从而给这些人文景观赋予一定的艺术形象，使它们具有了艺术美。如桥梁，本是为了克服交通中山川河流阻隔而架设的固定建筑，但能工巧匠们在实现桥梁实用价值的基础上，又将艺术融入其中，形成了千姿百态、风格各异的桥梁，装点了美丽的山河。我国现存古代桥梁中最雄伟的洛阳桥，位于福建省泉州市洛阳江上，始建于1053年，由花岗石砌成，桥上有精雕的石狮子，桥两头有武士石像，整座桥梁构思精巧、造型美观、雄伟大气，是世界桥梁史上一项伟大成就，当时享有“天下第一桥”美誉。

3. 历史价值美

历史遗留的众多水利工程、桥梁等，历经百年、千年，见证了人类历史的发展，浓缩了历史的精华，是一本活的历史教材。历史文化的凝重感，人类发展的悲壮性，是这些人文景观给予我们的精神大餐，人们常常因为其历史价值而产生诸多联想、评价、审美行为。如当我们站在卢沟桥上，除了惊叹古人高超的建造技艺外，更多地还是想起1937年7月7日英勇的中华儿女在此打响了全面抗战第一枪的悲壮场面，卢沟桥见证了这一历史场面，激发了人们的爱国情感。

4. 民族特色美

不同民族具有不同的文化，不同的文化体现在人类的生产生活之中，形成具有民族特色的人文景观。如享有"东方大峡谷"美誉的怒江大峡谷，山川险峻，峰峦叠嶂，谷深壑长，岩壁陡峭，水流湍急、落差极大，难以行舟摆渡。居住在怒江地区的傈僳族、怒族、独龙族和普米族等少数民族群众，用竹篾扭成手腕粗细的竹索，横拉于江河之上，成为当地独特的"桥"——溜索。四川大渡河上的泸定桥，始建于1705年，全桥由13根铁索组成，每根铁索重约2吨，全部铁件重约40余吨。走在泸定桥上，桥下水深流急，两岸高山耸立，让人不禁为古代藏汉人民的智慧和勇气惊叹。

5. 独特意境美

我国历代大师在建造人文景观时，大都非常注重"天人合一"，力求布局、形式、色调与周围环境协调统一，将人文景观巧妙地融于自然之中，形成独特的意境美。如茅盾故里——浙江乌镇，镇内小河纵横，蜿蜒曲折，临河而起的水阁木楼，绰影幢幢，河面不宽，恰好小桥轻卧，杨柳依依，浓郁的水乡古镇风味在乌镇达到了极致。乌镇自古以来桥梁众多，有"百步一桥"之说。这些桥的式样因地势不同而呈纷繁之象，有的券拱，有的平铺，有的雄伟，有的轻巧。乌镇最美的古桥风景是"桥里桥"，无论站在哪一座桥边，均可以透过桥洞看到另一座桥，如同井中观月，因而博得"桥里桥"的美称。倘若站在南河岸观看，两桥半圆形的桥孔倒映水面，虚虚实实，似圆非圆，景色迷人。

(二)水的人文景观欣赏

从类别上分，水的人文景观主要有以下几种。

1. 水利工程景观

我国治水历史非常悠久，治水经验十分丰富。从单纯依赖自然赋予的水资源，到能动地改造利用水资源，反映了人类从生存到发展的文明历程。从利用自然、改造自然的社会实践中产生的水文化，正是基于这段文明的历程得以产生且取得长足的进步。不管是古代“河流文化”的启蒙，还是现代“海洋文化”的诞生，都是人与水之间关系密切的最好例证。

(1)古代水利工程景观。我国自古就非常重视对水的治理和改造，从“大禹治水”，到楚国的芍陂，秦国的都江堰、郑国渠，到隋的永济渠、京杭大运河等，都是古代大型兴修水利的代表和典范，是古代劳动人民智慧和辛勤劳动的结晶。

表3–1 中国部分古代著名水利工程概览[1]

工程名称	修建朝代	所在地域	简 介
郑国渠	战国	陕西	由战国后期郑国主持修建，长100多千米，蜿蜒盘旋于关中大地。工程之浩大、设计之合理、技术之先进、实效之显著，在我国古代水利史上非常少有，也是世界水利史上所少有。渠道遗址为全国重点文物保护单位
灵 渠	秦	广西	位于湘桂走廊中心兴安县境内，由秦朝监御史禄于秦始皇33年(公元前214年)主持修建，是跨越湘江和珠江水系的古运河，与陕西的郑国渠、四川的都江堰并称为“秦代三大水利工程”。郭沫若先生称为：“与长城南北相呼应，同为世界之奇观”。全国重点文物保护单位
都江堰	战国	四川	位于四川成都平原西部的岷江上，由战国时期秦国蜀郡太守李冰父子于公元前227年率众修建，是我国现存最古老而且依旧在灌溉田畴、造福人民的伟大水利工程，是我国科技史上的一座丰碑，誉为世界奇观。世界文化遗产，全国重点文物保护单位
京杭大运河	春秋、隋唐、元	北京、天津、河北、山东、江苏、浙江	北起北京通县，南至浙江杭州，全长1 794千米，流经六省市，贯通五大水系。其开凿经历了春秋、隋唐、元三个历史阶段，是中国古代一项伟大的水利工程，也是世界上开凿最早、里程最长的大运河。全国重点文物保护单位
它山堰	唐	浙江	位于浙江宁波它山旁，由王元韩于唐太和七年(833)主持修建，全长134.4米。堰面全部用条石砌筑而成，堰身为木石结构，有逾抱梅木枕卧堰中，历千余年不腐，被称为“它山堰梅梁”。目前仍继续发挥阻咸、蓄淡、引水、泄洪作用。全国重点文物保护单位
坎儿井	始于西汉	新疆	又称井渠，位于新疆吐鲁番、哈密地区，由竖井、暗渠、明渠等几部分组成，是当地发展农牧业生产和解决人畜饮水的重要水源，具有极高的历史价值和科学价值。全国重点文物保护单位

公共水利工程建设是中央政权管理经济的带有决定性意义的重要内容和重要职能。中国历史上留下了不少帝王重视农业基础设施建设的佳话，如汉武帝亲往黄河工地视察，命令随行将军、大臣负草堵河，自己作歌鼓动；清康熙帝亲自

[1] 朱学西. 中国古代著名水利工程[M]. 北京：商务印书馆，1997.

研究水利学和测量学，组织治理黄河和永定河，多次到治河工地勘察等。

这些古代水利工程不仅规模巨大，而且设计水平很高，有的至今仍发挥着灌溉、航运等功能，造福后人。位于四川成都平原西部岷江上的都江堰，建于公元前三世纪，是中国战国时期秦国蜀郡太守李冰父子率众修建的一座大型水利工程，是全世界至今为止年代最久、唯一留存、以无坝引水为特征的宏大水利工程，2 200多年来，一直发挥着巨大效益。这也是成都平原能够如此富饶，被人们称为“天府”乐土的重要原因之一。所以《史记》载：都江堰建成，使成都平原“水旱从人，不知饥馑，时无荒年，天下谓之‘天府’也”。

2014年6月22日，中国大运河作为文化遗产列入《世界遗产名录》。中国大运河由隋唐大运河、京杭大运河和浙东运河组成，地跨北京、天津、河北、山东、江苏、浙江、河南和安徽，沟通海河、黄河、淮河、长江、钱塘江五大水系，是世界上里程最长、最古老且目前仍在使用的人工运河之一。中国大运河的开凿始于公元前五世纪，七世纪完成第一次全线贯通，十三世纪完成第二次大沟通，历经两千余年的持续发展与演变，直到今天仍发挥着重要的交通与水利功能。

中国大运河是世界上唯一一个为确保粮食运输（漕运）安全，以达到稳定政权、维持帝国统一的目的，由国家投资开凿和管理的巨大工程体系。它是解决中国南北社会和自然资源不平衡的重要措施，以世所罕见的时间与空间尺度，展现了农业文明时期人工运河发展的悠久历史阶段，代表了工业革命前水利水运工程的杰出成就。它实现了在广大国土范围内南北资源和物产的大跨度调配，沟通了国家的政治中心与经济中心，促进了不同地域间的经济、文化交流，在国家统一、政权稳定、经济繁荣、文化交流和科技发展等方面发挥了不可替代的作用。中国大运河由于其广阔的时空跨度、巨大的成就、深远的影响而成为文明的摇篮，对中国乃至世界历史都产生了巨大和深远的影响。

依据历史上的分段和命名习惯，中国大运河共包括十大河段：通济渠段、卫河（永济渠）段、淮扬运河段、江南运河段、浙东运河段、通惠河段、北运河段、南运河段、会通河段、中河段。申报的系列遗产分别选取了各个河段的典型河段和重要遗产点，共包括大运河河道遗产27段，以及运河水工遗存、运河附属遗存、运河相关遗产共计58处，河道总长度1 011千米。根据地理位置，这些遗产分别位于31个遗产区内，涉及八个省级行政区，25地级市。遗产区面积为20 819公顷，缓冲区面积为54 263公顷，总面积为75 082公顷。

（2）现代水利工程景观。到了现代，我国水利事业发展迅速，很多现代化的大型水利工程纷纷展现于世人眼前。如黄河小浪底水利枢纽、葛洲坝、长江三峡水利工程等，它们在维护工程安全、涵养水源、保护生态、改善人居环境等方面起着重要的积极作用。同时，它们所在的区域通常风光秀丽，具有娱乐、观光、休闲、文化、教育等多种功能，如安徽太平湖风景区、佛子岭水库风景区等。截至2014年4月9日，我国水利部门先后公布了13批共588处国家水利风景区。

表3-2 我国部分国家水利风景区概览

名 称	所在地域	景观特色
十三陵水库旅游区	北京市昌平县	四周群山矗立，水面宽阔，给人以“高峡出平湖”之感。因毛泽东、周恩来等老一辈革命家和北京市数百万各界群众参加修建工作而闻名国内外
红旗泡水库红湖旅游区	黑龙江省大庆市	景色自然纯朴，烟波浩渺，水天一色，芦花飘飘，具有“清、静、绿、野、鲜”等特点，被游人赞誉为“绿色生态旅游胜地”
天目湖旅游度假区	江苏省溧阳市	群山环抱，湖水清冽，集太湖烟波浩渺之势、西湖淡妆浓抹之美，千岛湖环拱珠连之势，更以万亩竹林、千亩茶园而名著江南，素有“江南明珠”之称
钱江潮韵度假村	浙江省海宁市	钱塘江潮水以“一线湖”而被誉为“天下奇观”，区内小桥流水，亭台楼榭，绿树成荫，百花争妍
龙河口水利旅游区	安徽省舒城县	库区呈枫叶状，环库皆山，岛屿众多，景色宜人，被誉为“合肥市后花园”
沂蒙湖	山东省临沂市	湖面烟波浩渺，鸥飞鱼跃，蓝天碧水辉映相融；拦河大坝如巨龙横卧，坝面溢水瀑布似溢彩流金；金雀岛、银雀岛似珍珠浮于湖面
南湾风景名胜区	河南省信阳市	四周群山环抱，层林碧染，湖光山色、森林、瀑布、人文古迹融为一体，尽显水、山、岛和谐一致的自然风光，被誉为“豫南明珠”
㵲阳河水利旅游区	贵州省镇远县	山水秀丽，景色迷人，湖水宛如碧玉般清澈，两岸山体峻峭雄伟，姿态各异，一步一景，景景相连，目不暇接，美不胜收
北湖旅游区	新疆石河子市	汇集天山冰雪溶水，水质清秀，野生动植物繁多，形成良好的生态旅游环境。区内建有苏堤长廊、唐三彩艺术墙以及由维吾尔、哈萨克、俄罗斯等13个民族的民族村，形成独具风格的人文景观

2. 桥梁

有水才有桥，有桥多有水，水与桥永远是不可分割的一体，水是桥的动态，桥是水的静物。

(1)古代桥梁。中国古代桥梁的辉煌成就举世瞩目，在东西方桥梁发展史中占有崇高的地位，为世人所公认。中国古代桥梁类型众多，有梁、拱、索、浮等。

在很多风景旅游地，古桥成为一张独特的名片。“青山隐隐水迢迢，秋尽江南草未凋。二十四桥明月夜，玉人何处教吹箫？”唐代诗人杜牧的这首《寄扬州韩绰判官》诗中所写的是扬州的二十四桥。该桥用汉白玉砌成，单孔拱形，东西向飞跨于湖面之上，桥身长24米，宽2.4米，两端各24级台阶，上围24根栏柱，栏板皆雕月镂云，处处隐含“二十四”之意。

在如梦水乡江苏省昆州市周庄，水是周庄的魂，桥是周庄的根。整个小镇因桥成街，因桥成市，桥桥相望，桥桥相连。看这些桥，足以让人体会到小镇几百年的历史变迁和水乡韵味。最有名的双桥是建于明万历年间(1573—1619)的两座石桥：一为圆拱桥，称世德桥；一为方孔桥，称永安桥。二桥联袂而筑，青石铺成，在阳光下显得光滑透亮。著名画家陈逸飞当年以双桥为素材创作的油画《故乡的回忆》，被美国石油大亨哈默看中，作为礼物送给了邓小平，从此双桥更加闻名遐迩。在周庄，不乘坐小船穿越座座小桥，领略碧波倒影中的青墙瓦舍，就无法领略这水乡神韵。

被誉为“江南第一桥乡”的上海市青浦区金泽古镇以桥而闻名，桥多水多是其显著特色。在一段350米的河道上并列着跨越宋、元、明、清四个朝代的五座古桥，故有“四朝古桥一线牵”之说。绍兴市有名桥70多座，整个绍兴水乡，桥多达3 000余座，所以绍兴有“桥都”之称。江南古镇浙江乌镇、江苏同里、江苏角直都有很多古桥。

我国有很多著名的古桥，如赵州桥、卢沟桥、风雨桥、颐和园内的十七孔桥、洛阳桥、绍兴的八字桥等。

表3–3 部分中国名桥

名 称	所在地域	简 介
卢沟桥	北京	始建于1189年，11孔联拱石桥，长约266.5米，有望柱140根，石狮500余只。其高超的建桥技术和精美的石狮雕刻独具风韵，誉满中外，实属古今世界一大奇观。“卢沟晓月”为燕京八景之一。全国重点文物保护单位
广济桥	广东潮州	交通、商用综合性桥梁，是现存最早的开关活动式大石桥，有“一里长桥一里市”之说，被著名桥梁专家茅以升誉为“世界上最早的启闭式桥梁”。全国重点文物保护单位
五亭桥	江苏扬州	12座桥墩青石砌成，大小不同；桥身为拱券形，由3种不同大小的券洞组合而成，共15孔，孔孔相通，亭亭之间有廊相连。最大特点是阴柔阳刚的完美结合，南秀北雄的有机融和。全国重点文物保护单位
安平桥	福建晋江	桥面由7条大石板铺成，桥头有六角五层砖构宋塔一座，为中国古代最长的梁式石桥，也是我国现存最长的海港大石桥，享有“天下无桥长此桥”之誉。全国重点文物保护单位
赵州桥	河北赵县	单孔石拱桥，桥面宽10米，两侧42块栏板上刻有龙兽状浮雕。世界上现存最早、跨径最大、保存最完善的单孔敞肩型石拱桥，被誉为“华北四宝之一”。全国重点文物保护单位
十字桥	山西太原	十字形桥梁，由34根铁青色八角石柱支撑，柱顶有柏木斗拱与纵、横梁连接，上铺十字桥面，鱼沼飞梁，汉白玉栏杆，方砖铺面。因构造奇巧，民间传为鲁班建造
风雨桥	广西三江县	石墩木面瓦顶结构。桥上建塔形楼亭5座，可避风雨。整座桥梁不用一根铁钉，精致牢固。侗族建筑艺术的一朵奇葩，中国木建筑中的艺术珍品。全国重点文物保护单位

(2)现代桥梁。到了现代,随着科技的进步和交通事业的发展,一座座现代化桥梁横跨在大江大河之上,气势磅礴,巍巍壮观。

著名的南京长江大桥建于1968年,是长江上第一座由我国自行设计建造的双层式铁路、公路两用桥。"一桥飞架南北,天堑变通途。"南京长江大桥正桥长1 577米,下层铁路桥长6 772米,上层公路桥长4 589米,公路引桥长3 012米,两端接地部分还建有22孔富有民族特色的双曲孔桥。从下关沿公路引桥走上长江大桥,距离正桥很远就能清楚地望见雄伟端庄的桥头堡。桥头堡高70米,顶端招展的红旗雕塑格外醒目;堡前还有高达10米的雕塑,形态逼真。正桥栏杆上嵌有200幅铸铁浮雕。屹立在惊涛骇浪中的9个桥墩,像9座擎天柱,凌空托起正桥钢梁,整座大桥如彩虹凌空江上,十分壮观。夜幕降临,桥栏杆上的泛光灯,桥头堡和大型雕塑上的钠灯,桥墩上的金属卤素灯,以及公路桥上的洁白雅致玉兰花灯齐放光明,绵延十余里,宛如银河坠落大江之上。白天江风习习,站在大桥上放眼望去,幕府山、狮子山、阅江楼近在咫尺,江天一色,蔚为壮观。

南京长江大桥不仅是新中国建设史上的一座丰碑,几十年来更是南京的象征,已成为南京旅游的重要一景。诸如此类的还有武汉长江大桥、九江长江大桥、芜湖长江大桥、厦门海沧大桥、杭州湾跨海大桥、上海崇明岛长江大桥等。

3. 津渡与游船

(1)津渡。我国古代一些重要的交通河流沿岸,一般都设有港口、码头或津渡。例如,位于镇江城西的西津古渡遗址,依山临江,风景俊秀。西津渡,三国时叫"蒜山渡",唐代曾名"金陵渡",宋代以后称为"西津渡"。这里原先紧临长江,滚滚江水从脚下流过。清代以后,由于江滩淤积,江岸逐渐北移,渡口遂下移到玉山脚下的超岸寺旁。三国时期,这里曾驻有孙权的东吴水师,唐代以后这里专门派有兵丁守卫巡逻。宋熙宁元年(1068)春,北宋文学家王安石应召赴京,从西津渡扬舟北去,舟经瓜洲时,即景抒情,写下了著名的《泊船瓜洲》:"京口瓜洲一水间,钟山只隔数重山。春风又绿江南岸,明月何时照我还?"元朝时,意大利著名旅行家马可·波罗从扬州到镇江,也从西津渡登岸。南宋诗人陆游途径西津渡时,曾对渡口每日运送上千的兵员感叹不已。近代诗人于树滋所写的诗更道出了西津渡口人来舟往的繁忙景象:"粮艘次第出西津,一片旗帆照水滨。稳渡中流入瓜口,飞章驰驿奏枫宸。"由此可见,至少从三国时期开始,西津渡就是著名的长江渡口,不仅是兵家必争之地,更是商贸繁荣口岸。

天津的来名亦与"渡"相关。天津一带古为退海之地和黄河故道淤成的陆地,有九条河流在这里汇聚，所以有“九河下梢”之称。现在仍有永定河、大清河、子牙河、南运河、北运河等在天津市区汇成海河。蓝色的海河像一条玉带，流经69千米，到大沽口注入渤海。古时天津是一片渔村，取名为天津，一说是取“天朝津梁”的意思。因为明朝建都北京之后，一些朝见天子的使者要经过天津这块河流汇集的地方，再沿北运河到通州进北京。因此，天津就成了通向天子所在京城的津梁，故名天津。另一说是天子渡河之地的意思，说是明燕王朱棣南征从这里渡河时取的地名。

(2)游船。在现代旅游活动中，船舶仍是一种重要的交通工具，如大型邮轮。除此之外，船舶更是一种独特的体验工具，如漂流用的竹筏、羊皮筏，水乡的乌篷船、游船等。

船因水而生。世界上最早的船可能就是一根木头，人们试着骑在水中漂浮的较大的木头上，这就是最原始的木筏。随着现代造船技术的进步，木筏早已退出运输市场，但利用木筏从事漂流活动在一些地方时有所见。在一些相对平缓的河流上，竹筏是最常用的漂流工具。羊皮筏是黄河沿岸人民传统水运工具。古诗“纵一苇之所如，凌万顷之茫然”，就是指皮筏破浊浪、过险滩的情景。如今，皮筏漂流已成为一种时尚和乐趣，坐在吹满了气的羊皮筏上，紧贴着脚下就是深不见底的黄河水，着实需要相当的勇气和胆量。如果你去宁夏沙坡头景区，你可以乘观光车、地轨缆车登上沙坡顶，先俯瞰黄河大拐弯，继而滑沙而下，再乘羊皮筏漂流而下，感受一下浊浪中的羊皮筏漂流。

在江南水乡，水与桥之间便是小船，最典型的就是绍兴的乌篷船。头戴乌毡帽的艄公，划着乌篷船，穿水过街，哼着地方小调，这样的韵味不由你不去亲身体验。

中国古代皇帝都有行游的喜好，豪华的宫廷游船由此而生。当年隋炀帝下江南时，派人到江南造龙船及杂船数千艘。北京颐和园里的汉白玉石舫，也是因慈禧的挥霍无度所致。现在在一些旅游地，如杭州西湖、嘉兴南湖、江苏太湖、浙江千岛湖、安徽太平湖、广西漓江等，仿古式豪华游船依然是最主要的体验工具，深受游人欢迎。

邮轮在国外已经有100多年历史。19世纪末20世纪初，由于航空业不发达，一些人开始登上邮轮漂洋过海，邮轮旅游开始发展。等到飞机旅游盛行的时候，那些有钱有闲的贵族依然喜欢休闲的邮轮旅行方式。因此，邮轮越造越豪华，并逐步成为专业的旅游方式。目前国际上知名的邮轮公司有丽星邮轮、嘉年华邮轮、荷美邮轮、公主邮轮、威尼斯邮轮等。

第三节 水与人文精神

水可载舟亦可覆舟，谁能养鱼亦能煮鱼，鱼水情深，鱼生于水，等等，给了我们很多人生智慧。

水无色、无味乃至无形，朴实无华，平淡无奇，但却获得了古圣先贤的礼赞和称誉。水，既具有某种坚强的力量和坚韧的意志，又具有随机应变、灵活机动的聪明才智；既是某种人生境界和哲理的象征，又是某种道德精神和人格品质的形象显现。自然界中的水，无论它们态势如何，都会在人们心中激起生命感应的波澜，铸就形式多样的人文精神。

一、水与人们的游观心态[1]

大自然中的水，无论是一条大河，还是一渊深潭，无论是飞流直下的瀑布，还是叮咚蜿蜒的溪流，都会令人心有所感。人们爱水、观水、写水，都会有许多慨叹与人生观照，它们大致说来有以下几个方面。

(一)水与人们的精神寄托

自古以来，人们不仅喜好自然山水，而且还带有仁者智者的神圣色彩与反思。孔子是儒家文化的奠基者，有着积极入世、刚健有为的人生态度。他曾说："智者乐水，仁者乐山"(《论语·雍也》)，大意就是说，智者乐于治世，如流水一样不知穷尽，仁者喜欢像山一样安固而万物滋生。在这里，孔子抓住了水生生不息这个重要特性，并将自己的人生追求与之观照。可见，不息的流水是孔子的一种精神寄托。

孟子也曾解释说："源泉混混，不舍昼夜。盈科而后进，放乎四海，有本者如是，是之取尔。"(《孟子·离娄下》)意即流水不舍昼夜地流动，途中虽然偶逢坑坑洼洼，但最终能够奔向大海，主要原因乃是源头生机盎然，故能保证不会干涸，也不会停滞不前。这就是根本，就是生命的源泉，有为的君子应该具有这种精神。孟子又说："流水之为物也，不盈科不行；君子之志于道也，不成章不达。"(《孟子·尽心章句上》)只有根基稳固了，才能通达四方，生命才能天长地久，永

[1] 李海燕. 浅析水文化与人们的游观心态[J]. 开封大学学报，2004(1)：31-33.

远芬芳。这种由水而来的人生感悟,是千百年来人们的一种精神历程,直至今日人们仍有这样的心态。

另外,水的宽厚能容也是人们的一种精神向往。老子说:“天下莫柔弱于水”,并将水比作圣人:“上善若水,水,善利万物而不争,处众人之所恶,故几于道。”(《老子·第八章》)又说:“天下之至柔,驰骋天下之至坚。”(《老子·第八章》)也就是说,水的这种不能之能、不争之争、不善之善,即平淡、宽容、柔顺、与世无争、不固执己见的特质,是圣人应该具有的品格,也是道家智慧的一种体现。

水是柔软的,却又能滴水穿石,积水成河,负载巨舟。水表面上看起来毫无主见,任人方圆,然而却倔强不驯,并不真正屈服于外在的势力。的确,水是坚忍顽强的,它就是它自己,无拘无束,任性自在,同时又意志坚强,任何刚性的力量都无法改变它。滚滚长江,滔滔黄河,都是千回百转,最终还流入了大海。海边的礁石,壁立千仞,巍然挺立,柔弱无骨的水与之相比,的确是蚍蜉撼树。然而,坚固的石头却经不住潮水反复冲刷磨蚀,先出现了一个个小小洞穴,最后变得斑斑驳驳。由此可见,水象征着坚韧不拔的意志,顽强不屈的品格。

这些都告诉人们,无论你的力量怎样柔弱、微不足道,无论你的对手如何强大,只要你有毅力,有恒心,坚持不懈地努力,终会取得成功。

所以,水具有宽厚能容、以柔克刚的特性。人们观水、写水,常常会以水及水流的宽容博大而有精神上的契合之感,也会常常以水寄托自己的心灵。

(二)水与自我激励

面对奔腾不息的河水,孔子发出了“逝者如斯夫!不舍昼夜”(《论语·子罕》)的感慨,其实是对时光、对生命的一种珍爱,一种不舍之情。在孔子眼中,“水”已不再具有那种震慑一切的力量,而是多了一种哀婉深远、含而不露却包容一切的性情,多了一层缥缈悠远的哲思与平和恬淡的安详。这声感慨也同样穿越时空,引发了无数后人共同的感伤心曲。李白曾有“君不见黄河之水天上来,奔流到海不复回……人生得意须尽欢,莫使金樽空对月”的感慨;苏轼则有“大江东去,浪淘尽,千古风流人物”的感伤;近代散文家朱自清也说道:“在逝去如飞的日子里,在千门万户的世界里的我能做些什么呢?……我赤裸裸来到这世界,转眼间也将赤裸裸的回去罢?但不能平的,为什么偏要白白走这一遭啊?”可见,从古代的孔子、李白、苏轼,到近代的朱自清,都有“逝者如斯夫”的感悟与慨叹。

时光如流水般一去不回头,人生究竟应该怎样生活,怎样度过?孔子的感慨中显然有自我激励的内涵，即人生要像“不舍昼夜”、奔流不息的河水一样有所作为，只有如此，才能使有限的人生成为永恒。

时间是宝贵的，生命相对来说也是短暂的。人们应该在有限的时间里成就自己的人生梦想，享受美好的生活。当你走到大河之滨、大川之畔，这种自我激励的心态就会油然而生。无论是豪迈中的感慨，还是伤感中的叹息，抑或是茫然中的反思，都说明自古以来人们普遍拥有对流水般飞逝而去的时光的不舍之情。所以，在旅行和游览的过程中，当人们看到大河、大川奔涌向前、一泻千里的景象，都会产生珍爱时光、珍爱生命，不能枉费时日、虚度此生的自我激励的心态。

（三）水与心灵慰藉

孔子曾要学生谈谈各人的心志，许多学生都表示自己将来要有番作为，唯独曾皙说要在暮春三月，穿上春装，相邀五六个成年人、六七个小孩，一起到河边玩水寻乐，然后到处走走看看，在太阳落山前欢欢喜喜唱着歌儿归来。孔子听到这里笑了，表示赞赏。可见，春天到了，到河边走走，也是孔子内心的一种向往和快乐所在。对水的喜爱，自古以来就是人们共同的亲水情结。水有“不舍昼夜”的忙碌与不息的追求，亦有微波涟涟、回旋荡漾的怡然自得，会令人们把平日里被世俗社会紧紧追逐的心松弛下来，一如疲惫的帆船回到平静的港湾。

正如孔子赞赏自己的学生在春天要去河边放松自己一样，自古以来许多人都有亲水情结。唐代诗人司空曙有诗道：“钓罢归来不系船，江村月落正堪眠。纵然一夜风吹去，只在芦花浅水边。”这首诗的意境如水般的恬淡自在，在大自然的清露下、月光中，平和如镜的灵魂，你就安详地睡去吧！另一位唐代诗人孟郊则在居住地的溪水边捧起澄碧洁净的溪水，漱上一漱，感到尘土般蒙在心上的种种忧虑一下子被洗得干干净净，于是感叹道“净漱一掬碧，远消千虑尘”。另外，诸如“闲上山来看野水，忽于水底见青山”（南宋·翁卷《野望》），“泉眼无声惜细流，树阴照水爱晴柔”（南宋·杨万里《小池》），“一雨池塘水面平，淡磨明镜照檐楹”（北宋·刘攽《雨后池上》），“云麓烟峦知几层，一湾溪转一湾清。行人只在清湾里，尽日松声杂水声”（南宋·徐玑《建剑道中》）等不胜枚举的诗句，无不反映了自古以来“水”带给人们的恬淡、闲适之情及空灵无虑的心灵慰藉。从这个角度可以说，水的最大功用是可以洗去尘世俗物对人们心灵的污染，让人的心境保持一种清明澄澈的状态。所以，自古以来，人们总想鼓足勇气从世俗中断然抽身，超越人世的功利，回到自然，回到森林，回到水边，去享受一下恬静闲适的时光，让自己的心轻松透明起来。

人生何不如此？刚健有为的追求与适时休闲的生活并不矛盾。所以，水的安恬自在正是人们忙碌人生的一种心灵慰藉。

（四）水与乡情、离情

黄河、长江哺育的中国人，多情重情。喝故乡水长大的人，无论走向何方，都会深深铭记故乡的养育之恩，漂泊者与流浪者只有回到故乡才仿佛船入了港湾，有了心的宁静与归宿。

著名典故“莼鲈之思”，说的是西晋文学家、吴江人张翰思乡弃官归故里的故事。张翰曾在洛阳做官，当秋风吹起满地落叶的时候，他非常想念家乡，想念家乡湖中的特产莼菜和鲈鱼，认为那是最美的人间佳肴，人到哪里都不如回归故乡，于是赋诗曰：“秋风起兮佳景时，吴江水兮鲈正肥。三千里兮家未归，恨难得兮仰天悲。”遂弃官归去。“莼鲈之思”，实际上寓意的是故乡的水、故乡的情已注满了诗人的血脉，让他一步三回头，不忍远离。

这种由水引发的故乡情结至今仍感动着无数思乡的人。归家是流浪者永恒的梦幻，日日夜夜萦绕在流浪者的心头。“松下茅亭五月凉，汀沙云树晚苍苍。行人无限秋风思，隔水青山似故乡。”唐代诗人戴叔伦傍晚时分到松下茅亭歇脚，抬眼望去，沙洲树丛均被云气所笼罩，水的那一边，青山似带，莫不是故乡？由异地的水异地的山幻化出故乡的山水，这种隔山隔水念故乡的情怀多么感人！“江花江草故乡情，两岸青山夹镜明。一夜雨丝风片里，轻舟已过秣陵城。”清代诗人黄景仁这个早年孤贫、四处奔波流浪谋生的人，在乘船回乡途中看到两岸的花草，情不自禁地想起故乡的花草、故乡的亲人，一江之水满是盈盈离别情！

由此看来，水与乡情、水与归乡，总是自然地交融在一起，让人想起故乡就有似水的柔情。

水是河，是江，是行船的航道，也是送别的地方。自古以来，水与离情、友情紧紧相依。“李白乘舟将欲行，忽闻岸上踏歌声。桃花潭水深千尺，不及汪伦送我情。”唐代大诗人李白的这首《赠汪伦》，千百年来脍炙人口，就是因为水与友情的关系比照令人心动！将要远离友人，漂泊远去，前方何处是归依？无论如何，有友情相伴，无论走到何方都会有温暖。水能带人走向远方，又何尝不能满载友情伴随人生旅程呢？同样，在长江岸边送挚友孟浩然远行时，一样的送行，一样的款款深情：“故人西辞黄鹤楼，烟花三月下扬州。孤帆远影碧空尽，唯见长江天际流!”故人已远去,李白仍在目送孤帆直到它隐入碧空。这种不舍、这种离情,像江水一样绵长无尽……

“寒蝉凄切,对长亭晚,骤雨初歇。都门帐饮无绪,留恋处、兰舟催发。执手相看泪眼,竟无语凝噎。念去去、千里烟波,暮霭沉沉楚天阔。多情自古伤离别,更那堪、冷落清秋节!今宵酒醒何处?杨柳岸、晓风残月……”北宋词人柳永的这首《雨霖铃》也是千百年来抒写离愁别绪的不朽名篇,作者将他离开汴京与恋人惜别时的真情实感表达得缠绵悱恻,凄婉动人。特别是“念去去、千里烟波,暮霭沉沉楚天阔”,通过浩渺的烟波,沉沉的暮霭,辽阔的天空,遂让人觉得去路茫茫,道里修远,衬托出旅人前途茫茫,情人相见无期,景无边而情无限,道尽了恋人分手时难舍的别情。

所以,自古至今,水与离情、友情一直撩拨着无数流浪者的心。有人生就会有旅程,有旅程就会有别离,有别离就会有依依不舍的离情别意。有了这些情愫,人生才变得充盈美满。现代社会中,快节奏的生活,便捷的信息,弱化了人们的离情别意,也让人们失去了很多缠绵的回味,人似乎已远离了即景抒情、离别赋诗的“多情时代”。因此,古人那种水一般绵长的乡情友情只能让现代人去怀恋。关于水与乡情、友情的典故与出处,便成了人们思乡归乡、思念友人,从而踏上旅程的一个重要的心理诱因和游观心态。受“故乡情结”的驱遣,人们往往会萌发一种追溯历史的“怀旧”情思或者说是恋巢心理,偶尔忙里偷闲地去体味这种自古传承下来隐藏在每个人心灵深处的情感。偶尔回望故乡、回望故人,沿着故乡的小河、分别的岸边,去寻访一切美好的情愫,滋润日渐干涸的心田,是许多现代人心中的梦想;去黄河源,去长江源,去太湖源,去新安江源,去探访自己民族文化的源头,也正是许多人心中的向往。

二、水与文学艺术

文学艺术是社会生活的一面镜子,源于生活而又高于生活。由于水与社会生活各个方面联系密切,众多文学艺术家在表现社会生活时总是离不开水,水也常常成为作家和艺术家灵感的源泉。文学艺术领域广阔,门类和风格丰富多彩,但大都离不开水的滋润、水的灵气。以水为题材,或与水有关的文学作品、诗词歌赋、绘画雕塑、音乐曲艺、书法摄影等,在我国文学艺术的宝库中闪烁着耀眼的光芒。

在唐宋诗词中,讴歌大江大河、湖泊壮丽景观的作品随手可得,与“水”有关的诗文更是不计其数。如“春江潮水连海平,海上明月共潮生”(唐·张若虚《春江花月夜》），"君不见黄河之水天上来，奔流到海不复回"（唐·李白《将进酒》），"抽刀断水水更流，举杯消愁愁更愁"（唐·李白《宣州谢朓楼饯别校书云》），"问君能有几多愁，恰似一江春水向东流"（唐·李煜《虞美人》），等等。水虽然代表了一种时空意想，却是"永恒的愁思"，表达了一种高远苍凉、寂寞无奈的思绪。

以水为题材的一些音乐作品，如《高山流水》《春江花月夜》《秋江夜泊》《渔舟唱晚》等，都是不朽的名作。水在这些作品中往往与"山""月""花"等结合起来，构成一幅幅情景交融的优美画面。《龙船调》《川江号子》《小河淌水》《泉水叮咚响》《浏阳河》一类的民歌，亦是借水言志，以水传情。大型声乐作品《黄河大合唱》，以鲜明的民族风格，气势壮阔的音乐形象，借助奔腾咆哮的黄河水流，歌颂中国人民的抗日救国斗争，更是借水言志的典范。在绘画作品中，山水画一直是我国画作的主流之一，表达了人们对水域景观的追求和向往，其中以《清明上河图》最具代表性，它精细地记录了黄河下游曾经有过的繁荣。

另外，在中国数千年的治水活动中，涌现过许多民众心目中的英雄人物，他们的事迹被文字记载，或经过长期口头流传，形成了丰富的历史和文学。如关于大禹治水三过家门而不入的故事，至今家喻户晓。在长期的治水活动中，人们加深了对水的认识，涌现了一些治水的专家，并形成理论，汇聚成书，如明代水利家潘季驯的《治水方略》等。

三、水与信仰崇拜

信仰崇拜是一种古老而复杂的文化现象，是人们对自身以及周围世界的一种认识和经验的产物，是多个民族的一种自发选择的无明确宗教信仰的"万灵崇拜"与"多神崇拜"。"水者何也？万物之本原，诸生之宗师也。"（《管子·水地篇》）在先民的眼中，水润万物，水具有生育功能。于是，在古代或一些少数民族地区，水被视为信仰崇拜的对象，如古代认为江有江神，河有河伯，并建有大江大河祠。春秋战国时期的"河伯娶妇"，就是源于人们坚信"不为河伯娶妇，水来漂没，溺其民人"。除此之外，人们还会敬水、祭水、放河灯、迎河神、祭龙王庙。一些图腾动物，如龙、龟、鳖、犀牛等，多塑造在水边，还有古代舞龙祈雨等，都充分显示了人们的亲水和镇水意识。

在古人眼中，水又能洗污去垢，除晦避邪，一些重要的场合，如女子结婚时必须洁水净身，有新的生命开端之意。

2006年，文化部委托中国艺术研究院非物质文化遗产研究保护中心向海内外征集“中国非物质文化遗产”标志，最终确定的标志是“鱼生于水”。其外部图形为圆形，象征着循环，永不消失。内部图形为方形，与外圆对应，天圆地方，寓意非物质文化遗产存在空间有极大的广阔性。“鱼生于水”，寓意中国非物质文化遗产源远流长，世代相传。

四、水与风水

风水又称堪舆，或称相宅、青乌、形法、地理等，起源于《周易》的“五行”和“八卦”学说，兴盛于两晋时代，是中国古代选择人居环境的一门学问。但在风水发展过程中，受宗教和对水神化崇拜思想的影响，被融入了迷信和愚昧的成分。风水尽管其带有迷信的色彩，但实质上具有地理学、气象学、生态学、规划学和建筑学等方面的科学内涵。

中国人历来讲究风水。在古人的风水观中，首先考虑的是“藏风得水”，可见水在“风水”中占有极为重要的地位，故有“风水之法，得水为上”的说法。因此，如何相水便成为一个首要的问题。在《青乌先生葬经》中有这样的说法：上品之水应回环澄清，既源远流长，而又至此而不流，是朝对山脉的真龙；若水直而无环，便难留生气，导致不吉。从这里又引申出“山以得水为面，不得水为背也”的向背之说。风水说中讲究阳宅的建设要背山面水，人行道与水的流向要一致。这是因为背山可以挡风，面水可以怡神，道路顺着水流方向易于排水，少受水淹之患。同时，在自给自足的古代社会，一块风水宝地往往是一家一族居住、耕作和休养生息的独立场所，决定着小环境中一家一户的生产生活，所以水被看做财富之源。《博山篇·论水》一开头就说：“聚水法，要到堂……”徽州俗语中，民居“四水归明堂”“肥水不流外人田”，也是这个道理。阴宅建设则要求有一个山明水秀、排水良好、不发生剥蚀或堆积的稳定环境，若还有四神砂结构（即左青龙，右白虎，前朱雀，后玄武）的开口小盆地相配，自成一定形势，更能提高扫墓者对墓主的崇敬感[1]。

作为中华民族传统文化的重要内容，风水已经植根于中国社会心理结构的深处。随着众多华人发财致富，提高了社会地位，他们在经商、置产、卜葬的过程中所常用的风水观念逐渐流行于海外。如今，风水已经引起众多外国人的兴趣，并开展研究。

---

[1] 吴殿廷等.水体景观旅游开发规划实务[M].北京：中国旅游出版社，2003：45.

综上所述，中国的水文化对人们的人文精神影响很大，中国人对水的认知与感悟，可以说是中国人精神生活的源头。哪里有水，无论它态势如何，都会让亲水、爱水、写水的人心有所感，流连忘返。如今，当旅游成为缓解紧张生活节奏的法宝时，水则成为人们亘古不变的眷恋。哪里有水，哪里就能吸引人的目光；哪里有水，哪里就有空灵恬淡的氛围，就有滋润心田的魔力。可以说，水能带给人们多种多样的心灵感受和人生感慨，也能反映人们同中有异、异中有同的人生态度，给人们无穷的想象空间。

复习思考题

1. 谈谈你对水文化的理解。
2. 理解并举例说明中国水文化的主要类型。
3. 理解并举例说明水的自然美感类型和从哪些角度欣赏水的各种自然美。
4. 理解并举例说明水的人文美感类型和从哪些角度欣赏与水相关的人文美。
5. 水对人们游观心态的影响主要表现在哪几个方面？谈谈你对它们的理解。

第四章 传统民居文化

“南巢北穴”是我国传统民居起源阶段居住方式的基本特征，“千姿百态”是我国传统民居现状的真实写照。“山南水北”，“坐北朝南”，“依山建屋，傍水结村”，“就地取材”，是我国传统民居建筑选址和用材的基本特征，蕴含着深刻的科学道理。传统民居和以传统民居为基本单元的聚落被列为不同级别的文物保护单位、历史文化名村名镇名城乃至世界文化遗产等，充分说明了传统民居和聚落的科学价值、文化价值、历史价值和经济价值。到乡下去，看古民居，游古村落，吃农家饭，住农家院，干农家活，观农家景，购农家物，已经成为一种旅游时尚。

传统民居是相对宫殿、衙门和宗教建筑而言的，是各地民众的居住方式和居室结构的总称，是在特定自然环境下，受社会因素制约，与特定时期的经济基础相适应，经过长期发展演化逐步形成的。

传统民居建筑，以其古朴的风格，展示了独特的地域景观。它既是地域文化的载体，同时也是地域文化的重要元素。保存完好的传统民居建造精良，布局紧凑，装修考究，古貌犹存，具有科学价值、文化价值、历史价值和经济价值。

在漫长的民居演变过程中，劳动人民通过合理选择房址和朝向，周密布局和组织空间，精心设计建筑造型和构件，以致传统民居充分利用当地自然资源，适应当地自然条件，创造了宜人的居住环境，体现了人类对自然的认识和尊重。我国幅员辽阔，自然环境多样，传统民居异彩纷呈，北京四合院、南方天井院、蒙古包、窑洞、福建土楼、开平碉楼、傣族竹楼、壮族木楼……无一不是中国传统民居的精华。

中国传统民居，看似普普通通，却是固化的文化：蕴含着质朴的“天人合一”的思想，崇尚自然，引入自然；体现了传统伦理观念，包括宗法伦理观念、家庭观念和等级制度等；再现了百姓浓厚的祈福纳吉禳灾意识……

第一节 民居的起源和发展

从实用功能看,无论通风、采光,还是卫生设施等,传统民居均不及现代民居,但传统民居个性特征明显,因地制宜,就地取材,造价经济,具有浓厚的地方特色,从一个侧面反映了当时当地的自然环境和民众的生产方式、生活方式、审美情趣、文化底蕴,有着丰富的科学和文化内涵。正是由于传统民居是特定时期、特定条件下物质文化、制度文化和精神文化的外化和固化,具有特定的历史价值、艺术价值、科学价值和经济价值,以致我国很多传统民居以及由传统民居构成的聚落,被列入不同级别的文物保护单位、历史文化名村名镇名城、历史文化保护街区,乃至世界文化遗产等。

表4-1 列入世界文化遗产的与传统民居有关的我国文化遗产

遗产名称	所在省份	列入年份	联合国教科文组织的评价
平遥古城	山西	1997	平遥古城是中国境内保存最为完整的一座古代县城,是中国汉民族城市在明清时期的杰出范例,在中国历史的发展中,为人们展示了一幅非同寻常的文化、社会、经济及宗教发展的完整画卷
丽江古城	云南	1997	古城丽江把经济和战略重地与崎岖的地势巧妙地融合在一起,真实、完美地保存和再现了古朴的风貌。古城的建筑历经无数朝代的洗礼,饱经沧桑,它融汇了各个民族的文化特色而声名远扬。丽江还拥有古老的供水系统,这一系统纵横交错、精巧独特,至今仍在有效地发挥着作用
皖南古村落:西递、宏村	安徽	1999	西递、宏村这两个传统的古村落,在很大程度上仍然保持着那些在19世纪已经消失或改变了的乡村的面貌。其街道的风格,古建筑和装饰物,以及供水系统完备的民居,都是非常独特的文化遗存
开平碉楼与村落	广东	2007	开平碉楼与村落是全世界最美的乡村,堪称民间主动融合不同文化的典范,这样的历史文化遗迹在全世界是独一无二的
福建土楼	福建	2008	福建土楼是世界上独一无二的集居住和防御功能于一体的山区民居建筑,体现了中原儒家根深蒂固的聚族而居的传统观念,更体现了聚集力量、共御外敌的现实需要。土楼与山水交融、与天地参合,是人类民居的杰出典范

传统民居从最初的“南巢北穴”,到后来的千姿百态,是自然和社会经济因素综合作用的结果。

一、民居的起源

人类是由猿进化而来的。当猿从树上下来,直立行走,创制了工具,就进入人类社会。由于生产力水平极其低下,人类的童年是在山洞、树洞等天然、简易庇护所中度过的。考古发现表明，基于经验，早期人类对居住的山洞具有选择性，这些山洞位于阳坡，朝南或者朝东，不易坍塌，洞前开阔，进出方便，附近有水源但又不会轻易被水淹没，周围有食物资源，有利于防范野兽侵袭，洞内有较大空间，洞内四周不太潮湿。不论南方人、北方人，其祖先都在洞穴中住过。

中国地域辽阔，民居建筑类型丰富多彩，令人目不暇接。这些民居主要起源于两大体系：远古时期的南方巢居和北方的穴居，即“南巢北穴”。

北方窑洞是远古穴居的一种遗存，而散布在我国西南地区山区的干栏式木楼民居则是最古老、最原始的南方巢居的见证。浙江省余姚河姆渡新石器时代遗址中的木构干栏式居所遗迹，距今已有7 000余年。“南巢北穴”只是一个相对的说法，并不是说北方人的祖先没有巢居过，南方人的祖先没有穴居过。

（一）掘穴为居

天然洞穴是人类最初级的居住场所。随着社会的进步，人口的繁衍，天然洞穴远远不能满足人类对居所数量和质量的需要，人类必然要走出山洞，建造更舒适的居住场所。于是，人类逐渐建造了穴式、半穴式房屋。

半穴式建筑掘地为坑，其上立柱搭棚，房屋的一半在地下，一半在地上。这种建筑不高，但节省材料，抗风性能好。我国北方曾广泛采用过这种居住形式。在关中、晋南、豫西的仰韶文化遗址中，有很多这样的建筑遗址遗迹。

尽管有了半穴式住所，并不等于穴居被完全淘汰。黄土高原上的窑洞依然是一种穴居方式，只不过窑洞与天然洞穴形式上相近，本质上明显不同。窑洞是人类有意识建造的居所，是人们改造自然的结果；天然洞穴是大自然的杰作，是人们利用自然的对象和“免入虎穴暂栖身”的场所。由于黄土高原地区气候干燥，黄土中含钙量比较高，土壤胶结性好，地下水位低，人们方能掘穴为居。窑洞是黄土高原地区最佳居住方式之一，节约土地和能源，耗用砖木建筑材料少，成本低，而且冬暖夏凉。

（二）构木为巢

“干栏”或称“麻栏”，在壮语中，“栏”或者“干栏”都是“家”“屋”的意思。我国南方气候湿热，盛产木材，竖木为干，横木为栏，人居其上，既可通风防潮，又可避免蛇兽侵扰。

古代我国南方大多属于越族地区（古代越族居住在江、浙、闽、粤、云、贵等南方各地，各部落各有名称，统称“百越”），干栏式民居分布广泛，巢居遍地。由于生产力发展、社会变迁、技术进步，发达地区的干栏式民居逐渐被砖木结构的屋宇式民居所取代，而山区少数民族聚居地至今仍然保存乃至续建着大片的干栏式民居建筑，保留了各民族独具特色的生活习俗和民族风情。

二、民居的发展

气候、地形、河流、建筑材料以及众多的社会经济因素，以不同的方式和程度影响着传统民居的发展。

（一）气候对传统民居的影响

民居的基本功能是御寒、保暖、避雨、遮阳、防潮、防风、通风、散热等。我国大陆性季风气候特征明显，温度南高北低，降水东南多西北少，冬夏风向更替。总体上，冬季风来自高纬度地区，风向偏北，寒冷干燥，南北温差大；夏季风来自低纬度海洋，风向偏南，温暖湿润，南北温差小。由于各地气候不同，各地传统民居在诸多方面存在差异。

1. 气候影响民居功能

在气候条件的影响下，我国各地传统民居的功能有明显差异。在寒冷干燥的北方，民居的主要功能是防寒、保暖等。在温暖多雨的南方，民居的主要功能是遮阳、避雨、散热、通风、防潮等。主导功能的差异使得我国各地民居在体量和墙体厚度上存在很大差异，如南方民居宽敞高爽，北方民居厚实低矮。

2. 气候影响建筑密度和庭院面积

我国单座民居彼此之间的间距由南向北逐渐增大。我国民居空间格局大都外实内虚，中部庭院空间由北而南逐渐缩小。北方冬季漫长，阳光入射角度小，为了获取阳光，建筑物间距大，避免互相遮挡，朝南的窗户大，尽量争取更长的日照时间，获取更多的热量。到了南方，建筑物间距缩小，甚至发展到借助彼此之间的遮阳作用来获得尽可能多的阴凉空间。

我国四合院的院落进深由北向南出现明显的由大变小的趋势，北方四合院庭院面积大，可以晾晒谷物，到了南方逐渐演变成狭长的天井，大体上与纬度变化相适应：纬度越低，气候越炎热，院落的进深越小；反之，纬度越高，气候越寒冷，院落的进深越大。这种状况的形成与各地纬度和太阳光照、热量有关。北方寒冷，冬季需要充足的阳光和热量，但是北方冬季太阳高度较小，只有房屋之间拉开足够的距离，才能获得较好的采光效果和热量。南方夏季太阳高度较大，为防止过多的日晒，房屋之间距离小一些，才可能产生彼此互利的遮蔽效果。研究表明，吉林、北京、江浙和福建四地单进四合院院落进深与房屋高度的平均比例，依次为15:3、10:3、5:3和6:5，充分说明了各地四合院院落进深的大小与各地的纬度、气候条件、日照强度有关[1]。

3. 降水影响屋顶坡度

一般地，降水多的地方，传统民居屋顶坡度大，以利排水；降水少的地方，传统民居屋顶坡度平缓，无渗漏之虞。从西北到东南，我国传统民居屋顶坡度逐渐变陡，屋檐逐渐变宽，房屋的进深和高度逐渐加大。

南方降水多，传统民居屋顶坡度较大，利于雨水下泄，可防雨水渗漏，隔太阳曝晒。南方屋檐出檐较深，既有利于保护墙体，防晒防雨，又有利于在屋檐下劳作、休憩、就餐、会客。北方降水少，传统民居屋顶坡度小，防渗排水功能弱，既可节省建筑材料，有的屋顶还可以兼作晾晒场地。在气温低、冬季降雪多的地区，为了防止积雪压垮房屋，屋顶的坡度也很陡，目的是使积雪难以在屋顶上存留。

我国降水自东南向西北减少，民居屋顶坡度东西差异非常明显。以东北东南部到新疆伊犁谷地一线为例：在长白山区，年降水七八百毫米以上，为防潮湿泄雨雪，民居屋顶多为两面坡；向西到辽河流域和辽西走廊，年降水不足600毫米，出现了略呈弧形的拱形屋顶；再向西到内蒙古河套平原，年降水约200毫米，屋顶是用泥或灰泥铺盖的略斜的平顶；再向西至新疆吐鲁番盆地，降水极少，民居演变为平顶住宅，屋顶甚至成了别具一格的小晒台；再向西到伊犁谷地，因受西风气流和地形的影响，年降水量增至400毫米以上，屋顶又出现了两面坡[2]。

4. 光照强度影响外墙颜色

南方光照强，气温较高，出于反射阳光的需要，以减少墙体对太阳辐射的吸收，达到降温的目的，外墙多为白色。不仅南方民居，整个南方建筑物色彩都很淡雅，与山清水秀的自然环境相协调。北方光照弱，气温较低，出于吸收阳光的需要，以增加墙体对太阳辐射的吸收，达到增温的目的，外墙多为灰色。

5. 气候影响民居式样

由于气候不同，我国南方民居房屋高度一般高于北方，出檐较深，力求空气通畅，多挑楼、吊脚，住宅式样较为开敞、外露，外形轻盈；我国北方民居不仅墙体、屋顶厚

[1] 王其明. 北京四合院[M]. 北京：中国建筑工业出版社，1996：29.

[2] 金其铭. 人地关系论[M]. 南京：江苏教育出版社，1993：314–317.

实,设有火炕,而且低矮封闭,进深较小,高度不大,以紧缩空间,起到保温作用。

(二)地形对民居的影响

地形主要影响民居选址和朝向。

1. 依山建屋

中国自古以农为本,崇尚农业,为了节省宜耕地,山区居民尽量把房屋盖在山坡上,“依山建屋”,从而形成顺应地形、跌宕起伏的民居群。依山建屋可以得节约耕地、地势高爽、视野开阔之利。在广西、湖南、贵州三省区交界处,壮、侗、苗族的干栏式木楼或“吊脚楼”,就是充分利用坡地的民居典型,底层或半靠山坡,或全部悬空,既安全又防潮通风,还节省耕地。在壮、侗、苗族山寨,民居大多顺地势沿等高线排列,彼此相互衔接,既高低错落,又层次分明,周围布满翠竹秀木,充满着诗情画意。

2. 垫基盖房

在地势低洼的易涝区,民居多构筑在岗地和圩堤上,或者先垒土成台,继而在台基上建房,以预防或减轻洪涝灾害。在地势低洼的易涝区,要么是房基高敞、非常坚固、经久耐用、地坪高于洪水位的房屋,要么是经不起水灾、遇到水灾即使坍塌损失也很小的土坯草房。之所以如此,就在于尽可能减轻水害造成的损失。

在山东黄河沿岸地势低洼的地方,最具特色的民居是台房。村民自生儿之日起就开始挑土垫房台,经年累月,时作时辍,二十余年成一台,正好为成年的儿郎营造新的台房。

3. 山南水北

在北半球,民居位于山南水北,坐北朝南,背山面水,有地势高爽、视野开阔、阳光充足、取水方便、御寒纳阳、挡风怡神之利。传统民居选址强调背山面屏,意即房后有靠山(来龙山),房前远方有山如屏,同样是地势高爽、视野开阔。成语“开门见山”是比如说话、写文章直截了当,而不是说房屋正门紧贴着大山。

在丘陵山区,由于地形的作用,出现局地小气候,即使民居不坐北朝南,亦能获得较理想的居住环境。

(三)河流对民居的影响

1. 傍水结村

为了生产、生活、消防等用水方便,一般地,在水位变化有常、极少洪水泛滥的地区，传统民居和村落多临水而筑，“傍水结村”。特别是在南方，临水而居还有水上交通之便。不仅村落，连城池也临河而筑，尤其是在两条河流的交汇处。我国南方城市初始位置选择莫不如此。

2. 小桥流水人家

在水网稠密的地区，传统民居多夹河而建，或者面街背水，顺河布局，形成“河—宅—街”结构；或者面水临街而居，形成“河—街—宅”结构。临水而居，加上大小和造型不同的石桥与多功能的石砌码头，形成“小桥、流水、人家”的水乡特有景观。如江苏周庄和同里、浙江乌镇等。

(四)建筑材料对传统民居的影响

因经济、交通等因素制约，传统民居就地取材，建筑材料因地制宜，主要是木材、砖瓦、石灰、竹材、茅草、生土、石块、动物皮毛等。各地自然条件差别很大，传统民居建筑材料也表现出明显的地域性特征。

在盛产木材的地区，传统民居多为梁架式木构建筑，节点榫峁结合，刚柔相济，有“墙倒屋不塌”之效，如徽州的徽派民居。东北林区盛产木材，传统民居的墙壁和屋面均为圆木或板材构筑而成。松嫩平原和三江平原的草甸里长满了小叶樟，农村传统民居习惯用小叶樟作屋面铺盖材料，既经久又耐用，甚至盖一次屋面可以30年不漏雨。

黄土高原地区黄土广布，黄土直立性好，干燥少雨，而且缺少木材，生土建筑拱形窑洞成了黄土高原最有特色的民居。

在盛产石料、木材较少的地区，整栋建筑除了梁架、门窗之外，多为石头砌筑，有的就连房顶也用薄层板岩铺盖，如贵州安顺的石头寨。

游牧是蒙古等游牧民族最传统的农业生产方式，牧民逐水草而居，每年要大、小迁徙数十次。牧区缺少木材，因而牧民传统民居是拆装运输方便的以羊毛毡当砖瓦的特殊房屋——帐篷式民居。

我国西双版纳地区盛产竹材，旧时傣族传统民居多为竹楼。

(五)社会经济因素对传统民居的影响

生产方式、经济因素、防御因素和风水观念等因素，都对传统民居产生影响。

1. 生产方式

生产方式决定居住等生活方式。例如：渔民谋生于江河湖海，以船为家；游牧民族逐水草而居，拆卸、安装和运输都非常方便的帐篷式民居是其理想的居住方式；农耕民族以耕地为生，移动半径小，适宜定居的民居形式是其居住方式的理想选择。

2. 经济因素

经济因素影响民居质量。穷苦百姓的住宅经不起时间的考验，保留至今的明清古民居多为官宦富绅宅院。如存世的山西大院主要是晋商的宅院，存世的徽派民居主要是徽商大贾、官宦人家的宅院。即使是今天依然在延续的地方特色民居，非殷实之家不一定能够通过建筑充分彰显该民居的特色。

3. 防御因素

为了防御外人侵扰，某些民居具有很强的防御功能。福建土楼、开平碉楼、羌族碉楼等便是明显的例证。随着社会条件的改善，今天这些民居的防御功能已无任何意义，但因为这些民居依然具有居住功能，或者已经习惯了这种居住方式，这些民居依然存在甚至还在进一步延续。

4. 风水因素

“凡人所居，无不在宅。”民居与百姓生活息息相关。中国传统民居选址、布局极为重视风水，以至达到了“无宅不占”的程度。

“风水”，又称“堪舆”，主要指人们选择房基村址时，对地貌、朝向、生态、景观等各种建筑要素的综合评判，以及建筑营造中某些技术和种种禁忌的总概括。“风水”源于人类早期的择地定居，形成于汉晋之际，成熟于唐宋元，明清时期日臻完善。作为中国传统民俗之一，风水有着深刻的文化脉络和悠久的历史渊源。旧时，人们筑村建屋都要聘请风水先生“遍察山水形胜”，选择“背山面水”的吉地，或“左青龙，右白虎，前朱雀，后玄武”的宅外环境。在皖南徽州地区，各姓宗谱都详细记载有其始祖卜居择地之事。

“风水”在思维模式和认识论上有缺陷，科学与迷信混杂，但其从位置、朝向、环境等方面选择理想的居住空间，目的在于满足人们获得理想的住区环境的现实需求和荫福子孙后代的心理需求，包含着人与自然和谐的思想和对理想生活环境的追求，有其合理性、实用性的一面。

第二节 传统民居的类型和代表性传统民居

随着社会的进步、交通条件的改善、科学技术的发展、建筑材料的变化等，传统民居也在不断发展变化,有的传统民居演变成现代民居,有的传统民居依然是重要的居住形式。

一、传统民居的类型

任何分类都是相对的。传统民居分类方法多样,分类结果多样。

(一)依据传统民居存世和延续情况分类

如果从存世和延续情况看,传统民居可以分为明清古民居、地方特色民居和少数民族民居等类型[1-2]。

1. 明清古民居

明清古民居很多,如徽派民居、北京四合院、山西大院等。今天保存比较好的明清古民居主要分布在下列四类地区。

(1)早期经济发达、后来经济落后的地区。如皖南徽州地区,明清时期徽商行贾四方,富甲天下,叶落归根,建造了很多豪宅。后来由于多种原因,如经济不发达、通过保留祖居寄托对先祖的追思等,破旧且不能满足现代生活需要的古宅保存了下来。

(2)古代交通要冲、后来交通地位下降的地区。交通要冲商业发达,集聚了很多人口,往往形成了商铺毗连、街市纵横的商业重镇。如果交通地位骤然下降,大量传统民居会完好地保存下来。如巴蜀重镇古城阆中,上达关中,下通江汉,历来为兵家必争之地,古代水陆交通便利,商业繁荣,成为川北第一巨邑,古城历史2 300多年。在后来的发展中,阆中水运不济,陆路交通发展迅速,依河而筑的古城保留了下来,今天仍让人们感受到它曾经有过的辉煌。

(3)区域环境相对偏僻独立的地区。许多有着大量传统民居的古村落得以保存至今,有赖于自身所处的相对独立的区域环境,甚至是偏居一隅,交通不便,受外界社会影响较小,传统村镇风貌和乡土文化变化不大,从而有别于现代村落。如湖南省岳阳县东部的张谷英村,浙江省永嘉县楠溪江诸古村等。

(4)小环境相对独立的地势险要之处。旧中国是一个动荡的社会,大小战争不断,人口迁移无常,因此,许多地区传统民居选址和建造特别强调防御与安全功能,不少村落都建在地势险要的地方。如陕西韩城地区,历史上战争频繁,村民为

[1] 黄芳. 传统民居与现代旅游[M]. 长沙:湖南地图出版社,2000:22-28;
[2] 刘沛林. 古村落:和谐的人居空间[M]. 上海:上海三联书店,1997:3-6.

避战乱修了很多寨子,“寨”的选址讲究因势就险,多建在易守难攻之处,或者城墙、更楼等攻防兼备的防御体系完善,以致大量明清古民居至今仍保存完好。

2. 地方特色民居

地方特色民居有黄土高原上的窑洞、贵州安顺石头寨、青藏高原上的碉楼等,多数因受建筑材料和特定时期社会环境的影响而具有明显的地域特征。地方特色民居主要分布在下列两类地区。

(1)自然环境特殊的地区。黄土高原上的窑洞、贵州安顺石头寨具有代表性。采用乡土建筑材料,民居的地方特色比较鲜明。贵州安顺石屋石寨就是充分利用当地丰富的石材的结果。随着时间的推移,如果社会经济条件没有根本性变化,诞生于自然环境特殊地区的地方特色民居还会进一步延续下去。

(2)历史环境特殊的地区。客家土楼是一个很好的例证。魏晋南北朝时期,政治不稳定,战争破坏严重,国家长期处于分裂状态。由于晋室南迁,大量中原人涌入江南。从西晋末年到南宋末年和明朝中叶,经过多次迁徙,他们终于在福建、广东、江西三省边境多山、交通闭塞的穷乡僻壤安居下来,被称为“客家”。由于地处边远山区,常有盗贼侵扰,为防范起见,客家人形成了聚族而居、营建集体住宅的传统。今天所看到的客家土楼,就是当年聚族而居、封闭的具有防御功能的生土民居建筑。

3. 少数民族民居

少数民族民居主要分布在少数民族分布集中的地区。东北、西北和西南是我国少数民族相对集中的地区,受汉族民居的影响较小,保留了原有的民居特色,使得各少数民族的传统民居文化得以保存下来。

自然环境优美的地方,点缀有少数民族民居,往往使整个环境格外与众不同。如西双版纳热带景观背景下的傣族竹楼,茫茫草原上星星点点的蒙古包,湘西面山背水的少数民族吊脚楼等。

(二)依据民居形式和建筑材料分类

依据民居形式和建筑材料,我国传统民居大体可分为地穴式民居、干栏式民居、屋宇式民居和帐篷式民居四种。

1. 地穴式民居

穴居是一种在地下掘穴、比较古老而独特的以生土为建筑材料的居住形式。窑洞是这种居住方式的典型代表。

2. 干栏式民居

干栏式民居包括全楼干栏式民居、半楼干栏式民居、千脚落地干栏式民居等形式，木材或竹材在其建筑材料中占重要地位。

全楼干栏式民居是指立柱较高的干栏式建筑，底层架空，如傣族竹楼等。傣族竹楼分上下两层：两层之间铺装楼板，上层住人；下层高2米左右，通透无墙，有楼梯通往上层，主要作为饲养畜禽、堆放粮食、农具和杂物之用。

半楼干栏式民居俗称“吊脚楼”，是一种建筑在斜坡上的干栏式民居。依坡而建，对地形具有高度适应性，一面建在地面上，一面建在立柱上。在我国湖南、贵州、广西、四川等少数民族聚居的山区，半楼干栏式民居分布广泛。湖南凤凰古城沱江沿岸面山背水的民居是典型的半楼干栏式民居。

千脚落地干栏式民居俗称“千脚屋”，是云南怒江沿岸傈僳族的重要居住形式。与全楼干栏式、半楼干栏式民居相比，千脚落地干栏式民居的最大特点是立柱较细、数量多、密度大，立柱之间距离小。

3. 屋宇式民居

屋宇式民居一般是砖木结构或者土木结构的民居，四周有房墙，屋顶覆瓦或者盖草等。北京四合院、徽派民居、福建土楼等，均为屋宇式民居。自从屋宇式民居出现以后，地穴式民居大为减少。屋宇式民居既可以御寒保暖，还可以有效避免蛇兽侵扰，安全性能好。为了进一步解决冬天御寒问题，北方屋宇式民居内还设有火炕。

4. 帐篷式民居

帐篷式民居是游牧民族根据游牧的特点而创造出来的适合游牧生产生活需要的民居形式，蒙古族牧民习惯称其为蒙古包，哈萨克族牧民习惯称其为毡房。我国帐篷式民居分布广泛，蒙古族同胞，东北的鄂温克、达斡尔族同胞，西北的哈萨克同胞以及甘肃、青海、西藏等地的游牧民族，因游牧生活的需要，都习惯居住帐篷式民居。帐篷式民居内为木构架，外覆毡毯，建筑材料非木即毛。

二、代表性传统民居

我国具有代表性的传统民居非常多，北京四合院、徽派民居、窑洞、福建土楼、开平碉楼、蒙古包、傣族竹楼等，是比较典型的代表性传统民居。1986年我国开始发行的一套20枚“中国民居”系列邮票，比较全面地再现了我国传统民居的风采。

(一)北京四合院[1]

四合院是华北地区居民的主要居住形式,是由东、南、西、北四面房屋围合起来的方形院落式住宅。北京四合院是华北四合院的典型代表,具有以下基本特点。

(1)四面围合的砖木结构的平房。北京四合院是砖木结构的平房,围墙和房墙均为灰砖砌成,上覆灰瓦。每栋房子面对庭院的正面房墙都比较低,上置宽大的窗户,以利采光和获取尽可能多的热量。

因为规模大小、等级高低的差别,北京四合院有一进院落、二进院落、三进院落、四进及四进以上院落等类型。一进院落的四合院是北京四合院的基本单元,三进院落的四合院是北京四合院中最标准的四合院。一般地,一、二进四合院落属于小型住宅,多为普通百姓的住宅;三进以上的四合院,都是豪门大户的住宅,各方面均比较讲究。

(2)坎宅巽门,对称布局。北京四合院讲究"坎宅巽门"。在八卦中,"坎"为正北方,在"五行"中北方主水,正房建在"坎"位上,既坐北朝南,又意味着以水克火、无火灾之虞。在八卦中,"巽"即东南方,在"五行"中东南方主风,门开在"巽"向上,意思是进出一帆风顺。其实,"坎宅巽门"就是坐北朝南,门开在东南方,一般情况下,这是华北地区最理想的民居朝向选择。

在等级森严的封建社会,住宅的大门是主人身份和地位的象征,大门的式样、大小、装饰色彩等,都有严格的规定,即所谓"门第相当"。

进入四合院大门,西折穿过屏门便为前院。前院与内院以二门(又称闺门、垂花门)和院墙相隔。不考虑南向偏东的大门,整座建筑东西对称布局。内院的北房是正房。正房坐北朝南,其高度、宽度和进深皆为宅院诸房之最,是主人和长辈的住室。内院的两边建有东、西厢房,西厢房坐西朝东,东厢房坐东朝西,都是晚辈居住的地方。在正房和厢房之间建有游廊,可以供人行走和休息。在正房和厢房形成的角落中,还建有耳房。耳房,有的用来储存粮食,成为粮库及其他库房,有的做厨房。一般地,西南角为厕所。前院很浅,以倒座房为主。倒座房坐南朝北,比较低矮,用作门房和仆人的栖身之地,偶作客房和书房。有的四合院还有后院,后院一般进深较浅。四合院的围墙和临街的房屋一般不对外开窗,院落环境封闭而幽静。

为了把院落装点得更好,有些四合院还在大门内修建照壁(又称影壁、照壁

[1] 朱耀廷. 中华文物古迹旅游[M]. 北京:北京大学出版社,2004:403-410.

墙)。影壁的作用类似于屏风,主要用来屏蔽大门内外,增加住宅的私密性,同时还具有美化、装饰、祈福等作用。在影壁正面,一般都有花卉、松竹图案,或者上书“福”“禄”“寿”等象征幸福安康的大幅书法,或者绘有诸如“松鹤延年”“喜鹊登梅”“麒麟送子”等象征吉祥如意的彩绘图案,给四合院营造出一种书香翰墨的氛围。

(3)庭院功能多样。四合院的中间是庭院,面积较大,具有园林、晾晒、游憩等功能。院落地面铺装材料,有的是石板,有的是青砖,有的是卵石,不尽相同。铺装面积,有的差不多铺装全院,有的只铺装主要通道,无论怎样铺装,院内总要留出几块地方种树栽花,用于绿化。

北京四合院庭院景观与苏州、扬州私家园林不同,水景比较少,多以建筑物和叠石为主,辅以各种各样的树木、花草和藤蔓。北京四合院中最常见的树种是石榴、玉兰、海棠、丁香、葡萄、槐树、枣树、柿树等,忌讳栽桑种梨植松柏。石榴春华秋实多籽粒,丁香芬芳馥度,既美观又寓意吉祥,象征家族“子孙昌盛”“多子多福”“合家团聚”。玉兰美丽清香,海棠春华秋实,二者同栽,寓意“玉堂(棠)富贵”“金玉满堂”。葡萄藤遮阳纳凉,葡萄是美味珍果。栽植槐树和枣树,不仅因为槐花香、红枣甜,还在于有“封侯拜相”的含义。因为《周礼》上有三槐(槐树)九棘(古代称枣树为棘)制度,公侯将相群吏庭院门前正面种三棵槐树,左右两侧各植九棵枣树,作为门第的象征。柿树有“事事如意”之意,且柿树有令人满意的“六绝”:高寿,多荫,无鸟巢,无虫害,霜叶可玩,佳实可啖。松柏多植于阴宅,烘托庄严肃穆氛围。桑与“丧”、梨与“离”同音,没有人愿意看到这种情景,也没有人愿意在庭院里栽桑种梨。

(4)外部色彩单调,内部色彩明亮。北京四合院外表朴素无华,千篇一律的平房灰墙灰瓦,但四合院内部却选择了红色和绿色为主调的亮丽的装饰色彩。如此强烈的色彩搭配,非常适合北方的居住环境。因为北方冬季较长,寒冷的日子花木凋谢,环境色彩单调,特别是城区,绿色和红色能较好地调剂单调萧瑟的氛围,赋予宅院以勃勃生机。虽然四合院以红色和绿色为装饰基调,但等级分明,王公贵族、一般官员和庶民百姓的住宅的装饰色彩差异很大。

(二)徽派民居

徽派民居特指明清时期徽州[1]民居建筑,习称徽州古民居,是徽州建筑三个

---

[1] 徽州地名始于北宋宣和三年(1121),直到1987年成立地级黄山市,几乎没有间断,前后延续了860多年。古徽州地域范围大体包括今安徽省歙县、黟县、休宁县、祁门县、绩溪县、徽州区、屯溪区和江西省婺源县。

重要组成部分(民居、祠堂和牌坊)之一,也是南方天井院的代表之一。徽派民居遗存非常丰富,仅面积不到1万平方千米的黄山市,大约尚存四五千幢。徽派民居的科学性和艺术性等,早已引起国内外学者的高度关注。皖南古村落西递、宏村能够入选世界文化遗产,特色浓郁的徽派民居是非常重要的原因。

1. 特点

(1)高墙围合的方形封闭空间。徽派民居单体建筑(幢)的平面结构是高墙围合的方形封闭空间,空间组织模式一般是前为天井,后为正屋,偶有中为正屋,前、后皆有天井。正屋一般"三间五架",朝天井露明,中间是半开敞的堂屋(又称明堂,兼有客厅、餐厅的功能),左右厢房对称分布。平面结构变形较多,根据需要,一般在单体建筑的后方向纵深方向一进一进的串联加接,或在单幢民居左方和右方一幢一幢的并联加接,形成一屋多进(幢)、每进(幢)皆有天井的联幢布局格局。

(2)天井。徽派民居的天井,是由正屋和高墙围合而成的面积很小的方形露天空间,是北方庭院在南方自然条件下的变形,具有通风、采光、排水、观天、置放盆景花木和提供共享空间等功能。天井下方的汇水池很有讲究,平整的石板下面有块石、卵石和木炭层,既不至于使汇水池积水,又使外排水经过了木炭层的净化。

(3)砖木结构的楼居式建筑。徽派民居属楼居式建筑,造型大同小异:高墙深院小窗,对外封闭隔绝;外墙高于屋面,低处不开窗,高处偶有小窗;砖木结构,多为二层楼房(三层楼房已不鲜见,如在全国重点文物保护单位、国家历史文化名村黄山市呈坎村,有三层两进的明代民居"燕翼堂",五幢三层的明代民居"下屋"等),盖房先立构架后砌墙;梁柱式的构架以穿斗式为主,穿斗、抬梁组合式为辅;木柱架在石磉上,硬山式,无台基;二楼天井周边置飞来椅(又称"美人靠")。虽然徽派民居是砖木结构建筑,但是为了防火,做到了"外不漏木":大门门框为条石结构,门扇通常用铁皮包裹或钉上水磨青砖,窗框为石质或砖质,窗扇为可以左右推拉的水磨青砖,一楼地面多为"三合土"构筑,二楼楼板上铺装水磨青砖。

(4)粉墙黛瓦马头墙。徽派民居粉墙黛瓦,黑白对比,使黑色更黑,白色更白,在蓝天青山的映衬下十分素雅,给人一种祥和宁静的田园气息。马头墙是徽派民居特色之一,系在房屋山墙上加砌的高出屋顶且随屋面斜坡呈阶梯状跌落的墙体。

(5)屋饰多采用"三雕"。"三雕"屋饰是徽派民居特色之一,徽派民居主要采用徽派木雕、石雕和砖雕装饰屋宇。隔扇、棂窗、裙板、斜撑等用木雕,漏窗、门窗楣罩多用砖雕或石雕。图案取材广泛,主要包括神话传说、历史事件、飞禽走兽、花卉祥云等，多借图案的造型、喻义或谐音表达房主的美好意愿。

承志堂是安徽黟县宏村一幢大型住宅，系清末大盐商汪定贵的宅院，有“民间故宫”之誉。承志堂始建于清咸丰五年(1855)，砖木结构，正厅前后两进回廊三开间结构，左右有东、西厢小厅堂，前有外院、内院，东有花园，还有书房、排山阁(麻将室)、吞云轩(鸦片房)、保镖室、女佣室等，占地面积2 100平方米，建筑面积3 000平方米，天井9个，大小房间60间。

承志堂前厅中门上的木雕“百子闹元宵”，雕刻着上百个人物，有的舞龙灯，有的打铜锣，有的敲大鼓，有的放鞭炮，有的吹喇叭，有的踩高跷，有的划旱船，形象逼真，把徽州民间闹元宵的喜庆画面活灵活现地刻画了出来。东、西边门呈古钱币图案，又像一个“商”字，并雕刻有“战吕布”“战长沙”“长坂坡”等《三国演义》故事场景，画面栩栩如生。

承志堂前厅额枋上木雕“唐肃宗宴官图”，在长2米、宽50厘米的图案上，四张八仙桌一字排开，众官员琴棋书画各得其乐，坐站行止姿态各异。主图的两边还有理发的、烧茶的，线条清晰，构图流畅，形态逼真。额枋后的拱棚上镶嵌有金狮戏球，四只戏球喜狮倒挂金钩，圆球镂空，工艺卓绝。两侧厢房双扇莲花门上的“吉庆有余”“八仙过海”“渔樵耕读”“福禄寿喜”图，皆为徽州木雕的精品。

徽派民居中的很多“三雕”作品充分体现了中国传统文化的丰富内涵，如教人如何修身齐家治国平天下的“二十四孝图”“松竹梅兰”“岁寒三友”等。

(6)厅堂陈设讲究。徽派民居厅堂融书法、绘画、雕刻、雅物等于一体。匾额、中堂、条屏、楹联高挂，桌椅、案几、古瓶、方镜各置其所，隔扇、门窗、板裙饰以木雕。特别是楹联，或崇孔孟，或重教化，或倡积德行善，或论治国济世，或抒情言志，或状景咏物，妙作佳品甚多。

徽派民居的楹联，篆、隶、楷、行、草五体俱全，吟哦品位，心旷神怡。

西递村“笃敬堂”对联“读书好营商好效好便好/创业难守成难知难不难”，与吴敬梓《儒林外史》第22回中对联“读书好耕田好效好便好/创业难守成难知难不难”相比，仅改动两字，但寓意却大相径庭。联文将经商与传统社会最看重的读书相提并论，这在古代中国并不多见，充分表明了徽商强烈希望提高自身的社会地位。因为中国传统社会职业排序是“士农工商”，商居“四民”之末。

西递村“瑞玉庭”“快乐每从辛苦得/便宜多自吃亏来”对联，有意将“辛”字多写一横，“亏”字多写一点，寓意“多一分辛苦多一分收获”，“多吃一点亏不是坏事，莫要斤斤计较”。

西递的“寿本乎仁乐生于智/勤能补拙俭可养廉”“孝悌传家根本/诗书经世文章”“继先祖一脉真传克勤克俭/教子孙两行正路唯读唯耕”“几百年人家无非积善/第一等好事只是读书”等对联，都很发人深省。

(7)朝向。为了更好地采光，坐北朝南是北半球民居的最佳朝向。然而在黟县，传统民居的大门一般不朝正南，偶尔受房基限制正屋不得不朝南开门时，宁可开一扇斜门[1]。

2. 形成原因

徽派民居是越人干栏式建筑与北方四合院建筑相结合的产物。

(1)自然环境的影响。徽州自然环境为徽派民居提供了建筑材料和立地条件。徽派民居“高墙深院小窗，对外封闭隔绝”，是徽州“周高中低”的盆地地形结构和对外交通不便的真实写照。天井是北方庭院在皖南特定地理条件下的变形。

(2)客观需要。这一点以马头墙最为典型。马头墙原称防火墙，是一种由防火的初始目的演变而来的具有防火、防盗、防风、有利于邻舍粘连以节约用地等实用价值的建筑装饰，使原本单调的山墙变得富有层次感和韵律美。徽派民居马头墙源于徽州。据歙县新安碑园一块刻于明正德丙寅年(1506)的《徽郡太守何公德政碑记》载：徽州因房屋砖木结构，民居稠密，屡见火灾，损失惨重。弘治癸亥年(1503)夏，广东籍知府何歆到任后，经常察访防火之策，“吾观燔空之势，未有能跃墙为患者。降灾在天，防灾在人，治墙其上策也。五家为伍，甓以高垣，庶无患乎!”防火墙由此而来。徽人出贾之风始于明成化、弘治年间(1465—1505)，至万历年间(1573—1619)，徽商已经成为与晋商齐名称雄全国的重要商帮[2]，“足迹几遍天下”，以致沿江一带有“无徽不成镇”之说。我国很多地方的民居都有类似于马头墙样式的山墙，唯有《徽郡太守何公德政碑记》详细记载了马头墙的来历。从徽商把徽州民俗带到寄居地的事实来看，从徽州马头墙出现时间早于徽商鼎盛期推算，沿江地区的马头墙很有可能由徽商传播而至[3]。

徽派民居“高墙深院小窗，对外封闭隔绝”，既是中国传统文化内向性气质的再现，也是徽州人在理学之风盛行、宗法制度森严下的独慎心理和盆地意识的反映，更是因青壮年男人外出经商而留守故土的多为老幼妇孺出于防盗的需要。

(3)徽商经济实力。徽商雄厚的经济实力为徽人大兴土木奠定了坚实的经

[1] 余治淮. 桃花源里人家[M]. 合肥：黄山书社，1993：26.

[2] 张海鹏，王廷元. 徽商研究[M]. 合肥：安徽人民出版社，1995：6-10，504.

[3] 王振东. 明清徽商与淮扬社会变迁[M]. 北京：三联书店，1996：98-100.

济基础。没有徽商,不可能有雄厚的实力去建造深院豪宅,不是深院豪宅也不可能历经几百年风雨遗存至今。

(4)风水说。"风水"对徽派民居朝向的影响非常深刻。趋吉避凶是门向选择的目标,避让、改造、符镇、建"歪门邪道"和照壁墙等,都是人们习惯采用的避凶趋吉的主要措施。黟县传统民居"门无南向"受三种因素影响:一是历代堪舆家认为,门向朝南与黟县"龙脉""相克";二是经商为黟人"第一等生业",黟人相信汉代就在中国流传的"商家不宜南向"之说;三是黟人认为,"南向为尊",非皇宫、衙门莫属[1]。

风水说中关于"吉地"的说法有浓厚的迷信色彩,但"吉地"说也是一种有利于身心健康、事业有成的积极的心理暗示。

风水说认为,天井的作用是为了"养气"。在中国传统文化中,水与"财"紧密相连,天井是藏蓄之所,是财源的象征。徽州人视聚水如聚财,漏水如漏财,屋顶之水也需"四水归堂"。因此,经常有人说天井"四水归堂"是徽州人"肥水不流外人田"聚财意识的建筑外化。其实,"四水归堂"是科学的,并非如此附会。

(5)思想观念。徽派民居的某些特征是徽州人思想观念的建筑外化。徽派民居"民房其外,官邸其中","几百年人家无非积善/第一等好事只是读书"等,反映了徽州人强烈的入儒崇仕意识。徽商不甘于社会地位居"四民之末"和强烈的入儒崇仕意识,是徽派民居"民宅其外,官邸其中"的思想基础。堂屋案几上东陈古瓶西置镜中置座钟,是徽州人借"东瓶西镜"的谐音"东平西静",或者"钟声瓶镜"的谐音"终身平静"祈求平安。多进房屋采用逐进抬高地坪的办法,使后进房屋比前进房屋高,一进高过一进,既符合长进深建筑的通风采光的需要,也表达了徽人期盼"步步高升""后辈总比前辈强"的良好愿望。从民俗学角度看,高于屋面的山墙还有高瞻远瞩、出人头地的寓意。

徽州人重视教育,"虽十家村落,亦有讽诵之声",文化底蕴深厚。特别是徽商,"贾而好儒",因而徽派民居堂屋陈设非常讲究,处处显示出几分儒雅。

(三)福建土楼

土楼是广东东北、福建西南等地的客家人的住宅,以福建土楼最为著名。土楼俗称"生土楼",因其大多数为福建客家人所建,故又称"客家土楼"。福建土楼

[1] 陈伟. 徽州古民居(村落)的风水观[J]. 东南文化,2000(5):90-94.

是东方文明的一颗明珠,以历史悠久、种类繁多、规模宏大、结构奇巧、功能齐全、内涵丰富著称,具有极高的历史、艺术和科学价值,被誉为"东方古城堡","世界民居建筑奇葩","世界上独一无二的神话般的山区建筑模式"。

分布在福建西南部崇山峻岭中的福建土楼,是世界上独一无二的山区大型夯土民居建筑,创造性的生土建筑艺术杰作。福建土楼产生于宋元时期,经过明代早、中期的发展,明末、清代、民国时期逐渐成熟,现存土楼主要是明清时代的建筑。土楼依山就势,布局合理,吸收了中国传统建筑规划的"风水"理念,适应聚族而居的生活和防御的要求,巧妙地利用了山间狭小的平地和当地的生土、木材、砂石等建筑材料,外形呈圆形、方形、八角形等,既有节约用地、坚固耐用、防御性强等特点,又极富美感[1]。

永定县是土楼最集中的地区,全县有圆形土楼300多座,方形土楼4 000余座。永定县著名的土楼有承启楼、振成楼、环极楼、遗经楼等。成功入选世界遗产的"福建土楼",由永定、南靖、华安三县"六群四楼"共46座土楼组成,包括永定县的初溪土楼群、洪坑土楼群、高北土楼群、衍香楼、振福楼,南靖县的田螺坑土楼群、河坑土楼群、和贵楼、怀远楼,华安县的大地土楼群。

1. 起源

福建土楼的形成与历史上中原汉人大迁徙密切相关。西晋永嘉年间(307—312),北方战祸频仍,天灾肆虐,当地民众大举南迁,拉开了千百年来中原汉人不断举族迁徙入闽的序幕。进入闽南的中原移民与当地居民相互融合,形成了以闽南话为特征的福佬民系;而辗转迁徙后经江西赣州进入闽西南山区的中原汉人则构成福建另一支重要民系——以客家话为特征的客家民系。

福建土楼所在的闽西南山区,正是福佬与客家的交汇处,地势险峻,人烟稀少,当时盗匪四起。由于害怕盗贼,客家人才建成了营垒式的住宅。一座土楼可以住下整个家族几十户人家几百口人。聚族而居既符合根深蒂固的中原儒家传统观念的要求,更能满足聚集力量、共御外敌的现实需要。

2. 特点

福建土楼建设先看风水后建楼,开工以后先开挖地基,继而打石脚、夯筑土墙(树土城墙)、立柱竖木、搭建房架,最后盖瓦封顶。

(1)土木结构的楼居式建筑。土楼的外墙是夯土墙,内部是木构架,屋顶覆

[1] 廖冬,唐齐. 解读土楼:福建土楼的历史和建筑[EB/OL]. [2009-09-16].http://youa.baidu.com/item/2bfcb57d 7563e62842013adf.

盖小青瓦。虽然经常说土楼是生土结构，实质上土楼是土木结构。夯土墙是用"三合土"（黄土、石灰、沙子拌和）采用版筑法夯筑而成。为了增加墙体的强度，通常还在三合土中添加一些起着类似于现代建筑中钢筋作用的木棍和竹条，因而土楼外墙具有良好的坚固性。墙体厚度一般一到两米，最厚达三米，从底层向上墙体渐薄，顶层墙厚一般不小于0.9米。

(2)外形和高度。土楼外形多为圆形、椭圆形、方形、五角形、八角形、八卦形、半月形，最有特色的是圆形土楼。圆形土楼多由二、三圈组成，由内到外，环环相套。沿圆形外墙用木板分隔成众多的房间，沿中心一侧为走廊。

最大的圆楼"承启楼"，人称"圆楼王"。据传，该楼明崇祯年间（1628—1644）破土奠基，清康熙四十七年（1708）竣工，历时三代。承启楼规模巨大，造型奇特，古色古香，充满着浓郁的乡土气息。"高四层，楼四圈，上上下下四百间；圆中圆，圈套圈，历经沧桑三百年"，是对该楼的生动写照。该楼直径73米，外墙周长229.34米，占地面积4 185平方米。全楼为三圈一中心：外圈4层，高16.4米，每层72个房间，共288间房；第二圈二层，每层40个房间，共80间房；第三圈为单层，32个房间；中心为祖堂，能容下几百人公共活动。全楼400个房间如橘瓣状排列，布局均匀，共有3个大门，2口水井，住着60余户400余人。除此之外，土楼里还有水井、浴室、磨房、厕所等设施。承启楼就像一座小集镇，以其高大雄伟、厚重粗犷的建筑风格和庭园院落端庄丽脱的造型艺术，融于如诗的山乡神韵之中，让无数旅游者叹为观止。1986年，我国发行一组中国民居系列邮票，其中福建民居邮票原型就是承启楼。

土楼的高度差异很大，因层数而异。一般三到五层，最高的七层。西陂天后宫塔楼，高七层。该建筑物有400多年历史，巍然屹立，端庄秀丽。

(3)中轴线对称。土楼厅堂、大门都建在中轴线上，房屋和附属建筑置于左右两侧，对称极为严格。一般地，一层是厨房和餐厅，二层是仓库，三、四层是卧室。

(4)注重外部环境。土楼外部环境选择，注重选择向阳避风、临水近路的地方作为楼址，以利于生产生活。

(5)功能多样，防御功能突出。除了居住功能以外，福建土楼还具有防御、防火、排水、抗震、防风、通风采光等功能。客家人的祖先是从黄河中下游地区迁移到南方的汉族人。因为客家人的居住地大多地处偏僻边远的山区，客家先民为了防范盗匪骚扰，保护家族的安全，建造了这种庞大的民居——土楼。土楼完善的防御功能表现在诸多方面：外墙厚一到二米，一二层不开窗，只要关上仅有的坚固大门，土楼便成坚不可摧的堡垒；高墙、少门窗的生土结构，可以有效防止火攻；有的土楼门上安装有漏水漏沙装置，以供灭火之用。如今社会安定，土楼的防御功能已经发挥不了作用，但那些完备而精致的防御设施仍让人拍案叫绝。土楼屋顶之水主要排向楼内的庭院，庭院内有完善的排水系统。1940年永定发生强烈地震，曾使永定环极楼墙体震裂20厘米，然而震后它却慢慢自行复原，足见土楼具有很好的抗震性能。土楼对外门窗非常少，内部木构架，对外防风效果好，对内空气流通好，采光条件好。

（四）开平碉楼[1]

开平碉楼分布于广东省开平市乡村，建筑群规模宏大，造型繁多、别致，是中国乡土建筑的一个特殊类型，是一种集防御、居住和中西建筑艺术于一体的多层塔楼式建筑。根据现存实证，开平碉楼最迟在明代后期（十六世纪）已经产生，到十九世纪末二十世纪初发展成为反映华侨历史、社会形态与文化传统的一种独具特色的群体建筑形象。

1. 起源

开平碉楼的兴起与开平的地理环境和当时当地的社会治安状况密切相关。开平地处广东南部沿海，地势低平，河网密布，而过去水利失修，每遇台风暴雨，常有洪涝之忧。加上其所辖之境原为新会、台山、恩平、新兴四县边远交界之地，向为“四不管”地带，土匪猖獗，社会秩序混乱。因此，明末即有乡民修建碉楼，作为防涝、防匪之用。清顺治六年（1649）开平设县，取名“开平”，希望从此开始太平无事。

鸦片战争以后，开平人迫于生计，开始大批出国谋生。经过一辈乃至数辈人的艰苦拼搏，部分到境外谋生的开平人渐渐有了些家产。到了民国时期，战乱更为频仍，匪患尤为猖獗，而开平因水陆交通方便，同时侨眷、归侨钱财较多，生活比较富裕，故土匪集中在开平一带四处劫掠，打家劫舍、杀人掠财、掳人勒赎事件时有发生，制造了无数惨案。据粗略统计，1912年至1930年，开平较大的匪劫事件约有71宗，杀人百余，掳劫耕牛210余头，掠夺其他财物无数。因此，稍有风吹草动，开平百姓就会收拾金银细软，四处躲避，往往一夕数惊，彻夜无眠；回乡的华侨常常不敢在家里住宿，要到集镇或亲戚家去避难，并且需要经常变换住宿地点，否则即有家破人亡之虞。民国十一年（1922）12月，匪徒劫开平中学时，被鹰

[1] 百度百科：开平碉楼[EB/OL]. [2009-09-13].http://baike.baidu.com/view/42411.htm；佚名.开平碉楼概况[EB/OL]. [2009-09-14].http://www.kaipingdiaolou.com/dl_report/index.htm.

村碉楼探照灯发现，四邻乡团及时阻截，截回校长及学生17人。此事轰动全县，海外华侨闻讯亦十分惊喜，认识到了碉楼在防范匪患中的积极作用。在匪风炽盛的日子里，为防贼患，开平人和华侨为了家眷安全、财产不受损失，建新屋时纷纷建造各式各样碉堡式的楼宇。开平碉楼最多时达3 000座，现存1 800余座。

2. 特点

(1)中西合璧。中西合璧是开平碉楼最大的建筑特色。开平碉楼中下部造型大致相同，只有大小和高低的区别。大的碉楼每层相当于三开间大小或更大；小碉楼每层只相当于半开间大小。最高的碉楼“南楼”，高七层，而矮的碉楼只有三层。开平碉楼顶部造型富于变化，最具表现力，人们着力运用外国建筑中的穹顶、山花、廊柱等建筑元素大做文章，形成了千楼千面的建筑式样。从开平现存碉楼来看，楼顶造型比较美观的有中国硬山式屋顶、中西混合式屋顶、古罗马式山花顶和穹顶、美国城堡式屋顶、欧美别墅式房顶、庭院式阳台顶等形式。

(2)防御功能突出。开平碉楼为多层楼居式建筑，远高于一般的民居，便于居高临下防御；碉楼的墙体比普通民居厚实坚固，不怕匪盗凿墙火攻；碉楼门窗窄小，均安装有铁门、铁窗棂、铁窗扇；碉楼上部的四角一般都建有悬挑的全封闭或半封闭的角堡(俗称“燕子窝”)，角堡内留有多向射击孔，可以居高临下还击进村之敌；碉楼各层外墙上留有射击孔，有利于楼内人员防御和反击。

3. 分类

(1)按照碉楼外墙建筑材料，开平碉楼可分为石楼、泥楼、砖楼、混凝土楼四种类型。

石楼主要分布在低山丘陵地区，当地称之为“垒石楼”。墙体有的由加工过的条石砌筑而成，有的则由天然石块垒砌而成，外形粗糙、低矮。石质碉楼数量极少，开平现存约10座。

泥楼包括泥砖楼和黄泥夯筑楼两种。泥砖楼外墙系用以黄泥为原料晒干的一块块泥砖砌筑而成。为了防御雨水侵蚀，延长泥砖楼的使用寿命，工匠们往往在泥砖墙外面抹上一层灰沙或水泥，从而起到保护和加固的作用。黄泥夯筑楼的外墙是用黄泥、石灰、砂等按比例混合作为原料，采用版筑法夯筑而成。夯筑而成的黄泥墙墙体一般有一尺多厚，其坚固程度可与钢筋水泥墙相比。开平现存泥质碉楼约100座。

砖楼主要分布在丘陵和平原地区。砌楼之砖主要有三种：一是明朝土法烧制的红砖，二是清朝和民国时期当地烧制的青砖，三是近代的红砖。用早期土法烧制的红砖砌筑的碉楼目前已很少见，是极其珍贵的碉楼遗存。青砖碉楼包括内泥墙外青砖、内水泥外青砖和纯青砖砌筑三种。少部分碉楼用近代红砖建造，并在红砖的外面抹一层水泥。开平现存砖质碉楼约250座。

混凝土楼是开平碉楼的主体，主要分布在平原和丘陵地区，多建于二十世纪二三十年代，是华侨吸取世界各国建筑不同特点设计建造的，其造型最能体现开平碉楼中西合璧的建筑特色。水泥、砂石和钢材建成的混凝土碉楼极为坚固、耐用。由于当时水泥、钢筋主要从国外进口，造价较高，为降低造价，有的碉楼里面用木材构建。开平现存混凝土碉楼1 474座，约占碉楼总数的80%。

(2)按照碉楼使用功能，开平碉楼可分为众楼、居楼、更楼三种类型。

众楼建在村后，由全村或若干户共同兴建，每户一间，供临时躲避土匪或洪水时使用。众楼三到六层不等，每层二到四间，造型封闭、简单，外部装饰少，防御性强。在三类开平碉楼中，众楼出现最早，现存473座，约占开平碉楼总数的26%。

居楼主要由华侨作为住房独资兴建，它把碉楼的防御功能和居住功能有机结合起来，楼体高大，空间较为开敞，生活设施比较完善，起居方便。居楼造型多样，美观大方，外部装饰性强，在满足防御功能的基础上，追求建筑形式美，往往成为村落的标志。居楼数量最多，现存1 149座，约占开平碉楼总数的62%。

更楼是周边村落联防的产物，主要建在村口或村外山冈上，高耸挺立，视野开阔，起瞭望作用，多配有探照灯和报警装置，便于及时发现匪情并向各村报警。更楼出现时间最晚，现存221座，约占开平碉楼总数的12%。

4. 价值

开平碉楼具有突出的历史、艺术和科学价值。

(1)开平碉楼是中国社会转型期不可多得的主动接受外来文化的重要历史文化景观。开平碉楼大规模兴建的年代，正是中国传统社会向近代社会过渡的阶段。对于外来文化，有的是文化入侵和被迫接受，有的是主动吸纳。我国沿海沿江一些城市的西式建筑，主要是被动接受的舶来品，而以开平为中心出现的碉楼群，则是中国乡村民众主动接受西方建筑艺术并与本土建筑艺术相融合的产物，充分体现了他们面对外来先进文化的一种自信、开放和包容的心态。华侨不同的旅居地，不同的审美观，造就了开平碉楼的千姿百态。建筑，本属于艺术的范畴，侨乡人民在建造这数千座碉楼的时候，自觉不自觉地创造出了一种别具特色的文化景观，因而具有特殊的历史文化价值。

(2)开平碉楼是世界先进建筑技术广泛引入中国乡村民间建筑的先锋。近代中国城镇建筑采用国外的建筑材料和技术不足为奇，开平碉楼作为一种乡土建筑也大量使用进口的水泥、钢筋、玻璃等建筑材料在国内实属少见。钢筋混凝土改变了以秦砖汉瓦为主的传统建筑风貌，这为更好地发挥碉楼的防御功能，同时又兼顾碉楼建筑形式的变化和美感创造了条件。开平既是华侨之乡，又是建筑之乡，开平华侨和工匠较早地掌握了西方建筑构件和建筑艺术，他们是把西方先进建筑材料和技术引入中国乡村建筑的开拓者。正因为有了他们，才使开平碉楼为丰富中国乡土建筑的内涵做出了突出的贡献。

(3)开平碉楼是外国建筑艺术大规模移植中国乡村的集中展示和杰出代表。在开平碉楼建筑过程中，汇集了外国不同时期不同风格和流派的建筑艺术。古希腊的柱廊，古罗马的柱式、拱券和穹隆，欧洲中世纪的哥特式尖拱，伊斯兰风格券拱，欧洲城堡构件，葡式建筑中的骑楼，文艺复兴时期和十七世纪欧洲巴洛克风格的建筑等，在开平随处可见。这些不同风格和流派的建筑元素在开平表现出极大的包容性，汇聚一地，和谐共处，形成了一种新的综合性很强的建筑类型，表现出特有的艺术魅力，已经成为中国乡土建筑中一道独特的景观。

(4)开平碉楼寄寓了侨乡人民的传统环境意识和风水观念，是规划、建筑与自然环境及人文理念的有机结合。碉楼主要分布在村后，与四周的竹林、村前的水塘、村口的榕树，形成了根深叶茂、平安聚财、文化昌盛的和谐环境。点式的碉楼与成片的民居相结合，碉楼宛如全村的“靠山”，满足了村民需要安全保护的心理。从民居到碉楼由低到高的过渡，表达了村民“步步高升”的愿望。

(五)窑洞[1]

窑洞是黄土高原地区最具代表性的民居和最典型的乡土民居，蕴含着穴居的遗风。“峰头辟土耕成地，崖畔剜窑住作家”，是人们对黄土高原耕地和窑洞的真实写照。直到今天，窑洞式民居还广泛分布在黄河中上游的各省、自治区，居住人口达4 000多万。陕西的窑洞主要分布在陕北延安、榆林一带，这里有被列入《吉尼斯世界纪录大全》的世界上最大的两处石窑建筑群：延安大学6排226孔窑洞，延安石窑宾馆8排224孔窑洞。

深达一二百米、极难渗水、直立性很强的黄土，为开挖窑洞提供了很好的发展前提。气温较低、木材较少等自然状况，为坚固耐用、冬暖夏凉、节省资金、无需大量

[1] 佚名. 窑洞[EB/OL]. [2009-09-16].http://baike.baidu.com/view/77383.htm.

木材、挡风隔音、防震抗震的窑洞创造了发展和延续的契机。窑洞具有下列特点：

(1)穴式建筑。黄土高原地区水土流失严重，木材等生物建筑材料相对不足；黄土层下的岩层成岩时间晚，岩石抗风化能力弱，多数不适宜做建筑石料；黄土直立性好，渗水性差，大部分地区黄土厚达一二百米，黄土中的颗粒大小和钙质等矿物成分比较均匀，不但易于掘穴，而且不易坍塌；黄土高原地势起伏大，沟壑相间，有利于挖窑洞的坡面多。窑洞是黄土高原地区因地制宜、十分经济的乡土民居建筑。

(2)形式多样。由于受自然环境、地方风土的影响，窑洞形式多样。按照建筑的布局结构形式，窑洞可划分为靠崖式、下沉式和独立式三种类型。

靠崖式窑洞有靠山式和沿沟式两种，成排的窑洞常沿山坡呈曲线或折线排列，远看颇具和谐美观的建筑艺术效果。在山坡高度允许的情况下，有时还开挖出几层阶梯式的窑洞，类似于楼房。靠崖式窑洞一般修在朝南的山坡上，背风向阳，面朝开阔地带，少有树木遮挡，十分适宜居住和生活。

下沉式窑洞，也称"天井窑洞"，主要分布在黄土塬上——没有山坡和沟壁可利用的地区，以河南省三门峡市陕县最为著名。这种窑洞开挖方式比较特殊：先在平地上挖一个方形竖井，然后再从竖井向四壁开挖多孔窑洞，形成一个多孔窑洞相连的四合院。在平地上，人们只能看见从下沉式窑洞院落里生长出来的树梢，不见窑洞，有"远望不见村庄，近闻吵吵嚷嚷，地上树木葱茏，地下院落深藏"之说。

独立式窑洞是一种掩土的拱形房屋，有土坯拱窑洞，也有砖拱、石拱窑洞。这种窑洞无需靠山依崖，能自身独立，又不失窑洞的优点。可为单层，也可建成双层。若上层也是窑洞，即称为"窑上窑"；若上层是木结构房屋，则称为"窑上房"。

(3)冬暖夏凉。黄土高原地区干燥少雨、冬季寒冷，炕的一头和灶台相连，灶台的烟道通过炕底，冬天炕上很暖和。窑洞室内温度10℃～22℃，相对湿度30%～75%，最适合人的生活，有利于健康长寿[1]。炕周围的三面墙上一般贴着绘有图案的墙纸或拼贴画，陕北人将其称为"炕围子"。炕围子是一种实用装饰，可以避免炕上的被褥与比较粗糙的墙壁直接接触摩擦，还可以保持清洁。为了美化居室，不少人家在炕围子上作画，于是产生了具有悠久历史的民间艺术——炕围画。

(4)窗花。窗花是贴在窗纸或窗户玻璃上的剪纸，是民间剪纸中分布最广、数量最大、最为普及的品种。窑洞的窗户比较讲究，分天窗、斜窗、炕窗、门窗四大部分。炕窗和门窗都有剪纸装饰。窗户不同，窗花各异，彼此之间协调、美观、

---

[1] 潘宝明，朱安平. 中国旅游文化[M]. 北京：中国旅游出版社，2001：89.

得体。窗花贴在窗外,外看颜色鲜艳,内观明快舒坦,从而产生一种独特的光、色协调柔美的形式美。窗格疏朗,阳光可以自由地透射进来。为了进一步美化窑洞外立面景观,增彩添色,当地百姓通常在窑洞外门窗上挂上成串的金灿灿的玉米和红彤彤的辣椒。

窑洞是自然图景和生活图景的有机结合,渗透着人们对黄土地的热爱和眷恋之情。通风不畅、窑内采光不足,难以满足现代人的生活需求,是窑洞的主要缺点。

(六)傣族竹楼[1]

竹楼是西双版纳傣族人民因地制宜创造的一种特殊形式的民居,具有以下基本特点:

(1)竹构楼房。顾名思义,竹楼是以竹子为主要建筑材料的楼居式建筑。西双版纳是有名的竹乡,大龙竹、金竹、凤尾竹、毛竹多达数十种,都是筑楼的天然材料。由于该地盛产竹材,所以许多住宅用竹子建造:粗竹子做柱、梁,竹片做墙体,剖开的竹子压平做楼板,竹柱、竹梁、竹檩、竹椽、竹门、竹窗、竹墙,有的地方甚至将竹子一剖两半当瓦用。屋顶盖茅草或葵叶编的草排。因为主要用竹材建造,分上下两层,底层架空,故称竹楼。坐在竹楼里,喝着主人送来的热茶或米酒,眺望窗外绿茵茵的油棕、椰子和橡胶树等,听着鸟儿的歌声,别有一番情趣。

竹楼的平面呈方形,底层架空,高2米左右,没有墙壁,供饲养畜禽、舂米、堆放粮食和杂物之用;上层是卧室和堂屋,被一道竹篱分成两半:内间是严禁外人入内的卧室,外间是较宽敞的堂屋。堂屋既是接待客人、家人团聚的场所,又设有火塘,用以生火烧茶做饭。有的竹楼二楼有开敞的外廊和晒台。外廊可供吃饭、休息和接待客人之用,既明亮又通风;晒台是盥洗、晒衣、晾晒农作物和存放水罐的地方。

(2)干栏式建筑。傣族竹楼是一种干栏式民居建筑。西双版纳地区气候湿热,常年无雪,雨量充沛,年平均气温21℃,没有四季之分。干栏式建筑是非常适合西双版纳地区气候条件的居住形式。四面坡的屋顶坡度较陡,排水流畅;屋脊两端设通风孔;屋檐很低而且出挑很远,起遮阳避雨作用。

(3)通风散热防潮,可避洪涝和蛇兽危害。西双版纳地区地处热带,降水丰沛,空气湿度大,时有洪水危害。傣族竹楼为架空式建筑,不怕短期涝灾,有利于洪水通过,墙体又为多空隙的篾材,通风散热防潮,可避洪水危害和蛇兽侵扰。

[1] 百度百科:傣族竹楼[EB/OL]. [2009-09-17].http://baike.baidu.com/view/166964.htm.

随着社会的进步和发展变化，傣族竹楼也发生了变化，最主要的变化是建筑材料方面，即由干栏式竹楼逐步向干栏式木楼、砖楼以及钢筋混凝土楼发展变化。最普遍的变化是：不少傣族竹楼已不是全竹结构甚至是无竹结构，变成了傣族木楼：木柱、木梁、木檩、木椽、木墙、木门、木窗、木地板，青瓦、油毡或铁皮屋顶；楼下不再饲养畜禽，只供存放交通工具和杂物。由于干栏式建筑是傣族自己的建筑形式，除少部分傣族民居向现代建筑变化外，大多数傣族民居仍然保持着干栏式结构和建筑风格。

（七）蒙古包[1]

蒙古包等帐篷式民居建筑是蒙古等游牧民族传统的居住形式。“蒙古包”的称谓始于清代，是满族对蒙古族牧民住所的称呼。在此之前，称其为“穹庐”“毡帐”“帐幕”“毡包”等。蒙古语称“穹庐”为“格儿”。满语称“穹庐”为“蒙古博”，俗读“博”为“包”，故有“蒙古包”之称。汉语称其为“蒙古包”，既是满语的音译，又是该种民居的意译。蒙古包具有以下特点：

（1）非木即毛的穹隆式建筑。蒙古包建造不用水泥、土坯、砖瓦，建筑材料非木即毛，可谓建筑史上的奇观，游牧民族的一大贡献。蒙古包无棱无角，包顶为拱形，承受力强，包身近似圆柱形，上下形成一个稳实强固的整体。因此，正常大小的蒙古包不会因为沙尘暴和风雪而坍塌陷于灭顶之灾，可以经受冬春的十级大风。由于包顶呈穹隆状，下雨下雪的时候，只要把蒙古包的顶毡盖上，它就成了一个封闭体，因此它能经得起草原上的大雨，不漏不塌。

（2）结构简单。蒙古包是一种装配式民居建筑，由架木、苫毡、绳带三部分组成。

架木包括“哈那”“陶傲”和“乌那”三部分，它们共同构成蒙古包的“骨架”。“哈那”又译为“哈乃”，是蒙古包四周的木编围壁，系用直径2厘米左右的轻质沙柳木条编成的一片片开合自如的活动网片。一座蒙古包的围壁由多片“哈那”组成。蒙古包的大小取决于每顶蒙古包所用“哈那”的多少和高低。“陶敖”又译为“套瑙”，是蒙古包的天窗，用木材制成圆形，并留有“乌那”窟眼，以便穿插“乌那”杆。“陶敖”是蒙古包通风采光和排烟出气的地方，其大小由蒙古包大小决定。“乌那”又译为“乌乃”，是联结蒙古包四周木编围壁“哈那”和天窗“套瑙”的木条，相

---

[1] 百度百科：蒙古包[EB/OL]. [2009-09-18].http://baike.baidu.com/view/24592.html?wtp=tt.

当于汉式住房的檩和椽子。“乌那”的数量及长短与蒙古包的大小有关。

苫毡包括围毡、盖毡和顶毡，均用粗羊毛制成，它们是蒙古包的“外墙”和“屋顶”。围毡的高度与“哈那”同高或略高，长度取决于蒙古包所用“哈那”的多少。盖毡按包架形状剪制，外有青布宽边并饰祥云图案。顶毡为正方形，系盖“陶敖”之用，四角用毛绳与“哈那”固定，视天气状况启闭。

绳带用马鬃或驼毛编制，用于连接蒙古包构件，固定蒙古包。

蒙古包的外围挖有30厘米深的排水沟，以利夏季排水。冬季在蒙古包外西北处设置防雪栅，用以避风防雪。很大的蒙古包里面还有立柱，以保证不会因雨雪而垮塌。蒙古包的门一般有两种，即单扇门和双扇门，门框高度与“哈那”高度相同。

（3）易拆易装。蒙古包适应游牧生涯，拆卸容易，材料轻便，便于搬迁，装载方便，搭盖迅速，维修方便。游牧民的蒙古包搭建很简单，一般搭建在水草适宜的地方，根据蒙古包的大小先画一个圆圈，然后便按照圆圈大小，搭建围壁和伞骨形圆顶，周围和顶上覆以白色毛毡，用毛绳勒紧。蒙古包搭好后，包内挂毡帘，铺上厚厚的地毯。

（4）冬暖夏凉。蒙古冬季自古奇寒，然而住在蒙古包里并不寒冷：其一，蒙古包里有以牛羊粪为燃料的火炉，热浪扑面；其二，冬天毡包外面加厚毡子，里面又绑一层毡子，隔风保暖性能增强；其三，盖上顶上圆形天窗，堵严门户，可防止暖气外泄；其四，有的还在蒙古包内设有暖炕，从外面烧火取暖。蒙古包的天窗，既可采光通风，又可排烟换气，天热时，打开门窗，空气对流顺畅，包内凉爽怡人。

第三节 传统民居的特点和价值

传统民居是传承传统文化的重要物质载体和空间，蕴含着丰富的自然和社会信息，是特定条件下社会经济生活的物质再现。

一、传统民居的特点

传统民居是地域文化的载体，不同程度地反映了民居所在地当时的历史文化和自然环境，总体上具有鲜明的区域性、民族性、历史文化性、共性与个性相统一等特点[1]。

---

[1] 黄芳. 传统民居与现代旅游[M]. 长沙：湖南地图出版社，2000：35-52.

(一)区域性

自然环境和社会经济环境是形成传统民居区域性特点的重要因素,有什么样的自然和社会经济环境就可能产生与之相适应的传统民居类型。

东北平原地区传统民居的最大特点是室内普遍有御寒取暖设施,墙体厚实,房子低矮,朝南窗户大,朝北窗户少,民居之间间距大,庭院面积大。这主要与东北地区气候条件有关。

华北地区的民居以北京四合院为代表。四合院是由单座单庭的民居建筑纵横组合而成,多按南北向中轴线作纵向排列,外围以墙,内联以廊,构成四合的庭院。四合院严格区分内外,讲究对称,尊卑有序,深受封建社会强烈的宗法制度的影响。

海带草房是山东荣成一带最为典型的特色民居建筑,是渔民为适应当地自然环境创造的独特的文化景观。沿海地区年降水多,海带草含有胶质,越淋雨越坚实,不易腐烂,经久耐用,是建房的好材料。海带草房屋脊比较高,屋面比较陡,不滞留雨水。

(二)民族性

每个民族都生活在特定的环境中,不同的环境造就了不同的生产、生活方式,表现在民居上就是居住在不同地区的民族具有不同的居住文化。即使是同一类型的民居,由于地处不同的环境或属于不同的民族,也有所区别。

各民族的民居特色,主要是民居适应当地环境经过长期发展逐渐形成的。最明显的是傣族竹楼,壮、侗、苗、土家族的木楼,藏族、羌族的碉楼,蒙古族和哈萨克族等游牧民族的帐篷式民居等。

(三)历史文化性

民居的历史文化性突出表现在科学性、历史性、艺术性等方面。

民居的发生、发展、设计、用材等方面都具有科学性。每种传统民居都是发生、发展、形成于特定的自然环境和人类历史时期,都是人们在长期的生产生活过程中不断选择、总结的结果,都有其自然和社会经济背景,能够长期保留下来,必有其科学性。

传统民居作为反映人类社会发展的见证,可以反映历史的原貌、演变和差异。

传统民居建筑中包含着建筑造型艺术、雕刻艺术、书法楹联艺术和风土民情等，是传统艺术瑰宝之一。

（四）共性与个性的统一

文化传承、自然环境和生活习俗等因素，造成传统民居具有共性与个性相统一的特点。

我国各民族长期友好共处，互助互济，通过经济和文化的交流，彼此之间相互影响，形成我国传统民居某些共同性特征（如封闭性）。尽管如此，在共性的基础上，各民族又保持了自己的特色。例如，在漫长的历史长河中，中原汉族民居的建筑技术与艺术随着移民等因素传入云南，产生云南的汉式民居。其中大理的白族民居最为典型，最有特色。白族民居的“三房一照壁”“四合五天井”平面布局，明显具有中原民居的遗风流韵。然而，白族民居毕竟是中原汉式民居的一种接受形态，它的民族性和地域性使得它不可能与中原汉式民居完全相同。中原民居建筑一般较为厚重严谨，庭院广大而花木稀少，而大理白族民居以其屋顶与照壁轮廓的轻柔曲线及丰富多彩的外檐装饰显得纤巧富丽，并且花木满院，绿色常驻，春光永存。汉族民居门楼比较简洁，而白族民居门楼富于装饰，殿阁造型，飞檐翘角，泥塑、木雕、彩画、石刻、大理石屏、凸花青砖等共同组合成丰富多彩的立体图案，加上“粉墙画壁”，既古朴大方，又清新雅致。

相近的自然环境会形成具有相近特征的民居，如在建材、结构等方面，但某些自然因素的差异又导致各地民居彼此不同。如我国东部传统民居大都同属于以砖木为主要建筑材料的庭院型民居，但东北、华北和南方纬度差异大，各地对阳光的需求不同，以至东北大院、北京四合院、南方天井院在房屋高度、墙体厚度、庭院面积、民居间距等方面各不相同。

即使相同的气候特征会导致某些民居具有相同的特色，但各民族又因各自独特的生存环境、生产生活方式、风俗习惯和宗教信仰，又会使民居形态等方面产生不同。如傣族、苗族、侗族的传统民居同为干栏式建筑，但傣族民居主要是全楼干栏式竹楼，苗族民居主要是半楼干栏式木楼，侗族民居主要是全楼干栏式木楼。

二、传统民居的价值

传统民居具有历史价值、艺术价值、科学价值和经济价值等。

(一)历史价值

1. 传统民居是历史时期人类社会活动的真实反映

不同材料、不同结构的传统民居,从不同侧面分别反映了当时当地的社会生产力和生产关系、经济基础和上层建筑以及社会生活和自然环境状况。各类传统民居的产生、发展和变化过程,反映了社会的变革、科学技术的进步、人们物质生活和精神生活的发展变化。如繁杂的木雕、砖雕、石雕反映了当时工匠高超的技艺和房主雄厚的经济实力,城堡状的福建土楼、开平碉楼反映了当时当地失常的社会秩序。

2. 传统民居是认识和恢复历史本来面貌的重要依据

传统民居是传统文化的重要表现形式,虽然历经沧桑,但具有时代性、真实性、直观性的传统民居实体,依然能够将当时的自然环境、家族变迁史、宗法制度、生活习惯、宗教观念等内容通过物质载体展现于今人面前,有助于帮助人们恢复历史的本来面貌。如既高又粗的木柱和硕大的横梁反映了当时的森林状况,聚族而居见证了宗法制度的影响,中堂画和楹联反映了房主的心态等。

3. 传统民居再现了中国传统文化

传统民居,无论选址和规模,还是形态和结构,既有与自然环境适应协调的成分,又受风水说等诸多人文因素的影响,蕴含着山水、生态、宗教、趋吉意象,并在不同程度上再现了中国传统文化。

建筑是人类信念或崇高理想的表达。传统民居并不仅仅为人们生活提供一个能御寒防风避雨的物质空间,而是一个显示传统文化内涵的复杂的信号系统,其结构、形式、布局等无不表达一定的意义,即蕴含着人们的理想、希望和信仰。传统民居的某些特征正是人们观念的建筑外化。

中国传统文化具有内向型气质、和谐型风格和伦理型内核。传统民居是中国传统文化中物质文化之一,因而必然秉承了中国传统文化的诸多特征,必然或多或少地观照或再现了中国传统文化的若干特征。

(1)内向性气质与传统民居。中国传统民居单体建筑强调"围合"结构,无论北方的四合院,还是南方的天井院,封闭式特征明显,外实内虚,就是中国传统文化内向型气质的表现。

(2)和谐型风格与传统民居。传统民居"无宅不卜",以选择理想的人居环境;南方天井院天井虽小,但小中见大、内外交融;商人社会地位低下,其住宅"民宅其外”,符合封建伦理纲常,但“官邸其中”,室内极尽恢弘等,都反映了中国人讲究自我调适,以达到内心平衡、人际关系协调、人与建筑和环境统一的“天人合一”的理想境界。这些都是中国传统文化和谐型风格的反映。

(3)伦理型内核与传统民居。中国传统民居建筑左右对称,祠堂尊卑有序、宏简有别,正房与厢房居住者地位不同,多进民居“前下后上”“前公后私”,都是中国传统文化伦理型内核的真实写照。

(4)传统审美观与传统民居。中国传统文化追求的审美观是“和谐”。传统民居与自然环境相协调,鸠宗聚族而居,蓝天、白云、青山、绿水背景下的粉墙黛瓦马头墙的徽派民居等,都是“和谐”的表现。这种和谐包括人与自然的和谐,人与人的和谐,以及人们内心深处的和谐。

(二)艺术价值

1. 艺术启迪

传统民居无不具有强烈的艺术感染力,其表现形式、手法技巧、艺术特色无不给人以美的启迪,赋予人们以艺术灵感,激发人们的创作热情。传统民居对现代建筑有很多借鉴或启迪作用,能为研究中国传统建筑文化提供实物资料。建筑、美术专业人士常去古民居采风、写生,盖出于传统民居能给人以艺术启迪。

2. 陶冶情操

人们建造民居的目的是为了居住,但在满足居住功能的同时,许多传统民居具有非常好的观赏价值。如徽派民居上的三雕作品,各类匾额、书画、楹联,民居的造型、装饰等,其巧妙的构思、完美的组合、精湛的工艺、适宜的色彩、深邃的思想内涵……无不让人为之一振,进而让人们的思想境界得到升华。

3. 愉悦心情

主要表现为以传统民居为载体的民俗文化、以传统民居为重要客体的乡村旅游等,具有一定的娱乐功能,能够愉悦游人的心情。

(三)科学价值

1. 传统民居与自然环境和谐协调

传统民居和自然环境和谐协调,尤其体现在制约、适应、再现等方面。自然环境是传统民居的自然基础。传统民居建筑材料受当地自然环境的制约,“土生土长”,就地取材,无论在质感上还是在色彩上,都与当地自然环境相协调。民居建筑的风格、布局等与当地的地形、气候、河流和水文条件相适应。传统民居再现了建房时代的自然环境。

2. 传统民居是古代建筑遗产宝库

我国古代建筑丰富多彩,相当一部分古建筑尤其是民居,没有详细的文字记载,传统民居实物弥补了这方面的不足。例如,我国民间消防设施设备没有史料记载,在传统民居中可以找到古代民间消防设施设备实物。传统民居为研究中国建筑史及其他科学史提供了实物资料。

(四)经济价值

传统民居的经济价值主要通过旅游来实现。传统民居反映了该地域民众在某一历史阶段所达到的科学技术和艺术水平,是各地人民长期适应环境条件的具体创造,是当地社会经济、文化、自然条件和资源的综合反映,是珍贵的文化遗产。发展传统民居旅游,既可以让旅游者从中获得知识和体验,改善传统民居社区居民的生活,转变农村经济发展方式,也可以为传统民居保护和发展积累资金,缩小城乡差别,促进社会可持续发展。

中央电视台百集大型纪录片《记住乡愁》,以传统民居的集合体村落为载体,以生活化的故事为依托,以乡愁为情感基础,以传统文化为核心,值得一看。

复习思考题

1. 理解并举例说明自然和社会经济因素对我国传统民居的影响。
2. 说说我国传统民居建筑选址“山南水北”“坐北朝南”“依山建屋、傍水结村”,建筑材料“就地取材”的科学道理。
3. 理解并举例说明我国传统民居的类型。
4. 理解并举例说明我国代表性传统民居的特点。
5. 理解并举例说明我国传统民居的价值。
6. 理解并举例说明我国传统民居与我国自然环境和传统文化的关系。

第五章　园林文化

中国古典园林是世界三大园林体系（中国古典园林、欧洲园林、西亚园林）之一，源于自然，师法自然，顺应自然，表现自然，融于自然，高于自然。与西方追求人工美的规整划一的"几何图形式"园林不同，中国古典园林追求自然美，强调自然美与建筑美的有机融合，突出生境、画境、意境。熟悉中国古典园林发展历程，掌握中国古典园林的基本构成要素、造景手法、基本类型及其特征，理解中国古典园林的文化意境，是学习中国古典园林文化的基本要求。

园林是指在一定的地域，运用工程技术和艺术手段，通过改造地形（如筑山、叠石、理水）、栽培植物、营造建筑和布置园径等途径建造而形成的美的自然环境和游憩境域。园林文化是指凝结在园林诸多元素中的可视、可感文化。园林是园林文化的载体，园林文化蕴含在园林的物质要素（如山石、建筑等）和非物质要素（如楹联、匾额、景点名称等）之中，二者相辅相成，相得益彰[1]。

作为游憩之用的园林，具有愉悦身心、保护和改善环境等多种功能。徜徉在景色优美的园林中，有助于消除疲劳，放松心情，使脑力和体力得到恢复。漫步在充满文化的园林里，可以汲取知识，充实精神生活。园林植物可以吸收二氧化碳，释放出氧气；能够在一定程度上吸收有害气体，吸尘降噪，减轻污染，净化空气；可以调节空气温度和湿度、防风防火等。

第一节　概述

在中国古籍里，根据不同的性质，园林也称作园、囿、苑、园亭、庭园、园池、山

[1] 曹林娣. 中国园林文化[M]. 北京：中国建筑工业出版社，2005：2-25.

池、池馆、别业、山庄等；在英语国家，则称之为garden、park、landscape garden。

中国古典园林是在历史的发展过程中不断完善、逐渐成熟、形成独具特色的园林，是人类文明的重要遗产，被举世公认为世界园林之母、世界艺术奇观。中国古典园林，以追求生境、画境和意境为最高和最终目的，从而达到"虽由人作、宛自天开"的审美宗旨，浸润着中国传统文化的琼浆玉液，是中国五千多年文明造就的艺术珍品，是中华民族内在精神品格的生动写照。

中国园林已经走出国门，成为传播中国传统文化的友好使者。著名的有美国纽约大都会博物馆明轩、纽约斯坦顿岛寄兴园、西雅图西华园，德国慕尼黑芳华园、法兰克福春华园、杜伊斯堡郢趣园，日本熊本县孔子公园，新加坡蕴秀园，英国燕秀园，加拿大温哥华逸园，澳大利亚悉尼谊园等。

一、中国古典园林发展历程

中国园林历史悠久，造园艺术源远流长，早在商朝就开始建造宫苑。早期园林的形成主要受统治阶级的思想及佛道、绘画、诗词艺术的影响。如在魏晋南北朝时期，统治阶级争权夺利，国家四分五裂，加之道佛盛行，产生了玄学，此时的士大夫，或贪图享受，或逃避现实，或洁身自好，或隐居山林，或寄情山水，逐渐形成自然审美观，治园多具有自然情趣的田园山水特点。根据历史文献和现存古代园林遗址，我国古典园林发展历程可大致分为五个时期。

（一）商周时期

商周时期是中国园林的萌芽时期。我国古代园林的起源与古人自然崇拜有关。古人对大自然既感激又恐惧，通常选择自然风光优美、植物茂盛、动物繁多之地举行祭祀、集会活动，以表达对上苍神灵的感激和敬畏之情。久而久之，在这类地方，掘地为池（称为"灵沼"），垒土堆台（称为"灵台"），然后在池中养鱼，岸边种花，林中喂养飞禽走兽，周围构筑围墙，人们在里面祭祀，甚至游乐、打猎。

根据有关典籍记载，我国园林的萌芽时期可追溯到商周时期，已有3 000多年的历史。在殷商甲骨卜辞中，能够找到有关园林的最早记述。商周末年，商纣王"好酒淫乐，益收狗马奇物，充牣宫室，益广沙丘苑台，多取野兽飞鸟置其中。"（《史记·殷本纪》）西周时期，周文王建灵囿，"方七十里，其间草木茂盛，鸟兽繁衍。"《周礼·地官·囿人》有"掌囿游之兽禁，牧百兽"之说。由此看来，"文王之囿"不仅具备了园林的基本构成要素和功能，而且设置了专门管理园林的官职——囿人。

“圃”,早期是指贵族游乐赏景之处。最初的“囿”是把自然景色优美的地方围起来,放养飞禽走兽,供帝王游猎,所以也叫“游囿”。“囿”“圃”的独立闭合空间结构和其中的动植物,既奠定了园林的初始基础,又包括了园林两个基本景观类型:动物和植物。

这一时期,这些囿、圃专为帝王狩猎游乐服务,是典型的皇家园林雏形;在造园技艺上,形成了中国古典园林最根本的造园方法——挖池堆山。

(二)秦汉时期

秦汉时期是中国古典园林的发轫时期。从商周到秦汉,是从“囿”到“苑”“苑囿”的发展时期。“苑”不单纯是一种比较原始的自然山林,更重要的是,帝王们开始在这里建筑宫馆,增添寝宫殿宇等生活设施,栽培观赏植物,构筑人工山水等景观,使“苑”初步具有了“园林”性质,并使其逐渐演变成为专供帝王处理朝政和生活游憩寻乐之地。宫殿建筑和囿苑组合成一体,成为“宫苑”。根据史料记载,较商周时期的园、圃、囿、苑而言,秦汉时期的宫苑占地宽广,一般方圆都有几十里、上百里,工程浩大,囿苑的周围有界垣,囿内有台、屋等人工设施。

此时,“苑囿”的布局没有多少规划,仍然较多地带有古“囿”的狩猎趣味,建筑和山水的配置并不融洽有序,奇树异花的种植也只是猎奇罗列。虽然具有了园林的某些性质,开启了日后造园的新局面,但总的来说,这一时期的中国古典园林仍处于自然发展阶段。

这一时期,园林造景逐渐形成了“一池三山”的风格。相传,秦始皇在咸阳建上林苑,挖池筑岛,取名蓬莱仙岛;汉武帝在建章宫中挖太液池,池中堆山成为三岛,即“蓬莱”“方丈”“瀛洲”。“一池三山”的风格对后世中国古典园林建筑的影响比较大。

秦汉时期,开始出现了一种不同于皇家园林的园林体系——私家园林,园林主人是王公贵族、富商大贾。

(三)魏晋南北朝时期

魏晋南北朝时期是中国古典园林发展的转折点,也是中国自然山水园林的形成时期。佛教的传入及老庄哲学的流行,文人雅士礼佛养性,崇尚清淡,隐居山林,寄情山水,追求返璞归真、喜山乐水的思想渗透到造园之中,以诗画意境作为造园主题,筑山理水,体现了曲折委婉、讲求趣味的造园理念,园林崇尚自然的风貌基本形成。中国造园“外师造化”,强调“虽有人作,宛自天开”,充分反映了

"天人合一"的造园价值取向,表现了一种人与自然和谐统一的宇宙观。

这一时期,私家园林蓬勃发展,园林景物由粗糙向精致转变,造园方法从单纯的写实向写实与写意相结合过渡,逐渐形成了自己独特的风格。尤其是在江南,私家园林的精致程度足以和皇家园林相媲美,"移山缩地",将自然山水"搬进"庭院之中,"不出城郭,而享山林之美"。尽管私家园林尚处于较幼稚的阶段,但在中国古典园林三大类型中却率先迈出了转折时期的第一步,为唐宋私家园林的成熟和臻于全盛奠定了基础[1]。

(四)唐宋时期

唐宋时期是中国山水园林繁荣发展时期,也是中国古典园林风格基本定型时期。唐宋时期,由于文学艺术的发展达到了一个空前繁荣的时期,山水诗、山水画对造园艺术产生了深远的影响,出现了把诗情画意"写"进园林的写意山水园,即根据造园者对山水的认识和生活的需求,因地制宜地构筑表现山水真情和诗情画意的园林。

这一时期,中国古典园林发展有两个显著特点:一是在营建中注意游乐和赏景的结合,如在殿宇建筑外格外注意叠石造山,凿池引泉,布局关系趋于融洽,使环境更加优美,完善了休憩、游赏甚至宴乐之功能;二是绘画技术与造园艺术互相促进,绘画的构图、排列、层次和色彩等技巧极大地丰富了造园技巧。

与此同时,私家园林也因势发展。如唐代自然园林式别业山居(位于郊区的以家宅为主体的园林),就是在充分认识自然美的基础上,运用艺术和技术手段来造景、借景从而构成优美的园林境域,体现了造园者对自然山水及艺术的追求[2]。

(五)明清时期

明清时期是中国古典园林发展的顶峰时期。由于写意山水画的创新,大量文人画家参与造园,促进诗、画、园的融合,使园林建筑充满雅趣和画意,中国古典园林体系也从写意山水园林发展到文人山水园林,园林审美达到了最高境界——意境,园林已不再仅仅是自然之物的有机融合,更体现了造园者所追求的意境,已经成为造园者的自我价值观、人生观的物化,蕴含着丰富的哲理。

这一时期,造园成为独立的技艺,造园技法日趋成熟,出现了许多造园艺术

[1] 吴功正. 六朝园林文化研究[J]. 中国文化研究,1994(1):108-117.

[2] 曹林娣. 中国园林文化[M]. 北京:中国建筑工业出版社,2005:68-98.

家和造园理论著作。如明末造园家计成的园林艺术理论书籍《园冶》,将园林创作实践总结提升为理论,成为古典园林发展中一个划时代的标记。在创作思想上,造园师基本沿袭唐宋时期的思路,自然观、写意、诗情画意成为创作的主导思想,园林建筑、构筑物起了重要的作用,成为造景的主要手段,从审美观到园林意境的创造非常强调"小中见大""芥子须弥""壶中天地"。

表5-1　列入世界文化遗产的中国古典园林

名　称	简　介
承德避暑山庄	由皇帝宫室、皇家园林和宏伟壮观的寺庙群组成,占地564公顷,中国现存面积最大的古典皇家园林。清代皇帝夏季避暑和处理政务的场所,中国著名的帝王宫苑。清康熙四十二年(1703)始建,乾隆五十五年(1790)建成,历时87年。与北京紫禁城相比,避暑山庄以朴素淡雅的山村野趣为基本格调,取自然山水之本色,吸收江南塞北之风光。避暑山庄与北京的颐和园、苏州的拙政园和留园,并称为中国四大名园
苏州古典园林	"人间天堂、园林之城"的苏州,以园林典雅而闻名天下,有"江南园林甲天下,苏州园林甲江南"的美称。1997年,拙政园、留园、网师园和环秀山庄作为苏州古典园林的代表被列为世界文化遗产。2000年,沧浪亭、狮子林、耦园、艺圃和退思园作为苏州古典园林的扩展项目被列入世界文化遗产
颐和园	以昆明湖、万寿山为基础,借助周围的山水形胜,以杭州西湖为蓝本,汲取江南园林的某些设计手法和意境建成的大型山水园,占地约290公顷,既饱含中国皇家园林的恢弘富丽气势,又充满自然之趣,高度体现了"虽由人作,宛自天开"的造园准则,是我国保存最完整的皇家园林之一。园林构思巧妙,亭台、长廊、殿堂、庙宇和小桥等人工景观与自然山峦和开阔的湖面相互和谐,是集中国园林建筑艺术之大成的杰作,在中外园林艺术史上地位显著

二、中国园林的基本构成要素

园林构景常以模山范水为基础,"得景随形","借景有因","有自然之理、得自然之趣","虽由人作,宛自天开",其基本构景要素主要有山、水、建筑、花木及楹联题额等[1]。

(一)山

山是园林的"骨骼",在园林中起着构建主景或地形骨架等作用,既可以划分和组织园林空间布局,布置庭院、驳岸、护坡、挡土,设置自然式花台,又可以与园林建筑、游路、场地和园林植物组合成富于变化的景致,借以减少人工痕迹,增添自然情趣,使园林建筑融于山水环境之中,园林各部分景观相得益彰,达到"空山不见人,但闻人语响"的意境。

---

[1] 田雨. 叠山\理水\建筑\花木 古典园林四大造园要素[J]. 城乡建设,2006(2):41-42.

园林的山有真有假，有土有石。“真”者，即在造园之初，依托自然凸起地而形成的山。一般而言，皇家园林中的山多为真山。如颐和园的建筑群依万寿山而筑。“假”者，即在园林构建中，模拟自然山脉，堆土叠石，形成假山。相对于皇家园林宏大规模和真山真水，私家园林强调精致玲珑，园中的山多为假山。如苏州环秀山庄，其湖石假山为中国园林之最，地仅半亩，而峭壁、峰峦、洞壑、涧谷、平台、磴道等山中之物应有尽有，极富变化。

叠山石料有湖石、黄石、房山石、青石、英德石、黄蜡石等之分。湖石外表凸凹不平，内部多有孔洞，玲珑剔透，以太湖石最为著名。欣赏湖石强调瘦（形态消瘦，有玉树临风之感）、皱（表面纹理纵横，具有石山的沧桑感）、漏（八面玲珑）、透（孔道通透）、丑（造型独特）。

（二）水

有园必有水。古人常说，山贵有脉，水贵有源，脉源贯通，全园生动。秀水让园林变得灵动和生机。

不同状态的水具有不同的美学效果：潺潺流水，活泼清新；停滞之水，平静柔和；飞溅之水，张扬洒脱；林间之水，玄妙神秘。

水是园林的“血液”，即水是园林景观生命之源。水在园林中起着导向、分隔、点缀、倒影、基底、连接等作用。《园冶》说道，山因水活，水随山转，有静有动，山色水景，宛若内界。水无定则、无定形，或徜徉，或奔流，富有变化和创新，赋于园林生机和动感，既创造了园林意境，又增加了园林的动态美甚至听觉美。

传统园林的理水，是对自然界千变万化的水体特征的概括、提炼和再现。表现各类水体的形态，不在于绝对体量接近自然，而在于美学特征的艺术再现；刻画各类水体的形态特征，主要在于水体的源与流、水情的动与静、水面的聚与分都要符合自然规律，在于岸线、岛屿、矶滩等细节的处理和背景环境相和谐。运用这些手法构成水景风貌，能做到“小中见大”，“以少胜多”。如模拟自然水的泉瀑、渊潭、溪涧等。

中国古典园林中水体多以静态形式出现，由于建筑、山石、树木的点缀和组合，水体像一件件艺术品，极富诗情画意。现代园林中的水体既有动态之水，也有静态之水，多以动态之水出现，水景设计偏重布局和气势，利用现代造园手法，在天然水面的基础上，或依地形地势，或因园林建设的需要，建成规则式的喷泉、壁泉，模拟自然瀑布、涌泉等；或利用声、光、电，以人工造景为主，融自然为一体，水态变化多样,创造出新颖奇特、气魄宏大的水景观。

在理水方法上,因水面大小而异:面积较小,集中理水,营造“一勺如江湖万里”之势;面积较大,分散理水,形成“迂回曲折、扑朔迷离”之感。

(三)建筑

园林建筑是园林的“眼睛”。园林建筑种类包括宫殿、楼、阁、厅、堂、轩、馆、斋、亭(有圆亭、方亭、六角亭、八角亭、扇亭、梅花亭等之分)、台、榭、舫、廊(有直廊、曲廊、复廊、爬山廊、双层廊、万字廊、花廊、游廊等之分)、桥(有平桥、曲桥、拱桥之分)等。园林建筑的功能多为游憩、构景、赏景、通道等,皇家园林的建筑还具有居住、理政等功能。

园林建筑布局不拘一格,变幻无穷,极力追求自然情调,将人工美与自然美融为一体,形成巧夺天工的奇异效果。园林建筑源于自然而高于自然,融建筑于山水之中,将自然美提升到更高的境界[1]。园林建筑布局一般有两种布局方式:一种是对称布局,追求庄严雄伟,整齐对称,平面上有一条明显的中轴线,在中轴线上布置主要建筑物,在中轴线两旁布置辅助建筑物;另一种是相宜布局,不求整齐划一,不用左右对称,强调因地制宜,灵活多样。皇家园林追求对称布局,私家园林重在相宜布局。

从园林建筑外观上看,优美柔和的轮廓和变化多样的形式,不仅具有实用价值,而且也是景观的构成部分。园林建筑的色彩非常丰富,有的色调鲜明,对比强烈,有的色调和谐,纯朴淡雅。大凡宫殿、坛庙、寺观等建筑物,多使用对比强烈、色调鲜明的色彩:红墙黄瓦(或其他颜色的瓦)衬托着绿树蓝天,再加上檐下的金碧彩绘,使整个建筑显得富丽堂皇。

(四)花木

花草树木就是园林的“毛发”,可以增加园林的色彩美和嗅觉美,可以围合空间,点缀山池,修饰建筑,组织园径,衬托主景,丰富层次,还可以通过四时花木反映季节时令。

花草树木的自然属性能给人以某种象征意义和精神寄托,如松柏的苍劲,梅花的高洁,翠竹的洒脱,杨柳的依恋,牡丹的高贵等。园林中的花草树木与其他

[1] 应文. 四川传统风景建筑与景观生态态势研究[D]. 重庆:重庆大学,2005.

造园要素协调,可以淡化人工造景的痕迹,使园林呈现出自然情趣。

对于园林植物的配置,必须因地制宜,适地适生。如惠州西湖湖畔红棉亭旁的红棉丛,艳溢朝阳,有“云水空濛草树妍,湖山幽赏晚晴天。绕亭花放红于火,万绿丛中看红棉”的赞誉。必须重视园林生物多样性问题。从某种意义上说,园林植物多样性的创建过程就是一个模拟自然生态系统的过程,如果植物种群单一,生态上必然比较贫乏,景观上肯定十分单调。立体利用园林空间,增加叶面积指数,能提高生态效益、环境质量。总之,园林植物配置必须在遵循生态学原理的基础上,结合美学原理,先生态后景观,师法自然是前提,胜于自然是目标。

(五)楹联题额

楹联题额是园林的“点睛之笔”。我国自古即有在园林亭台楼榭等处镌刻题咏的传统。这些匾额楹联,或点题赞景,以反映整个园林或景点的景观特色,体现园林意境,进而加深游人对园林景观的理解和感悟,拓宽园林意境的内涵和外延;或直接成景,对主景和环境起衬托和深化作用;或咏物抒怀言志。如苏州留园“闻木樨香轩”的对联“奇石尽含千古秀/桂花香动万山秋”,点明此处怪岩奇石、岩桂飘香的迷人景象。又如苏州拙政园“雪香云蔚亭”以“香雪”喻梅,以“云蔚”喻树木茂密,上有明朝著名画家文徵明行草对联:“蝉噪林愈静/鸟鸣山更幽”,以动衬静,几声蝉噪,几声鸟鸣,更显示出亭之周边林之静、景之幽。

楹联题额有限的文字能够揭示出景物的无限意趣,借寥寥数语点出园林山水中蕴涵的特定主题,从而使园林、文学、书法诸多艺术相互融合,达到了珠联璧合、相得益彰的效果,使园林景物更具诗情画意,强化了园林美景的艺术感染力,以致游人赞叹不止、流连忘返。

额题字数多少不一,二到五字都有。如苏州拙政园有“听雨轩”“远香堂”“倚玉轩”“见山楼”“留听阁”“倒影楼”“梧竹幽居亭”“荷风四面亭”“与谁同轩”等,苏州网师园有“万卷堂”“撷秀楼”“集虚斋”“濯缨水阁”“小山丛桂轩”“看松读画轩”“月到风来亭”等。杭州西湖十景均为四字:“苏堤春晓”“平湖秋月”“花港观鱼”“柳浪闻莺”“双峰插云”“三潭印月”“雷峰夕照”“南屏晚钟”“曲院风荷”“断桥残雪”。

相比之下,由于字数较多,园林建筑中的楹联更能体现景点的风貌和意境。建于明代的南京瞻园,号称“金陵第一园”,曾是太平天国东王杨秀清的住所,现为太平天国历史博物馆。它的楹联“大江东去浪淘尽千古英雄问楼外青山山外白云何处是唐宫汉阙/小苑春回莺唤起一庭佳丽看池边绿树树边红雨此间有舜日尧天”，既表达了男子汉应该以国事为重、建功立业的爱国精神，也表达了大丈夫无情未必真英雄的做人品格。

三、中国园林造景

园林造景是通过人工手段，利用环境条件和构成园林的各种要素构建所需要的景观。归纳起来，园林造景主要包括主景和次(配)景、抑景与扬景、实景与虚景、夹景与框景、前景与背景、俯景与抑景、内景与借景、植物季相造景等手法[1]。

(一)主景与次景

园林景观一般有主景与次景之分。主景点明主题，提纲挈领；次景是对主景的陪衬，是园林主景的延伸和补充。例如，堆山有主、次、宾、配之分，园林建筑要主次分明，花草树木栽培要主体树种与次要树种搭配等。

突出主景的方法有提升主景位置高度，加大主景体量，将主景置于视线交点或中轴线上，突出主景色彩，主景占据重心、坐北朝南等。如“万绿丛中一点红”的景观，“绿”与“红”是一组对比色，之所以和谐，是因为“万绿”的数量之巨和“一点红”的数量之微，“红”是视线的焦点，为主景，“绿”是配景。

(二)抑景与扬景

中国传统造园受儒家思想的影响，历来就有“欲扬先抑”的做法，讲究园林景观的含蓄。如在园林入口门襟区设置屏风、假山、拱门等，起障景、夹景、对景和隔景的作用，引导游人通过封闭、半封闭、开敞相通或明暗交替的空间转换，再通过透景引导，终于豁然开朗，到达开阔的园林空间。如苏州留园，狭窄的入口内，两边高墙之间是50余米长的曲折走道，走道尽头是迷离掩映的漏窗、洞门，通过漏窗，中部景区的湖光山色若隐若现，绕过洞门，眼前景色才一览无余。造园家充分运用了空间大小、方向、明暗的变化，将留园这条单调的通道处理得意趣无穷，达到了“欲扬先抑”的艺术效果。

障景手法可以将园林划分成几个既分割又有联系的景区，随着游人的前行，景区依次展开，生动地表达了中国古典园林讲究含蓄、幽邃、藏而不露的审美追

---

[1] 刘国伟，倪丽. 中国古典园林的构景方法[J]. 科技咨询，2008(5)：198-200.

求。障景种类很多,迎门挡以假山,称为“山障”;利用植物障景,如一片树丛,称为“树障”;利用建筑物(如照壁墙)障景,称为“曲障”。

(三)实景与虚景

园林或建筑景观往往通过空间围合状况、视面虚实程度,造成人们视觉或清晰或模糊,并通过虚实对比、虚实交替、虚实过渡等创造丰富的视觉感受。

虚、实是相对而言的:无门窗的建筑和围墙为实,门窗较多或开敞的亭廊为虚;茂林密竹为实,疏林草地为虚;山崖为实,流水为虚;喷泉中水柱为实,喷雾为虚;园林中山峦为实,林木为虚;晴天观景为实,烟雾中观景为虚,即朦胧美、烟景美。如承德避暑山庄的烟雨楼虚景:山雨迷蒙、风卷云低之时,雨雾如烟,水天一色,天地无分;遇雨后夕霞,呈现“落霞与孤鹜齐飞,秋水共长天一色”的虚幻景象,烟雨楼宛若仙山琼阁,充满了神奇缥缈之美。

(四)夹景与框景

每当远景在水平方向视界很宽但又并非十分动人时,为了突出理想景色,常将左右两侧以树丛、树干、土山或建筑等加以屏障,形成左右遮挡的狭长空间,达到“近虚远实”的景观效果,此即为夹景。夹景是运用轴线、透视线突出对景的手法之一,可增加园林景物的深远感。

利用园林中的门、窗、拱门等形成景框,撷取局部景观,限定观景点和赏景范围,此为框景。如拙政园的名亭扇形“与谁同坐轩”,扇面两侧实墙上有两个扇形空窗,一个对着“倒影楼”,另一个对着“三十六鸳鸯馆”,而后面面山的那一窗又正好映入山上的“笠亭”,“笠亭”的顶盖恰好与扇形亭配成一个完整的扇子,构成景中有扇、扇中有景的园林景观。

(五)前景与背景

前景即前面的景物。为突出表现某一景物(前景或主景),通常在前景或主景的背后或周围,利用建筑墙面、山石、林丛或草地、水面、天空等作为背景,采用色彩、体量、质地、虚实等因素衬托前景或主景,突出前景或主景的景观效果。在流动的连续空间中表现不同的前景或主景,配以不同的背景,可以产生明确的景观转换效果。如白色雕塑采用深绿色林木背景和水面、草地衬景,古铜色雕塑采用蓝天与白色建筑墙面作为背景等,都是利用背景突出表现前景的手法。又如在秋季遥望北京香山上的香山寺,遍山红叶作背景,更衬托出香山寺的宁静与空灵。

(六)俯景与仰景

利用改变地形和建筑高度的方法,改变游人视点的位置,园林会出现各种仰视或俯视的视觉效果。如创造狭谷迫使游人仰视山崖而得到高耸感,创造制高点给人以俯视深谷产生凌空感,从而达到“小中见大”或“大中见小”的视觉效果。如站在北京景山之上,俯视故宫,景观犹如画布一般,给人一种静态、一览全貌的视觉美。站在安庆振风塔下仰视塔刹,给人一种巍峨的视觉震撼美。

(七)内景与借景

以内部观赏为主的园林空间或园林建筑称内景,以外部观赏为主的称为外景。如亭桥跨水而立,既是游人驻足休息之处,又为外部观赏景点,起到内外景观相结合的双重作用。

园林空间有限,造景有一定的空间局限性,造园家充分意识到园林景观之不足,创造条件,有意识地把游人的目光引向园林之外去猎取景观信息,借外景丰富赏景内容。如北京颐和园,西借玉泉山,山光塔影尽收眼底;无锡寄畅园,远借龙光塔,塔身倒影收入园中。

借景分远借、近借、仰借、俯借、应时而借等。用好借景法,可以取得事半功倍的园林景观效果。

(八)植物季相造景

风景园林中,广泛利用植物季相的四季变化创造四时景观。例如,表现季相变化的观花植物有春桃、夏荷、秋菊、冬梅等,观叶植物有春柳、夏槐、秋枫、冬柏等。又如杭州西湖人造景观,春有“柳浪闻莺”,夏有“曲院风荷”,秋有“平湖秋月”,冬有“断桥残雪”。

在拙政园的湖、池、涧等不同的景区,风景诗、山水和整个园林建筑仿佛浮于水面,加上木映花承,在不同境界中产生不同的艺术情趣:春日繁花丽日,夏日蕉廊荫路,秋日红蓼芦塘,冬日梅影雪月,四时无不宜人,以致拙政园处处有情,面面生诗,含蓄曲折,余味无穷,不愧为江南园林的典型代表。

即便是观景山石,亦可营造出四季景观:春笋(石笋)、夏湖(湖石)、秋黄(黄石)、冬白(白石)。

第二节 中国古典园林的类型与特征

中国古典园林滥觞于商周，发展于魏晋，成熟于唐宋，发达于明清，数量众多，种类多样，从不同角度看，可以有不同的分类方法，不同类型的园林亦有不同的特征[1]。

按照园林所属关系，大体可以分为皇家园林、私家园林和寺庙园林等。

按照园林所处地理位置，大体可以分为北方园林、江南园林和岭南园林等。北方园林以帝王宫苑为代表，狭义的仅指集中反映齐鲁、燕赵文化的河北、山东、北京、天津的园林，广义的是指位于秦岭—淮河一线以北的整个北方地区的所有园林。江南园林多为私家宅第园林，与居住、生活融为一体，可赏、可游、可居，狭义的专指江浙一带的园林，以苏州园林为代表，广义的是指位于长江以南的园林。

按照园林布置方式，大体可以分为自然式园林、规则式园林和混合式园林等。

我国古典园林的主体是自然式园林，北方最具代表性的园林是皇家园林，南方最具代表性的是江南私家园林和岭南园林，广布各地的寺庙园林亦有一定特色[2]。

一、北方皇家园林

皇家园林，古籍里面称之为苑、囿、宫苑、园囿、御苑等，是宫殿和苑囿相结合的帝王宫苑，不仅帝王及皇室可以在园内休闲娱乐，而且帝王还可以长期在此居住、处理朝政、召见大臣等，是一种集休闲、居住和处理政务于一体的多功能园林。

皇家园林气势恢宏，具有规模宏大、兼收并蓄、真山真水、彰显皇权等特点。

在规模宏大方面，首先是占地面积大。如周文王的灵囿，方70里；秦汉的上林苑广300余里；唐朝长安宫城北面的禁苑南北长33里，东西宽27里；清代圆明园占地340多公顷，颐和园占地290公顷，承德避暑山庄占地564公顷。古代帝王尚大的审美情节在清代达到高潮。

皇家园林天下美景兼收并蓄。以承德避暑山庄为例：东南部湖区模仿江南园林，有康熙36景、乾隆36景，如“四面云山”“月色江声”“金莲映日”“梨花伴月”“水心榭”“冷香亭”“玉琴轩”等；山峦地带代表西北和西南地区，峰峦起伏，松涛阵阵，自南而北主要有榛子峪、松林峪、松云峡等沟峪，情趣各不相同；湖区以北

[1] 百度百科：园林[EB/OL]. [2009-07-01].http://baike.baidu.com/view/16580.htm.

[2] 佚名. 中国古典园林的类型及其特征[EB/OL].（2009-03-21）[2009-08-05]. http://www.idea168.cn/article/huanyi/garden/info_2009032117442295.html.

是一片草地和马场,象征着北方大草原;沿山蜿蜒起伏的宫墙象征万里长城;外八庙吸收了满族、蒙古族的建筑风格。

在真山真水方面,皇室大权在握,财力雄厚,山林湖沼都可以根据帝王的喜好成为造园的元素。避暑山庄是这方面的集大成者。山庄虽是一座园林,却最大限度地保持了大自然的原生环境。“自然天成地就势,不恃人力假虚设”是当时的营建原则。湖区分长湖、澄湖、如意湖、上湖、下湖、镜湖等,水面面积30多公顷。山峦区位于山庄西南面,占山庄总面积的五分之四。

在彰显皇权方面,宫苑合一,政治色彩浓厚;建筑物体量高大雄伟,威严壮观,体态端庄,色彩金碧辉煌,尽显帝王的气派;布局上,遵循中轴对称原则,强调等级、有序,采取前殿、中殿、后殿格局,突出皇权的至高无上。如避暑山庄有宫殿区和苑景区之分。宫殿区的“澹泊敬诚”殿,既是避暑山庄的主殿,也是清代皇帝在山庄处理朝政和举行盛大庆典的地方;“烟波致爽”殿是宫殿区的后宫,是清朝皇帝在承德时的寝宫。

皇家园林的代表有承德避暑山庄、颐和园等。承德避暑山庄是我国现存面积最大的皇家园林。

二、江南私家园林

私家园林,古籍里称之为园、园亭、园墅、池馆、山池、山庄、别墅、别业等,是属于王公、贵族、富绅、士大夫、地主等私人所有的园林。

江南私家园林主要分布在苏州、扬州、杭州、南京、上海、无锡、湖州、常熟等地,其中苏州、扬州最具代表性,尤以苏州古典园林最多和最具代表性。“江南园林甲天下,苏州园林甲江南。”苏州园林大多建于宋、元、明、清四朝,目前声名远扬的包括建于宋代的沧浪亭,建于元代的狮子林,建于明代的拙政园和留园,建于清代的网师园和怡园等。

江南地区造园条件好。自然条件方面,河流纵横,水网密布,气候温和湿润,树木四季常青,花木品种繁多,盛产叠山上等材料湖石和黄石;经济和文化方面,江浙一带自古就是著名的鱼米之乡,手工业发达,1126—1127年的“靖康之难”及其引发的宋室南迁,标志着中国文化江浙“人文渊薮”时代的开始。在此后八九百年间,江浙一带经济发达,文化昌盛,人才辈出。宋室南迁之后,大批官吏富商涌入苏杭,文人画、山水诗盛行,掀起了造园的高潮。明清两朝,江南士子科举高中者为数不少,这批文人重归故里后,无不买田置地,建造园林。因此,江南成为私家园林的集中地。

江南私家园林玲珑秀美，具有占地面积小、建筑物体量小、色彩朴素淡雅、诗情画意、抒情言志等特点。

江南私家园林规模都很小。建造园林需要很大一笔资金，即便富商大贾也难以同帝王相比，更何况那些告老还乡的文人士子。受经济条件限制，无力购买大片土地，从而限制了园林的占地面积和建筑物的规模。例如，有苏州园林中“小家碧玉”之美称的环秀山庄，全园只有0.6公顷，园分南、北两部分，南部是厅堂建筑，北部是园林。整个园林以假山闻名海内外，可谓咫尺山林，小中见大，虚中有实，实中有虚。苏州面积最大的园林拙政园，面积约5公顷，不到承德避暑山庄面积的百分之一。

在色彩使用方面，帝王宫苑建筑雕梁画栋，色彩鲜亮浓重，而江南私家园林没有艳丽夺目的色彩，以白、青、栗等中间色为主，淡雅朴素。无论是无锡寄畅园，还是苏州拙政园，从尺度较大的厅堂、楼阁，到较小的亭台、门廊，只有粉墙、黛瓦、赭色的门窗和立柱，没有金碧辉煌，少有大红大绿。建筑周围花草树木，讲究四季常绿，最爱用青竹，或连绵成片，或散植数株于庭前屋后，水边栽柳，水中育荷，慎用色彩鲜艳的花草树木，以免破坏了一片青绿的整体效果。建筑景观多亭、榭、廊、桥、坊等，与江南水乡特有的田园风情相互和谐，融为一体。

江南私家园林像一首诗、一幅画，体现了文人的操守、性格、理想、追求、境界、抱负、人格等内涵。如室外环境，虚心高节的修竹，疏影横斜的梅花，出淤泥而不染的荷花等植物，均表达了文人的操守和性格等。又如室内环境，粉墙，褐色的梁架，黑色的望砖，配上本色家具，追求清静无为、淡泊雅致的意境，营造暗香盈袖、月色空庭的闲淡宁静氛围，表现了文人士大夫携隐林下、远离尘嚣的精神追求。

三、岭南园林

岭南包括福建南部、广东全省、广西东部及南部。岭南园林指位于我国岭南地域融合岭南人生活习惯的园林，多为岭南一带的商贾所建，且多与住宅结为一体。其代表为广州园林。岭南园林因为其地处热带，终年常绿，又多河川，所以造园自然条件好于北方和江南。岭南园林既不同于富丽堂皇的北方皇室园林，也不同于文人气息浓郁的江南私家园林，具有轻盈、自在与开敞的岭南特色，而且热带风光、开放性、兼容性和多元性十分明显。

岭南园林最明显的特点，一是具有热带风光，植物以木棉、棕榈为主，终年常青，高大挺拔，建筑物高敞，不同于北方园林的壮丽和江南园林的纤秀；二是体型轻盈、通透、简朴、清新，体量较小；三是具有开放性、兼容性和多元性，在中国园林的创新和发展上具有举足轻重的作用，布局形式和局部构件受西方建筑文化影响明显，如采用罗马式的拱形门窗和巴洛克式的柱头，用条石砌筑规整的水池，厅堂外设铸铁花架等，都反映出中西兼容的岭南文化特点；四是装修大量运用木雕、砖雕、陶瓷等民间工艺，门窗格扇、花罩漏窗等精雕细刻，再镶上套色玻璃做成各种纹样图案，在色彩光影的作用下，犹如一幅幅玲珑剔透的织锦。

为改善岭南园林高温燥热的环境条件，建筑物“船厅”非常有名。“船厅”既不是我国古典园林中的石舫，也不是通常的水榭，而是一种跨越溪流或者临水而建的厅堂，水流从地坪下或旁边经过，既可降低室内温度，又能临水赏景。

广东清代四大名园东莞可园、顺德清晖园、番禺余荫山房、佛山十二石斋，为岭南园林的杰出代表。

四、寺庙园林

寺庙园林即佛寺、道观、历史名人纪念性祠庙的园林。寺庙园林规模可小可大，小者往往只是处于深山老林一隅的咫尺小园，大者则泛指整个宗教圣地，是由寺庙建筑、宗教景物、名胜古迹和自然风景组成的具有宗教功能的综合体。

寺庙园林具有三个特点，一是对公众开放，具有公共性，无论权贵抑或平民，富有或是低贱，雅逸还是粗俗，都可以游览。这与宗教尤其是佛教普度众生的终极关怀密切相关。二是宗教景观与自然风景巧妙结合。三是人工痕迹较少，自然特色鲜明。

同皇家园林、私家园林相比较，寺庙园林的特点还表现在选址、布局和存世时间上。皇家园林多限于京都城郊，私家园林多邻于宅第近旁，而寺庙则可以散布在广阔的区域，以致寺庙有条件挑选自然环境优越的名山胜地，“僧占名山”成为中国佛教史上具有普遍性的现象。在空间布局上，融合皇家园林的等级、对称结构，和私家园林因地制宜、曲径通幽的格局相得益彰。从园林存世时间角度看，寺庙园林一般具有稳定性和连续性，不像皇家园林因改朝换代或时代久远、私家园林因家道中落长久失修等原因而衰败，一些著名的大型寺庙园林，往往历经成百上千年的不断发展，积淀着宗教史迹与名人历史故事，留下了历代文化雅士的楹联诗文，蕴含着丰厚的历史和文化价值。

著名的寺庙园林有北京西山八大处、拉萨罗布林卡等地。

北京西山八大处，三山八刹形成“绝顶远眺”“春山杏林”“翠峰云断”“卢师夕照”“烟雨鹃声”“雨后山洪”“水谷流泉”“高林晓日”“五桥夜月”“深秋红叶”“虎峰叠翠”“层峦晴雪”十二名景。

我国西藏罗布林卡为藏传佛教寺庙，全园分为三个区：东部宫前区包括入口和威镇三界阁之前的前园；中部是核心部分宫殿区；西部是以自然丛林野趣为特色的金色林卡。每个景区又根据功能要求，结合自然环境，或宫墙深院，古木成荫，或芳草疏林，繁花似锦，构成不同的景观。罗布林卡的园林布置，既有西藏高原的特点，又吸取了我国古典园林的传统手法，运用山石、水沼、花木、建筑组景，创造出不同的意境。

第三节 中国古典园林的文化内涵

源远流长的中国文化，对中国园林的文化品位、审美情趣乃至造园艺术手法等产生了潜移默化的影响。中国古典园林的构建，主要是在自然山水基础上，辅以宫、廊、楼、阁等建筑，以人工手段效仿自然，透视着不同历史时期的人文思想，特别是诗、词、绘画的思想境界[1]。

一、崇尚自然，追求自然

“崇尚自然、追求自然”是中国园林最核心的思想内涵；“虽由人作、宛自天开”是崇尚自然，追求自然的终极目标；“巧于因借，精在体宜”，浓缩自然、再现自然，“手法天成、自然之妙”，是崇尚自然、追求自然的具体技法。

（一）虽由人作，宛自天开

“虽由人作，宛自天开”，是造园所要达到的意境和艺术效果。如何将“幽”“雅”“闲”的意境营造出一种“天然之趣”，是园林设计者的技巧和修养的体现。即以建筑、山水、花木为要素，取诗的意境作为治园依据，取山水画作为造园的蓝图，经过艺术剪裁，以达到虽经人工创造又不露斧凿痕迹之妙。例如，亭台楼阁、廊庑榭舫、山水花木，都没有统一固定化的布局模式，虽然《园冶》有“花间隐榭，

[1] 黄传岭，程春旺. 中国古典园林文化内涵在旅游活动中的价值挖掘[J]. 安徽农业科学，2006(12)：2732–2733.

水际安亭”之说，但具体建在什么地方，如何建造，要依周围的环境来决定，根据实际情况穿插组合，使之与周围的景色相协调，使景观显得更加丰富自然。

（二）巧于因借，精在体宜

“园林巧于因借，精在体宜”是《园冶》一书中最为精辟的论断之一，也是我国传统的造园原则和手段。“借”就是借景，即将园外的景物组织到园内所能看到的画面中来，与园内景物浑然一体，从而突破园林的有限空间，丰富园景的层次。借景包括远借、近借、仰借、俯借及应时而借，以达到极目所至俗者屏之、佳者收之、巧而得体的审美效果。

园林要巧于“因”“借”，精在“体”“宜”，非一般匠人可为，亦非主人所能，非得大师不可。《园冶》说：“‘因’者，随基势之高下，体形之端正，碍木删桠，泉流石注，互相借资；宜亭斯亭，宜榭斯榭，不妨偏径，顿置婉转，斯谓‘精而合宜’者也。”“‘借’者，园虽别内外，得景则无拘远近，晴峦耸秀，绀宇凌空，极目所至，俗则屏之，嘉则收之，不分町畽，尽为烟景，斯所谓‘巧而得体’者也。”

在中国古代各类园林中，借景都有杰出的范例。在私家园林中，无锡寄畅园将锡山上的龙光塔借入园中，开阔了园中景物视野；扬州何园将隔墙的片石山房假山峭奇的主峰纳入画面，造成园外有园、两园一体的错觉。在皇家园林中，承德避暑山庄远借磬锤峰，使山庄内外浑然一体，扩大了空间感，创造了新的意境美。

（三）浓缩自然，再现自然

造园不是单纯模仿自然、再现原物，而是要求造园者真实地反映自然，又要高于自然，尽可能做到使远近、高低、大小互相和谐，达到有机统一。中国园林是人工再现自然景观式园林，其核心是中国传统文化中的天人合一思想，怡情于人与自然景观的和谐统一。用人工再造自然美，从微观中以小见大，用咫尺以穷山水之秀色，是中国人对环境美的一种认识[1]。

造园家抓住大自然中的各种美景的典型特征，经过提炼剪裁，把峰峦沟壑一一再现在小小的庭院中，在二维的空间上营造出三维的空间效果，“以有限面积，造无限空间”。“大”和“小”是相对的，关键是“假自然之景，创山水真趣，得园林意境”。如苏州怡园，规模不大，但它所追求的是精致之美，小巧玲珑，珠玉珍贝。

[1] 徐伦虎. 以豫园为例，详析中国古典园林的主要特色[J]. 旅游科学，1996(1)：44-46.

这种园趣,虽有“意境”,首先在于“画意”。

(四)手法天成,自然之妙

园林景观布置讲究简洁古朴,落落大方,不以工巧取胜,而以自然为美。所谓自然,一不矫揉造作,不妄加雕饰,不露斧凿痕迹;二是表现得法,力求山水相宜,宛如自然景观。如供休息、装饰之用的小型建筑设施,体量小巧,造型别致,富有特色,讲究适得其所。私家园林中的道路,大道很少笔直宽阔,多为蜿蜒曲折;小径通常卵石铺就,掩映在绿树竹林间。园林中的建筑小品具有精美、灵巧和多样化的特点,设计创作时强调“景到随机,不拘一格”,立其意趣,合其体宜,顺其自然,在有限空间得其天趣[1]。

二、讲究和谐,追求含蓄

讲究和谐、追求含蓄,是中国园林所追求的效果之一。暗喻与象征、藏漏与开合等,都是追求和谐、含蓄效果的具体手法。

(一)暗喻和象征

在处理虚实空间的组合与变化方面,园林艺术往往采取含蓄隐晦的方法,使其隐而不发、含而不露,求得意境之深邃和幽雅,即达到画论中强调“意贵乎远,境贵乎深”的艺术境界。

受老庄“虚无”概念的影响,传统的造园艺术往往采取欲显而隐或欲漏而藏的表现手法,一草一木、一窗一洞均暗喻某种情趣或哲理。无论是门的形状、景物的图案、屋脊的花饰、檐口的雕刻,或是山、池、树、石,无一不带有象征意义,无一不沉淀着传统文化的精华。如松柏树象征坚贞,松树傲骨峥嵘,柏树庄重肃穆,且四季常青,历严冬而不衰。又如园林叠山理水,几尺之山虽小却有一种大气,勺瓢之水虽微却有一种灵气。

文人造园,其理想追求和道德品格无一不渗透到园林的营造中。在江南私家园林中,会经常看到以“舫”“船”“舟”命名的景点,如苏州怡园“画舫斋”,南京煦园石舫“不系舟”,上海嘉定古漪园“舟而不游轩”,“舫”“船”“舟”的内涵与象征就是安稳。建筑物的名称亦有人格化的象征,具有某种特定的内涵:如“殿”象征庄重,“堂”象征豁

[1] 参见汪洋,徐萱春. 中国山水园林的自然观[J]. 浙江林学院学报,2003(4):408-412.

达，"亭"象征闲逸，"榭"象征风雅，"廊"象征徜徉，"窗"象征憧憬，"阁"象征潇洒等。

（二）藏漏与开合

同一园林要素，采用不同的包装手法，效果大不相同。在美学上，一目了然会索然无味，若隐若现则会产生朦胧、丰富、无尽的美感。

中国园林受中国传统文化的影响，向来以含蓄为美，利用障景、框景、漏景及各种分割园林空间的手法，来达到"园虽小、景愈深"的艺术效果，其实质就是藏与漏的组合问题。藏与漏的强烈对比是为了加强表现的效果。障景并非都是把景物障去，而是把最好的景色藏在后面，不使游人一览无余，然后再通过曲径、漏窗等略展一角，撩人心弦，最后才豁然开朗，令人精神一振。例如，进入颐和园，只见一座座华丽的宫殿，看不到半点园林景致，绕过仁寿殿后，峰回路转，三两步间，一幅高阁、平湖、远山的壮丽图景才呈现在面前。

藏漏结合，可使亭台楼阁虚虚实实，若隐若现，以有限的空间创造出"地只数亩，而有迂回不尽之致；居虽近廛，而有云水相忘之乐"的无限境界[1]。

开合的对比即是聚散的对比，是园林艺术结构对比法则中较为特殊的一对。园林中的开合，是将绘画中的平面布局定大位的开合方法运用到空间三维风景的布局之中。从形式美法则看，开合包括了面积、体量、高度、质地和颜色等的集中和分散，整体和局部的均衡和照应。园林结构中开合法则的运用，保证了艺术所创造的山水能更自然，更富有生气。

三、注重形式美，追求意境美

形式美是指构成事物的物质材料的自然属性（色彩、形状、线条、声音等）及其组合规律（如整齐一律、节奏与韵律等）所呈现出来的审美特性。意境是心与物、情与景、意与境的交融结合，是情意物化、景物人化、具体景物融入艺术家感情和意图而构成的一种新颖独特的景象。

中国园林是一种艺术，而且在它的形成发展过程中，始终与山水画、山水诗乃至山水文学紧密相关。因此，意境是中国古典园林追求的最高艺术境界，即理想美的境界。"形美以感目"，"意美以感心"。中国园林以景寓情，感物吟志，通过艺术加工过的高山流水、清风明月、鸣禽香花、亭台楼阁来抒发人们对美的感情、

[1] 参见陈海峰. 从山水画论看江南古典园林意境美的表现[J]. 文教资料，2006(4)：75-77.

美的抱负、美的品格、美的憧憬、向往和追求。

中国园林中的框景、漏景、程式化的形象和比拟等，都是中国园林注重形式美、追求意境美的重要表现手法。

（一）框景

框景是一种重要的造园方法，即利用画框式的门洞、窗洞、框架或乔木树冠围合而成的空隙把远处的对景框起来，使真实的风景产生图画一样的效果而更具观赏价值。框景能够集中、突出景物，虽然空间有内外之分，景色却延绵不断。

花窗在苏州园林中运用广泛，其中一个主要的造景功能就是花窗能形成框景，丰富观赏景面，间接扩大了园林有限的空间。

框景有两种构成方式。一为设框取景。设框取景如同照相，预先有一个固定的框，然后借框得景，有“纳千顷之汪洋，收四时之烂漫”之效。如苏州拙政园“梧竹幽居”亭，四面均设有圆洞门，犹如四幅图画，其景观正如亭中对联所写“爽借清风明借月/动观流水静观山”。二为对景设框。即在较好的景观对面设框，将景收入框内。除了对景设窗之外，在园林中也有对路设窗、门于一侧的做法。对景设框的结果，路上游人均入窗中，好似一幅流动的人物画，人立窗前或人行窗外，均十分有趣。

（二）漏景

漏景即在园林的围墙上或者廊的侧墙上设漏窗（又叫花窗）用以透视园外或相邻景区的风景。漏窗使被隔的景色更加朦胧、虚幻，具有探幽之趣，使园林增加了不少诗情画意的美感和意境。漏景是从框景发展而来的。框景景色全观，漏景若隐若现，含蓄雅致。漏景可以用漏窗、漏墙、漏屏风、疏林等手法实现。花窗本身有景，窗内窗外之景又互为借用，形成“泄景”“漏景”。隔墙的山水亭台、花草树木，透过花窗，或隐约可见，或明朗入目，若移步观景，画面变化多端，令人目不暇接，正所谓“步移景异”。

漏窗大多设置在园林内部的分隔墙面上，以长廊和半通透的庭院为多[1]。透过漏窗，景区似隔非隔，似隐还现，光影迷离斑驳，可望而不可即。随着游人的移动，景色也随之变化，平直的墙面有了漏窗，便增添了无尽的生气和流动

[1] 朱伟，吴叶红，郭鑫. 浅谈传统园林中的漏窗[J]. 建筑知识，2005(1)：6-8.

变幻感。如苏州沧浪亭的长廊，廊为复廊结构，墙把长廊从正中分为左右两半，一面对着园外的水，一面对着园内的山，两边隔一段就会有门相通，墙上则嵌有各式各样的漏窗，漏窗图案花纹变化多端，构作精巧，图案精美，式样各异，通过复廊上的漏窗渗透作用，沟通园内园外的山、水，使水面、池岸、假山、亭榭融为一体。

漏窗图案多种多样，如几何图形、梅兰竹菊、吉祥动物等，也有以传奇小说、戏曲及佛道故事的某些场面为题材。如沧浪亭的108式漏窗，留园长廊的30多种漏窗，都已名闻天下；狮子林四个不同形状的漏窗中，依次塑有古琴、棋盘、书函、画卷，文化意义浓郁。这些富于鲜明文化特色的漏窗图案，为园林增添了不少高雅情调。

(三)程式化的形象和比拟

园林建筑是一种造型艺术，程式化的形象和比拟在表现意境方面使用广泛，尤以"比德说"应用较为普遍。例如，"四君子""岁寒三友"的文化品格：梅花——不畏严寒，铁骨冰心；兰花——姿态端秀，清雅高洁；竹子——劲节可风，潇洒不俗；菊花——傲霜挺立，甘于淡泊；苍松——强劲刚健，独傲霜雪。

中国山水画借笔墨以写天地万物，强调"外师造化，中得心源"，注重"神似"，追求气质俱盛。中国园林在植物景观的创造中，运用"神似"的画理，结合植物的内涵来塑造园林景观。如杭州西湖十景之一的"柳浪闻莺"，以一定的数量的柳树配置于主要位置，构成"柳浪"景观，在"闻莺馆"的四周，种有与假山相结合的乔灌木，使"闻莺馆"隐蔽于树丛之中，加强了密林隐蔽的感觉，周围还种有许多瑞香、腊梅、桂花等香花植物，体现"闻莺"的主题。苏州拙政园的"香雪云蔚"亭以梅造景，是赏梅胜境，且因梅有"玉琢青枝蕊缀金，仙肌不怕苦寒侵"之迎霜傲雪的品性，故而隐喻建亭构景所追求的是一种心性高洁、孤傲清逸的境界。

另外，中国古典园林经常用诗词书画、楹联题额渲染氛围，提升意境。中国园林中的文化气息十分浓厚，无论帝王富贾，还是文人士子，都在园林中留下了难以尽数的诗词歌赋，从而给具体有限的形象赋予无限的想象空间和别样情趣。

复习思考题

1. 简述中国古典园林不同发展时期的园林特点。
2. 说说中国古典园林的基本构成要素及其在园林构建中的意义。

3. 理解并举例说明中国古典园林的主要造景手法。

4. 理解并举例说明中国古典园林的分类和主要类型园林的基本特征。

5. 理解并举例说明中国古典园林的文化内涵和反映这些内涵的具体造园手法。

第六章 牌坊文化

牌坊、牌楼,名称说法不一,均为门洞式建筑,历史悠久,材质多样,形制各异,功能多种,造型华美,内涵丰富,遍及华夏,远涉海外,被认为是中华民族象征性建筑之一。了解牌坊的起源和发展,掌握牌坊的分类,熟悉牌坊的功能,解读牌坊的文化内涵,学会从牌坊中审美,是学习本章的主要目的。

第一节 牌坊的起源和分类

牌坊起源久远,从产生、发展到成熟,结构由简单到复杂,形制和功能由单一到多样,经历了一个漫长的演变过程。

一、牌坊概述

牌坊与牌楼有显著区别,但由于它们都是我国古代用于表彰、纪念、装饰、标志和导向的一种建筑物,而且又多矗立于宫苑、孔庙、庙宇、陵墓、祠堂、衙署、园林前和主要街道的起点、道中、叉口、桥头、村口、宅前等地,加上长期以来一般人"坊""楼"概念不清,以致最后两者成为一个互通的称谓,有人把它们统称为牌坊,有人把它们统称为牌楼。严格说来,牌坊只是坊的一种,具有纪念功能的坊称之为牌坊,其他类型的坊有门坊、墓坊、道坊、街坊、胜景坊等,不一定具有纪念功能。本章中使用的坊、牌坊、牌楼等称谓的内涵,依据语境而定。

牌坊、牌楼均起源于坊,坊是一种门洞式建筑。一般地,人们称没有楼顶的坊为牌坊,即牌坊的立柱大多高出额枋和坊顶,坊柱出头;称顶呈两面坡状或者重檐庑殿式的坊为牌楼,即牌楼的立柱大多在额枋之下,坊的最高处是牌楼的正脊,坊柱不出头,顶部像殿宇的顶部。从构件看,牌坊由四部分构成:底座、立柱、额枋、字板;牌楼由五部分构成:底座、立柱、额枋、字板、檐顶。如果说坊是建筑文化的话,那么字板则是彰显牌坊历史文化的主要载体,记录了与牌坊有关的史实。

牌坊上的字板分为"龙凤板"(又称"圣旨牌")、"题""注"和"联"四种。"龙凤板"是悬挂在牌坊顶层正中间、上下长左右窄的刻有"恩荣""圣旨""御制""敕建"一类文字的字板。"题"是刻在额枋上的大字,也是坊的名称。如安徽歙县"大学士"牌坊(习称许国石坊)额枋上的大字就是"大学士"三个字。"注"是刻在坊上的小字,一般用来具体说明牌坊为谁而建,因什么事而建,由谁建造以及什么时候建造等。"联"是刻在牌坊立柱上的颂扬、纪念性的富有文学色彩的对联。

无论牌坊的结构是简单还是复杂,基本都由柱子和横梁(又称"额")两大要素组成,不同的只是柱子和横梁的数量、式样、形状、粗细、高低、长短、纹饰、材料、附加件、组合方式、字板等的不同。撇开"龙凤板""题""注"和"联"上所表达的内容,仅从坊这一建筑物本身来看,基本构件相同,并无本质上的区别。

中国牌坊与西方凯旋门或纪念碑有相似之处,如都具有纪念功能,但区别明显。最大区别是:"坊"只是一个符号,一个建筑物,本身并无意义,只是一个有意义的"牌"的支撑体,"坊"的造型与意义分离,牌坊规格高低取决于"牌"的规格高低而不取决于"坊"的高低大小;西方凯旋门,尤其是纪念碑,主要是通过它的造型和雕刻凸显其意义,造型与意义合二为一,凯旋门或纪念碑规格高低取决于凯旋门或纪念碑的大小和精美程度。

坊不仅中国境内有,只要有中国人的地方几乎都有。在外国,凡是华人华侨集中的地方,无论是"中国城",还是"唐人街",多以坊作为街区的"门坊"。

二、牌坊的起源和发展[1][2]

牌坊是从坊逐渐演化而来的,并从仅仅具有实用功能,逐渐演化为集多种功能于一身。

(一)起始阶段

坊最早可以追溯到春秋中叶。当时,这种两根柱子上架根横梁构成的最简单最原始的门叫"衡门",《汉书·玄成传》和《诗经》均有记载。在古代,"衡"通"横","衡门"即"横门"。当时的衡门和墙体联在一起,有开闭自如的门扇。在楼兰古城的遗存中,人们发现了2 000多年前遗存下来的西汉时期的衡门。大体上

[1] 金其桢. 论牌坊的源流及社会功能[J]. 中华文化论坛,2003(1):71-75.

[2] 金其桢. 中国牌坊[M]. 重庆:重庆出版社,2002:1-29.

可以说，衡门是坊的雏形。

（二）成长阶段

1. 里坊制与坊门

从春秋战国到唐代，我国城邑一般采用里坊制的编民制度。特别是隋唐时期，当时城池被纵横交错的棋盘式道路划分为若干块方形居民区，隋代称这些方形居民区为“里”，唐代称之为“坊”，里坊是当时城邑居民居住区划的基本单位，与乡野者居住单位“村”相对应。

当时，“坊”与“坊”之间有大约高3米的夯土墙相隔，坊内有十字街，将一坊分为四个区，每个区内还有一个十字巷。坊墙中央有门，以便通行，称为坊门。坊门上标有“××坊”字样，以示区别，方便识别。坊门上安装有门扇，按时启闭，便于治安管理。

2. 乌头门（棂星门）

隋唐时期，由于经济的发展，有人开始讲究起坊门的式样来，便将源于上古至隋唐、雕刻精致、形制华贵的华表柱移植到坊门上来，用雕刻精致、形制威武的华表柱代替坊门原先两根简单的立柱。这种由两根高过门顶的华表柱和一两根横梁组成的新式样的门叫乌头门。

由于乌头门华贵庄重、气势威严，当时有地位、有权势和有钱的大户人家纷纷建乌头门作为府第大门，以致唐朝不得不在《唐六典》中明确规定，只有六品以上的官员府第才能建乌头门。因此，这时候的乌头门开始有了旌表门第之意。

其实，旌表门第之制起源于周朝，只不过当时并不是采用特许修建乌头门的方式，而是采用树旌旗的方式。周灭殷后，将殷民迁至成周。殷民迁至成周三代之后，康王姬钊认为其中不少殷民已经改造成了“顺民”，应将“顺民”与“顽民”区分出来，让他们住到不同的“里”中，使“顺民”不受“顽民”的影响。为了区别于“顽民”，在这种“顺民”居住的“里”门外，树旌旗作为标志，有旌表之意。此后，逐渐形成了一种旌门制度，只不过没有沿用树旌旗这种办法，而是主要改用文字方式来表达旌美之意。坊的旌表功能实际上滥觞于此。

乌头门是唐以前通常用的称呼，到宋以后逐渐被棂星门这一称呼所取代。

棂星原作灵星，灵星即天田星，又称赤星、文星、文曲星、文昌星、禄星等。为祈求丰年，汉高祖规定祭天先祭灵星。宋代则用祭天的礼仪来尊重孔子，后来又改灵星为棂星。

宋代以来，棂星门一般用作文庙、佛寺、道观、陵墓等庄重场所的正门。由于在这些地方建造的棂星门往往只起到一个标志作用，因此，棂星门上的门扇可装可不装。

3. 冲天牌坊、屋宇式牌楼和冲天牌楼

由于华表柱远远高于额枋，呈冲天状，人们称柱子高于坊额的牌坊为冲天牌坊。

尽管乌头门式的棂星门比由衡门演化而来的坊门美观、庄重，但达官显贵认为还不够华丽雄伟，不足以彰显其旌表、标榜、炫耀、装饰等功能，于是又把春秋战国时期已经出现的阙的楼顶吸收到乌头门中来，产生了屋宇式牌楼，俗称牌楼。

有的干脆把坊门、华表和阙的楼顶结合起来，坊门的柱子用华表代替，在坊门的额枋上盖起阙的楼顶，吸纳两者的优点，弘扬两者的特色，形成了牌坊、牌楼形制兼而有之的冲天牌楼。

（三）成熟阶段

无论是衡门，还是乌头门，其立柱都是与墙体相连并安装有门扇，还未成为独立的建筑。这一情况到了北宋中叶以后发生了巨大变化。

北宋中叶，随着商品经济的发展和繁荣，城中原先非常封闭的坊坊相隔、通行不畅的环境日益与社会经济发展不相适应。于是，封闭的里坊逐渐被开放的街巷所代替，坊墙被拆除，但位于干道上坊门却被保留了下来，只是拆除了门扇，成为跨街而立、不连墙体、象征性的大门，作为里坊的标志性建筑而存在。为了便于管理，当时仍然把一定的街区称之为“××坊”。这时的坊与隋唐时的坊明显不同，坊已经自成一体，没有了与之相连的墙体，既具有标志作用，又具有装饰作用。

正是由于坊具有标志和装饰等作用，后来除了在坊与坊之间的干道上建坊外，还被越来越多地修建在庙宇、陵墓、祠堂、衙署和园林的入口处，成为庙宇、陵墓、祠堂、衙门和园林的有机组成部分。

（四）鼎盛阶段

明清时期是坊发展的鼎盛时期，出现了多柱多间多楼多材料多式样的坊。

1. 形制多样

由于坊具有独特的标志、装饰和旌表功能，因此，自北宋中叶以后，坊越造越多，明清时期发展到了鼎盛期，各式各样的坊到处可见。

2. 建筑材料多样

在形制变化的同时，建筑材料也在变化。起初，坊主要是木结构，后来越来越多地采用砖、石(包括汉白玉)作为建筑材料，砖石木结合的坊亦不在少数。坊由全木坊到全石坊的演变，大致在元末明初，主要出于永久性纪念和防火的需要[1]。

三、坊的分类

坊的形制虽然大同小异，但其分类却是见仁见智。

(一)按照是否有"牌"划分

"牌"即悬挂在牌坊顶层正中间、上下长左右窄的题有"恩荣""旌表""御制"一类字样的龙凤板。并非所有的坊均有"牌"，有牌的才是牌坊，无牌的可能是门坊、街坊、胜景坊等。现在人们习惯称之为牌坊或牌楼的坊，相当一部分并没有"牌"。

有的名为牌坊，实质上不是牌坊。例如澳门最具代表性的名胜古迹、世界文化遗产澳门历史街区重要组成部分的大三巴牌坊(ruins of St.Paul)，前身为1580年竣工的圣保罗大教堂的正门山墙。该教堂糅合了欧洲文艺复兴时期与东方建筑的风格，体现了东西方艺术的交融，雕刻精细，巍峨壮观，珍贵至极，享誉东南亚，可惜该教堂修建三次均毁于火灾。1835年大火焚毁后，仅遗存教堂前的68级石阶及花岗石建成的正门山墙，因正门山墙貌似中国的牌坊而得名"大三巴牌坊"。

(二)按照建筑材料划分

1. 木坊

木坊即木质的坊状建筑物。木坊有独立的，也有与门廊、墙体连在一起的。由于木质建筑物不耐腐蚀，经不起风吹雨打，木坊顶上均覆盖有瓦顶或有门楣，有的坊柱的下半部还采用石材立柱，木构件上多涂刷油漆(北方多用彩绘)防腐。佛教圣地五台山"清凉圣境"坊，就是一座木结构胜景坊。安徽歙县县城斗山街建于明洪武年间(1368—1398)的"旌表江莱甫妻叶氏贞节之门"坊，木质结

[1] 罗刚. 徽州古牌坊[M]. 沈阳：辽宁人民出版社，2002：17.

构，坊与房屋前墙合为一体，上有屋面遮风挡雨。歙县昌溪村建于清代中期的"员公支祠"坊，独立于祠堂门前，石木结构，石磉木柱用抱鼓石支撑，覆有瓦顶。

2. 砖坊

砖坊通常和墙砌在一起，只是柱子和横梁从整个墙体上砌得凸出来一些。有的砖坊有瓦顶，是独立的建筑物，如歙县许村的"大郡伯第"门坊。有的砖坊不是独立的建筑，是墙体的一部分，如歙县县城斗山街的"黄氏孝烈"坊，黟县"世科甲第"坊，国保单位安徽亳州花戏楼砖坊等。

3. 石坊

出于永久纪念和防火需要，石坊最多。如湖北襄樊"古隆中"石坊，歙县棠樾牌坊群等均为石坊。徽州石坊石材种类很多，如黟县西递村"胶州刺史"坊用的是"黟县青"（黟县产黑色大理石），歙县棠樾村"矢贞全孝"坊、"节劲三冬"坊、"乐善好施"坊用的是"茶园石"（浙江淳安产火山凝灰岩），歙县郑村"贞白里"坊用的是"白麻石"（石英砂岩），齐云山"登封桥"坊用的是"红麻石"（红色砂岩），绩溪县冯村"进士第"坊用的是花岗岩，绩溪县龙川村"奕世尚书"坊用的是花岗岩和茶园石两种石料。山西五台山龙泉寺"佛光普照"坊用的是汉白玉。

石坊上的文字和图案均雕刻而成，有的石坊上精美的文字和图案历经数百年风风雨雨依然清晰如初。

4. 其他

其他建筑材料的坊有琉璃坊、砖木混合坊、砖石混合坊、砖石木混合坊、现代混凝土坊、彩牌楼等。如北京东岳庙前建于明代的四柱三门七楼"秩祀岱宗"牌楼为彩色琉璃牌楼，位于昆明中轴线三市街与金碧路交叉口的"金马"坊为砖石木结构牌楼等。北京琉璃牌坊比较多。

彩牌楼多为临时性装饰物，多用于大会、庙会、集市的入口处，一般用木竹等材料搭制而成，上覆树枝和彩布等，张灯结彩，烘托气氛，以示庆贺。

（三）按照所在位置划分

1. 门坊

即位于入口处的坊状建筑物。许多单位大门、景区景点入口处的坊状建筑物，实质上都是门坊。门坊的主体功能是标志功能，告知门内的单位是谁。如北京钓鱼台国宾馆门口的"钓鱼台国宾馆"坊，山西太原晋祠入口处的"名播三晋"坊，安徽黄山风景区入口处陈毅题名的"黄山"坊，湖南衡山的"寿岳衡山"坊等。

门坊主要为四柱三间坊，次为二柱一间坊，象九华山全国重点寺庙旃檀林的八柱三间口字形汉白玉“山门”坊那样的门坊为数很少。

历史上，有些门坊还具有纪念功能。例如，位于歙县县城旧县学前的“甲第”坊（又称“三元坊”）就具有这种功能。该坊建于清乾隆年间（1736—1795），四柱三间五楼，宽约5.5米，通高约6米，正面楼额上刻有“甲第”二字，字板上刻有“状元”“会元”“解元”字样；背面楼额上刻有“科名”二字，字板上刻“榜眼”“探花”“传胪”字样；正面和背面字板上还镌有历代歙县中试者姓名。

牌坊也是祠堂的附属建筑物。祠堂前的牌坊昭示着家族先人的高尚美德和丰功伟绩，兼有祭祖、标志等功能。

2. 街坊（路坊）

街坊（路坊）即位于街口商业区（道路上）的坊状建筑物。如安徽省黄山市屯溪老街入口处的“老街”石坊，闽南地区竖立在要道（如驿道）上的牌坊等。

我国很多地名带有牌楼字样，其中相当一部分牌楼是街坊。北京的街坊非常多，很多地名就是根据原有街坊的数量得名的：西单原来叫单牌楼，因其在西边，所以叫西单牌楼；东边也有一个牌楼就叫东单牌楼，因为后来牌楼拆了，名称里省略了牌楼二字，直接叫西单、东单。西四原来叫西四牌楼，是因为在西边，而且十字街口有四个牌楼（东、西、南、北街口各一个）；东四原来叫东四牌楼，而且十字街口也有四个牌楼（东、西、南、北街口各一个），同样因为后来牌楼全拆除了，简称为西四、东四。人们很难把因有牌楼景物而逐渐演变成地名的地方从记忆中抹去，就是因为这些牌楼与附近街道建筑群构成的场所，不仅仅是交易之所，而且是露天广场，承载着深厚的历史文化。

在境外华人华侨集中居住区，街坊是中国城或唐人街上的标志性建筑。如美国华盛顿的“中国城”坊，圣佛兰西斯科的“天下为公”坊，加拿大温哥华的“中华门”坊，澳大利亚悉尼的“通德履信”坊，泰国曼谷的“圣寿无疆”坊等。

街坊的主要功能是标志功能、烘托气氛，但坐落在街口的具有纪念功能的牌坊亦为数不少。从所在位置看，“大学士”坊位于歙县县城十字街口，属于街坊，棠樾石牌坊群位于歙县棠樾村进村大道上，属于路坊，但二者的根本属性是地地道道的纪念性质的牌坊。

浙江德清县武康镇的“太史”坊、“奕世科名”坊、“父子谏台”坊，均为表彰立功、立德、立言之人的纪念坊，当地人习惯合称为“三牌楼”。

有些路坊具有导向和引景功能。如佛教圣地“九华山”坊位于青阳县五溪镇

318国道和五(溪)九(华山)公路交会处,凡是经过318国道者,无论是否上九华山,都可以看到跨五九公路而立的“九华山”坊。其实,“九华山”坊离九华山中心景区九华街还有10多千米路程。

在云南大理,既有“大理”坊、“洋人街”坊等街坊,也有“大理文化园”门坊等。

3. 墓坊

墓坊即位于墓园入口处的坊状建筑物。例如,广州黄花岗烈士墓园入口处的“浩气长存”坊,南京中山陵入口处的“博爱”坊,北京明十三陵神道坊等,均为墓坊。

4. 胜景坊

胜景坊多位于风景绝佳处,目的是提醒游人注意观景,起到点题、框景、造景等作用。如九华山核心景区九华街入口处的“九华胜境”坊,浙江普陀山的“海天佛国”坊,芜湖赭山的“江城入画”坊,济南“趵突胜景”坊等。济南“趵突胜景”坊位于趵突泉公园东门,通高7.5米,总宽9.2米,四柱三间冲天式,坊额磨光花岗石上刻有著名书法家武中奇、蒋维崧题书的“趵突胜景”“观澜知源”八个阴刻鎏金大字。

(四)按照形制划分

1. 按柱子多少划分

牌坊的柱子分为二柱、四柱、六柱、八柱。多数牌坊为四柱,少数为二柱、六柱、八柱。按当时规定,只有皇族才能建造八根柱子的坊。

2. 按柱子排列形式划分

绝大多数牌坊柱子“一”字形排开,极少数四柱、八柱牌坊柱子呈“口”字排成四边形,也有六柱牌坊柱子排列成哑铃型的。如建于明嘉靖年间(1522—1566)的歙县丰口村四面四柱一间的“宪台”坊,建于明万历十二年(1584)的歙县徽城镇八柱“大学士”坊,都是“口”字形牌坊。四面四柱的“宪台”坊,亭式结构,是牌坊中式样非常少见的实物。八柱三间三楼的“大学士”坊,是我国现存造型独一无二的纪念性石坊。

3. 按楼层多少划分

牌坊楼层是按坊额的层数计算的。按楼层多少,牌坊有一楼、二楼、三楼、四楼、五楼之分,最多的可以达到十一楼。楼层越多,牌坊必然又高又大。所以,当时规定只有帝王神庙、陵寝牌坊可以建十一楼,以显示神灵和帝王的高大与威严。黟县西递的“胶州刺史”坊为四柱三间五楼,歙县“大学士”坊为八柱三间三楼。

4. 按坊脊式样划分

按照坊脊式样，牌坊有卷草纹头脊式、冲天式、歇山式、重檐庑殿式、组合式等类型。

明代中叶以前，徽州牌坊多为四柱三间三楼卷草纹头脊式，明代中叶以后多为四柱三间三楼冲天式。

5. 按间数多少划分

按照牌坊间数多少，有一间、三间、五间之分，间数均为奇数。从现存牌坊实物看，我国最多的牌坊是四柱三间牌坊，形制最大的牌坊是歙县八柱三间的“大学士”坊。从现存牌楼实物看，四柱三间牌楼是我国牌楼的主体，六柱五间牌楼是我国形制最大的牌楼（如北京明十三陵神道坊）。旧时，只有帝王神庙、陵寝可建六柱五间十一楼牌坊，一般臣民最多只能用四柱三间七楼牌坊。

（五）按照资金来源划分

按资金来源，坊有官建、官准民建、族众修建、个人独建等形式[1]。官建、官准民建的坊通常有“牌”，族众修建、个人独建的坊通常没有“牌”。

1. 官建牌坊

根据当时的规定，凡通过岁贡、恩贡、拔贡、优贡、例贡、副贡等形式被贡举入国子监读书者，也即由府、州、县学贡献给皇帝的生员，以及获得举人以上功名的人，可在经地方官府审核批准后，由地方官府按规定出资建功名坊[2]。虽由当地官府批准、出资，但当地官府是按朝廷规定办理，因而其审批权实质上还是掌握在皇帝手中。至于想以道德气节高尚立贞节牌坊、军功政绩卓著立功德牌坊等，则要求更严，事先须经当地官府查验事实，逐级呈报，最后经皇帝审查恩准后，或由皇帝直接封赠，或者多方筹资建造。

由皇帝下圣旨恩准建牌坊始自明太祖朱元璋。自此以后，在中国封建社会，由皇帝下圣旨建造牌坊成为臣民所获得的最高等级的荣誉。

按照《清会典事例》的规定，申请旌表，应由乡里、族长据实递结，州县及州县学查实加结，一面报明督抚，一面申报知府核实，逐级上报之至朝廷。经朝廷批准旌表的，一般拨银三十两左右[3]。

---

[1] 田林，杨静. 隆昌石牌坊奏议[J]. 古建筑研究，2004(5)：41-48.

[2] 金其桢. 中国牌坊[M]. 重庆：重庆出版社，2002：28-29.

[3] 罗刚. 徽州古牌坊[M]. 沈阳：辽宁人民出版社，2002：35.

严格说来，完全依靠官方拨银建造的牌坊不多。因为从很多牌坊用料之讲究、雕刻之精湛、规模之宏伟来看，远非三十两白银所能做到，必然有其他资金渠道。

有些牌坊龙凤板上有“御制”字样，似乎是帝王从国库里拨款建造的，其实真正靠国库全资建造的“御制”牌坊为数很少。

2. 官准民建

清嘉庆年间(1796—1820)为旌表徽州许俊业继妻金氏、妾贺氏而建的歙县“双节孝”坊，就是官准民建的牌坊。许俊业出外经商受挫，生活潦倒，客死异乡，金氏和贺氏靠纳鞋底持家，在穷困愁苦中度过几十年，“守节”而终。乡人在清点遗物中发现了些许纹银，原来这是她俩数十年省吃俭用、辛苦积攒下来的以备不时之需的全部积蓄。族人向官府、朝廷请旌金氏、贺氏，获得了朝廷的恩准，可是建坊的资金没有着落。不得已，族人只好用她俩生前积攒下来的些许纹银，建造了一座徽州现存体量最小的牌坊——宽2.9米、高4.7米的两柱一间一楼石坊。

官建、官准民建牌坊的龙凤板上都有“恩荣”“敕建”“御制”“圣旨”“旌表”“诰赠”等字样。

3. 族众修建

在徽州，有些坊并非出自官方建造，而是族众捐资建造。这类坊以墓道坊、门坊比较多。如歙县王村墓道坊，歙县许氏宗祠“高阳里”门坊，歙县“古紫阳书院”门坊，歙县郑村“贞白里”坊、“郑氏宗祠”坊、“忠烈祠”坊、“司农卿”坊、“直秘阁”坊等。在这些牌坊上一般没有“恩荣”“敕建”“御制”“圣旨”“旌表”“诰封”“诰赠”等字样，只有对坊主的赞美之词。由此看来，徽州多坊与徽商的经济实力不无关系。

4. 个人修建

个人筹资建坊并非鲜见。如道教圣地齐云山紫霄崖玉虚宫左侧的“天乙真庆”坊，就是徽州人汪泰元募资修建的。

(六)按照坊主多少划分

纪念性牌坊都有纪念对象，包括重大事件、有重要意义的人物(坊主)等。坊主多少不一，从一坊一主到一坊万主，差异很大。

1. 一坊一主

如歙县“大学士”坊、黟县西递“胶州刺史”坊，都是一坊一主，分别纪念历经明嘉靖、隆庆、万历三朝元老许国，明嘉靖三十四年(1555)举人、官至胶州刺史(胶州知州)、荆州王府长史的胡文光。

2. 一坊多主

如歙县棠樾村“慈孝里”坊纪念因“父慈子孝”而闻名的鲍宗岩、鲍寿孙父子两人；歙县郑村“贞白里”坊纪念郑氏先祖郑千龄一家三代；徽州区唐模村“同胞翰林”坊纪念同胞翰林许承宣、许承家兄弟；歙县雄村“四世一品”坊旌表户部尚书曹文埴及其父亲、祖父和曾祖父一家四代十多人。

3. 一坊万主

“贞孝节烈”牌坊从一坊一主到一坊多主、一坊万主不等。自从建坊旌表贞孝节烈成为定制，直到清朝前期，各地所建贞孝节烈牌坊多为一坊一主。如歙县棠樾村吴氏“节孝”坊等。由于统治者大力提倡旌表贞女孝子烈妇，获得旌表者的家族还可以名利双收，故有清一族，各地官府上报请旌趋之若鹜，贞孝节烈牌坊激增。

大量拨款建造牌坊，无疑加重了清王朝财政负担，加上清朝后期政治、经济式微，于是自清嘉庆（1796—1820）起，拨官银建专坊者越来越少，代之而起的是诏令各地建总坊，从而出现一坊多主乃至一坊万主[1]。例如，立于歙县县城南街的“孝贞节烈”坊，建于清光绪三十一年（1905），是中国封建时代建造最晚、也是旌表人数最多的牌坊之一，旌表“徽州府属孝贞节烈六万五千零七十八名”。江西婺源县城有一座建于清道光十八年（1838）的孝贞节烈总坊，当时所载自宋以来的贞妇烈女共2 658人，到清光绪三年（1877）重建时，坊主扩大到5 800人。

（七）按照建造时间划分

以纪念人物为主题的牌坊，极少数建于坊主在世时，绝大多数建于坊主过世以后。

1. 生前建造

在徽州，坊主在世时建造的牌坊最典型的只有两座：黟县西递村“胶州刺史”坊，歙县县城“大学士”坊。前者建于明万历六年（1578），后者建于明万历十二年（1584）。

生前建有“牌”的坊，在封建社会是一种极高的礼遇和荣耀。由于坊主健在，地位显赫，而且得到帝王的恩宠，想必故交新友很多，前来恭贺者众，建坊银两充裕，因而其牌坊一般都比较气派。生前建造的牌坊极少，估计与中国人长期延续的“盖棺论定”意识有关。

---

[1] 参见罗刚. 徽州古牌坊[M]. 沈阳：辽宁人民出版社，2002：40.

2. 死后建造

绝大多数纪念人物的牌坊建造于坊主过世以后。歙县棠樾村“官联台斗”坊坊主明代名臣鲍象贤死于明隆庆二年(1568),追封为“工部尚书”,谕予葬祭;直到明天启二年(1622),才得到明熹宗的“恩荣”,由鲍象贤的孙子建起这座功德牌坊。有时候因“一人得道”而“光宗耀祖”,先辈也因此得到追封,一同成为坊主。歙县雄村“四世一品”坊虽然旌表的是户部尚书曹文埴及其伯父、祖父和曾祖父一家四人,真正的一品官员是户部尚书曹文埴。清乾隆帝念及曹文埴的特殊地位(曾任翰林院侍读学士,专门给皇子授课讲经)和品行,特赏赐曹文埴的曾祖父、祖父、父亲和伯父虚职“一品官衔”,曹文埴的曾祖母、祖母、母亲、伯母和妻子“一品夫人”,于是有了“四世一品”坊。

第二节 牌坊的功能和内涵

牌坊的功能和内涵在历史上,是在不断发展的。早期的牌坊仅具有标志功能,内涵浅薄,后来发展到旌表门第等诸多功能,内涵逐渐丰富起来。

一、牌坊的功能

总体看,牌坊具有纪念、表彰、教化、标志、装饰、美化等功能。有的牌坊只具有一种功能,有的牌坊却具有多种功能。

(一)纪念和表彰功能

纪念性牌坊是人类情感的一种物化。古人建牌坊如同立碑一样,是一件极其慎重而又隆重的事情。差不多每一座牌坊,都寄托着古人丰富的情感,或颂扬,或表彰,或纪念。

褒扬功名、旌表节烈、纪念追思等是纪念或表彰性牌坊的重要功能。具有纪念和表彰功能的牌坊,意在为人们树立道德楷模,一般都具有道德教化功能。按照纪念或表彰对象的差异,纪念表彰功能的牌坊又可大致分为几个亚类,但各亚类牌坊之间的界限比较模糊,因为有的牌坊功能多样。

1. 功名坊

功名坊主要包括恩荣牌坊和科举牌坊两类。

(1)恩荣牌坊。一般而言,恩荣牌坊是皇帝赐给职位显赫、功臣卓著者的一种荣誉。恩荣牌坊的龙凤板上通常有“恩荣”“敕建”“御制”“圣旨”“旌表”“诰封”“诰赠”等字样。龙凤板上有“恩荣”一类字样的牌坊,有的“题”或“注”上也会出现“旌表”二字。徽州仕途发迹者众多,龙凤板上刻有“恩荣”二字的牌坊为数不少,如歙县县城的“大学士”坊,黟县西递村“胶州刺史”坊,歙县雄村“四世一品”坊等。明清时期对五品以上官员的曾祖父母、祖父母、父母及妻室之殁者,通常以皇帝的诰命追赠封号,称为“诰赠”“诰封”。有“诰赠”“诰封”字样的牌坊,是一种典型的一人得道、光宗耀祖的牌坊。

(2)科举牌坊。科举牌坊是表达中国封建社会人生理想的一种方式,一般是为表彰殿试及第者、激励后人而建,象征着在官本位的传统社会中读书入仕的崇高地位和科举成名为家族带来的无上荣光。这类牌坊龙凤板上多有“世科”“登俊”“甲第”“登云”“经魁”“擢升”等字样。明清两代,徽州中进士者多达914人,状元、榜眼、探花多达几十人,这一类牌坊很多。如歙县县城的“甲第”坊等。遍及徽州各地的科举功名牌坊以及“古紫阳书院”等门坊,其实也透视出徽州重视教育的事实,即所谓“十户之村,不废诵读”。在徽州现存的牌坊中,褒扬仕科功名的占多数。

2. 忠孝节烈坊

在封建社会,对所谓忠孝节义者用立牌坊赐匾额等方式予以表扬,叫做“旌表”。旌表牌坊必须经朝廷颁旨才能兴建,只有官绩显赫、孝行义举突出者以及贞女烈妇,才有资格享受。旌表对象是谁,与朝廷的价值观念密切相关。有“旌表”字样的牌坊,是封建统治者按封建伦理纲常和道德标准,对民间善行、恪守封建礼教者以及功勋卓著者,以准许立坊的形式予以表彰而建立的牌坊。忠孝节烈牌坊大致可分为贞节、忠孝、敬贤、尚义等类型。

(1)贞节牌坊。贞节牌坊是旌表牌坊中最常见的类型,是封建统治者专门用于表彰为封建礼教殉节的节妇烈女的纪念性建筑物,特指为了表彰封建女性对自己的丈夫坚贞不渝、一生恪守贞节而建立的牌坊。贞节牌坊作为一种并不多见的历史文化遗存,凝聚其中的是以儒家伦理为本位的封建礼教精神,它所蕴含的礼教功能一直充当着道德教化和伦常秩序建构的典范作用。

根据《说文解字》,“贞”的原意是占卜,与女性没有任何关系。“节”,即气节、操守,指一个人能坚守信念,不污于事。“贞节”含义有二,一是指坚贞的节操,二是专用于女性,指女性必须为男性保持身体的“洁”,即性贞。贞节妇女大体分为四类:夫亡不嫁、从一而终的“节妇”,夫亡以死尽节的“烈妇”,未婚夫死后不嫁人的“贞女”，未出嫁男方死亡而以自杀表示贞节的“烈女”。还有一种划分方法，将女子分为三类：品行端正、未嫁而能自守者，谓之“贞”；已嫁从一而终、夫死不在醮者，谓之“节”；遇强暴凌辱而能以死相拒、或夫死自尽殉身者，谓之“烈”[1]。

旌表妇女的做法，最早出现在东汉。《后汉书·安帝纪》载，元初六年(119)，“诏赐贞女有节义谷十斛，甄表门闾，旌显厥行”。到了唐代，对贞节妇女“表其门闾”，采用树阙形式。总体上，唐代以前，我国贞节观念并不盛行。宋代程朱理学形成以后，理学家极力强调贞节，倡行女性“饿死事小，失节事大”。到了元代，理学统治地位正式奠定，贞节观念成为一种社会风气。从此，历代封建王朝提倡和奖励寡妇守节，致使寡妇守节陋习愈演愈烈，与此相伴生的是贞节牌坊空前增多。元代旌表贞节逐渐制度化和系统化。《元典章·礼部卷六·孝节·旌表孝义等事》记载：“今后举节妇者，若三十以前亡夫守制，至五十以后晚节不易，贞正著名者，听各处邻佑、社长明具实迹，重甘保结，申覆本县，牒委文资正官体覆得实，移文附近不干碍官司，再行体覆，结罪回报，凭准体覆牒文，重甘保结，申覆本管上司，更为核实保结，申呈省部，以凭旌表。”

据《明史·列女传》记载，明代女性守贞守节可分为以死守节、夫亡终身不嫁、未婚夫死永不嫁人、自残守节等形式。明洪武元年(1368)，太祖朱元璋下诏云，民间寡妇，三十以前夫亡守制、五十以后不改节者，旌表门闾，除免本家差役。如此重奖寡妇守节的措施，前所未有。寡妇守节，不但可以使本人获得旌表的荣耀，而且可以免除本家的差役。太祖朱元璋下诏旌表贞节以后，如《明史·列女传序》所记，“大者赐祠祀，次亦树坊表，乌头绰楔，照耀井闾”，贞节坊、贞节祠空前增多。

到了清代，则对节妇、贞女一并旌表。如《清律》规定：“守节十五载以上，逾四十而身故者”，“一律旌”。《大清会典》明确规定：“民间贞女，未婚闻讣，矢志守节，节食自尽，照例旌表。”“年未逾三十而守节者乃得旌，又必核其卒之年，逾守节之岁十年，其存者必五十以上乃得旌。”这就是说：节妇必须年轻(30岁以内)守寡，死者至少10年以上，生者至少20年以上，才有资格旌表[2]。封建王朝的这些倡导“从一而终，永不改嫁”，“一女不事二夫”的典章，牢牢禁锢着人们的思想，几百年来，致使千百万个妇女夜伴孤灯，凄凉寂寞地度过一生[3]。

当时，封建官府通过奖励贞节，大肆宣传节妇烈女的事迹，为她们树贞节牌坊，

[1] 周坤. 牌坊文化与徽州商人[J]. 青海师范大学学报：哲学社会科学版，2006(2)：54.

[2] 周坤. 牌坊文化与徽州商人[J]. 青海师范大学学报：哲学社会科学版，2006(2)：54.

[3] 庄华锋. 中国社会生活史[M]. 合肥：合肥工业大学出版社，2003：190.

封建家族也能以出节妇烈女为荣，并能因此得到好处，因而寡妇改嫁往往遭到族人的干涉和反对。大体上可以说，封建帝王将贞节牌坊视为教化妇女、规范其行为的工具，再现了封建社会皇权至上、男权至上的等级权利的社会运行机制。

（2）忠孝牌坊。一般意义上，对国家、对事业尽忠，对父母尽孝，是中华民族的美德之一。慈孝牌坊赞扬的是父慈子孝。“慈孝里”是对孝道的最高赞赏。据统计，明清两代，仅歙县割股、臂、肝、指甲疗亲者达162例[1]。

（3）敬贤牌坊。歙县槐塘村“龙兴独对”坊属于敬贤坊。该牌坊记载了明太祖朱元璋与曾任徽州最盛名的书院——紫阳书院山长唐仲实有关“问政”对话的事实。朱元璋在领导红巾军征战南北时，曾利用转战皖南之机，向宣、徽等地士绅耆老求贤问策。“龙兴独对”坊上详细记载了元至正十八年（1358）朱元璋至歙县会见唐仲实，纵论平天下之道的珍贵史实。此事在《明太祖实录》卷六中亦有详细记载。据说，正是受到唐仲实言论的启发，十年后登基建国的朱元璋下令在全国范围内普查户籍，丈量土地，均平赋役，兴修水利，推行屯田，减轻对工匠的奴役，同时抑制豪强贪吏，给百姓以休养生息。为了表彰唐仲实的贡献，明正德年间（1506—1521），朝廷在歙县槐塘村唐仲实的宅院前敕建了一座记载重要历史事实的“龙兴独对”坊[2]。

（4）尚义牌坊。尚义牌坊主要是旌表德行善举。如歙县棠樾的“乐善好施”坊。

3. 寿坊

尊老敬老是一种美德。明清时期，寿登百岁者称之为“人瑞”，能获得皇帝恩荣。歙县许村“双寿承恩”坊，是明代为旌表一对百岁齐眉夫妇而建，用以表达人们对高寿者的祝福、敬仰之情。

（二）教化功能

牌坊的教化功能是从牌坊的纪念和表彰功能中演化而来的。树牌坊是旌表德行、承沐厚恩、流芳百世之举，是封建社会人生最高追求。即使没有被旌表，如家族修建的科举牌坊，坊主也一定是一方名人，他们的所作所为肯定是那个时代值得彰显的行为，因此，牌坊的教化功能不言而喻。

从具有纪念或表彰功能的牌坊所在位置看，他们大多位于要道上、村口旁、祠堂前、宅门口等显眼之处，虽然有光宗耀祖、显赫门第、炫耀家族之实，但其根

[1] 姚邦藻. 徽州学概论[M]. 北京：中国社会科学出版社，2000：163.

[2] 罗刚. 徽州古牌坊[M]. 沈阳：辽宁人民出版社，2002：133.

本目的还在于教化，在于时时提醒人们注意效仿。

（三）空间分界与标志功能

具有空间分界与标志功能的牌坊，一般位于空间分界处或标志对象前面，具有入口标志、行进导向、组织空间，甚至点缀景观的作用。

从牌坊起缘看，早期的牌坊就是一种空间分界与标志功能。这类牌坊有学宫书院坊，文庙武庙坊，衙署府第坊，街巷路桥坊，会馆商肆坊，陵墓祠庙坊，坛庙寺观坊，胜景胜迹坊等。如宣城市“敬亭山”坊，就是一种标志功能的牌坊。

（四）装饰和美化功能

具有标志功能的牌坊，一般也具有装饰和美化功能。

不是所有的牌坊同时具有上述几种功能，有的仅具有一两种，有的几种兼而有之。例如，建于元代的歙县郑村“贞白里”坊，既是一座典型的门坊，又是族人纪念郑氏先祖郑千龄一家三代的纪念坊。立于路口、桥梁、商店门前的牌坊，主要起标志作用，同时也有装饰和美化街景的作用。立于庙宇、寺观、陵园、园林等大型建筑、园区正门前的牌坊，除标志作用外，在很大程度上还起着空间分界的作用。立于功臣、名宦、节妇、孝子任职地或出生地或家门口的牌坊，主要起纪念作用，同时也有标志作用。

徽州牌坊主要是旌表和纪念作用，同时兼有标志作用。

二、牌坊的内涵[1]

随着时代的发展，牌坊的内涵也发生了明显的变化。起源时期，牌坊的内涵比较浅薄；到了鼎盛时期，牌坊的内涵日渐丰富。

（一）表达封建社会人生理想

在封建社会里，人们追求的理想是“学而优则仕”“荣华富贵”“封妻荫子”“光宗耀祖”“流芳百世”“名垂千史”等。这些人生理想在牌坊上都有充分体现，如状元坊、甲第坊、五马坊、大司徒坊等。歙县棠樾村的“官联台斗”坊，黟县西递村的“胶州刺史”坊，徽州区唐模村的“同胞翰林”坊，歙县雄村的曹氏“四世一品”坊，

[1] 荧其帧. 牌坊文化探略[J]. 东南文化，1999（3）：61-68.

歙县县城的吴氏"世科"坊和江氏"世科"坊以及绩溪冯村的"大夫"坊,苏州城内的"状元"坊、"会元"坊、"解元"坊等,都属于这一类。

历史上,安徽绩溪县龙川村曾有14座牌坊,为徽州历史上拥有牌坊最多的古村落之一。其中功名坊9座,墓道坊2座,科举坊、百寿坊、节孝坊各1座,现仅存"奕世尚书"坊1座。在这座仅存的牌坊上,主楼花板上镌刻的"奕世尚书"四字为"题",交代了牌坊的名称——"奕世尚书"坊;上花板上刻有楷书"成化戊戌科进士户部尚书胡富,嘉靖戊戌科进士兵部尚书胡宗宪",下花板上刻有楷书"钦差提督军务兼巡抚苏松等处地方都察院右佥部御史方濂、周如斗,巡安直隶都察御史五荞,钦差提督学校巡按直隶监察御史吴尊、周斯盛,钦差巡按浙江等处监察御史袁淳、武令,徽州府知州周滋孝,绩溪县知县林应雷、胡叔才。明嘉靖四十一年(1562)九月二十六日吉旦立",都是"注",交代了为谁而建、由谁建造以及什么时候建造三件事。

"注"上坊主的官衔,有的并非实职,而是虚职。这些虚职,有的是因为坊主生前捐输朝廷而得到的,有的是死后追封的。歙县雄村"四世一品"坊坊主中只有一个是实职。歙县棠樾村鲍灿"孝行"坊上有"旌表孝行赠兵部右侍郎鲍灿"字样,实际上鲍灿没有当过官,一生经商,只是因为用嘴吸出母亲双脚上的毒疮脓血,使母亲病足神奇痊愈。此事争相传颂,当时并没有得到皇帝恩准建坊,一直到鲍灿的孙子鲍象贤在朝中做了大官,再次向皇帝请求为鲍灿建坊予以旌表时,才得到明世宗的恩准,并追封鲍灿为"兵部右侍郎"。

(二)展现传统民风民俗

绝大多数牌坊都有雕刻,有的还有彩绘。这些雕刻和彩绘是我国古代民风民俗、人生理想的形象化体现。牌坊上通常采用以音谐意、造型取意等手法来表达传统民风民俗。

1. 以音谐意

如"蝙蝠"谐音"福",因而蝙蝠成了好运、幸福的象征。有时候牌坊上还雕刻有五只蝙蝠组成的图案,象征长寿、健康、富强、平安、人丁兴旺及子孙满堂等五种天赐之福。"鹿"与俸禄的"禄"谐音,因此"鹿"象征着升官晋爵、高官厚禄、荣华富贵等。"鱼"与富足有余的"余"谐音,鱼与池塘、荷莲雕在一起,象征金玉(鱼)满堂(塘)或者连(莲)年有余(鱼)。鲤鱼跳龙门、鲤鱼腾浪,象征着化鲤为龙、金榜题名、荣登仕途。"瓶"与平安的"平"谐音,将花插在花瓶里象征平安,花瓶里插有四季花卉象征四季平安。雕刻梅花喜鹊，看似“喜鹊登梅”，实质上以音谐意“喜上眉梢”，寓意“四喜发财”。

2. 造型取意

牡丹形象雍容华贵，高雅富丽，常雕刻在牌坊上，以象征富贵、吉祥。灵芝是吉草，祥云是天之吉象，状如灵芝或祥云的“如意”与人们期盼的“万事如意”之“如意”相吻合，故常将其雕刻在牌坊上，作为吉祥如意的象征。

如在“大学士”坊上，每一幅精美吉祥的图案都包含着建坊者的意图及功勋德行：石坊南面的“巨龙腾飞”寓意皇帝面南而王和许国对朝廷的忠诚；北面的“瑞鹤祥云”寓意天下太平和许国超尘脱俗的高洁品格；东面的“鱼跃龙门”寓意许国通过发奋进取而成为国家栋梁之才；西面的“威凤祥麟”寓意许国是天下的贤臣人才。在“大学士”坊内侧，以“龙庭舞鹰”图案中的“舞鹰”谐音“武英”，暗指许国的“武英殿大学士”的地位；“三报(豹)喜(鹊)”图案栩栩如生，隐喻许国由东阁升文渊阁，又进武英殿的三次升迁；至于“麟戏彩球”“喜上眉梢”等图案，均包含着健康长寿、荣华富贵、吉祥如意、一帆风顺的内涵和祝福。

(三)造型和雕刻艺术完美结合

中国建筑造型艺术和雕刻艺术源远流长，它们以独特的风姿和审美价值瞩目于世界艺术之林。坊把这两者有机地结合起来，形成了一种独特的建筑艺术。

在造型方面，坊左右、前后对称，高宽比例合适，进深小，具有造型美。视觉感受上，走近牌坊，给人一种端庄、雄伟之感，既有对称美，又有雄伟美、庄严美。在建筑方面，简单的几根立柱，上载数吨重的额枋、字板，没有一钉一铆，依靠块石奠基，抱鼓石、倒趴狮的支撑和构件的相互咬合，历经风雨，稳稳当当，当属不易。

按雕刻技法分，牌坊上的雕刻有圆雕、透雕、高浮雕、浅浮雕、平浮雕、阴刻、阳刻等。“大学士”坊、“胶州刺史”坊上的雕刻非常多，含义深刻。如“大学士”坊，额枋各面遍饰精湛绝伦的雕饰：梁坊两端线镌如意、缠枝；中部菱形框内为深浮雕，有“巨龙腾飞”“鱼跃龙门”“威凤祥麟”“龙庭舞鹰”“麟戏彩球”“瑞鹤祥云”“凤穿牡丹”“喜上眉梢”等；牌坊石柱台基上安放着12只或端坐或倒趴的石狮，生动活泼，神态各异，眉目传神。

(四)集匾额、楹联和碑刻于一体

匾、联和碑刻是我国古代表现各种文学作品、雕刻和书法艺术的重要载体。

坊集匾额、楹联、碑刻于一体，其所载的匾语、联句和碑刻，往往都是精品佳作，具有很高的思想、科学、文学和书法艺术价值。

不少坊上的书法出自名家之手，具有很高的水平。如歙县“大学士”坊上的文字传为明代书法泰斗董其昌手笔。

（五）宣扬封建礼教和传统道德

在我国不少地方，过去都立有大量的“贞节牌坊”“烈女牌坊”“孝子牌坊”。在徽州诸多牌坊中，忠、孝、节、义坊俱全。据有关方志记载，过去苏州一带被颂为“节女烈妇”的计有1 743人，其中107人被“钦赐旌表”。在山东单县的34座牌坊中，除个别的功德坊外，大多是节孝坊，其中以“百狮坊”最为著名。

宣传封建礼教不好，弘扬优秀传统道德有其积极意义。报效祖国、服务人民、孝敬父母、兄弟友善、高风亮节、伸张正义等“忠孝节义”思想和行为，始终是值得弘扬的中华民族优秀传统之一。

（六）记载重要史实

无论古今，一座牌坊，一个故事，也许是件开心事，也许是把辛酸泪，但从建坊的时代背景看，甚至以当下眼光看，都是基于具有一定影响力的事件。如湘西芷江中国人民抗日战争胜利“受降纪念坊”记载了日本政府无条件投降的历史事实，不仅是日本侵略中国、向中国投降的见证，同时是世界反法西斯战争胜利的历史见证。

第三节　著名牌坊欣赏

牌坊发展到明清时期，出现了一个牌坊文化空间兴盛的局面，涌现出一批著名的牌坊，一些牌坊密集的地区因而成为著名的“牌坊园”“牌坊群”“牌坊城”和“牌坊之乡”。

一、列入国保中的牌坊

我国很多牌坊形制优美，雕刻精美，内涵丰富，是建筑和雕刻艺术的瑰宝。有的牌坊因此单独被列为全国、省级和市（县）重点文物保护单位，更多的牌坊包含在国家和省级历史文化名城、名镇和名村之中。

表5-1 列为全国重点文物保护单位的牌坊

坊名	所在地	公布时间	简介
“治世玄岳”牌坊	湖北省武当山	1988	门坊。进武当山的第一重大门,又称玄岳门。始建于明嘉靖三十一年(1552)。四柱三间五楼石坊。在额、栏、柱上采用浮雕、镂雕和圆雕等手法,刻有仙鹤游云和八仙人物故事。坊脚有鳌鱼相对,卷尾支撑。顶饰鸱吻吞脊,檐下枋间缀以各种花卉图案。背倚武当山,俯瞰太极湖,湖光山色,景物宜人
“大学士”坊	安徽省歙县	1988	纪念坊。位于县城内。建于明万历十二年(1584)。由前后两座三间四柱三楼和左右两座单间双柱三楼石坊组成,四面八柱“口”字形,俗称“八脚牌楼”。许国系明嘉靖四十四年(1565)进士,历仕嘉靖、隆庆、万历三朝,万历十二年(1584)以云南“平夷”有功,晋太子太保、武英殿大学士。坊上镌有“恩荣”“先学后臣”“上台元老”“大学士”“少保兼太子太保礼部尚书武英殿大学士许国”字样
棠樾石牌坊群	安徽省歙县	1996	纪念坊。位于郑村镇棠樾村东入口大道上。共七座,明建三座,清建四座。七座牌坊逶迤成群,古朴典雅,无论从村口向村内看,还是从村内往村口看,都按“忠、孝、节、义”顺序排列。
漳州石牌坊	福建省漳州市	1996	纪念坊。位于漳州市芗城区。共四座,包括明代的“尚书探花”坊和“三世宰贰”坊,清代的“勇壮简易”坊和“闽越雄声”坊。现存漳州石坊中最具代表性的建筑
南阁牌楼群	浙江省乐清市	2001	纪念坊。位于仙溪镇南周村。木石结构。六柱(左右两主柱前后各添一柱支撑)单间重檐式。南阁是雁荡山显胜门景区的入口处,在一条卵石铺成图案路面的直街上,矗立着“世进士”“恩光”“方伯”“尚书”“会魁”五座牌楼,彰显着当地章氏几代人的功名和地位
隆昌石牌坊	四川省隆昌县	2001	纪念坊。现存石牌坊17座。建于清道光十八年(1838)至光绪十三年(1887)。牌坊主要分布在县城北关(即道观坪,7座)和南关(即春牛坪,6座),另有4座分布在村镇。多为四柱三门三重檐牌楼式青石仿木结构
陈氏牌坊	江西省进贤县	2006	纪念坊。位于七里乡陈家村,包括“昼锦”坊和“理学名贤”坊。“昼锦”坊为四柱三间砖石结构,明永乐八年(1410),兵科给事中高旭、进贤知县佘曜为该村时任四川右参政的陈谟而立。“理学名贤”坊为四柱三间木结构,明崇祯十年(1637),朝廷为陈谟后裔陈良言、陈应元、陈良训三人争相上进、为朝廷建功立业而建
开江牌坊	四川省开江县	2006	贞节牌坊。包括“德固坤维”陶牌坊和胡氏“节孝”坊。“德固坤维”坊位于任市镇,建于清光绪八年(1882),用烧制的陶件拼装而成,四柱三门冲天式。胡氏“节孝”坊位于甘棠镇,建于清道光二十二年(1842),砖石仿木结构,四柱三间牌楼式
双堡牌坊	四川省仁寿县	2006	节孝坊。位于双堡乡牌坊村,两坊上下对列,间距44.5米,依地势由低到高依次为一号坊和二号坊,一条南北向石板大道贯穿其间。分别建于清光绪七年(1881)和光绪八年(1882),是清政府为表彰徐母杨氏和徐母余老太君(一号坊杨氏之婶娘)“夫死从子”和孝敬老翁钦旨建造的“节孝”坊。四柱三间三重檐歇山式石质仿木结构
罗川赵氏石坊	甘肃省正宁县	2006	纪念坊。位于罗川乡,石坊3座:“清官”坊为庆阳府建于明万历四十二年(1614),“天官”坊为乡民建于明万历四十三年(1615),均为褒扬乡绅曾任山东藤县知县、史部稽功勋司郎中“一带廉史”赵邦清;“恩宠”坊建于明万历四十五年(1617),是赵邦清为感念嫡母刘氏、养母高氏教养之恩而建

二、牌坊园

牌坊园有两类，一类是风景园林中的牌坊，主要是门坊和胜境坊；一类是文庙、武庙和佛道场所的牌坊，主要是纪念坊。

风景名胜园林中的“牌坊园”，以辽、金、元建离宫，明、清辟为帝王御苑，中国现存最古老、最完整、最具综合性和代表性的皇家园林之一北京北海公园最为著名。北海公园占地约70公顷，水面占一半以上，在不到34公顷的土地上，现有近10座牌楼，如“堆云”“积翠”等。在世界文化遗产北京颐和园，从大门到园内，共有近10座牌楼，如“涵虚”“蔚翠”“云辉玉宇”“舒云”“慈福”“霏香”等。

文庙中的牌坊以山东曲阜孔庙最为著名。如正门入口处的“金声玉振”石坊；第一道大门有四门三间一楼冲天式的“棂星门”石坊；棂星门内有四门三间一楼冲天式的“太和元气”石坊和“至圣庙”石坊，四门三间三楼的“德侔天地”和“道冠古今”木质牌楼等。

武庙中的牌坊以山西解州关帝庙内的最为著名，共有7座牌坊：“结义”坊、“山海钟灵”坊、“大义参天”坊、“精忠贯日”坊、“气肃千秋”坊、“万代瞻仰”坊、“威震华夏”坊，其中“万代瞻仰”石牌楼和“威震华夏”木牌楼令人叹为观止。

三、牌坊群

明清时期，不大的范围内集中三座以上牌坊的地方非常多。时至今日，这种牌坊群也不鲜见，但规模最大、气势最为宏伟、档次最高的当属国保单位歙县棠樾石牌坊群。

棠樾石牌坊群，距歙县县城约6.5千米，七座牌坊逶迤成群，自村口沿进村大道向村里依次是：始建于明天启二年(1622)、重修于清乾隆六十年(1795)的鲍象贤“官联台斗”坊；建于清嘉庆二年(1797)的鲍逢昌“天鉴精诚”坊；建于清乾隆三十二年(1767)的鲍文渊继妻“节劲三冬”坊；建于清嘉庆二十五年(1820)的鲍淑芳“乐善好施”坊；建于清乾隆四十一年(1776)的鲍文龄妻汪氏“矢贞全孝”坊；始建于明永乐十八年间(1420)、重建于明弘治十四年(1501)、重修于清乾隆四十二年(1777)的鲍忠岩、鲍寿松父子的“慈孝里”坊；始建于明嘉靖年间(1522—1566)、重修于清乾隆十一年(1746)的鲍灿“孝行”坊。

棠樾石牌坊群凝固了中国传统伦理道德和宗法思想。乾隆皇帝曾为棠樾的鲍家祠堂亲笔书写了“慈孝天下无双里/锦绣江南第一乡”的对联，称赞棠樾人的慈孝忠义。棠樾石牌坊群作为历史的见证,记载了鲍氏家族的显贵和荣耀,也刻下了孤儿寡母的血泪和辛酸,记录了封建制度的虚伪和残忍,也表现了封建社会儒家思想所宣扬的忠孝节义伦理道德。从建筑学角度看,棠樾石牌坊群凝聚着古代劳动人民的智慧,是徽州石建筑的珍品;从史料角度看,棠樾石牌坊群是研究徽州宗法制度和徽商历史的重要佐证;从功能看,主要是纪念和表彰功能。

歙县有牌坊群的村落还有郑村、稠墅、雄村等。

四、牌坊城

"牌坊城"以北京、广东潮州、江苏苏州等地最为著名。

(一)北京

历史文化名城北京的牌楼比别的城市多。新中国成立前全城约有120座牌楼,现存明清时期的牌楼65座,其中:琉璃砖牌楼6座,木质牌楼42座,石质牌楼17座;位于街道上的牌楼6座,即国子监街上的4座牌楼,朝阳门外神路街东岳庙前的琉璃砖牌楼,颐和园东宫门前的牌楼[1],其余主要分布在园林景区内。彩绘是北京牌楼的一大特色。北京多牌楼与数百年国都关系密切。元大都时,全城分为五十坊,明代分为四城三十六坊,清代分五城,但坊数没变,坊有坊门,这是北京牌楼多的一个原因。如前所述,北京有东单、西单、东四、西四几处热闹的商业区,都因有过一座或四座牌楼而得名,后来人们慢慢地把牌楼二字省略,二十世纪五十年代初这些牌楼又被认为有碍交通而拆除,但是"老北京"仍然很难把它们从记忆中抹去。

(二)潮州

历史文化名城广东潮州也是我国著名的牌坊城。据史料记载,自唐宋至明清,潮州共有牌坊143座,分布于城乡各地,其中城区太平路的牌坊街最为壮观。太平路牌坊街总长约2千米,沿街牌坊22座,基本上都是四柱三间花岗岩质石牌坊,其中著名的有"状元"坊、"大总制"坊、"盛世元凯"坊等。

---

[1] 佚名.寻访北京建筑精华牌楼[EB/OL].(2008-07-15)[2009-04-11].http://flatwhite.kuaile800.com/new_forms_detail.php?c=9576.

(三)苏州

根据记载,历史上苏州地区曾有721座牌坊,尤其是明清两代,整个苏州古城可谓牌坊如林,走在街巷上,抬头见牌坊,低头过牌坊。曾担任过苏州刺史的白居易,对苏州牌坊之多有着极为深刻的印象,在他的诗中有"半酣凭栏起四顾,七堰八门六十坊"(《九日宴集》)、"迢迢青槐街,相去八九坊"(《寄张十八》)的描述。苏州最古老的城市地图宋《平江图》表明,当时苏州城内有坊65座,其中立于街巷口的牌坊有24座。明洪武年间编纂的《苏州府志》收录坊名134个,清乾隆年间编纂的《苏州府志》收录坊名199个,同治年间编纂的《苏州府志》收录坊名235个。根据近年来的调查,苏州现存古牌坊30座,其中完整或比较完整的有26座,残存仅二根立柱的有3座,残存一根立柱的有1座;除少量为明代牌坊外,大部分为清代遗物。最古老也是保存最好的,当数文庙的棂星门和山塘街五人墓的双柱出头石坊[1]。

五、牌坊之乡

安徽歙县和四川隆昌县是全国著名的"牌坊之乡"。

(一)安徽歙县

据《安徽通志》《新安志》《歙县志》等地方史志记载,歙县境内先后曾建有牌坊400多座,虽历经千年风雨侵蚀,沧桑巨变和行政区划的调整,保存至今的仍有81座,其中节孝坊37座,功名坊28座,门坊、里坊12座,墓道坊2座,义坊和寿坊各一座。其中,最早的是位于歙县槐塘村建于南宋德祐年间(1275—1276)的"丞相状元"坊,最晚的是建于清光绪三十一年(1905)的"孝贞节烈"坊。所有这些牌坊,构成了一个宏伟壮观的古代牌坊大观园,使歙县成为中外闻名的"牌坊之乡"。

在歙县诸多牌坊中,最大的莫过于歙县县城的"大学士"坊,最小的是歙县许村的"双节孝"坊——高4.7米,宽2.9米。

有"徽州第一坊"之称的"大学士"坊,位于歙县县城内,是仕科功名牌坊的代表,建于明万历十二年(1584),由前后两座四柱三间三楼和左右两座双柱单间三楼石牌坊组合而成,宽6.77米,长11.54米,高11.4米,八角牌楼,为表彰"少保兼

[1] 孙迎庆. 古韵犹存的苏州牌坊[J]. 寻根,2008(1):64-68.

太子太保礼部尚书武英殿大学士许国"而建。据《明史》记载,许国举乡试第一,登嘉靖四十四年(1565)进士,历任礼部、吏部、詹事府、东阁大学士等职衔,因为功勋卓著,加太子太保、太子太傅,谥文穆。

牌坊是"徽建三绝"(民居、祠堂、牌坊)之一。徽州是我国牌坊最多的地区之一,徽州历史上有多少牌坊已经难以统计。根据民国《婺源县志》记载,民国以前婺源共建有包括"文公阙里"坊等在内的各类牌坊260座;截至清嘉庆末年,休宁县保存下来的牌坊有187座,绩溪县保存下来的牌坊有147座;直到清同治年间(1862—1874),祁门县还保存有各式牌坊130座;黟县的牌坊记载也不完整,大约能反映出来的只有65座(贞节牌坊未计入内);历史上拥有牌坊数量最多、也是目前遗存数量最大的徽州府治歙县牌坊,其详细数字由于史料不足,难下结论。从已有文献记载的来看,徽州牌坊数量也远不止这些。如同治《祁门县志》记录该县有牌坊130座,其中六都村只记录了2座,事实上,在清同治年间(1862—1874),六都村拥有的牌坊是15座(功名坊10座,节孝坊4座,门坊1座)[1]。

有人统计,歙县现存牌坊81座,绩溪县现存牌坊13座,黄山市徽州区、休宁县各现存牌坊8座[2]。其中,年代最久远的有歙县槐塘村建于宋德祐年间(1275—1276)的"丞相状元"坊,绩溪县城建于宋、改建于明的"正中"坊和歙县郑村始建于元代的"贞白里"坊。

(二)四川隆昌

隆昌县位于四川省中南部,旧时地处川、陕、云等地陆路交通要道。据《隆昌县志》记载,从南北朝至隋唐以来,隆昌商贾云集,人文辈出,一些当朝和退职官宦,为了给后人留下"万古美名"或"扬善除恶"的印象,纷纷树牌立坊,民间商贾宿儒也极力效仿,拿出资财建造一座座旌扬"孝道""善美""清廉"的牌坊。明清时期,隆昌的孝子坊、功德坊、德政坊、百寿坊等各式各类的牌坊近70座,其数量、门类、规模和工艺等都堪称中国西部地区诸县牌坊之冠。

保存到今天的隆昌牌坊群,集中分布在隆昌县县城城南、城北两地,一般置于街首或街尾,遥相呼应。城区现有石牌坊13座,多建于清道光十八年(1838)至光绪十三年(1887)的49年间,多为四柱三门五楼青石质牌楼式结构,造型端庄,雕刻细腻,系清代牌坊建筑鼎盛时期的经典作品。自北而南依次是郭陈氏

---

[1] 卞利. 徽州的牌坊[J]. 寻根,2003(1):72-76.
[2] 罗刚. 徽州古牌坊[M]. 沈阳:辽宁人民出版社,2002:213-217.

"节孝"坊、禹王宫"山门"坊、牛树梅"德政"坊、"孝子"总坊、刘光第"德政"坊、肃庆"德政"坊、郭玉峦"功德"坊、舒承是"百岁"坊、"节孝"总坊、李吉寿"德政"坊、觉罗国欢"德政"坊、郭王氏"功德"坊等[1]。

复习思考题

1. 试述牌坊发展简史。
2. 理解并举例说明牌坊的分类、功能和内涵。
3. 举例说明传统牌坊的积极意义。
4. 举例说明牌坊上雕刻图案的象征意义。

[1] 卞沈阳. 中国西部牌坊之乡——隆昌[J]. 文史杂志，2004(2)：78-80.

第七章 饮食文化

“国以民为本，民以食为天”，治国安邦之本，离不开饮食。“开门七件事，柴米油盐酱醋茶”，件件与饮食有关。旅游六要素“食、住、行、游、购、娱”，领衔的还是饮食。中国是世界公认的饮食超级大国，中国饮食文化历史悠久，食文化、酒文化和茶文化内涵丰富，旅游途中品尝的地方特色风味独具魅力。了解、认识乃至理解中国饮食文化，既有利于科学饮食，又有利于营养与健康。

中国饮食的理论基础是食医合一、饮食养生、本位主张、孔孟食道[1]。食药同源，食补胜于药补，食疗不亚于药疗。饮食养生不同于饮食疗疾，前者是通过饮食调理以达到长寿目的的理论和实践，后者是针对已发疾病的医治行为。原汁原味即本位主张。孔孟食道形成于先秦时期，即孔子和孟子饮食观点、思想、理论及饮食实践所体现的基本风格与原则性倾向，包括孔子的“二不厌”（食不厌精、脍不厌细）、“十不食”和孟子的食志、食功、食德等。

中国饮食遵循“十美原则”：质地美，闻香美，色泽美，形制美，器具美，味觉美，口感美，节奏美，环境美，情趣美[2]。

第一节 食文化

中央电视台电视片《舌尖上的中国》，视角独特，虽以故事的形式向我们展示中华美食的多个侧面，但不以美食论美食、跳出餐桌看餐桌，反映的是美食背后的中国文化和历史传承，并将中国食文化与中华民族精神结合起来，帮助我们认识中华食文化。同时，我们还可以从中感受到劳动创造美食。无论何地，食材种

[1] 赵荣生，夏太生. 中国旅游文化[M]. 沈阳：东北财经大学出版社，2003：215-223.
[2] 赵荣生，夏太生. 中国旅游文化[M]. 沈阳：东北财经大学出版社，2003：229-236.

类都是有限的，辅料不外乎姜、蒜、葱、花椒、八角、五香、陈皮和现代调味品，但是，劳动人民采用片、切、解、搅、拌、剁、捏、揉、捣、攥、抹等方法处理食材，通过蒸、煲、烧、烤、煸、炸、炖、煮、煎、熬、焗、炒、焖、煨、焙、浇、酱、卤、翻等烹饪技艺，加之采用不同的火候，将有限的食材变成了种类难以穷尽的美食。

中国人讲究平衡膳食。平衡膳食是指膳食中所含的营养素种类齐全，数量充足，比例适当；膳食中供给的营养素与人体需要的营养素保持平衡。膳食食物多样化，各种食物比例合适，是平衡膳食两个最基本的特点。

一、中国菜系

中国历史悠久，幅员辽阔，由于气候、物产和风俗的差异，各地的饮食习惯和口味偏好迥然不同。源远流长的烹调艺术经过历代人民的创造，形成了丰富多彩的地方菜系，并且色(看)、香(闻)、味(尝)、形(形状)、器(餐具)、质(质量)、营(营养)、卫(卫生)、名(命名)俱佳。在中国众多菜系中，一致公认的四大菜系是鲁菜、川菜、粤菜和淮扬菜。四大菜系加上湘菜、闽菜、浙菜、徽菜，构成中国的八大菜系。

(一)菜系的形成

1. 与主料、辅料和烹调特色有关

菜系的形成，在于选用不同的主料和辅料，采用不同的烹调方法，最后形成各具特点和风味的菜品。即使是同一种主料，由于辅料和烹调方法不同，做出来的菜品在不同的菜系里也各有特色。如以豆腐为主料的菜品，徽菜中的“毛豆腐”与川菜中的“麻婆豆腐”，在色、香、味方面均有差异。

各地有各地的主料，靠山吃山，靠水吃水，主料与地理环境有关。西北地区干旱少水，没有海鲜，传统餐饮中少有“干烤海虾”“松鼠黄鱼”等菜品。蒙古大草原牛羊成群，鸡鸭少见，要求传统餐饮中有“糟鸭掌”“香酥鸡”等菜品，勉为其难。鲁菜源于胶东菜，多选用海味。徽菜源于皖南山区，善于烹饪山珍野味。广东地处南亚热带，气候湿润，蛇类极多，远在汉代就有以蛇烹制菜肴的传统，至今“蛇羹”仍然是传统保留菜品。

随着交通条件的改善，今天各菜系都相互借鉴融合，采用了不少非本地的主料和辅料，但各菜系主要还是使用当地的主料。

2. 与当地的富庶程度、官宦和富绅有关

中国著名的菜系无不出自富庶的省份。如四川是天府之国，齐鲁得鱼盐之

利，淮扬是明清两代盐商的集中地，徽菜与徽商，湘菜与官宦，广东不仅物产丰富，而且是中国对外贸易的先驱港口，经济繁荣。除富庶外，还要多富绅、达官显贵。一般地，菜系是吃出来的，温饱水平产生不了著名菜系，富绅、贵族、官宦等上流社会在饮食文化中的作用不可低估。

3. 与生活环境和物产有关

我国饮食口味上的“南甜北咸、东酸西辣”等，是长期形成的地方饮食风味习惯，与各地的生活环境和物产有关，是我国饮食文化的重要差异之一。

南方产糖，湿度大，人体蒸腾量小，因而喜欢吃糖，而不需要吃过多的盐。粤菜和苏锡菜等用糖比较多。北方相对湿度小，人体蒸腾量大，需要消耗较多盐分，故口味偏咸。其实，从健康角度看，“南甜北咸”是不科学的饮食习惯，重口味堪比慢性病，如吃盐过度会导致高血压、心脏病、哮喘、慢性肾病等，吃得油腻会导致脂肪肝等；吃得太甜会带来龋齿、糖尿病；吃得过辣会导致溃疡、胃食管反流……

黄土高原土壤含钙较多，居民有嗜醋习惯，有利于消除体内的钙沉淀，可以预防各种结石病，也有利于减少高血脂和高胆固醇病人的发病率。“四川人不怕辣，湖南人辣不怕，贵州人怕不辣。”喜辣的食俗多与气候潮湿的地理环境有关。四川盆地，潮湿多雾，一年四季少见太阳，有“蜀犬吠日”之说。在这种气候条件下，人的身体表面湿度与空气饱和湿度相当，汗液难以排出，令人感到烦闷不安，时间久了，还易使人患风湿寒邪、脾胃虚弱等病症，经常吃辣可以驱寒祛湿、养脾健胃，有利于潮湿气候环境下的人们的健康。

其实，食物中的酸、甜、苦、辣、咸、香、臭味都是某种营养成分的外在表现，只要不偏好某一种或者几种，对健康都是有益的。天然酸味的食物主要是水果，水果中最丰富的酸是柠檬酸和苹果酸。这些有机酸对调节体液平衡有重要作用。食物中的甜味是由各种类型的糖提供的。这些比较简单的碳水化合物是最清洁最直接的能量来源。有些氨基酸也有甜味。氨基酸是合成蛋白质的重要组成部分，对人体生长发育有重要作用。苦涩的味道多数是由食物中的植物化合物产生的，以多酚类物质居多。这类物质是强氧化剂，具有抑制冠心病、动脉粥样硬化，清除自由基，抗癌消炎作用。食物中的辣味一般是由辣椒素或挥发性的硫化物提供的。辣椒素具有镇痛作用，还能提高新陈代谢，起到减肥的功效。大蒜、洋葱等食物中的辣味是由挥发性的硫化物产生的。这些硫化物有很强的杀菌消炎作用，可以起到预防流感、促进新陈代谢等保健作用。咸味的食物一般含有较多的钠离子和钾离子。钠离子和钾离子的平衡，对于维持身体渗透压和神经的正常工作有重要意义。食物中的天然香味是由食物中的芳香类物质带来的。有些食物在加热的过程中会散发出香味，是因为加热后蛋白质分解产生的一些芳香性物质，如核苷酸等。这些带香味的物质，能刺激胃液分泌，提高食欲。有些食物经过发酵后，蛋白质会分解为各种氨基酸，使这些食物更有利于消化，比如臭豆腐、臭鳜鱼等食物[1]。

（二）四大菜系

鲁菜、淮扬菜、川菜和粤菜是中国菜系的杰出代表，各有特色。

1. 鲁菜

又称山东菜。山东是我国古文化发源地之一，齐鲁文化声名远扬，早在1 400年前烹饪技术就达到较高水平。北魏农学家贾思勰的《齐民要术》，总结了山东菜为主的北方菜品多达百余种之多，成为我国目前所知最早的菜谱。宋朝以后，鲁菜成为“北食”的代表。明代以后，鲁菜成了宫廷御膳的主体，是我国影响最大的菜系之一。

命名“鲁菜”，源于封建社会的行帮风气。旧北京的饮食业，除小部分小吃摊点、清真食品由回民经营外，其余大部分由山东人经营，从掌柜到伙计、跑堂，无一不是山东人，而且从业者主要来自胶东蓬莱、黄县一带，说的是胶东话。这些人开的饭馆，理所当然地被当地人称作山东饭馆，鲁菜由此得名。

山东菜在京城落户之后，由于仍由山东人司厨，大部分保留着山东的原料特点，海味多，葱姜多，但菜式和口味尽为京城宦官所操纵，与山东绅商百姓吃的有所不同。鲁菜进入北京成为“京城官场菜”以后，当官的既讲究吃又吃得起，所以在选料上不惜成本，烹调方法各种兼备，显示出一种集大成的雍容大度，处处显示出官场上那种堂而皇之的大方高贵，从不小气吝啬。由于京城官员来自全国各地，鲁菜也广为吸收各地菜系之长。长期以来，鲁菜一直荣居全国四大菜系之首，成为中国的超级菜系。

2. 淮扬菜

淮扬菜的诞生地扬州，明清时称淮扬府，是大运河和长江的交汇点，淮盐的主要交易地，中国历史上极为繁华的贸易都市之一，帝王将相南巡或游玩的必经之地，富商大贾常来常往之所。唐代的扬州是“雄富冠天下”的“一方都会”，有“腰缠

[1] 吴佳. 酸甜苦辣咸代表啥营养[N]. 生命时报，2009-07-14.

十万贯，骑鹤下扬州”之说。徽州的盐商主要在扬州，徽商赚钱最多的是盐商。在扬州诞生的淮扬菜，早期主要为商贾大亨服务。淮扬菜讲究精致，注意刀工火候，追求清香四溢、淡香扑鼻，注意色泽鲜艳，清爽悦目，讲究卷、包、镶、刻等装饰美和造型美，口味适中，或多或少地折射出商人善于“取巧、投其所好”的心态。

淮扬菜还是新中国成立“开国第一宴”选用的菜系，入选原因在于其制作精良、口味适中，兼顾天南地北、世界各地所有人的口味。

3. 川菜

四川位于长江上游，气候温和，雨量充沛，境内四面环山，中部平川。从秦代开始，李冰父子率众修建的都江堰，对成都平原农业发展起了极大的促进作用。丰富的物质条件，众多而风味独特的佐料和调味品，为创制出独具特色的川菜提供了得天独厚的条件。到清代，川菜已形成了“一菜一格”“百菜百味”的特色，赢得了“食在中国，味在四川”的美誉。

川菜是地地道道的老百姓吃的菜，“家常性”是其基本特征。从表面上看，四川菜麻辣者居多，最讲究味型，但川菜本质特征是它的家常性。第一，它是地地道道的由四川人居家过日子吃的家常菜发展而来的；第二，川菜中虽然有燕窝鱼翅等豪华菜品，但川菜给人印象最深的代表作仍然是麻婆豆腐、鱼香肉丝、水煮牛肉、河水豆花、毛肚火锅、夫妻肺片一类的家常菜。

4. 粤菜

粤菜是成长最晚的一个菜系。广州开埠后，外国商船日益增多，于是诞生了最早的买办商人和外贸经营人员，有钱的人多起来，高消费的势头兴起来。但是，早期广州有钱人不同于两淮盐商，他们带有资本主义性质，野心勃勃，财大气粗，背后又有洋人，不免虎视一切。反映在他们的菜品上，较之其他中国人更为无所不吃；特别嗜好生猛海鲜，鸡、鸭、鱼、肉也都强调现杀现做现吃，青菜半生不熟，处处表现出一种少年进取的虎虎生气；最少保守性，富有创新精神。粤菜不仅原料广泛，烹调方法多样，而且开创了许多独具特色的调料，如蚝油、豉油、生油、珠油、鱼露、沙茶酱、卤水，以及纯属舶来品的番茄酱、柠檬汁、咖喱粉等。总体上，粤菜的文人气息不浓，不刻意追求餐桌上的文采风流，说其有商贾气息，又截然不同于淮扬盐商，更多的是兼有买办与外贸商人的气息。

二、其他特色风味

在中国菜的大家庭中，除了地方菜系和民族风味外，还有素菜、宫廷菜和官府菜等。他们不仅丰富了中国菜的内容，而且自成体系，风格独特。

(一)素菜[1]

素菜，又称“素食”“寺院菜”，是中国菜系中一个独特的部分。素食作为一种风味，与佛教有关。佛教戒律中有戒杀生、戒饮酒等戒条，并以持戒、素食为入教之首。南北朝时，梁武帝萧衍笃信佛教，认为佛经提倡“不结恶果，先种善因”“戒杀放生”等思想与中国儒家的“仁心仁闻”的观点相契合，于是以帝王的身份倡导推行素食，连宗庙祭祀的牺牲都改用面制品，并作《断酒肉文》，力倡素食守戒。由此，素食之风日盛。

素菜是相对于荤食而言的，即烹调原料不用动物性原料和韭、葱、蒜等辛香类蔬菜，而以时蔬、豆制品、山菌和果品为主。因传统和习惯的差异，人们对荤素的区别有所不同，有的视鸡蛋、牛奶、牛油、乳酪等为可用之物，有的则认为“五辛”(大蒜、小蒜、阿魏、慈葱(冬葱)、茖葱(山葱))、“五荤”(韭、薤、蒜、芸苔、胡荽)都应禁用，且不说动物性食物了。

素食有寺院素食和市肆素食之分。寺院素食分为僧人食用和香客食用两种类型。市肆素食一般由素菜馆经营。在烹调上，素食讲究“象形”(仿荤菜)，以素托荤，素质荤形，味道别致醇美。

(二)宫廷菜[2]

宫廷菜即专供帝王们食用的菜肴。关于宫廷菜，商周时期就有记载。因为帝王享受天子之尊，能聚敛天下最上等的珍贵原料，征召技艺最高的厨师，并有庞大的专门饮食机构——“御膳房”，而且历史上大多数君王都穷奢极欲，因而“宫廷菜”十分讲究。宫廷菜创制原则是悦目、福口、怡神、示尊、健身、益寿。其主要特点是：原料珍贵，多为贡品，山珍海味俱全；注重图案造型，一般都是双拼、三拼，每个菜品做成后都要像艺术品一样美观；烹调技艺上，讲究围、镶、酿、配；刀工精细，原料切配大小要求不大不小“一口实”；菜名讲究吉祥、尊贵、大气，如“龙凤呈祥”“宫门献鱼”“满汉全席”等。

现在看到的宫廷菜多为清朝宫廷菜式。清代宫廷菜主要由三种风味构成。第一种是山东菜。明朝建都北京后，宫廷厨师大部分来自山东，后来清朝宫廷沿

[1] 潘宝明. 中国旅游文化[M]. 北京：中国旅游出版社，2001：185.

[2] 崔进. 旅游文化纵览[M]. 北京：中国旅游出版社，2000：305.

袭下来。第二种是满族烧烤牛羊肉的固有饮食，但由宫廷厨师加以改良。第三种是苏杭口味。乾隆皇帝多次出巡江南，每次都巡幸苏杭，各地官吏为了迎接圣驾，总是想方设法创制美味佳肴，以博圣上欢心。宫廷菜并非都是山珍海味，也有从民间引入宫廷的一般膳食。如在慈禧的影响下，民间的"小窝头""豌豆黄""芸豆卷"等小吃和所谓的"西式菜点"也进入宫廷菜。现在推出的很多仿膳，就是模仿宫廷菜的做法制作的。

（三）官府菜

官府菜又称官僚士大夫菜，主要出自历代贵胄达官、累世望族和皇亲国戚的家庭中。官府菜在规格上一般不得超过宫廷菜，但又与庶民菜有极大的差别。贵族官僚之家生活奢侈，资金雄厚，这是形成官府菜的重要条件之一。官府菜形成的另一个重要条件是名厨师与美食家的结合。一道名菜的形成，离不开厨师，也离不开美食家。官府菜中，最具代表性的是孔府菜和谭家菜。

1. 孔府菜[1]

孔府是我国历史最久也是最大的一个世袭家族。自从汉武帝刘彻"废黜百家，独尊儒术"以后，历代封建王朝尊儒敬孔相沿成习。唐玄宗封孔子为"文宣王"，其长裔孙封公爵；宋代，其后裔嫡系被封为"衍圣公"，故孔府又称"衍圣公府"。在孔府日常生活中，上要迎圣驾，下要接待各级祭孔官员，因此宴饮频繁而且讲究。孔府烹饪技艺高超，厨师代代兴盛，积累了丰富的烹调经验，形成了独此一家的"孔府菜"。

孔子对饮食提出"食不厌精，脍不厌细"的烹饪要求，注重"食不言""席不正不坐"的饮食礼仪，强调"食饐而餲，鱼馁而肉败，不食；色恶，不食；臭恶，不食；失饪，不食；不时，不食；割不正，不食；不得其酱，不食；肉虽多，不使胜食气；沽酒市脯，不食；不撤姜食，不多食"等卫生、美学原则。受孔子饮食思想影响，孔府的膳食十分考究，加上孔府的特殊地位，经过千百年来名厨的继承和创新，使孔府菜形成了选料广泛齐全、加工精细别致、口味浓香醇厚、菜品华贵多姿的独特风格。

孔府的宴席名目繁多，等级严格，有寿宴、喜宴、家宴、便宴之分。宴会的参加者，既有官职大小之别，又有族人亲疏之分，另外还有礼仪大小、节（祭）日重轻的区分。孔府掌握着因人、因事、因时而异的接待原则，各种宴席严格区分，菜肴

[1] 张廉明. 中国烹饪文化[M]. 济南：山东教育出版社，1989：108-111.

的珍贵、粗细、多少和餐具器皿的贵重程度都有区别,宴席中体现出森严的封建等级制度。如最高规格是燕窝、鱼翅、海参席,用以接待皇帝;二等为名门显贵,一般为鱼翅、海参席;三等相应的差一些。

孔府菜规模宏大,名菜繁多,原料取精用宏,烹调技法精细而繁琐,同时还具有"器""故"的特点。"器"指盛装菜的器皿必须精致典雅,碟碗中间要有"福""禄""寿"等吉祥字样。盛器有银、铜、锡、漆、瓷、玛瑙等各种质地,型制有圆形、方形、瓜形、元宝形、八卦形、云彩形等,煎炒用盘,汤羹用碗钵,因菜设器,按席配具,端庄雅致,富丽堂皇。"故"即每道菜都要有掌故。例如"八仙过海闹罗汉"是孔府众多名菜中的一种,选用鱼翅、海参、鲍鱼、鱼骨(明骨)、鱼肚、虾、鸡、芦笋、火腿等十几种主要原料烹制而成,以鸡肉作"罗汉",其他八种主料为"八仙",故名"八仙过海闹罗汉"。孔府菜风味清淡鲜嫩,软烂香醇,原汁原味。著名菜肴有当朝一品锅、御笔猴头、御带虾仁、带子上朝、诗礼银杏、怀抱鲤、神仙鸭子等[1]。

2. 谭家菜[2]

谭家菜出自清末官僚谭宗浚府中,已有百余年历史,有"戏界无腔不学'谭'(谭鑫培),食界无食不夸'谭'(谭家菜)"之说。同治十三年(1874),27岁的谭宗浚考取榜眼,后入翰林,督学四川,继而充任江南副主考。谭宗浚一生酷爱珍馐美味,刻意饮食,潜心涉猎各地风味。谭宗浚之子谭瑑青讲究饮食胜于其父。当时一些官宦人家都热衷于广置田产,唯独谭家父子追求饮食。谭家的女主人都善烹饪美食,为了提高烹饪技艺,他们不惜重资礼聘京师名厨,在烹饪过程中学习名厨的技术。谭家不断学习和吸收名厨之长,积累食诀甚丰,并成功地将广东菜和北京菜巧妙地结合起来,久而久之,便独创一派。

谭家父子讲究饮食,只是谭家菜形成的一个原因。还有一个重要原因是:谭氏父子官运不佳,以精于饮食为乐;同时,也因此家道中落,不得不以经营谭家菜为生,从而使谭家菜得到发展,并能流传下来。

谭家败落后,谭瑑青不得已将谭家菜拿出来变相营业,好食者趋之若鹜。当时订谭家菜宴席,必须转托与谭瑑青相熟之人。每桌席的价格在银元一百块钱左右。这个价格,一般中产之家不敢问津。但是,京城历来人文荟萃,无论政界、军界、财界,还是文化界、戏剧界,炙手可热的名人很多,"口之于味有同嗜",都想来尝尝谭家菜。第一次吃得好,第二次还想来。因此,谭家菜的生意从未清淡过。

---

[1] 梁国楹,王瑞. 齐鲁饮食文化[M]. 济南:山东文艺出版社,2004:79-80.

[2] 彭长海. 北京饭店的谭家菜[M]. 北京:经济日报出版社,1988:3-8.

谭家菜的特点之一是甜咸适口，南北均宜。谭家菜在烹饪中往往是糖、盐各半，以甜提鲜，以咸提香，做出的菜肴口味适中，鲜美可口。谭家菜的另一个特点是讲究原汁原味。烹制谭家菜很少用花椒一类的香料炝锅，也很少在菜做成后放胡椒粉一类的调料。吃谭家菜，讲究的是吃鸡品鸡味，吃鱼尝鱼鲜，绝不用其他异味干扰菜肴的本味。焖菜时，绝对不能续汤或兑汁，否则便谈不上原汁。

谭家菜在烹饪上的特点是火候足，下料狠，菜肴软烂，易于消化。谭家菜是家庭菜，讲究慢火细做。例如烹制鱼翅，一般需要六七个小时，烹制熊掌则需要更长的时间。

三、中西食文化比较[1]

由于自然和人文环境等方面存在很大差别，中国的食文化(此处特指汉民族的食文化)与西方有很大不同。

(一)食与不食

外国人不怎么吃动物内脏，早年到美国淘金的华人把洋人扔掉的下水拣来做成美味的杂碎汤卖给美国人吃，竟然使他们赞叹不已。中国“吃啥补啥”之说没有多少道理，但中医中药确实有“以脏补脏”理论。实践证明：食疗疗效显著，无副作用，值得提倡；食补简单易行，更值得推广。

为了荒年生计，我们的祖先发明了许多腌腊、风干、熏烤等耐储存的食品，如腊肉、熏鱼、香肠、火腿、霉干菜等。这些食品开始创制时主要取其耐储存，可存之以备荒年。久而久之，腌腊、风干、熏烤的食品成了中国人一种不可缺少的美味。

中国人和外国人祭祀也有差别。中国人祭祖往往是大三牲、小三牲，甚至还有烟、酒、茶，一应俱全。外国人祭祖或者上教堂，只要献上一束鲜花、唱唱赞美诗。

中原地区人口一向稠密，季风气候下的天灾司空见惯，加上战乱，生存需要迫使中国人食源广泛。西方人的祖先是游牧民族，吃肉喝奶，并无主食辅食之分。我们的祖先是农耕民族，以粮食为主食，以蔬菜鱼肉为副食，菜肴是用来下饭的，为了下饭，就要菜肴的味道好，久而久之，养成了追求美味的愿望，并且千

[1] 杨乃济. 旅游与生活文化[M]. 北京：旅游教育出版社，1993：1-100.

方百计地去发掘美味。

与需要无所不吃的同时，中国人观念和技术也能保证无所不吃。例如，厨师能够把嚼不动、粗糙拉嘴、口感不佳、有腥臊味、苦涩难以入口、淡而无味的食物加工成美味佳肴，吃起来津津有味。

中国少数人的“无所不吃”和西方人的“有所不食”，归因于中国人和西方某些观念的差异。过去，中国人中除了一些虔诚的宗教信徒和少数民族外，一般不会将动物与人完全同等对待，人道是指对人的道义，至于保护某些动物（如珍稀保护动物）是另外一回事。西方人则往往将人道扩展至动物。

（二）营养与美味

1. 西方人讲究营养

西方人饮食重科学讲营养，以营养为最高原则，特别讲究食物的营养成分：蛋白质、脂肪、碳水化合物、维生素以及各种微量元素的含量和搭配是否合理，卡路里的供给是否恰到好处，以及这些营养是否被进食者吸收，有无其他副作用等，“色、香、味”是次一等的事情。西方饮食大国法国的饮食文化虽然很多方面与我国接近，但一接触到营养问题，我国就相形见绌。

2. 中国人讲究美味

尽管中国人自古以来比较讲究食疗、食补、食养，重视饮食养生强体，但中国人的烹饪术却以追求美味为第一要求。中国人的五味调和（酸、甜、苦、辣、咸）旨在追求美味。为了味美，加工时或热油炸，或文火炖，致使很多营养成分流失于加工过程中。中国人向来把追求美味奉为进食的首要目的，民间有句俗话：“民以食为天，食以味为先。”为了美味，中国人对难以入味的菜肴想出了种种保味、入味的办法，如添加调料，讲究刀工、火功或勾芡等。例如，依靠刀工，将难以入味的主料或切成细丝，增大粘挂汤汁的表面积，或在表面划出“花刀”，使调味的汤汁能进入深部；或依靠火功，使难以入味的原料在文火之下逐渐入味；或用勾芡的方法，使原来不入味的原料与勾了芡的调味汤汁粘连在一起，以使菜品有味。

由于中国人注重味道，以致有些中国菜成了味道的载体。例如，名贵菜肴海参、鱼唇、鱼翅、熊掌、驼峰等，其主要成分都是与廉价的肉皮相仿的动物胶原蛋白，本身并无味道，全靠汤汁出味。

中国人味谱最广，味道最多，臭食也是不少人爱食的菜品。例如，有人爱吃诸如臭豆腐之类的食品，说这类臭食闻起来臭吃起来鲜。臭食之所以吃起来鲜，主要是这些食品经过了酶化,在蛋白质分解过程中,既产生了有鲜味的味精一类的物质,也产生了腐臭的气味。所谓臭食,系高蛋白质食品酶化后的产物,臭的是气味,鲜的是味道。

(三)规范与随意

1. 西方饮食制作强调规范

西方人饮食强调营养,故烹调的全过程严格按规范行事。从纽约到伦敦,牛排的味道毫无二致,配菜也只有番茄、土豆、生菜等有限的几种。西方规范化的烹调要求调料的添加量精确到克,烹调时间精确到秒。

西方的菜肴类似于机器大生产的产物,基本上每种菜品一个样。西方面条最有名的是意大利面条,但意大利面条的宽窄等级一成不变,而且不同宽度的面条浇的汁也不一样。如最细的面条配用番茄酱汁,再宽一级的要用咸肉、辣椒和番茄酱熬制的少司来配味。

2. 中国菜肴制作比较随意

中国的菜肴类似于手工艺品,每件都不一样。

中国各大菜系有自己的风味和特色,不仅同一个菜系的同一道菜所用的配菜与调料依厨师有所不同,就是同一个厨师做同一种菜品,也会依不同的季节、不同的场合、用餐人的不同身份有所调整。如冬季味道浓郁,夏季味道清淡,婚宴色彩鲜艳,丧宴色彩深沉,解馋浓油厚汁,老饕讲究新鲜别致。此外,还与厨师临场情绪、即兴发挥有关。

对食品加工的随意性,导致中国菜品不断创新。原料、刀工、调料、烹调等方面的多样性,加以交叉组合,一种原料可以做出数种乃至数十种菜品。因而在盛产某种原料的地方,常常能以这种原料做出成桌的宴席,如淮南的“豆腐席”,北京的“全鸭席”,延边的“全狗席”,广东的“全鱼席”,长沙的“全牛席”等,都充分体现出中国烹调的随意性派生出来的琳琅满目的菜品。

(四)分别与和合

西方重分别,中国重和合,在食文化上也有表现。

1. 西方重分别

西方的菜肴除少数菜,如俄式红菜汤是以多种荤素原料集一锅而熬出来的以外,正宗的西餐菜肴鱼就是鱼,鸡就是鸡,彼此分开。俄罗斯的“土豆烧牛肉”,

也是烧好的牛肉配以煮熟的土豆，绝非集土豆牛肉一锅烧。

西餐主菜和配菜之间仅仅是一种搭配。西餐配菜主要强调三方面的作用：一是营养上的搭配。如荤配素，蛋白质配维生素。二是颜色上的搭配。如红的番茄，绿的西兰花，半透明的生菜，黄色的柠檬，都能增加美感，促进食欲。三是在口味上的调剂，起解腻助消化的作用。如烤肥鸭配以烤苹果、酸白菜，炸猪排配上苹果泥。这种搭配仅仅是一种搭配、配合，而不是"调和"。地道的西餐，一般是一块牛排配两块土豆、三片番茄、四叶生菜，"和平共处"于一盘，彼此互不干扰，"各自为政"。如果说西餐是"拼盘"的话，那么中餐是地道的"炒菜"。

在食仪上，西方奉行分餐制。众人聚餐，各点各的菜，想吃什么点什么，表现出对个性的尊重。西方也为社交而设宴，不过大部分是分餐制或"自助餐"，酒菜客人自取，自由交谈，处处显示出尊重个性。西式冷餐会甚至没有座位，参加者拿着酒杯站着交谈，司酒穿行在客人之中，供客人选用酒水。

分餐制有很多优点，如充分尊重个人自由，节约食物，讲究卫生等。分餐制似乎缺少人和气息，难以充分发挥餐饮的社会功能。

2. 中国重和合

中国人一向讲究"和合"，以"和"与"合"为最美妙的境界。音乐上讲究"和乐""唱和"，医学上主张"身和""气和"；希望国家"政通人和"；称夫妻成婚为"合卺"；表示崇敬之心时，双手"合十"为礼；当一切美好的事物凑在一起时，称之为"珠联璧合"。

几乎每道中国菜都是由两种以上的原料和多种调料和合而成，即使是家常菜，也是荤素搭配和合而成。

在食仪上，中餐是一桌人团团坐，同吃一桌饭。其实，中国自原始社会直到汉唐一直盛行分餐制。宴席向合食制的转变，始于唐中期，至宋代普及。宋代，饮食市场的繁荣，名菜佳肴层出不穷，一人一份的进食方式已不适应人们追求多种菜品风味的需要，于是围桌合食取代了一人一案的分食制[1]。

中国烹调讲究和合，讲究整体性，还把餐具、摆台、上菜顺序、菜点果酒的配合都纳入这一整体要求之中，以最终体现出婚宴、丧宴、寿宴、国宴、家宴……种种不同宴席的总体要求。

---

[1] 甄尽忠. 中国旅游文化[M]. 郑州：郑州大学出版社，2002：55.

(五)饮食氛围与吃相

中国人和西方人进餐,前者热闹,后者安静。西方人平时好动,挤眉弄眼,挥手耸肩等形体语言特别丰富,但一坐到餐桌上多是专心致志地享用盘中物、"埋头苦干"。中国人平时好静,但一坐上餐桌,除寒暄客套,便是说东道西,及至美味摆齐台面,互相布菜劝酒乃至猜拳行令,热闹氛围非同一般。

在吃相上,东、西方人在喝汤和吃面条时差异非常明显。

西方人喝汤出奇的斯文。他们用汤匙一勺一勺地默默地向嘴中倾倒,绝不发出半点声响,禁忌采用"咂"的方式喝汤。因为在西方人的观念中,喝汤出声是一种有失文明、近于野蛮的举动。喝汤不出声,中国人难以做到。

中西方喝汤声音差别的原因主要在于中西餐汤本身。中餐的汤多数是以名贵的原料烹制而成的"汤菜"。既然是名贵菜,就要吃出个好味道。所以,好汤、鲜汤、靓汤无不热气腾腾端上桌,原因在于味道的好坏与汤热的程度呈正比,汤越好越要趁热喝。既然趁热喝,就不能像喝凉水那样,于是就创造了"咂"的喝法。所谓"咂"者,实际上就是巧妙地利用双唇把汤吸入口中,使汤先经舌尖,再经舌缘、舌面到达舌根,缓缓地流过去,使遍布舌苔表面的"味蕾"上的味觉神经充分感受到汤的鲜美。西餐中的汤,名为开胃汤,不论清汤还是奶汤,不大讲究趁热喝,即使原来是热汤,一经盛入浅底汤盆也会立即降温,所以喝的时候可以大口大口地喝。

东西方进餐出声差异还来自吃面条。西方人吃的面条是意大利式面条,长不过几寸,标准吃法是左手拿汤匙挡成一道墙,右手拿着叉子在墙里面把面条绕成一个圆蛋状送入口中。中国长寿面的标准吃法是"忒儿搂式",是既用双唇吸又用舌头向里卷的一种口腔协同动作。"忒儿搂式"吃面条的声音比喝汤"咂"的声音还要大。日本人安藤百福二十世纪五十年代发明了方便面,但方便面在欧洲市场上不流行,大概因为西方人不会"忒儿搂式"吃法。

日本人认为,欧洲人用餐不出声,主要原因在于菜肴不丰盛,每个人都专心用餐,从而产生了这一习惯。

(六)筷子与刀叉

1. 中国人使用筷子

中国人使用筷子大约有3 000多年的历史,无论食物形状如何,或挑或夹,或撕或撮,或拈或拨,可谓运用自如。筷子利用的是杠杆原理,杠杆原理的发现者却是2 100多年前希腊学者阿基米德。筷子是世界上最简单、最精巧的餐具。

在远古时代，中国人也曾用刀叉进食，已经出土过铜制或骨制的二齿、三齿叉。但刀叉是战争的武器，餐桌上用它进食未免不雅，所以在3 000年前中国人就改用筷子。

中国人使用筷子，也与中国人的饮食结构有关。

筷子上粗下细，上方下圆，拿在手中有楞不转，置于台面不滑不滚，夹菜入口不伤口舌，或竹或木，取材方便。这种直来直去、有方有圆的造型特征，似乎是中国人性格的写照：勇敢、勤劳、刚正、自强，却又颇知中庸忍让，贵和尚中，颇能超然于物外，将就于人和，集方圆于一体。中国人使用筷子，以不变应万变，似乎也体现了中国人宽容大度的和合精神。

2. 西方人使用刀叉

西方人使用刀叉，大约有500多年的历史。刀叉利用的是尖劈原理。300多年前，大多数西方人仍然用手抓食，连西方第一饮食大国的法国直到十五世纪王室成员还用手抓食。

西方人吃什么菜用什么刀叉，一餐饭要不断地换刀叉，菜一道一道地上，刀叉从外向里一副一副地换，刀叉用完了，菜也就上齐了。一般地，吃凉菜的刀形较瘦，吃肉的刀形较肥，吃鱼的刀形像关公的青龙偃月刀，吃凉菜用三齿叉，吃鱼用带有花纹的四齿叉，吃贝类有专用挑针，吃蜗牛有专用夹蜗牛壳的夹子，横在餐盘上最里面的那把刀最后吃甜点。

中国人和西方人主食的差异是导致餐具不同的原因之一。西方半生不熟的大块牛排，非用刀叉不可。中国的食物向来不在餐桌上切割。中国人认为，切割是厨师的事情，香酥鸡、烤鸭、烤乳猪虽然是整个烤，但烤好后都要经过厨师“改刀”，切好以后再端上餐桌。

西方人用刀叉，剖来叉去，反映了西方人对事情喜欢穷其究竟的性格。这种性格，使他们日复一日、年复一年地操刀以割，似乎也反映了西方人争争不息的进取精神。

（七）与食有关的语言

1. 吃与Eat

在汉语里，“吃”和与“吃”有关的词语特别丰富，渗透到生活中的每一个层面，可以吃的东西说“吃”，不可以吃的东西也说“吃”。前者如吃饭、吃酒等；

后者如不受欢迎说“吃不开”，受欢迎说“吃香”，被控告或进监狱叫“吃官司”，妒忌叫“吃醋”，支持不下去叫“吃不消”，拿不定主意叫“吃不准”，费力气叫“吃力”，被人拒之门外叫“吃闭门羹”。更有甚者，人长得美貌，也用“秀色可餐”来形容。许多抽象的东西同样用“吃”，如受苦叫“吃苦”，害怕叫“吃惊”，权益受到侵犯叫“吃亏”等。

英语中的Eat的含义非常窄，仅有吃、食、腐蚀、蛀蚀四种意思。

2. 烹调与Cook

在英语里，cook与饮食相关的含义为烹调（如煮、焙、烤、炸）、做饭、烧菜、受煮、经煮的意思，远远没有汉语“烹调”二字涵义那么丰富、精深。西方人做菜仅仅是把菜做熟，然后加少司和现吃现蘸的番茄酱、芥末糊、柠檬汁等，所以西餐餐桌上有多种调料。

在中国，只有馄饨、饺子、烧卖店为就餐者提供醋和酱油，够档次的餐馆绝对不需要客人现添调料。因为菜品一经烹调，味已入道，酸甜苦辣咸一切恰到好处，都是添一分太多，减一分太少。

（八）“食”与“性”

1. 中国“食”第一

君子耻于言性。中国的先哲圣人，几乎人人讲饮食。《论语》中，“政”字出现过41次，“食”字也出现过41次，其中30次是当“食”讲。孔子还有“食不厌精，脍不厌细”的高论，足见孔子对吃极其重视。

有的中国人甚至把人生之至乐定位在饮食上，对崇好女色的人，一般贬称为“好色之徒”，或如发展到淫乱地步还会称之为“色鬼”“色狼”；但是一个人精于食道，每日美味不止，他会洋洋自得地以“老饕”自居，甚至还可以获得“美食家”的称号。

中国文化一贯把两性关系神秘化，蒙上一层神圣的伦理色彩，男女之事，重在传宗接代，强调“君子耻于言性”。

除了生病吃药禁忌外，中国对饮食从来没有等级、禁忌制度。宋代以后，特别是程朱理学兴盛之后，大搞性禁忌，规定了天忌、地忌、人忌；凡雷雨之日、大寒大暑之日、日月缺蚀之日等，严禁房事。到了清末，一年之中的性禁忌日多达250多天。长期的性禁忌、性压抑，使中国人对“性”讳莫如深。

2. 西方“性”第一

西方人置“性”于“食”之上。英语中的美（beauty），既有“美”的意思，又有

"美人、佳人"的意思。西方人认为，美来自于性。法语中还将美字定位为阴性。

西方的先哲，如苏格拉底、柏拉图、亚里士多德、康德、黑格尔等，似乎都不大谈论饮食问题，但称道性、歌颂性的言辞并不少见。

第二节 酒文化

酒是一种古老的饮料，香而醇厚，饮而得神；酒是一把双刃剑，温而绵柔，羁而刚烈；酒是一樽百变的金刚，因器成形，因人作态。酒是"杯中日月长"的精神，是"相逢千杯少"的情缘，是"杯酒释兵权"的策略，是"斗酒诗百篇"的灵感，是"醉翁之意不在酒"的高远，也是"酒池肉林""灯红酒绿"的悲哀……

一、酒

中国是酒的王国，在长期的发展过程中，酿造出许许多多被誉为"神品""琼浆"的酒类珍品。中国又是酒人的乐土，我国著名诗人李白、白居易、杜甫、杜牧都有脍炙人口的关于酒的诗篇流传至今，加上与酒有关的其他方面，构成了丰富多彩、千姿百态的酒文化，并成为蜚声国内外的中国饮食文化中一朵艳丽的奇葩。

（一）酒的来源[1]

从源头看，先有自然酒，后有人工酒。按一般发酵学原理，在一定环境条件下，野果，特别是野浆果，可以通过自然发酵形成天然酒。果酒是最早的天然酒。人工酒是人类在对天然酒长期观察、模仿、实践的基础上，逐步发展形成的。

我国历来流行的关于酒起源的说法主要有三种，即三皇五帝说、仪狄（夏禹时代司掌造酒的官员）造酒说、杜康（传为夏朝第五位国王）造酒说。《酒诰》说："酒之所兴，肇自上皇。或云仪狄，一曰杜康。有饭不尽，委之空桑。郁积成味，久蓄气芳，本出于此，不由奇方。"这是我国对于酒之起源三说的最早分析与总结。由此也可以看出，最初的酒是将吃不完的剩饭置于桑树的孔洞中自然发酵而成，仪狄和杜康并非酒的发明者。《说文解字》"酒"条中讲"古者仪狄作醪"后，又说"少康作秫酒"，提到杜康是"秫酒"的初作者。秫酒也即高粱酒。在杜康之前，已经有人工酒的存在，但却没有用高粱酿酒。可能由于他手艺高超，加上高粱的特性，酿出的

[1] 康明宫. 酒文化问答[M]. 北京：化学工业出版社，2003：21.

酒味道美好，于是杜康善酿酒之名鹊起，被人们释为最早酿酒者。

粮食酿酒是人工酿酒的主要特征，标志着酿造技术已经成为人类的一种生产方式。中国粮食酿酒，大概始于距今七八千年前，相当于旧石器时代向新石器时代转变的时期。这一时期，中国农业生产已经有了一定的发展，为酿酒提供了必要的原料。河姆渡、大汶口和龙山文化遗址出土的大批酒器，也证明了6 000多年前我国已经开始了谷物酿酒，5 000多年前黄河下游地区的酿酒和饮用已经相当普遍。至于传说中的仪狄、杜康时代，应该是酿酒技术有了长足进步的时代，不是酒的发明阶段。

由此可以得出结论，酿酒方法的发明不是出自某个人的奇思妙想，而是一个极其漫长而复杂的积累过程，是劳动人民在长期实践中创造出来的。

西方一贯主张"神造酒说"。在古希腊传说中，酒是酒神狄奥尼苏斯带到人间的。古埃及认为，酒是死者的庇护神奥西里斯酿造的。西方人尊奉酒神，每当一年一度的酒神节时，人们都要狂欢狂饮，以此来表达对酒神的崇敬之情。

（二）酒的分类

根据不同原料和辅料及生产工艺，饮料酒可分成发酵酒、蒸馏酒和配制酒三类。

1.发酵酒

发酵酒是用含糖或淀粉的原料，经过糖化、发酵、过滤、杀菌后制成的酒，属低度酒。发酵酒主要包括啤酒、果酒和黄酒等。

啤酒是以大麦芽为主要原料酿造的低度饮料酒，酒精含量一般在3%—5%，又称"麦酒"。啤酒中含有丰富的氨基酸、蛋白质、维生素和较高的热量，且易被人体吸收利用，有"液体面包"之称。

果酒是以葡萄、苹果等各种水果或果汁为原料经酵母发酵后，再经过压榨过滤制成，酒精度多在15%左右，也有大于20%的。果酒以葡萄酒最多，其次还有苹果酒、山楂酒、红橘酒、紫梅酒、广柑酒、荔枝酒和椰子酒等。葡萄酒种类较多，可根据含糖量、色泽等进行分类。根据酒中含糖量（以葡萄汁计）的多少，葡萄酒分甜、半甜、半干和干葡萄酒四类。甜葡萄酒含糖量大于45g/L；半甜葡萄酒含糖量为12.1g/L—45g/L；半干葡萄酒含糖量为4.1g/L—12g/L；干葡萄酒含糖量小于或等于4 g/L。按色泽可以分为红葡萄酒和白葡萄酒。

黄酒是以稻米、黍米、粟米和玉米等原料，加酵母等发酵酿制而成的。黄酒是我国最古老的酒种，又称“老酒”。

2. 蒸馏酒

蒸馏酒是用含淀粉的原料，经糖化、发酵、蒸馏制成的酒，酒精度较高。主要有白酒、白兰地、威士忌、朗姆酒、伏特加和金酒等。

白酒是以高粱等粮食为主料，加入酒曲、酵母和其他辅料，经过糖化、发酵和蒸馏而成，酒精含量一般在30%—60%。中国白酒最为著名。

白兰地是以葡萄酒为基酒，经蒸馏精制而成，酒度一般为40度左右，色泽金黄。如果用其他果类为原料生产白兰地，在前面冠以该果实名称，如樱桃白兰地等。白兰地依酒龄分为四个等级：V.O.（10年陈酿）、V.S.O.（15年陈酿）、V.S.O.P.（20年陈酿）和X.O.（50年以上陈酿）等。最著名的为法国干邑白兰地。

威士忌是用大麦、黑麦、燕麦、玉米等谷物为原料，经发酵、蒸馏而成。威士忌一般贮存在橡木桶内，呈琥珀色，酒精度一般在40—60度。最著名的为苏格兰威士忌。

朗姆酒是以甘蔗、糖蜜为主要原料，经过发酵、蒸馏、陈酿和调配等工艺程序制成。酒精度一般为42—52度。古巴朗姆酒最负盛名。

伏特加的原料为大麦，现在逐渐改用玉米和马铃薯。可单独饮用，也可以加入香槟、果汁和汽水等饮料，是配制鸡尾酒的酒类之一。伏特加酒是俄罗斯的传统酒精饮料。

金酒又名“杜松子酒”，产于荷兰。以大麦、玉米为主要原料，经液态发酵蒸制而成新酒，加入杜松子浸泡后，再蒸馏而成。该酒具有特殊的杜松子香气，酒色透明，酒精度一般为38—40度。

3. 配制酒

配制酒是以发酵酒、蒸馏酒或食用酒精为酒基，加入可食用的花、果、动植物或中草药，或以食品添加剂为呈色、呈香及呈味物质，采用浸泡、煮沸、复蒸等不同工艺加工而成的改变了其原酒基风格的酒。配制酒分为植物类配制酒、动物类配制酒、动植物配制酒及其他配制酒。配制酒的品种繁多，风格各有不同，较流行的分类法是将配制酒分为三大类：Aperitifs（开胃酒），Dessert Wines（甜食酒），Liqueurs（利口酒）。药酒是中国的配制酒。

（三）白酒的香型

中国白酒的香型很多，有酱香型、清香型、浓香型、凤香型、米香型、复香型等。

酱香型:以贵州茅台酒为代表,故又称茅香型。其风味特点是"酱香突出,醇香馥郁,香气幽美,回味绵长"。

清香型,以山西汾酒为代表,故又称汾香型。其风味特点是"清香纯正,酒味协调,醇甜柔和,余味爽净"。

浓香型:以四川泸州老窖特曲为代表,故又称泸香型或窖香型。其风味特点是"窖香浓郁,绵柔适口,香味协调,尾净余长"。名酒中浓香型居多,如五粮液、全兴大曲、沱牌特曲、古井贡酒、洋河大曲等。

凤香型:以陕西西凤酒为代表,故又称凤酒型。其风味特点是"醇香秀雅,甘润挺爽,诸味协调,尾净悠长"。属于凤香型酒的还有太白酒、秦川大曲、双凤酒、二龙大曲等。

米香型:以广西三花酒为代表,一般采用上等大米为原料,故又称米酒型。其风味特点是"酒质晶莹,蜜香清雅,入口柔绵,落口爽洌,回味怡畅"。

复香型:以贵州董酒为代表,又称复合香型、混合香型或兼香型。其风味特点是"闻香、口香、回味香","一酒多香"。

(四)酒的功能

酿酒业的经济功能、料酒的调味功能自不待言,合理饮酒也有其健身强体、联络感情等功能。

1. 营养、保健和医疗功能

黄酒、啤酒和葡萄酒含有丰富的氨基酸、矿物质、维生素和糖分,适当饮用可以为身体提供一定的营养,还可以增加胃液和胆汁的分泌,促进消化,有利于身体健康。

在各类酒中,白酒的营养价值不高。白酒中除酒精外,还含有高级醇、酸类、醋类物质和一些有害的杂质。酒精完全氧化后能产生热量。适当饮用白酒可以扩张血管,加速血液循环,舒筋活血,兴奋神经,怡情解忧和消除疲劳。白酒外用,还可以活血散瘀,消炎止痛。

适当饮用白酒可以增强食欲,促进消化。中医认为,白酒有"消冷积、医胃寒和健脾胃"的功效。从现代医学观点看,饮酒"少则宜,多则弊",过量饮酒对身体有害。因为酒中含有酒精和其他一些有害物质,如果一次性大量饮酒或长期过量饮酒,都有可能造成酒精中毒而损害健康。

一般而言,酒精入胃后,会被血液带进循环系统。酒精分解过程主要在肝脏中进行，当肝脏解酒的速度弱于酒精摄入速度、分解不及时时，血液中酒精浓度就会增加，人就会醉酒，同时肝脏受到伤害。酒精在人体内的代谢过程比较简单：乙醇进入人体后，经过乙醇脱氢酶的作用变成乙醛，乙醛再经过乙醛脱氢酶的作用形成对身体无害的物质，如乙酸、二氧化碳和水等。在这个过程中，乙醇对胃有刺激作用，而最大的毒害作用来自于乙醛。乙醛具有扩张毛细血管的功能，喝酒脸红的人意味着能迅速将乙醇转化成乙醛，但不能迅速将乙醛转化成对身体无害的物质。如果体内缺乏这两种酶，不能将乙醇及时分解成乙醛并最终分解成对人体无害的物质那么就会对人体产生毒副作用。

2. 交际功能

从古至今，酒是社会生活中的重要媒介，是人与人之间联络感情的重要载体。"无酒不成席"，"朋友来了有好酒"，酒在中国较西方更多地融入了人际关系。中国人通过酒来沟通人际关系，以实现其特定的目的。朋友好久不见要喝"叙旧酒"，初识新朋要喝"相识酒"，婚礼要喝"喜酒"，丧事要喝"丧酒"，祝捷要喝"庆功酒"，小孩满月要喝"满月酒"，上大学要喝"状元酒""谢师酒"，凡此种种，不胜枚举。此外，端午要喝"菖蒲酒"，重阳节要喝"重阳酒"，外国人称之为"小费"的赏钱中国人古时称之为"酒钱"，外国新郎新娘亲吻、交换戒指，中国新郎新娘取而代之喝"交杯酒"……

3. 政治功能

在中国历史上，酒为兴邦立国、为政治、为君主、为将帅建立过卓越的功勋，充当过政治工具。例如，赐御酒犒赏出征将士，以激励他们英勇作战；赐酒给文官，以鼓励他们秉公勤政；以酒食款待异国使节，以敦促两国修好等。赵匡胤"杯酒释兵权"，可谓把酒的政治功能发挥到了极致。

二、饮酒

在饮酒方面，中西差异很大，喝酒行令，更有中国特色。

（一）中西饮酒比较

1. 饮酒用具

中国传统酒具简单，一只酒壶几只小酒杯；传统店堂朴实无华，客人或闲坐慢饮，或对坐浅斟低唱，比较随便。

西方人的酒吧完全不同于中国的传统酒店，有特定的布局，特制的柜台、凳子、酒柜，形形色色的酒杯，而且不同的酒杯喝不同的酒。如喝白葡萄酒用小酒杯,喝红葡萄酒用稍大一点的酒杯,喝白兰地用矮胖的酒杯,老式香槟酒酒杯浅而矮,新式香槟酒酒杯瘦而高等。

西方酒吧侍者也有一套特定的规范化的服务程序,示瓶、开瓶、溜杯、温烫、滗酒、斟酒。宴会上酒具的摆设,同样有一套严格的规定。配制鸡尾酒更是一门专门的学问,以至西方有调酒师。鸡尾酒的色彩,香槟酒开瓶时的“嘭嘭”声,为酒桌上增添了声色和氛围。

2. 饮酒种类

中国人主张每餐只饮一种酒,认为喝混酒有害身体。

西方人喝酒,一般是吃一道菜喝一种酒,一顿饭通常要喝五六种酒。吃沙拉和冷盘小吃时喝干白葡萄酒;吃头道序菜时喝干白、干红或玫瑰葡萄酒;吃海鲜正菜时喝高度(12—14度)干白葡萄酒,驱除腥味;吃肉类正菜时喝高度(12—14度)干红葡萄酒,以解油腻;吃甜菜时喝甜食酒或香槟酒。隆重的宴会一般要上三五道菜,每道菜对应一种酒。此外,饭前还有开胃酒(味美思、比特酒、茴香酒等有开味功能的配制酒),以促进食欲;餐后还要喝点威士忌、白兰地一类的蒸馏酒,以兴奋神经。就餐结束前,饮用红葡萄酒或白葡萄酒,称为“散席酒”或“餐后甜酒”。

3. 饮酒方式

传统习惯上,中国人饮酒,边品边啜,浅斟低吟,徐徐而进。浅斟低吟,能品出酒味,能进入微醺境界。中国人也有牛饮似的饮酒场合,如古代武士出征;现代中国人饮酒方式也从“饮酒”变成了“喝酒”。

西方人喝酒,喜欢“牛饮”,只有在喝X.O.等酒时,才浅斟低吟,边闻边晃,速度非常慢。

从生理上看,白种人比黄种人酒量大。因为人类的祖先在小冰河时期分成了几支,一支生活在暖温带,逐渐形成了今天的黄种人,另一支生活在寒冷地域,逐渐形成了今天的白种人。寒冷地区的人,冬春季节必须吃夏秋季节储存下来的食物,而许多食物在简陋的仓储条件下,天然发酵,产生了酒精。久食此类食物的白种人的祖先,其身体内的生物酶也发生了变化,使其体内促使酒精代谢的醇脱氢酶和醛脱氢酶的含量提高,他们的酒量也比较大。这种生理上的差异,也是形成中西饮酒方式上的“浅斟低唱”与“牛饮”差异的一个重要条件。

在饮酒方式上,西方人饮酒具有日常化的特点,可以随时随地饮酒,可以不分场合。除了在宴会上或家宴上饮酒有菜相佐外,在其他场合下往往是只有杯中物,无需菜肴。中国人是“无酒不成席”,饮酒时要以菜肴相佐,即便没有美味佳肴，至少还要一盘花生米、几颗茴香豆。

中国人喜欢劝别人多喝酒。有的人喝酒自己不喝，极尽“花言巧语”劝别人喝酒；有的人喝酒经不起“花言巧语”，“豪言壮语”地自己喝；有的人喝高之后先是“自言自语”，然后是“胡言乱语”，最后“不言不语”。有人为了劝人喝酒把喝酒与感情联系起来，说什么“感情深，一口闷；感情浅，舔一舔；感情铁，喝出血！”其实，“只要感情有，喝水也是酒。”“酒逢知己千杯少，能喝多少喝多少。”

总之，不要空腹饮酒，不要过量饮酒，注意饮食结构，重视饮酒禁忌，倡导文明饮酒、健康饮酒、理性饮酒、科学饮酒、快乐饮酒、不强行劝酒。

4. 饮酒效果

中国人饮酒追求的是一种“微醺”状态。西方人的“牛饮”会导致“醉昏”。所谓“微醺”，即似醉非醉，似醒非醒，亦悟亦迷，亦真亦幻，激情与幻觉共生，恍惚与明察俱在的一种颇为奇妙的飘飘然的境界。

适量的饮酒叫“小酌”。“小酌”能把人带入微醺境界。“醉中趣”“壶中天”，指的就是微醺。“花看半开，酒饮微醺，此中大有佳趣”，“酒色误人”，“酒极则乱”，“酒亦水，可济可覆”，说的也是饮酒不可狂饮失度。

中国人的小酌和微醺，使中国酒文化能广泛地渗透到文学、艺术、社会、政治和伦理等文化领域的深层中。就酒的理化特征和人的生理特征而言，饮酒至微醺时，大脑皮层细胞异常活跃，潜意识、想象力增强，平时种种难以出现的奇思妙想有如潮水般涌来，所以酒能助诗情，亦能助豪情。酒仙李白“花间一壶酒，独酌无相亲，举杯邀明月，对影成三人”（《月下独酌》），就是那种似醉非醉、似醒非醒的微醺中的佳作。刘邦凯旋故里，与家乡父老畅饮开怀，微醺中高唱《大风歌》：“大风起兮云飞扬，威加海内兮归故乡，安得猛士兮守四方？”曹操与刘备微醺中“青梅煮酒论英雄”，豪情满怀。

其实，西方人也知酒到微醺最能助谈。诗人贺拉斯说：“酒是可爱的，具有火的性格，水的外形，一杯在手，谁不谈吐风生！”但一些西方人只知牛饮，只求酩酊一醉，不能领会微醺之境的乐趣，不懂得像中国人那样“一杯醉露抿入口，千颗珍珠滚下喉”，溢香、咬香、留香，三香皆存，酸甜苦辣涩五味俱全。

合理饮酒有利于健康，过量饮酒有百害而无一利。醉酒除了有害健康外，还可能酿成悲剧。如饮酒驾车，容易造成人身和财产安全事故。有的人醉酒后和盘托出平日埋在心里不讲的话，有的人趁着酒兴做些违法违纪的事情，有的就是醉酒后大脑失去控制的结果，即所谓“酒后无德”，“喝一辈子酒，丢一辈子丑”。

中国酒史非常漫长，尚酒之风非常普遍，但酗酒之害与西方国家相比并不严重。原因之一是中国从周代开始就倡导"酒礼"与"酒德"，禁止滥饮，防止酒祸，从而保证了中国饮酒之风始终沿着正确的方向发展。原因之二就是中国古代的"禁酒"主要基于"节粮"角度，所以每次禁酒基本上令行禁止，收效显著。西方社会的大规模禁酒运动，多是基于保护身体健康角度，但是却屡禁不止，百思不得其解。

(二)酒令[1]

酒令，是古人宴饮时根据一定规则以罚代劝的一种佐酒形式。行酒令是中国人传统的饮酒方式和独特的文化现象，具有浓厚而广泛的娱乐性，是中国酒场娱乐活动的表现形式。酒令能够佐饮助兴，同时还可以显示行令者的才华，表现智慧，了解他人，消除隔阂，加深印象，促进交流，加强沟通。

1. 酒令的起源

酒令起源于何时，很难考证。周代以后，鉴于夏商穷奢极致，制酒池肉林，激起百姓愤怒亡国的教训，对饮酒有一定的限制，在朝廷内设了"酒正"，掌管酒的生产与供给。西周晚期，又针对饮宴上酒醉失礼的情况，在宴席上设有"酒监"，制定了限制饮酒的"礼"，即宴席上饮酒的规矩。例如定时饮酒，只能在大典、喜庆、举丧、祭奠才能宴饮；饮酒守秩序，先天地鬼神，后尊长卑幼；饮酒定量，最多不得超过三爵。到了春秋战国时期，这种在宴会上饮酒的各种规矩称为觞政，不仅实行于王宫贵族之中，而且逐步流传到民间。《春秋左传》载，晋昭公即位，齐侯朝见晋国新君。晋昭公宴请齐侯，让中行穆子作陪。为助酒兴，晋侯和齐侯行投壶令，将一壶置于中间，每人持矢朝壶中投，把矢投进壶中者不饮，投不进者饮。他们以投壶的方式来饮酒，事实上就是把投壶当做一种酒令。战国时期，魏文侯饮酒，令公乘不仁为觞政，监督众人饮酒，行使酒司令的权利，对不饮尽杯中酒的人实行某种处罚。秦汉，承前代遗风，人们在席间联句，即席唱和，用之日久，日渐丰富，酒令因此产生。西汉时，为了使宴会上酒令行得顺利，做到赏罚严明，便设立"监酒"之职。《史记·齐悼惠王世家》载，吕后大宴群臣，命刘章为监酒，席间吕氏族人有逃席者，被刘章挥剑斩首。"酒令如军令"之说，源出于此。

汉魏六朝是酒令的发展时期。汉武帝与群臣在柏梁台上饮酒作诗，每人依次作一句，均用相同的平声韵脚，联成一组诗。酒喝得尽兴，诗也联成了，被称为

---

[1] 罗启荣. 中国酒文化大观[M]. 南宁：广西民族出版社，2001：136–158.

“柏梁体”诗。从此以后，宴会上便有了即席联句这种助兴取乐的方式。不久，又发展为各人单独作诗即当筵赋诗的方式。

到了晋代，石崇宴客，令客人即席赋诗，同时规定：“或不能者，罚酒三斗。”这就产生了以诗为令进行罚酒的酒令。

明清时期，酒令已由官僚文士普及到商旅之人，酒馆酒楼行令成风，不管是樵夫渔人，还是村夫店妇，多能行令。

2. 酒令的种类

中国酒令种类繁多，令式丰富，大体可分为三类，即通令、筹令和雅令。

(1)通令。通令就是普通游戏的酒令，是普通老百姓常见、常用的，至今仍在民间流行。它主要是通过猜枚、划拳、传花、掷骰等方式决出胜负，以罚代劝。

猜枚又叫“猜拳”“博拳”“藏阄”，属射覆性游戏。所谓射覆，即手提物件，让人猜射，射中者胜，负者罚酒。如行令者取些小物件或其他东西，如钱币、棋子、莲子等小物品，紧握手中，让人猜射或猜有无，或猜单双，或猜数目，或猜颜色，猜不中者罚酒。

划拳令，又称“猜拳”“捎拳”“豁拳”“豁指头”“拇战”“拇阵”，在民间最为流行。

传递令，根据号令方式、物件名称不同，传递令种类有传球令、红旗报捷令、喜上眉梢令、击鼓传花令等。取物一枚(件)，沿席位依次传递，人击鼓为号，鼓停物停(类似击鼓传花)，物停在谁手中谁就被罚酒。

骰，古称“琼”，俗称“色子”。用骰子作行令用具，通过骰子上的符号及其相应规定来决定胜负和赏罚的酒令叫骰令或骰子令。

(2)筹令。筹令是使用酒筹的酒令。酒筹通常用象牙、兽骨、竹片制成，每个筹子上写有行令的具体内容和要求，按筹行令。

(3)雅令。雅令是相对于民间的俗令如猜枚、划拳而言的，是通过吟诗联句来决定胜负、盛行于文人墨客席间的一种口头文字令，是酒令中智力最高、品位最高、难度最大的一种酒令，对行令者的文学修养要求较高。雅令的形式主要包括作诗、联句、拆字和改字等。

三、酒与诗[1]

在唐诗、宋词、元曲里，有大量论酒的诗词曲。《全唐诗》约5万首，其中写到

[1] 丁启阵. 中国诗酒关系略论——附论物质文化与精神文化的融合[J]. 中国典籍与文化，2001(2)：26-30.

酒的有5 000多首，约占十分之一。

(一)酒和诗的关系

1. 酒与诗文

诗歌是现实生活的反映，饮酒是人们生活的重要内容。从现存文献看，我国诗歌可以追溯的历史有3 000年之久。虽然诗歌晚于酒，但是诗歌一经产生就跟酒结下了不解之缘。所以，上古诗歌里就有很多篇写到饮酒。三国以后，中国诗人几乎没有不喝酒的，伟大的诗人都写过与酒有关的著名诗篇。中国诗歌鼎盛时期的唐朝和宋朝，酒和诗歌的关系达到了水乳交融的境界，以至有人说，唐诗宋词是酒缸里浸泡出来的。中国的文人、画家、书法家中，相当一部分趁着酒兴完成他们的传世之作。

郭沫若统计过，李白现存诗文1 500首，其中与酒有关的有170首，约占11%。杜甫现存诗文1 400多首，说到饮酒的有300首，约占21%。白居易2 800首诗作中，有900首写到饮酒。杜牧现存酒诗63首，王维现存酒诗38首，孟浩然现存酒诗23首，刘禹锡现存酒诗89首，李贺现存酒诗54首，孟郊现存酒诗23首，韦应物现存酒诗44首，王昌龄现存酒诗15首，苏轼现存酒诗200首以上[1]。

2. 酒与诗人[2]

历代中国诗人与酒似乎有一种不解之缘：三国曹操"对酒当歌"，嵇康、阮籍在沉醉中留下传世大作，唐代李白"诗百篇"皆因"斗酒"之功，宋代晏殊也是"一曲新词酒一杯"，甚至南宋女词人李清照也"浓睡不消残酒"，她的许多佳作都是"把酒黄昏后"的结果。中国古代著名文人中，饮酒者占有极高的比重，文学史上第一流之人，如三曹、嵇阮、陶谢、李杜、韩柳、刘白、欧苏、陆辛等，不是咏酒写酒，就是爱酒嗜酒，多数还是酒量超群的酒徒之辈。可见，中国古代第一流诗人很多与酒有着极深的情缘[3]。

酒对于诗人，最普通、最重要的作用就是浇愁、消愁。社会压抑、仕途坎坷、政治失意、生活窘困、处境孤独、岁月推移、季节变迁等种种原因，使中国文人的内心淤积了与他们承受能力不相适应的过多的忧愁与哀怨、痛苦与悲伤。在诸饮之中，酒以其独特的品性，理所当然地成为了化解忧愁、消除痛苦的最佳选

[1] 康明官. 酒文化问答[M]. 北京：化学工业出版社，2003：201-219.
[2] 高建新. 中国古代文人与酒之关系略论[J]. 内蒙古大学学报：人文社会科学版，2000(1)：58-63.
[3] 李裕斌. 中国古代诗人的诗酒情缘论纲[J]. 玉溪师专学报：社会科学版，1998(2)：87-92.

择。曹操的“何以解忧，唯有杜康”(《短歌行》)，使酒成了解忧的代名词。李白的“抽刀断水水更流，举杯消愁愁更愁”更是千古绝唱。虽说酒不是万能之物，但在万般无奈之中，饮酒终究不失为一种可供选择的事情，随时可饮，随地可酌，简便易行。在这种情形下，由酒触发的往往是及时享乐、昏酣逃世等较为消极的思想。当然，诗人在酒醉中可以高扬生命的激情，整个情绪得到自然释放，不受任何世俗的约束与限制，甚至对那些帝王也不予理睬。醉后的李白可以“天子呼来不上船”，“一醉累月轻王侯”，张旭则“脱帽露顶王公前，挥毫落纸如云烟”，在沉醉状态下，诗人的精神得到一种满足和短时间内的自由自在。

对于南宋爱国文人来说，酒没有使他们沉于醉乡，反倒更强烈地激发了他们决心抗敌报国的豪情壮志。陆游的“壮心未许全消尽，醉听檀槽出塞声”，在醉中听到表现边塞壮士生活的《出塞》曲，诗人恨不得立刻去前线杀敌报国。辛弃疾的“醉里挑灯看剑，梦回吹角连营”，醉中抽出宝剑在灯下看了又看，那种战斗前夜的激动难宁，那种要把敌人斩尽杀绝的必胜意志由此而现。由于报国无门，壮志难酬，酒也时时触引他们的悲慨：张孝祥的“万里中原烽火北，一尊浊酒戍楼东，酒阑挥泪向悲风”，充满了沉痛之感。

酒能壮豪情，也能助诗兴，酒在文艺创作中扮演了重要角色。“李白斗酒诗百篇”，“斗酒”与“诗百篇”之间，除了伴随关系，也有因果关系，“斗酒”是因，“诗百篇”是果。酒能激发诗歌创作灵感，有其科学依据，即酒精的麻醉与兴奋作用。麻醉可以使人摆脱拘束，进入一种较为自由的心灵状态和忘我之境；兴奋则大大提高了人们的领悟力和想象力，正如李白说的“三杯通大道，一斗合自然”，苏轼说的“俯仰各有态，得酒诗自成”。

(二)诗酒关系的类型

诗和酒的关系不是单一的。根据诗人、酒、诗歌三者的相关性，诗酒关系可以分为四种类型。

(1)诗人→诗→酒。这种类型指的是诗人作诗写酒或和酒有关的人或事，即诗人写诗，诗中有酒、酒人或酒事。

(2)酒→诗人→诗。这种类型是指喝了酒的诗人所写的诗。例如，楚霸王项羽饮酒后写的《垓下歌》：“力拔山兮气盖势，时不利兮骓不逝！骓不逝兮可奈何，虞兮虞兮奈若何!”汉高祖刘邦“酒酣”之后的《大风歌》：“大风起兮云飞扬，威加海内兮归故乡，安得猛士兮守四方？”酒后写诗，古今大有人在。

(3)诗人→酒=诗。这里指诗和酒之间不是简单的描写与被描写的关系，酒已经成为诗的有机部分。如李白《客中作》："兰陵美酒郁金香，玉碗盛来琥珀光，但使主人能醉客，不知何处是他乡。"

(4)酒=诗人=诗。这是指酒、诗人、诗歌三者已经融为一体。例如曹操的《短歌行》："对酒当歌，人生几何？譬如朝露，去日苦多。慨当以慷，忧思难忘。何以解忧，唯有杜康。"又如李白《月下独酌》："花间一壶酒，独酌无相亲，举杯邀明月，对酒成三人。"李白的《将进酒》也属于此类。

诗歌诞生之初就跟酒结下了不解之缘，诗、酒的关系从简单到复杂、从相关到相融，一步步发展起来。

上古时期，诗、酒关系比较简单，基本上是第一种类型，即诗人写诗描写酒或和酒有关的人或事。汉代是诗酒关系的飞跃时代，表现在三个方面：酒后写诗的情况大量出现；出现了描写比较复杂、和酒有关的故事的诗篇；酒开始和忧愁产生直接联系。到了唐朝，诗酒关系空前丰富而深刻，出现了上述四种类型的诗酒关系。

第三节 茶文化

茶是山茶科的嘉木，茶树的叶子制成干茶称之为茶叶，饮茶饮的是干茶冲泡后浸出的茶汤。种茶、制茶、饮茶中的"茶"是有区别的。

中国是世界上最早发现茶和种茶的国家，中华民族是最早制茶和饮茶的民族。距今5 000多年前，我国先民在野生采集活动中发现茶。自那以后，茶由药用、食用发展为饮用，从满足人类生理与健康的需要，发展为高尚礼仪的茶宴、茶礼、茶艺和茶道。随着茶树的广泛栽种和茶叶加工技艺的完善，茶的种类不断增多，饮茶之风日益盛行，茶成为中华民族的国饮。

茶是世界三大饮料之一，在中国悠远的历史长河中，不同时代、不同民族、不同社会环境和自然环境中，茶文化呈现出不同的形态。随着全球性的文化交流，茶文化传播世界各地，同各国人民的生活方式、风土人情以至宗教意识相融合，呈现出五彩缤纷的世界各民族饮茶习俗。西方不少国家也有饮茶的习惯，但他们喝咖啡、可可饮料较之饮茶更为常见。

研究表明，茶叶中的化学成分十分复杂，目前已经分离鉴定的化学成分及各种元素多达400多种。他们有的以有机物形态存在，如茶多酚、茶多糖、茶色素、生物碱、维生素、氨基酸、蛋白质、芳香物质、纤维素等，有的以无机物形态存在，如Mn、Fe、Zn、Cu等元素。在这些化学成分中，许多是我们生活中需要的营养成分，还有一些具有保健和医疗作用。茶叶的医疗保健功能主要表现在以下方面：抗氧化、抗衰老，增强机体免疫功能，抗癌，防治心脑血管疾病，抗辐射，降血脂、降血压及调节血糖，调节体重，调节体内微生物活性，缓解重金属的毒性，抗龋齿，养颜美容，调节大脑和神经系统[1]。

一、名茶与品茶

中国茶历史悠久，茶类丰富，名茶在茶叶的色、香、味、形等方面有独特之处。如今，茶文化风靡世界，适度适时喝茶对人体有很多益处，品茶也是一件放松心情、结交友情的艺术享受。

（一）高山出名茶

高山出名茶，名茶香高味浓。古往今来，中国历代贡茶、传统名茶和现当代创制的名茶，大多出自高山。茶叶具有喜温、喜湿、耐阴的生活习性，高山的生态环境能够满足茶树生长发育所需要的条件。出好茶的原因主要表现在以下三方面[2]。

1. 高山多雾有利于改善茶叶内质

高山空气湿度大，云蒸雾绕，太阳直射光被雾滴散射成漫射光，而漫射光有促进茶树体内含氮化合物代谢的作用，有利于提高茶树芽叶中的氨基酸、叶绿素以及芳香物质等的含量。因此，高山茶的蛋白质、氨基酸的含量较高。蛋白质含量高，有利于提高茶树芽叶的鲜嫩性，使鲜叶叶枝嫩绿，色泽鲜绿，不易形成纤维素，以致茶叶芽叶能够在较长的时间内保持鲜嫩。氨基酸是提高茶汤滋味的重要成分，有提高鲜爽度的作用，在茶叶加工过程中，还可以通过一定的途径转化成香气成分，从而提高茶叶香气。

2. 高山土壤有机质含量丰富

高山植被茂密，枯枝落叶多。枯枝落叶腐烂后，不但使土壤质地疏松、结构良好，而且使土壤有机质丰富，茶树生长所需要的各种营养成分齐全。生长在这种土壤环境下的茶树新芽营养成分齐全，加工后的茶叶必然香高味浓。

---

[1] 周巨根，朱永兴. 茶学概论[M]. 北京：中国中医药出版社，2007：123-135.

[2] 周巨根，朱永兴. 茶学概论[M]. 北京：中国中医药出版社，2007：116.

3. 高山气温有利于改善茶叶内质

茶树新芽中茶多酚和儿茶素的含量随着山地海拔的升高和气温的降低而减少,从而使茶叶的涩味减轻;而茶叶中的氨基酸和芳香物质的含量随着山地海拔的升高和气温的降低而增加,这为茶叶滋味的鲜爽甘醇提供了物质基础。

高山出名茶是相对于平地而言的,并非山越高茶叶品质越好,很多名茶产自岗丘地区。1959年我国评选出来的大大名茶(西湖龙井、洞庭碧螺春、黄山毛峰、庐山云雾景、六安瓜片、君山银针、信阳毛尖、安溪铁观音、祁门红茶)主要来自岗地、丘陵和低山地区。研究表明,当海拔超过一定高度后,茶树容易生白星病,这种茶喝起来比较涩口。山不在高,有雾则灵。只要气候温和,雨量充沛,云雾较多,温差较大,土壤有机质丰富,结构良好,即使不是高山但只要具备了类似于高山的茶叶生境,同样会产出品质优良的茶叶。

(二)丰富多彩的茶类[1]

在人类学会利用茶叶以后的几千年中,人类经历了咀嚼鲜叶、生煮饮羹、晒干收藏、蒸青做饼、炒制散茶,直至发展到今天出现很多茶类。

因产地生境不同,不同产地的茶树嫩枝鲜叶内在品质有差异。即使是同一产地的鲜叶,因加工工艺的不同,成品干茶的形态和色泽差异也很大。最初的制茶工艺可能是不经意间产生的,后来经过反复摸索和总结,慢慢形成了固定的制作工艺。

我国茶叶命名的方法多种多样。有根据形状命名的,如形似瓜子的安徽“六安瓜片”,形状如螺的太湖“碧螺春”,形状圆直如针的岳阳“君山银针”,形似竹叶的峨眉山“竹叶青”等。有结合产地山川形胜命名的,如杭州“西湖龙井”,江西“庐山云雾”,云南“普洱茶”等。有根据外形色泽或茶汤色泽命名的,如绿茶、红茶、青茶(乌龙茶)、白茶、黄茶和黑茶等。有根据茶叶的香气、滋味特点命名的,如具有兰花香的安徽“舒城兰花”茶,滋味微苦的湖南江华“苦茶”等。有根据采摘季节命名的,如清明前采制的叫“明前茶”,3—5月间采制的叫“春茶”,6—7月间采制的叫“夏茶”,8—10月间采制的叫“秋茶”,当年采制的叫“新茶”,往年采制的叫“陈茶”等。有根据加工工艺命名的,如用铁锅炒制的叫“炒青”,用烘干机具烘制的叫“烘青”,利用阳光晒干的叫“晒青”,用蒸汽处理后制成的叫“蒸青”,

[1] 黄志根,徐波. 中华茶文化[M]. 杭州:浙江大学出版社,2000:83-84.

用茉莉花等香花窨制的叫“花茶”，干茶经过蒸压成形的叫“紧压茶”(根据紧压形状又有“砖茶”“饼茶”“沱茶”之分)。有根据茶叶加工过程中发酵程度区分的，如发酵茶(如红茶)、半发酵茶(如乌龙茶)和不发酵茶(如绿茶)等。有根据茶叶加工阶段划分的，如“毛茶”“成品茶”等。有根据包装的形式命名的，如“袋泡茶”“小包茶”。有根据销售区域命名的，如销往边疆的“边销茶”，销往境外的“出口茶”“外销茶”。

将上述几种命名和分类方法综合起来，我国茶叶可分为基本茶类和再加工茶类两大部分。

1. 基本茶类

凡采用常规的加工工艺，茶叶产品的色、香、味、形符合传统质量规范的，叫基本茶类。基本茶类一般都以茶叶鲜叶为原料，经过不同的工艺加工而成。习惯上按干茶或茶汤色泽的不同，将基本茶类划分为绿茶、红茶、乌龙茶、白茶、黄茶和黑茶等六大类。在色泽相同或相似的前提下，由于加工工序或工艺细节的不同，茶叶的外形、香气和滋味也会有所不同，因此形成了同一茶类中的不同子类。

(1)绿茶。属于不发酵茶。在制作过程中，茶多酚氧化程度最轻，只有少量淡黄色的氧化物。其干茶色泽、冲泡后的茶汤和叶底以绿色为主调，“清汤绿叶”，故名。绿茶是中国产量最多、产区分布最广的一类茶叶，主要产于浙江、安徽、江西等10多个省份，同时也是我国最主要的出口茶类。鲜叶经过高温杀青，然后经过揉捻、干燥后制成。根据干燥和杀青方法的不同，绿茶一般分为炒青、烘青、晒青和蒸青等。

炒青绿茶靠在锅中炒干。在干燥过程中，受到机械或手工力的作用不同，形成长条形、圆珠形、扁平形、针形、螺形等不同的形状，故又分为眉茶、珠茶和细嫩炒青茶。眉茶一般为长条形绿茶，是中国主要的出口茶类，主要有“珍眉”“贡熙”“秀眉”，以“珍眉”为主。珠茶，因光滑似珍珠，被誉为“绿色的珍珠”。细嫩炒青茶主要有安徽的“屯绿”，浙江的“西湖龙井”“老竹大方”，四川峨眉山的“竹叶青”“峨眉毛峰”，江苏的“洞庭碧螺春”“南京雨花茶”，贵州的“都匀毛尖”，湖南的“安化松针”，河南的“信阳毛尖”，江西的“庐山云雾”等。

烘青绿茶靠烘干机具烘干。根据原料老嫩和制作工艺不同，烘青绿茶可分为“普通烘青”和“细嫩烘青”两类。普通烘青茶直接饮用者不多，由于吸香能力强，通常用来制作花茶。主要品类有“闽烘青”“浙烘青”“苏烘青”“湘烘青”和“川烘青”等。细嫩烘青茶是以细嫩芽叶为原料精工细作而成，条索紧细卷曲，白毫显露,色绿,香高,味道鲜醇,芽叶完整,多为名茶。主要有安徽的“黄山毛峰”“太平猴魁”“舒城兰花”“敬亭绿雪”,福建的“莲心茶”“天山烘绿”,浙江的“华顶云雾”“天目青顶”“雁荡毛峰”“婺州东白茶”“莫干黄芽”,湖南的“高桥银峰”,四川的“永川秀芽”,云南的“南糯白毫”,湖北的“松峰茶”,河南的“仰天雪绿”,江苏的“翠螺”等。

晒青绿茶靠日光晒干。晒青绿茶色泽墨绿或黑褐,汤色橙黄,有不同程度的日晒气味。主要产于湖南、湖北、云南。其中以云南大叶种的品质最好,称为“滇青”。其他如川青、黔青、桂青、鄂青等,品质各有千秋,但不及滇青。

蒸青绿茶是采用蒸汽杀青制成的绿茶,利用蒸汽破坏鲜叶中酶的活性,具有干茶色泽深绿、茶汤浅绿和茶底青绿的“三绿”特征。主要有湖北恩施的“恩施玉露”等。

(2)红茶。属于发酵茶。因其干茶色泽偏深、红中带乌黑(所以英语中称Black Tea)、红汤、红叶,故名。红茶分小种红茶、工夫红茶和红碎茶三种。各种红茶的共同品质特征是“红汤红叶”“香味甜醇”。

小种红茶是我国福建省的特产,由于采用松柴明火加温萎凋和干燥,干茶带有浓烈的松烟香。福建崇安县星村桐木关产的小种红茶品质最佳,称“正山小种”或“星村小种”。福安、政和等县仿制的称“人工小种”或“烟小种”,品质较次。

功夫红茶是以红茶条为原料精制加工而成,按产地分为不同的花色,品质各具特色。其中最著名的是安徽祁门产的“祁红”和云南产的“滇红”。“祁红”色泽乌黑、光润,有独特的蜜糖似的香气,被称为“祁门香”,享誉国际市场。“滇红”最大的特征为茸毫显露,毫色分淡黄、菊黄、金黄。即使是在同一茶园,不同季节的茶色也各不相同,春茶毫色较浅,多呈淡黄,夏茶毫色多呈菊黄,秋茶则多为金黄色。“滇红”的另一大特征为香郁味浓。香气以滇西云县、凤庆、昌宁为佳,尤以云县部分茶区所产为最,这里所产“滇红”的香气中带有花香。“滇红”的品饮多以加糖加奶调和饮用为主,加奶后香气依然浓烈。冲泡后的“滇红”茶汤红艳明亮,高档“滇红”茶汤与茶杯接触处常显金圈,冷却后立即出现乳凝状的冷后浑现象。冷后浑早出现者是质优的表现。

红碎茶是国际市场上销售量最大的茶类,有百余年的产制历史,中国红碎茶生产较晚,始于二十世纪六十年代以后,主要产于云南、广东、广西、海南、四川和贵州等省份。红碎茶可以直接冲泡,也可包成袋泡茶后连袋冲泡,然后加糖加乳。由于红碎茶的饮用方式与其他茶类的清饮有很大差别,因此,其品质强调滋味的浓度、强度和鲜爽度，汤色要求红艳明亮，以免冲泡时茶的风味被糖和奶等兑制成分所掩盖。

(3)乌龙茶。亦称青茶，属于半发酵茶。其综合了绿茶和红茶的制法，品质介于绿茶和红茶之间，既有红茶的浓鲜味，又有绿茶的清香，“绿叶红镶边”或“三红七绿”是其共同的品质特征。乌龙茶为中国特有的茶类，主要产于闽北、闽南及广东、台湾等地。闽北乌龙茶以“武夷岩茶”最为出名。闽南乌龙茶以“安溪铁观音”最为著名。“铁观音”既是茶名，又是茶树品种名，因身骨沉重如铁、形美似观音而得名。广东乌龙茶盛产于潮安、饶平等县，主要产区为凤凰乡，一般以水仙品种结合地名而称为“凤凰水仙”。台湾省乌龙茶最出名的数南投县的“冻顶乌龙”，汤色金黄明亮，滋味浓厚，有熟果味香。

(4)白茶。属轻微发酵茶。选用白毫特别多的芽叶，以不经揉炒的精细方法加工而成。白茶的鲜叶要求“三白”，即嫩芽及两片嫩叶均有白毫显露。白茶最主要的特点是毫色银白，素有“绿妆素裹”之美感，成茶满披茸毛，色白如银，故名白茶。因为白茶之“白”来自芽叶表面的白色茸毛，不揉捻的目的正是为了保证这种白色茸毛完好无损。白茶是中国的特产，主产于福建的福鼎、政和、松溪和建阳等县，台湾省也有少量生产。主要白茶有“银针白毫”“白牡丹”“贡眉”“寿眉”等。

(5)黄茶。属于轻微发酵茶，品质特点是“黄叶黄汤”。黄茶的制作与绿茶有相似之处，不同点是多一道闷黄工序。闷黄过程是黄茶制法的主要特点，也是它同绿茶的基本区别。按鲜叶的嫩度和芽叶大小，黄茶分为黄芽茶、黄小茶和黄大茶三类。著名的黄芽茶有湖南岳阳的“君山银针”，四川名山的“蒙顶黄芽”，安徽的“霍山黄芽”，浙江德清的“莫干黄芽”等。著名的黄小芽品种有湖南宁乡的“沩山毛尖”，湖南岳阳的“北港毛尖”，浙江的“平阳黄汤”，湖北远安的“远安鹿苑”等；著名的黄大茶有安徽霍山的“黄大茶”，广东的“大叶青”等。

(6)黑茶。属于发酵茶。由于原料粗老，加之制造过程中往往堆积发酵时间较长，因此叶色多呈油黑和黑褐。最早的黑茶是由绿毛茶经蒸压而成的“边销茶”。由于茶叶要运输到西北地区，当时交通不便，运输困难，必须减少体积，蒸压成团块。在加工成团块的工程中，要经过二十多天的湿坯堆积，所以毛茶的色泽逐渐由绿变黑。成品团块茶叶的色泽为黑褐色，并形成了茶品的独特风味。黑茶主要供边区少数民族饮用，所以又称“边销茶”。黑毛茶是压制各种紧压茶的主要原料，各种黑茶的紧压茶是藏族、蒙古族和维吾尔族等兄弟民族日常生活的必需品，有“宁可一日无食，不可一日无茶”之说。黑茶因产区和工艺上的差别有湖南黑茶、湖北老青茶、四川边茶和滇桂黑茶之分。

2. 再加工茶类

再加工茶类主要包括花茶、紧压茶、果味茶、药用保健茶、萃取茶、含茶饮料等六大类。

(1)花茶。由茶叶和香花拼和窨制而成，利用茶叶的吸附性，使茶叶吸收花香。窨制花茶的茶坯，主要是烘青绿茶及少量的细嫩炒青绿茶。花茶集茶味与花香于一体，茶引花香，花增茶味，相得益彰，既保持了浓郁爽口的茶味，又有鲜灵芬芳的花香。生产花茶的主要省(区)有福建、广西、江苏、湖南、浙江、四川、广东、台湾等。花茶品种有茉莉花茶、珠兰花茶、树兰花茶、桂花茶、玫瑰花茶、栀子花茶、白兰花茶等。

(2)紧压茶。以各种散茶为原料，经过再加工蒸压成一定形状的茶叶。多数紧压茶原叶比较粗老，干茶色泽黑褐，汤色橙黄或橙红。紧压茶有防潮性能好、便于运输和储藏的特点。根据原料茶的不同，可分为黑茶紧压茶、绿茶紧压茶、红茶紧压茶和乌龙茶紧压茶，以黑茶紧压茶为主。紧压茶形状以砖形、椭圆凉枕形、正方形、圆柱形、长方形、饼形为主。云南沱茶是著名的黑茶紧压茶。

(3)萃取茶。以成品茶或半成品茶为原料，用热水萃取茶叶中的可溶物，过滤去茶渣取得的茶汤，有的经浓缩、干燥，制备成液态或固态茶，统称为萃取茶。主要有罐装饮料茶、浓缩茶和速溶茶。

罐装饮料茶是用成品茶加一定量热水提取、过滤出茶汤，再加一定量的抗氧化剂(如维生素C等)，然后经装罐、封口、灭菌而成，开罐即可饮用。

浓缩茶是用成品茶加一定量热水提取、过滤出茶汤，再进行减压浓缩或反渗透膜浓缩到一定浓度后装罐灭菌而制成，饮用时只需加水稀释，也可作罐装饮料茶的原汁。

速溶茶是用成品茶加一定量热水提取、过滤出茶汤，浓缩后加入环糊精，并充入二氧化碳气体，通过喷雾干燥或冷冻干燥后制成粉末状或颗粒状，饮用时加热水或冷水冲饮即可。

(4)果味茶。茶叶成品或半成品中加入果汁制成的茶，风味独特，既有茶香，又有果香。我国生产的果味茶主要有柠檬红茶、荔枝红茶、椰汁茶、猕猴桃茶、山楂茶等。

(5)药用保健茶。用茶叶和某些中草药配伍后制成的各种保健茶，使本来就有营养保健作用的茶叶进一步增添了防病治病功效。主要有“枸杞茶”“绞股蓝茶”“明目茶”“杜仲茶”“戒烟茶”“益寿茶”“健胃茶”“降压茶”等。

(6)含茶饮料。在各种饮料配方中加入茶的成分,注重饮料的营养与保健功效。这一类饮料主要有“牛奶红茶”“茶可乐”“茶汽水”“茶酒”(如茶香槟、铁观音茶酒、茅台茶酒、信阳毛尖茶酒)等。

(三)品茶艺术[1]

茶饮方法有煮茶、煎茶、点茶和泡茶之分。饮茶,素有喝茶和品茶之分。《红楼梦》第四十一回《贾宝玉品茶栊翠庵》写了宝玉、黛玉、宝钗到栊翠庵饮茶的情节,妙玉亲手泡茶待客,泡的是君山老君眉,煮的是陈年梅花雪水,盛器是古代珍玩。这样冲泡出来的茶汤,醇和可口,赏心悦目,非一般喝茶可以相比。在饮茶过程中,妙玉还借用当时流行的话说:“一杯是品,二杯即是解渴的蠢物,三杯便是驴饮了。”妙玉的话,可谓一语中的,说明喝茶与品茶不仅有“量”的差别,而且还有“质”的区分。喝茶,主要是为了解渴,满足人体生理的需要,所以,重在数量,往往是急饮快咽。现今不少人饮茶,往往是几口喝下或一饮而尽,这种饮茶,纯属解渴,并无欣赏与趣味可言。例如北方的大碗茶,南方的凉茶,它们的主要目的是为解渴消暑。

即使是喝茶,也不能“只求杯中有茶叶,管他冬夏与春秋”,应该四季有别:春喝花茶,因为花茶能够助人发散冬季久积体内的寒气;夏喝绿茶,因为绿茶能去火;秋喝青茶,因为青茶具有清除体内积热的功效;冬喝红茶,因为红茶可以生热暖腹,增强人体抗寒能力。

品茶,重在意境,把饮茶看作是一种艺术欣赏,精神享受。为此,饮茶时要在“品”字上下功充,要细细品啜,徐徐体察,通过观其形、察其色、闻其香、尝其味,使饮者在美妙的色、香、味、形中情感得到陶冶。这种重在“精神”的饮茶方式,只可意会,难以言传。

1. 观茶

因各人偏好的差异,难对好茶下准确的定义。有人喜欢喝清醇的绿茶,有人喜欢喝馥郁的乌龙茶,有人喜欢喝甘香的花茶,有人喜欢喝厚滑的普洱茶,饮茶者各有各的爱好,各有各的追求。在冲泡前品茶,应从茶叶的外形、色泽、香气来观察茶叶的品质。首先,从外形看,好茶叶的色泽、大小、长短一致。不同茶类的

[1] 姚德坤,王存礼. 中国茶文化[M]. 上海:上海文化出版社,1991:73.

茶的加工工艺不同,因而成品茶的形状也不一样,欣赏工艺精良的茶形也是一种享受。其次,从色泽看,好茶带有油润的光泽,如果色感暗淡枯干,则可能储存时间过长或者不当。欣赏了茶叶的外形后,还应细嗅茶叶的香气。好茶有一股清幽怡人的香气,或淡雅,或浓烈,闻之使人神闲意远。

2. 冲泡

要获得一杯上好的香茗,需要做到茶、水、火、器四者相配,缺一不可。

(1)冲泡之水[1]。水不但是茶的色、香、味、形的载体,而且在饮茶时愉悦感的产生,无穷意会的回味,以及茶中各种物质进入茶汤,都能通过水来实现。并且,要吸收茶叶的各种营养成分,发挥茶叶的药理功能,也都要用水冲泡茶叶,如果水质欠佳,茶叶中的许多内含物质受到破坏,饮茶时既闻不到茶香,又尝不到茶味,也就无法给人们带来物质和精神方面的享受。明代戏剧家、文学家张大复在《梅花草堂笔谈》中说:“茶性必发于水,八分之茶,遇十分之水,茶亦十分矣;八分之水,试十分之茶,茶只八分耳。”由于茶与水关系至深,所以在中国饮茶史上,许多文人学士,不远千里,登庐山品谷帘泉水,赴济南汲趵突泉水,去镇江尝中泠泉水,奔无锡试惠山泉水……美泉虽好,并非随处可得。唐代茶圣陆羽在《茶经》中指出:“其水,用山水上,江水中,井水下。其山水,拣乳泉石池漫流者上。”

现代茶学研究表明,泡茶用水有软水和硬水之分。凡每升钙、镁离子含量不到8mg的称为软水,大于8mg的称为硬水。硬水分为永久性硬水和暂时性硬水。一般说来,只有雪水和雨水以及加工而成的纯净水和蒸馏水才称得上是软水,其他如泉水、江水、池水、湖水和井水等,都是硬水。用软水沏茶,香味高醇,但软水不可多得,也不可常得。另一方面,像雨水和雪水,虽然未曾落地,却也会受大气污染而含有尘埃和其他溶解物,甚至不及江湖之水。用硬水沏茶,会损坏茶的纯洁“本色”。永久性硬水含有钙、镁硫酸盐和氯化物,经煮沸仍然溶于水,不同的矿物离子对茶色和滋味有很大影响,使茶汤变苦变涩,不可泡茶。但暂时性硬水因其主要成分是碳酸钙和碳酸氢镁,一经高温煮沸,就会立即分解沉淀,使硬水变为软水,因此同样能泡得一杯香茶。酸碱度大于7的偏碱或碱性水不能泡茶,这是因为碱性水能使茶汤中的茶黄素氧化,使茶汤颜色变暗;同时,碱性水中的氯离子还会与茶汤中的茶多酚相互作用,从而使茶汤表面产生一层“锈油”。

---

[1] 姚国坤. 茶文化概论[M]. 杭州:浙江摄影出版社,2004:55.

城市自来水可能含有较多的用来消毒的氯气，还可能含有较多的铁质，如果用这种水沏茶，会严重损害茶的香味和色泽。氯化物与茶中的多酚类化合物发生作用，会使茶汤表面形成一层"锈油"，饮茶时会感到苦涩味。当水中的铁离子含量超过万分之五时，就会使茶汤变成褐色。所以，用自来水沏茶，最好先将自来水静放一天，待氯气等散发后再煮沸沏茶，或者用净水器将水净化后再做沏茶用水。

(2)烧水之法[1]。好茶需要好水沏泡，而有了好水还需有好的烧水方法，才能泡出一杯好茶来。烧开水应做到"老""嫩"适度，以初沸为宜，不能用文火慢烧或久沸，也不能用多次回烧的开水，或用锅炉蒸汽长时间加热煮沸的开水。陆羽《茶经·五之煮》认为，煮茶的水只能三沸："其沸，如鱼目，微有声，为一沸；缘边如涌泉连珠，为二沸；腾波鼓浪，为三沸。以上水老不可食也。"就是说，水烧到开始出现鱼眼般的气泡，微微有声时，就是第一沸。继续烧，边缘就像泉涌连珠时，是第二沸。到了水面似波浪般翻滚奔腾时，为第三沸。如再继续煮，水就过老而不适宜泡茶了。

(3)泡茶水温。泡茶的水温要根据不同的茶叶来确定。绿茶属于不发酵茶，芽叶细嫩，特别是高档绿茶和名茶，一般用80℃左右的水冲泡为宜。如果用100℃高温水冲泡，很容易把茶叶烫熟，并破坏茶叶中的维生素C，使茶汤变黄，茶味变苦。对于较粗老的中低档绿茶，则要用95℃—100℃的高温沸水冲泡，否则茶叶中的有效成分不容易浸出，茶味很淡。

红茶是发酵茶，要用沸水冲泡。

乌龙茶、普洱茶和沱茶，茶叶较粗老，多用茶壶冲泡，用茶量较多，所以必须用沸水冲泡，以致它们独特的香气以及甘醇的滋味显现出来。

(4)茶水比例。每次用多少茶叶，并无统一的标准，人们在沏茶时注意茶水比例，主要根据茶叶种类、茶具大小以及消费者的饮用习惯而定。一般认为，冲泡红茶、绿茶及花茶，茶水比可掌握在1:60—1:80为宜。若用玻璃杯或瓷杯冲泡，每杯约置3克茶叶，注水180ml—220ml。品饮铁观音等乌龙茶时，要求香、味浓度高，用若琛杯(若琛杯是清代制杯名家若琛所制，它的特点是小、浅、薄、白。后人为了纪念他，所以就把品茗杯称为若琛杯)品尝，茶水比可大些，1:30左右。用壶泡乌龙茶时，茶叶体积约占壶容量的1/2左右。紧压茶用煮渍法时，茶水比可用1:80，冲泡法时茶水比略大，约1:50。品饮普洱茶，如用冲泡法时，茶

[1] 严英怀，林杰. 茶文化与品茶艺术[M]. 成都：四川科学技术出版社，2003：70.

水比一般为1:30—1:40。

(5)器皿选择。俗话说:"水为茶之母,壶是茶之父。"饮茶器具,不仅是饮茶时不可缺少的一种盛器,具有实用性,而且还有助于提高茶叶的色、香、味。同时,一件高雅精美的茶具,本身还具有欣赏价值,富含艺术性。

从品茶角度而言,以瓷质和陶质茶具最好,因为传热不快,保温适中,茶叶在其中不会发生化学反应,沏茶能获得较好的色香味效果,同时此类茶具造型美观,装饰精巧,具有一定的艺术欣赏价值。但是,陶瓷茶具不透明,缺点是人们无法观赏茶具中茶叶的色泽和形态。玻璃茶具虽有烫手、易碎的缺点,但用来冲泡一些名茶,如龙井、碧螺春、君山银针、黄山毛峰等,可见杯中轻雾缥缈,澄清碧绿,朵朵茶芽,亭亭玉立,或旗枪交错,上下沉浮,令人赏心悦目,是种艺术享受。搪瓷、塑料茶具虽有轻便、耐用之优点,但只能是为了解渴而使用,品茶时一般不用。

3. 闻香

闻香应由远及近,再由近及远来回几次,使香味具有层次感,犹如香风阵阵吹来。茶叶香气由多种芳香物质组成,不同的茶叶具有不同的香气,如栗子香、果味香、清香、花香等。例如,原料细嫩、制作精良的名优绿茶具有清香味和嫩香味,香气清纯,柔和持久,香虽不高但缓缓散发。有的绿茶似熟板栗、熟玉米的香气,有的绿茶还带有兰花香。功夫红茶则带有干果香、蜜糖香,祁门红茶具有蜜糖香、兰花香。乌龙茶会散发出各种类似鲜花的香气。花茶因窨制用花不同,各具独特花香,代表性的有茉莉花香、玫瑰花香、桂花香、栀子花香等。

4. 品味

嗅闻茶汤的香气、观察杯中的茶色之后,即可品尝茶汤的滋味。"品"字分三个"口"字,吃口要小,不能举杯一饮而尽。不论何种名茶泡出来的茶汤,初入口时,都有或浓或淡的苦涩味,但咽下之后,很快就口里回甘,韵味无穷。茶汤入口后,不要立即下咽,而要在口腔中停留,使之在舌的各部位打转,充分感受茶中的甜、酸、鲜、苦、涩五味,才能充分欣赏茶汤的美妙滋味。

(四)斗茶[1]

斗茶,又称茗战。它是宋、元、明时期,上至宫廷,下至民间,普遍盛行的一种

[1] 姚国坤. 茶文化概论[M]. 杭州:浙江摄影出版社,2004:136-138.

审评茶叶优劣的方法。斗茶的兴起，在很大程度上与贡茶制度有关。北宋茶学家蔡襄在《茶录》中提到：斗茶之风先由唐代名茶、南唐贡茶产地建安兴起，用斗出的最佳名品作为贡茶。明代以后，对斗茶的记载不多，斗茶逐渐演变为品评泡茶的技艺和评比名优茶的方法。现代斗茶是茶文化节的一项重要内容。现代各产茶省份召开的名茶评比会，其实就是古代斗茶的延续，有的也直接把评茶称作斗茶。斗茶促进了名茶的发展，使茶叶品质不断提高，对创制和发掘名茶，改进制茶工艺，都有积极的作用。

斗茶时，既要讲究茶品，又要注重水质，还要重视技艺。现代斗茶主要从外形、汤色、香气、味道和叶底五方面衡量茶叶质量[1-2]。

1. 外形

茶叶外形既可以反映原料的老嫩，又可以判断制茶技术的优劣。一般地，外形按嫩度、条形、色泽、净度四个方面评价。

不同茶叶的条形有所区别。西湖龙井的条形是扁的，以翠绿为上品。毛峰一类的茶叶要求毛茸越多越好，叶片要求完整。有些茶叶还有特殊形状，如有的茶叶摆成菊花状，如“君山银针”；有的茶叶制成螺状，如“碧螺春”；有的茶叶呈珠状，如“铁观音”。

2. 香气

香气在茶叶质量评比中占重要地位。香气主要评香型、香气高低度、鲜爽度、纯度和持久性。

中国茶叶的香型很多，如细嫩炒青往往有板栗香，细嫩烘青有嫩香，白茶珍品有毫香，祁门红茶有蜜糖香（即著名的祁门香），乌龙茶有鲜花香，而且香气中带有韵味。花茶的香气是人工窨制出来的，有些茶叶的香气来自茶园周边的植物。

香气高低与原料和加工工艺有关。鲜叶质量越好，加工工艺越高，茶叶的香气越高。一般地，鲜叶原料越好，芳香物质成分越多；加工工艺水平越高，香气成分的形成和转化越充分，茶叶的香气越高。

鲜爽度与茶叶的香气有一定的关系。鲜爽的香气，就像呼吸森林里的新鲜空气那样，有“悦鼻”的感觉。氨基酸含量越高，鲜爽程度越高。

纯度是指茶叶应有的正常香气，不应夹杂有其他异味。香气越持久，茶叶品质越好。

---

[1] 黄志根，徐波. 中华茶文化[M]. 杭州：浙江大学出版社，2000：102-106.

[2] 崔进. 旅游文化纵览[M]. 北京：中国旅游出版社，2000：339-340.

3. 汤色

一般地，新茶要评汤色，特别是名茶，汤色是反映品质高低的一个重要指标。茶的汤色主要从色度、明亮度和浑浊度三方面评价。

茶汤色度因茶而异。绿茶要求汤色绿或嫩绿、黄绿，如果汤色泛黄、色度深，可能是粗老茶或陈茶。绿茶不能有“红梗”“红叶”“黄叶”，绿茶中的“红梗”“红叶”与加工有关，“黄叶”与采摘有关。红茶汤色要求红艳，如果汤色过浅，或者原料粗老，或者发酵不足；如果汤色太深，可能是发酵过度。

明亮度是茶叶的亮暗程度，茶汤表面反光较为充沛的，为明亮度高。一般地，越是高级茶或新茶，茶汤就越明亮。

一般地，浑浊度越大的茶叶品质越差。清澈的茶汤，汤色纯净透明，无杂质，不浑浊。茶汤清澈透明是细嫩炒青或细嫩烘青的品质特征之一。

4. 味道

品味时，要看茶叶的鲜爽和醇厚程度。茶多酚是茶叶中的水溶性成分，释放出来的茶多酚越多，茶味也越浓越醇厚。一般地，茶叶味道越纯正，茶叶质量越好。茶类不同，味道有差异。名优绿茶味道要达到“醇、厚、鲜”，工夫红茶味道讲究“醇、鲜、甜”，红碎茶的味道是“浓、强、鲜”。茶叶加工或储藏、包装不当，往往使茶叶出现异味。

5. 叶底

看叶底，主要是看嫩度和匀度。

二、茶具与茶馆

中国茶具，种类繁多，造型优美，兼具使用和鉴赏价值，为历代饮茶爱好者所青睐。随着饮茶之风盛行，茶馆在城乡悄然兴起，成为人们休闲、娱乐、商务活动的重要场所。

(一)茶具[1]

随着时代的进步和饮茶方式的变化，茶具的种类也在不断变化。中国人最早没有专门的茶具，煮茶、饮茶用的是日常的饮食器具。到了唐代，饮茶之风盛行，诞生了煮茶饮茶的专门器具。唐代的饮茶方法是烹煮，所用茶具较为复杂，

[1] 黄志根，徐波. 中华茶文化[M]. 杭州：浙江大学出版社，2000：202-211.

据陆羽《茶经》记载，就有贮茶、炙茶、煮茶、饮茶用具29件之多。宋代盛行点茶（将茶碾成细末，置茶盏中，以沸水点冲），蔡襄《茶录》记述的茶具有茶焙、茶笼、砧椎、茶铃、茶碾、茶罗、茶盏、茶匙、汤瓶9种。明代以后改为散茶冲泡，茶具简化了，以茶壶、茶盏为主。从质地上看，除了传统陶瓷茶具外，清代出现了漆器茶具，到了近现代则又出现了玻璃茶具、搪瓷茶具、塑料茶具等。

1. 紫砂茶具

紫砂茶具由陶器发展而成，始于宋代，盛于明清，流传至今。以江苏宜兴制作的紫砂茶具最为著名。紫砂茶具取天然泥色，大多为紫砂，亦有红砂、绿砂，造型古朴，色泽典雅，光洁无瑕。历史上，紫砂茶具曾有“一壶重不数两，价重每一二十金，能使土与黄金争价”的记述。

紫砂茶具具有“不夺香，又无熟汤气”的品质，用其“泡茶不走味，贮茶不变色，盛夏不易馊”，且传热缓慢，不易烫手，用它煮茶也不会爆裂。

紫砂器使用的时间越长，器身就越光亮，这是因为茶水本身在冲泡过程中可以养壶。壶体能吸收茶的香气，用常沏过茶的紫砂壶偶尔不放茶叶，其水也有茶香味。紫砂壶的泥色与经常冲泡的茶叶有关，泡红茶时砂壶会由红棕色变成红褐色，泡绿茶时砂壶会由红棕色变成棕褐色，壶色富于变化，耐人寻味。但是，紫砂茶具色泽多数深暗，用它泡茶，对茶叶汤色均不能起衬托作用，对外形美观的茶叶也难以观察姿色，这是其美中不足之处。

独特的宜兴紫砂文化是中国悠久的陶文化与成熟于唐代的茶文化相互融合的产物，主要表现在造型、泥色、书法、绘画、雕塑、铭款和篆刻等方面。紫砂高手善于以壶为主体，融合多种艺术，使其神形兼具。宜兴紫砂艺术方面最大的特点是素质、素形、素色、素饰，不上彩，不施釉。其质朴无华的特有品性，使人们对它情有独钟。

2. 瓷器茶具

瓷器茶具采用长石、高岭土、石英为原料烧制而成，质地坚硬致密，表面光洁，吸水率低。薄者可呈半透明状，敲击时声音清脆响亮。瓷器茶具保温、传热适中，能较好地保持茶叶的色、香、味、形之美。

按品种，瓷器茶具分为白瓷茶具、青瓷茶具、黑瓷茶具和彩瓷茶具等几个类别。

白瓷，早在唐代就有“假玉器”之称。以江西景德镇为最著名，其次如湖南醴陵、河北唐山的白瓷茶具等也各具特色。白釉茶具适合冲泡各类茶叶。

青瓷茶具晋代开始发展。宋时，浙江龙泉哥窑生产的青瓷最负盛名，以其造型端庄、釉色翠青如玉著称，被誉为“瓷器之花”。青瓷因色泽青翠，用来冲泡绿茶，有益汤色之美；用它冲泡红茶、白茶、黄茶、黑茶，则易使茶汤失去本来面目，似有不足之处。

黑瓷茶具，始于晚唐，鼎盛于宋。宋代流行的斗茶为黑瓷茶具的崛起创造了条件。宋人衡量斗茶的效果，一看茶面汤花色泽和均匀度，以“鲜白”为先；二看汤花与茶盏相接处水痕的有无和出现的迟早，以“盏无水痕”为上。南宋祝穆在《方舆胜览》中说，“茶色白，入黑盏，其痕易验”。宋代的黑瓷茶盏，成了瓷器茶具中的最大品种。福建建窑、江西吉州窑、山西榆次窑等，为黑瓷茶具的主要产地。

彩色茶具的花色品种很多，尤以青花瓷茶具最引人注目。元代中后期，景德镇成了青花瓷茶具的主要产地。青花瓷茶具是指以氧化钴为呈色剂，在瓷胎上直接描绘图案纹饰，再涂上一层透明釉，经高温烧制而成。古人将黑、蓝、青、绿等诸色统称为“青”，故古人“青花”的含义比今人要广。它的特点是：花纹蓝白相映成趣，有赏心悦目之感；色彩淡雅且幽，有华而不艳之丽，加之彩料之上涂釉，滋润明亮。

3. 漆器茶具

漆器茶具始于清代，较著名的有北京雕漆茶具，福州脱胎茶具，江西波阳、宜春等地生产的脱胎漆器等。脱胎漆茶具古朴典雅，形状多姿多彩，有“宝砂闪光”“金丝玛瑙”“釉变金丝”“仿古瓷”“雕填”“高雕”和“嵌白银”等多个品种，通常是一把茶壶连同四只茶杯，存放在圆形或长方形的茶盘内，壶、杯、盘常呈一色，多为黑色，也有黄棕、棕红、深绿等色，并融书画于一体，饱含文化意蕴。漆器茶具轻巧美观，色泽光亮，明镜照人，不怕水浸，耐湿、耐酸碱腐蚀。

4. 金属茶具

金属茶具是指由金、银、铜、铁、锡等金属材料制作而成的器具。它是我国最古老的日用器具之一。隋唐时，金银器具的制作达到高峰。但从明代开始，随着茶类的创新，饮茶方法的改变，以及陶瓷茶具的兴起，金属茶具逐渐被淘汰。虽然用金属茶具煮水泡茶会使“茶味走样”，但用金属制成贮茶器具，如锡瓶、锡罐等，因其密闭性好，具有较好的防潮、避光、防异味功能，有利于散茶的保藏。因此，至今仍流行使用金属器具作为贮茶器具。

5. 竹木茶具

隋唐以前的饮茶器具，除陶瓷外，民间多用竹木制作而成。竹木茶具，轻便实用，取材简易，制作方便，对茶无污染，对人体无害，自古至今，一直受到茶人的欢迎。缺点是不能长时间使用，无法长久保存。清代，四川出现了竹编茶具，它既是一种工艺品，又富有实用价值，主要品种有茶杯、茶盅、茶托、茶壶、茶盘等，多为成套制作。竹编茶具由内胎和外套组成，内胎多为陶瓷类饮茶器具，外套用精选慈竹制成粗细如发的柔软竹丝，经烤色、染色，再按茶具内胎形状、大小编织嵌合，使之成为整体如一的茶具。这种茶具，色调和谐，美观大方，而且能保护内胎，减少损坏；同时，泡茶后不易烫手，并具有艺术欣赏价值。因此，多数人购置竹编茶具，不在其用，而重在摆设和收藏。

6. 玻璃茶具

目前，玻璃茶具在茶叶泡饮中占有重要地位。玻璃杯泡茶，茶汤的鲜艳色泽，茶叶在整个冲泡过程中的上下浮动，叶片的逐渐舒展等，都可以一览无余。特别是冲泡各类名茶，茶具晶莹剔透，杯中轻雾缥缈，澄清碧绿，芽叶朵朵，亭亭玉立，观之赏心悦目，增添了品茶的情趣。而且玻璃杯价廉物美，深受广大消费者的欢迎。但它传热快，不透气，容易破碎，茶香容易散失。

（二）茶馆

茶馆，古时称茶楼、茶亭、茶坊、茶肆、茶园、茶社、茶室、茶寮等，是以饮茶为中心的综合性活动场所。茶馆随着饮茶的兴盛而出现，随着城镇经济、市民休闲的发展而兴盛。中国茶馆之多，冠于世界，并逐渐形成了各具地域特色的茶馆文化。

中国著名文学家老舍的代表作《茶馆》，以旧时北京裕泰茶馆为社会活动的舞台，以其三个不同时代的兴衰及与其相关人物的遭遇，揭露了旧中国不断衰弱的根源。从茶馆这一载体中，人们看到的是中国社会的动荡和变迁。现代茶馆已经成为体现茶之善的载体，人们可以在各具特色的茶馆里寻找乐趣和知己。“和”是茶馆文化的核心，茶馆的一切言行都以“和”为基础。悠闲、轻松、祥和，是茶馆特有的环境氛围。茶馆不仅具有单纯的经营茶水功能，还具有其他社会功能：消息荟萃的中心，访亲会友的去处，洽谈生意的场所，驻足散心的驿站。

1. 杭州茶馆

二十世纪九十年代中期是杭州茶馆大发展时期。杭州人积极汲取双峰脚下中国茶叶博物馆的灵气，在做深龙井茶学问的同时，努力向市民普及中国茶和茶文化。1994年，杭州出现了第一个展示茶艺的茶馆——太极茶馆。此后，杭州每年都会出现各具特色的茶馆。这些茶馆一时成为杭州茶馆业的代表，培育出了一个讲究环境、追求品位和消费的吃茶市场。各地茶人对杭州的茶馆都有很高评价。

杭州茶馆的密度在全国数一数二,并且逐渐形成了几个流派:有以茶艺为主的,如太极茶馆;有讲究茶馆生态环境的,如门耳茶坊;有以茶点著称、场面宏大的,如青藤茶馆;也有集欣赏、品茶于一体的文化性茶馆,如和记茶馆、紫艺阁茶馆。

与成都相比,杭州茶馆的数量不如成都,但茶馆的文化气氛更胜一筹。杭州茶馆讲究名茶名水之配,讲究品茗赏景之趣,自有一种儒雅、诗意的情致。另外,杭州茶馆习惯叫"茶室",也别有意境。"室",既可以是文人的书室,又可以是佛道的净室,总离不开雅洁清幽的意境,清新自然的文化氛围,超凡脱俗的"仙""佛"之气。

2. 四川茶馆

我国的饮茶风尚始于巴蜀,四川茶馆在我国最具代表性,其中成都茶馆最为有名。四川有句谚语叫"头上晴天少,眼前茶馆多"。四川茶馆讲究待客态度、铺面格调、茶具、茶汤和操作技艺配套服务。正宗川茶馆应是紫铜茶壶、锡茶托、景瓷盖碗、圆沱茶、好幺师(茶博士),样样皆精。茶幺师的斟茶技巧是四川茶楼一道独特的风景线。水柱临空而降,泻入茶碗,翻腾有声,须臾之间,戛然而止,茶水既略低于碗口,碗外也无一滴水珠。这既是一门绝技,又是一种艺术的享受。成都茶馆社会功能强,多是"摆龙门阵"或看小戏的地方,儒雅味逊于杭州,但它的简朴随意给人营造了一种返璞归真、亲密相处的氛围。因此,与杭州相比,成都茶馆的大众休闲味独树一帜。

3. 北京茶馆

北京茶馆茶具大多是古朴的盖碗、茶杯。茶馆内设象棋、谜语等,供茶客消遣娱乐。规模较大的茶馆建有戏台,下午和晚上有京剧、评书、大鼓、相声、小品等曲艺演出。北京茶馆种类多,主要分为书茶馆、清茶馆、棋茶馆、野茶馆、大茶馆等。

在北京书茶馆里,饮茶只是媒介,听评书是主要内容。书茶馆直接把茶与文学联系起来,给人以历史知识,又达到了消闲、娱乐的目的。书茶馆布置讲究,有木椅木桌的,有藤椅藤桌的,还有的墙上挂有字画,营造听书的气氛。天桥一带的书茶馆,主要是曲艺,如梅花大鼓、京韵大鼓、北方大鼓、唐山大鼓、梨花大鼓等。

清茶馆陈设雅洁简练,一般是方桌木椅,饮茶皆用盖碗,春、夏、秋三季还在门外或内院搭凉棚，前棚坐散客，室内是常客，院内设雅座，到这种茶馆的多是老年茶客。

北京人爱好郊游，春天踏青，夏季观荷，秋看红叶，冬观西山雪景，于是郊区又出现了野茶馆。野茶馆多设置在风景秀丽之地，一派田园风光，在这种地方饮茶，有返璞归真之感。

北京大茶馆，茶具讲究，一律都用盖碗，一则卫生，二则保温。大茶馆集饮食、饮茶、社会交往、娱乐功能于一体，所以较其他种类茶馆不仅规模大，而且影响深远。

4. 广东茶馆

广东茶馆，习惯称茶楼。茶楼供应饭菜点心，茶中有饭、饭中有茶，是广东茶楼的特色。广东人喜欢饮茶，尤其喜欢去茶馆饮早茶。广东的茶馆有早茶、午茶和夜茶三市，以饮早茶的最多。茶楼的早市清晨四点左右开门。茶客坐定，服务员前来请茶客点茶和糕点，廉价的谓“一盅二件”，一盅指茶，二件指点心。其乡间茶馆一般傍河而建，小巧玲珑，虽不及西湖茶室的儒雅，但不乏质朴幽雅的水乡情趣。广东人喝茶又叫“叹茶”，大概是认为饮茶可感叹出人生万象之故。

5. 上海茶馆

上海是近代茶馆的聚集地，上海人喜欢“孵茶馆”。上海人“孵茶馆”不仅能满足休闲的需求，而且能得到艺术上的熏陶。上海茶馆，绝对数量多，但是每十万人占有茶馆的数量却不及杭州。

三、茶道与茶艺

道是无形的，含有规律和准则的意思。茶道是品茶会友时的一整套礼仪、排场和个人修养的总称，也是在饮茶背景下的有关修身养性、礼仪和交际的特有风俗。茶艺是中国茶道的主要内容。

(一)茶道

中国已有几千年饮茶史，以中国文化为依托，由品茗升华为茶道。中国人不轻易言“道”，在中国饮食、娱乐诸活动中能升华为“道”的只有茶道。中国茶道酝酿于隋朝之前，草创于唐朝，鼎盛于宋明，总体上以中国古代哲学为指导思想，以民族传统美德为追求目标。中国虽然最早提出了“茶道”的概念，但却没有能够旗帜鲜明的以“茶道”的名义来发展这项事业，也没有规范出具有传统意义的茶道礼仪，以致今人往往只知道日、韩有茶道，却对作为日、韩茶道的源头，具有一千多年历史的中国茶道知之甚少。

1. 中国茶道

关于茶道的定义，因切入点不同，茶道爱好者、茶文化学者见仁见智，各有侧重和精辟的见解。有学者认为，中国茶道是“饮茶之道”“饮茶修道”“饮茶即道”的有机结合[1]。“饮茶之道”是指饮茶的综合性艺术，与诗文、书画、建筑、自然环境相结合，把饮茶从日常的物质生活层次上升到精神文化层次，“道”在此作方式、方法、技艺讲。“饮茶修道”是指把修行落实于饮茶的艺术形式之中，重在修炼身心、了悟大道，“道”在此作道德、规范、真理、本源、生命本体讲。“饮茶即道”是指道存在于日常生活之中，饮茶即是修道，即茶即道，“道”在此作真理、实在、本体、本源讲。在中国茶道中，“饮茶之道”是基础，“饮茶修道”是目的，“饮茶即道”是根本。饮茶之道，重在审美艺术性；饮茶修道，重在道德实践性；饮茶即道，重在宗教哲理性。

有学者认为，中国茶道的四谛是“和、静、怡、真”，儒、道、佛诸家思想是正确认识这一真谛的基础[2]。

“和”是中国茶道哲学思想的核心。茶道的“和”其实就是中国儒、道、佛三家思想杂糅的具体体现。和而阴阳相调，和而五行共生，和是中庸之道，和乃“天人合一”。

“静”是中国茶道修习的必由之路。中国茶道是修身养性、追寻自我之道。“静”是中国茶道修习的不二法门。因为静则明，静则虚，静可虚怀若谷，静可内敛含藏，静可洞察明澈，体道入微。可以说：“欲达茶道通玄境，除却静字无妙法。”“和”是因“静”而“和”，没有“静”的氛围和境界，“和”是一份残缺的心灵。中国茶道正是通过茶事创造一种宁静的氛围和一个空灵虚静的心境，达到“天人合一”的“天乐”境界。

“怡”是中国茶道中茶人的身心享受。“怡”者，和悦、愉快之意。“怡”是“静”的怡，“和”的怡，是中国茶道修习实践中的心灵感受。参与中国茶道，可抚琴歌舞，亦可吟诗作画，可观月赏花，亦可论经对弈，可独对山水，亦可翠娥捧瓯，可潜心读《易》，亦可置酒助兴。儒生可“怡情悦性”，羽士可“怡情养生”，僧人可“怡然自得”。中国茶道的这种怡悦性，使得它有着极其广泛的群众基础。这种怡悦性也

[1] 丁以寿. 中国茶道概念诠释[J]. 农业考古，2004(4)：98-100.

[2] 林治. 中国茶道“四谛”[J]. 福建茶叶，1999(4)：43-44.

正是中国茶道区别于强调“清寂”的日本茶道的根本标志之一。

“真”是中国茶道的终极追求。中国人轻易不言“道”，而一旦论道，则执著于“道”，追求于“真”。“真”是“和”的真，“静”的真，“怡”的真。“真”是中国茶道的起点，也是中国茶道的终极追求。中国茶道在从事茶事时所讲究的“真”，不仅包括茶应是真茶、真香、真味，环境最好是真山、真水，悬挂的字画最好是名家名人的真迹，使用的器具最好是真竹、真木、真陶、真瓷，还包含了对人要真心，敬客要真情，说话要真诚，心境要真闲，茶事活动的每一个环节都要认真，每一个环节都要求真。

2. 中国茶道与日本茶道比较

日本的茶道虽源于中国，但却与中国茶道有着不同之处。

中国茶道以儒家思想为核心，融儒、道、佛诸家思想为一体。日本茶道反映了中国禅宗思想，以“和、敬、清、寂”为宗旨。

中国茶道崇尚自然美、随和美；日本茶道程式严谨，强调古朴、清寂美。日本茶道主要源于佛教禅宗，提倡空寂之中求得心物如一的清静之美，强调对人们行为的约束，严肃而正统，但过于注重形式，世人很少能感受到其畅快、自然。中国茶道由于与道教追求清静无为的神仙世界的思想有着渊源关系，因而强调自然美学精神，但是中国茶道没有仪式可寻，影响了茶文化精髓的发挥和传播，其影响范围和深度逊于日本茶道。

中国茶道更具民众性，日本茶道更具典型性。中国茶文化自宋代就深入市民阶层，最突出的代表是大小城镇广泛兴起的茶楼、茶馆、茶亭、茶室。在这些场合，士、农、工、商都把饮茶作为友人聚会、人际交往的手段和生活本身的内容，民间不同地区更有极为丰富的“茶俗”。日本茶道一开始便被当做一种文化、一种完美的艺术来创造，因而其社会性、民众性尚未达到广泛深入的层面。

（二）茶艺

1. 中国茶艺

中国茶艺始于唐代。唐朝宫廷的“清明宴茶会”，明清文人的“茶宴”，寺院的“普茶”，以及现代百姓招待客人的“客来敬茶”，广东、福建的“客家功夫茶”，还有少数民族的饮茶习俗中，都蕴含着茶的“艺”，但多是有实无名。

“茶艺”一词最早出现于二十世纪七十年代的台湾省。当时，为了弘扬茶文化，推广品茗民俗，台湾出现了茶文化复兴浪潮，并在1978年酝酿成立有关茶文化组织时，开始使用“茶艺”一词。原因在于：“茶道”虽然中国自古已有之，已为日本使用在前，如果现在继续使用“茶道”恐怕引起误会，以为是克隆了日本茶道。“茶道”过于严肃，中国人对于“道”字特别敬重，感觉高高在上，要民众很快接受可能不容易，“茶艺”比较平民化。

广义的茶艺是研究茶叶的生产、制造、经营、饮用的方法和探讨茶业的原理、原则，以达到物质和精神全面满足的学问。狭义的茶艺是如何泡好一壶茶的技艺和如何享受一杯茶的艺术。

通俗地说，茶艺就是泡茶的技艺和品茶的艺术，其中以泡茶的技艺为主体。因为只有泡好茶之后才谈得上品茶。而泡茶不仅是一门技术，更是一门艺术。茶艺者不但要掌握茶叶鉴别、火候、水温、冲泡时间、动作规范等技术问题，还要注意在整个操作过程中的艺术美感问题，茶的沏泡艺术之美表现为仪表的美与心灵的美。仪表是茶艺者的外表，包括容貌、姿态、风度等；心灵是指茶艺者的内心、精神、思想等，通过茶艺者的动作和眼神表达出来[1]。

现代茶艺，多以表演艺术的形式出现，如陕西仿唐宫廷茶艺，上海仿清文人茶艺，安徽徽州绿茶茶艺，云南三道茶茶艺，福建乌龙茶茶艺，浙江龙井茶茶艺，湖南擂茶茶艺，江西禅茶茶艺，山西五台山佛茶茶艺等，它们所表现的过程就是茶的泡饮方法。茶艺之“艺”，是因其目的是给人以精神享受；茶艺之“术”，是因其具有很强的操作性和观赏性。茶艺者要通过对环境的设置，茶具、茶品、水品的选择，并借助相关的形体动作，去创造一种艺术境界，给人以愉悦。茶艺自然、朴素、雅静、和谐的内涵，贯穿于一整套规范化的茶艺展示程序之中[2]。“茶艺”的主角多由年轻的姑娘担任，其文化艺术素养、茶艺精湛与否，直接影响茶艺的欣赏效果。备器、净器、温壶、投茶、注水、刮沫、淋壶、“关公巡城”“韩信点兵”，是茶艺的基本程序。

2. 茶艺与茶道

王玲教授在其著作《中国茶文化》第二编《中国茶艺与茶道精神》中指出：“茶艺与茶道精神，是中国茶文化的核心。这里所说的‘艺’，是指制茶、烹茶、品茶等艺茶之术；这里所说的‘道’，是指艺茶过程中所贯彻的精神。有道而无艺，是空洞的理论；有艺而无道，艺则无精、无神……茶艺，有名，有形，是茶文化的外在表现形式；茶道，就是精神、道理、规律、本源与本质，它经常是看不

[1] 陈文华. 中华茶文化基础知识[M]. 北京：中国农业出版社，1999：102-103.
[2] 黄志根，徐波. 中国茶文化[M]. 杭州：浙江大学出版社，2000：229.

见、摸不着的，但你却完全可以通过心灵去体会。茶艺与茶道结合，艺中有道，道中有艺，是物质与精神高度统一的结果。"[1] 蔡荣章先生在《现代茶思想集》中也认为："如要强调有形的动作部分，则使用'茶艺'，强调茶引发的思想与美感境界，则使用'茶道'"；"指导'茶艺'的理念，就是'茶道'。"[2]

概括来说，茶艺是茶道的基础，是茶道的必要条件；茶道以茶艺为载体，依存于茶艺。茶艺的重点在"艺"，重在习茶艺术，以获得审美享受；茶道的重点在"道"，旨在通过茶艺修身养性，参悟大道。茶道的内涵大于茶艺，茶艺的外延大于茶道。

四、茶与儒道释

如果把茶的发现称之为"一泓清泉"，那么中国历史上对传统文化影响最大的儒、道、佛乃为茶文化的"溪流"或"河流"，三者汇为规模更大的"江河"。茶文化的重要精神源泉是儒家思想、道家思想及佛家思想，茶文化中渗透了儒、道、释诸家的深刻哲理和高深的思想[3]。儒、道、释家对茶的崇尚，为茶文化的发展和传播起到了巨大的推动作用。儒家以茶修德，道家以茶修心，释家以茶修性，都是通过茶净化思想，纯洁心灵。

（一）儒家思想与茶文化[4]

中国茶道思想是融合儒、道、佛诸家精华而成，儒家思想是它的主体。儒家把"中庸"和"仁礼"思想引入中国茶道，主张在饮茶中沟通思想，创造和谐气氛，增进彼此的友情。我国茶礼的主要内涵是"和"，在儒家眼里"和"是中，是度，是宜，是当，是一切恰到好处，无过亦无不及。儒家把这种思想引入到茶礼中，在泡茶时，注重冲汤"缓速量适中"就是中庸思想；在奉茶时，强调"礼尊长者"是儒家主张的明礼之伦；在品茶过程中，倡导"饮罢佳若方知深，赞叹此乃草中英"是儒家倡导的谦和之礼；在品茗环境与心境方面，追求"宁静致远隐沉毅"是儒家奉行的俭德之行。

（二）道家思想与茶文化

茶文化中的道家思想，主要反映在尊人、贵生、坐忘、无己、道法自然、返璞归

[1] 王玲. 中国茶文化[M]. 北京：中国书店，1992：87.
[2] 蔡章荣. 现代茶思想集[M]. 台北：玉川出版社，1995：408-410.
[3] 黄志根，徐波. 中华茶文化[M]. 杭州：浙江大学出版社，2000：60.
[4] 龚永新. 茶文化与茶道艺术[M]. 北京：中国农业出版社，2006：27-29.

真上。

在表现形式上,“尊人”的思想常见于对茶具的命名以及对茶的认识。茶人习惯把有托盘的盖杯称为“三才杯”,杯托为“地”,杯盖为“天”,杯子为“人”,意思是天大、地大、人更大。如果连杯子、托盘、杯盖一同端起来品茗,这种拿杯手法称为“三才合一”。

“贵生”是道家为茶道注入的功利主义思想。在道家这一思想的影响下,中国茶道特别注重“茶之功”,即注重茶的保健养生、怡情养性的功能。

“坐忘”即忘掉自己的肉身,忘掉自己的聪明。这为茶道提供了入静的法门。

道家所说的“无己”就是茶道中追求的“无我”。“无我”,并非是从肉体上消灭自我,而是从精神上泯灭物我的对立,达到契合自然、心纳万物。“无我”是中国茶道对心境的最高追求。

“道法自然、返璞归真”的思想,包含了物质、行为、精神三个层次。在物质方面,要求种茶、采茶、制茶、泡茶时必须顺应自然规律。在行为方面,中国茶道讲究在茶事活动中,一切要以自然为美,以朴实为美,动则行云流水,静如山岳磐石,笑则如春花自开,言则如山泉吟诉。在精神方面,道法自然,返璞归真,使自己的心境得到清静、恬淡、寂寞、无为,使自己的心灵随茶香弥漫,仿佛自己与宇宙融合,升华到“无我”的境界。

(三)佛家思想与茶文化

禅宗是佛教中国化的结果。禅宗认为,人都有佛性,即善良的本性,只是妄念太多而被蒙蔽,只要人们及时觉悟,自识本心,自见本性,即与佛无异。通常讲的“茶禅一味”,除了佛教经典中传说茶的来源和达摩老祖有关之外,也不是以某种茶的味道代表禅,而是饮茶能给人“心静”的启示,及时觉悟,不被妄念所困扰,像佛教那样,追求“淡泊宁静”的境界。这里的“味”有哲理之味、生活之味、禅理之味,乃至人生之味。可见,佛教,尤其是禅宗,对升华茶的意境有重要影响。

“茶禅一味”,有人理解为“茶即禅”,“品茗如参禅”。饮茶能清新止欲,养气颐神,故向有“茶中有禅、茶禅一味”之说。

从表面上看,儒家以茶励志,沟通人际关系,积极入世;道家品茗寻求空灵虚静,避世超尘;佛教在茶宴中伴以青灯孤寂,旨在明心见性,无论意境和价值,儒、道、释的取向都是不同的。其实,这种表面的区别确实存在,但各家茶文化精神有一个很大的共同点,即和谐、平静,实际上都以儒家的中庸为主旨。

复习思考题

1. 中国菜系是如何形成的？中国有哪些著名菜系？
2. 理解并举例说明中西饮食文化的差异。
3. 说出适度饮酒、饮茶对于健康的积极意义。
4. 说出酒的分类、中国白酒的香型及代表性名酒。
5. 说出“高山出名茶”的科学道理。
6. 说出茶的命名方式及其代表性名茶。
7. 比较品茶与斗茶的区别和联系。
8. 比较茶道与茶艺的区别和联系。

第八章　宗教文化

宗教是一种社会意识形态，也是一种社会、历史、文化现象。作为社会现象，它为人类社会所特有；作为历史现象，它随着人类历史的发展而发展，是历史发展到一定阶段的产物；作为文化现象，它是人类精神的产物，是文化的组成部分。本章在宗教概述的基础上，结合中国实际，从起源、发展、教义、尊神及文化景观等方面，介绍了在中国影响深远的道教和佛教两大宗教。

当今世界上影响最大的佛教、基督教、伊斯兰教，合称三大世界性宗教。三大世界性宗教，加上中国本土宗教——道教，构成在我国影响范围最广、信徒最多的四大宗教。其中，土生土长的道教和最早传入我国的外来宗教佛教，对我国文化的影响最为深远。中国佛教四大名山和四大石窟、中国道教四大名山等宗教文化景观，在国内外享有盛誉。

宗教文化是重要的旅游资源。中国幅员辽阔，拥有丰富多彩的宗教文化旅游资源，如历史悠久的宗教建筑，精彩纷呈的宗教节庆，神秘庄重的宗教仪式，以及宗教饮食、宗教习俗、宗教器物等。这些丰富的宗教旅游资源，或开发成为宗教文化主题的旅游地，或为自然旅游地增添了文化韵味，成为中国旅游产品中不可或缺的组成部分，吸引着众多中外游客。

认识宗教文化，还要将宗教与迷信、民俗区分开来。宗教和迷信差别很大（表8-1）。我国政府允许宗教存在，公民信教自由，反对和打击邪教，严禁和打击封建迷信活动。宗教旅游不等于烧香拜佛，求签算命，购买开光纪念品，观赏宗教建筑及宗教园林，还有很多深层次内容，如启迪智慧，道德培养，心理安慰，重塑人生价值，益智健身，放松精神，治病疗养等。祭祀扫墓、行跪拜礼是民俗，不是迷信，也不是宗教。还要将日常生活中的民俗与民俗旅游区别开来，前者要注意移风易俗，后者要程式化、有限舞台化等。

表8-1 宗教与迷信的异同

		宗教	迷信
相同点		都相信或崇拜超自然的神秘力量,都是自然和社会力量在人们意识中的一种虚幻、异样的反映	
不同点	宗旨	宣传精神信仰	装神弄鬼
	对信徒的要求	除要求信徒遵守教规外,别无他求	要求信众贡钱纳物
	教义和教规	有严格的组织,系统的理论,特定的崇拜对象和法衣、法器等	没有特定的教义、教规
	活动场所和活动内容	有固定的活动场所和方式,活动以诵经为主	没有固定的活动场所,靠装神弄鬼、拆字算命等骗钱

第一节 概述

“宗教”在英语中为religion,源于古罗马时代的拉丁语relegere和religare。前者意为“人对神圣的敬仰和尊崇”,后者意为“人与神灵的再结合”。汉字“宗”字是会意字,同祖所祭者为宗。“教”是会意兼形声字,意为“古之圣人用神道来教化百姓”。可见,原始意义的宗教是指与神和祖先有关的活动。现代意义的宗教,作为一种普遍的社会历史文化现象,是支配人们的自然和社会力量以超自然、超人间的形式在人们头脑中的反映,还包括相信、崇拜这种特殊意识形态的社会实体。

一、宗教的起源

宗教既非与天地同生,也不是与人类同时产生,而是一定历史阶段的产物。现代科学证明,50万年前的“北京猿人”洞穴里,没有与宗教观念有关的任何痕迹。在我国,人类最早的宗教观念产生于距今4万至1.8万年前的“山顶洞人”时代。“山顶洞人”墓葬中用朱砂粉饰尸体,与“万物有灵”的宗教观念相关。

宗教起源于早期人类对自然的迷惑和无知,整个起源大体可以概括为四个方面[1]。

(一)自然根源

刚刚从动物中分离出来的原始人,生存受到自然界的威胁和压迫,对自然界茫

[1] 丁汉儒. 中国宗教理论和政策纲要[M]. 兰州:兰州大学出版社,2006:33-35.

然不解，心理上产生依赖、恐惧。他们将不解的自然现象与人类自身进行类比，赋予自然物以自身的感情，用敬畏的态度对待它们。这种虚幻观念是原始人最初的宗教观念，是从原始人对"周围外部自然的、错误的、最原始的观念中产生的"。

(二)认识根源

宗教观念是人类高级思维活动的产物。一般认为，灵魂观念是最初的原始宗教观念之一。原始人的抽象思维活动具有二重性，错误地认为在人的肉体之中还有一个同躯体相伴随的东西——灵魂，它可以和躯体相分离而独立存在。灵魂观念的产生，是原始人抽象思维活动的升华，是人类认识能力的飞跃，对于宗教的起源和发展具有重要的作用。

(三)社会历史根源

人类进入阶级社会后，阶级压迫较之自然压迫有过之而无不及。统治阶级对原始宗教观念加以改造，使之更好地适应阶级社会的需要，以巩固统治。于是，自然宗教发展成人为宗教。这是宗教存在和发展的主要根源。

(四)心理根源

宗教的产生还同人的精神、情绪、情感和体验相关。古罗马诗人斯坦希亚曾经说过，"恐惧创造神"。痛苦、悲伤、孤独的情感，消极低沉的情绪等，都有助于产生关于死亡、命运等宗教观念。

二、中国宗教的特点

中国宗教源远流长，在其漫长的历史发展过程中，不断变换着内容和形式。与西方国家或地区的宗教相比较，中国宗教有其自身的特点[1]。

(一)多种宗教并存，民众宗教信仰多元化

中国是一个多民族和多宗教的国家，从世界性宗教到本土道教，乃至最原始的萨满教同时存在。其中，佛教、基督教和伊斯兰教属于外来宗教。但是，外来宗教一经传入，即吸纳中国传统文化的某些元素，逐渐中国化，成为具有中国特

[1] 詹石窗，盖建民. 中国宗教通论[M]. 北京：高等教育出版社，2006：7-9.

色的宗教。

多神崇拜是中国宗教的一个特征。中国传统宗教的源头是中国的原始宗教，其以自然崇拜、英雄崇拜和偶像崇拜的形式表现出原始的宗教信仰特征，即多神崇拜。这一特征经夏商周三代至秦汉以来一直绵延不断，成为中国宗教的传统。受这一传统的影响，中国宗教表现出很强的兼容并包、和平共存、相互融通的特色。这不仅强烈地表现在儒、释、道三者之间的兼容趋势上，还表现在伊斯兰教、基督教与中国宗教之间的兼容性上。在中国历史上，没有一个宗教像西方那样曾经独占“国教”的地位，历代统治者对各种宗教大多采取支持和保护的宽容政策。与此相联系，对于普通民众而言，其内心世界往往并不明确有一个至高无上的神灵，而是根据现实生活的实际需要来确定自己所崇拜的神。因此，对于中国汉族的广大信众来说，没有严格的教界之分：大多既拜佛教的菩萨，又拜道教的神仙；既拜民间俗神，又供奉自己的祖先。

（二）出世与入世并重，民众宗教意识强调实用性

出世与入世是一切宗教践行活动所必须面对和回答的基本问题。中国宗教根植于中华文化的深厚土壤之中，受中华传统文化“致中和”“道中庸”思想的影响，在出世与入世的问题上，历来有“二者并重”的倾向，强调出世而不离世，一般信徒通常是以一种积极入世的态度来践行宗教信仰活动。

就道教而言，其教义本不限于出世，而是以一种超越世俗的精神，随方设教。它主张出世而不离世，素有济世利人、服务大众的传统。道教创立之初就以除人间疾病、致天下太平为己任，带有明显的积极入世的特征。

佛教作为一种外来宗教，其宗旨主要在于宣扬出世思想。但是，佛教在中国传播过程中，又竭力申明忠于君王，有助于教化人心，其弘法活动能“助王化于治道”，起到巩固社会秩序的作用，深深地打上了“入世”色彩。大乘佛教之所以能盛行于中华大地，也是因为其“大慈大悲、济世度人”的思想引起了广大民众的共鸣。

中国宗教的这种出世而不离世的宗教观，强化了中国宗教信徒实用主义的宗教意识。

“务实求存，注重现世”，是中国民众长期以来形成的一种民族性格，反映在宗教意识层面上，表现出一种以实用主义为主体的信仰心理特征。如果说基督教创造了一种以彼岸世界为欢乐的宗教价值观，把人的精神导向对神的“奉献”

的话，那么中国民众恰好是将宗教价值观作为现实幸福的慰藉，把人的信仰导向对神的“索取”。所谓“无事不登三宝殿”，“用菩萨时挂菩萨，不用菩萨卷菩萨”，“临时抱佛脚”等，正是这种实用主义宗教意识的真实写照。

此外，中国宗教还具有宗教伦理化、宗教活动方术化、民俗化等特点，这在道教和多种民间宗教中表现得尤为突出。

中国宗教的上述特征，不仅对中国宗教本身的发展起到了制约作用，而且作为中国传统文化的特殊表现形式，在更广泛的领域和层面上对整个中国文化产生了深远的辐射作用。

第二节 道教文化

道教是中华民族的本土宗教，表现出中华民族传统信仰的特征，具有鲜明的民族特色，是中国传统文化的支柱之一。它产生于中国封建社会的深厚文化土壤之中，并与儒家思想、中国化的佛教共生共荣，成为中国传统文化重要组成部分。

一、概述

从本质上说，道教是一种以“道”为最高信仰，以古代巫术和鬼神崇拜为基础，吸收黄老道、阴阳五行和儒家谶纬学说，同时带有浓厚的“万物有灵论”和“泛神论”色彩的宗教[1]。

（一）道教的形成和发展

道教的思想渊源最早可追溯到中国古代的鬼神崇拜与巫术、战国的神仙方术和秦汉的道家学说、黄（帝）老（子）学说。同时，道教在发展过程中，吸收了儒家的纲常伦理思想，墨家的“兼爱”“互助”主张，以及中医的养生文化。此外，佛教传入中国之后，佛教的组织、仪则、教规等为道教提供了借鉴，形成了道教“既博采中国传统文化之长，又吸收外来思想”兼容并蓄的教派风格。

1. 道教的创立

道教创立于东汉时期。东汉顺帝刘保年间（126—144），张道陵（原名张陵）在四川大邑鹄鸣山创立五斗米道（因信徒入教必须交五斗米而得名）；东汉灵帝熹平

[1] 沈祖祥. 旅游宗教文化[M]. 北京：旅游教育出版社，2000：113-114.

年间(172—177),张角在河北巨鹿一带创立太平道。南方的五斗米教和北方的太平道是中国最早的两大道教派别。因其基本信徒是劳动人民,依靠平民百姓的力量传播,被称为民间道教;因其教义简单,组织单纯,故称为原始道教。

但是,道教初创时期在北方和南方都遭到了致命的打击。东汉灵帝中平元年(184),张角组织黄巾起义,受到东汉王朝的残酷镇压,以失败告终,太平道组织消亡。东汉献帝建安二十年(215),曹操率十万大军亲征汉中,五斗米道组织随之解体。

2. 道教的发展

(1)成长阶段。魏晋南北朝是道教的成长阶段。虽然道教组织在创立之初受到了严重挫折,但这并没有阻碍道教思想的发展。道教的成仙思想深受统治阶级的青睐,并且逐渐贵族化,出现了"官方道教"。与此同时,道教"长生不老"的观念也赢得了众多社会百姓的信奉,道教更加世俗化、民间化,民间道教进一步发展。

魏晋南北朝的道教表现出以下特征:道教信仰和神仙方术深入民心;形成了完善的道教神仙谱系,确立了"忠孝仁恕信义和顺"的修炼之本,道教的发展方向已经明确;编制道教经典目录,制定斋醮礼仪,规范组织体系,道教逐步正规化和制度化;道教逐渐由民间向官方发展,为道教的成长奠定了稳固的基础。

(2)繁荣阶段。隋唐至北宋时期,道教经历了五六百年的繁荣阶段。隋炀帝曾迎请茅山派道士王远知来洛阳,推动了道教的发展。唐朝李氏王朝,出身平民,受"门第观念"的影响,为提高自己的出身地位,自称是老子李耳的后代,尊老子为鼻祖,给予源于老子思想的道教优厚的待遇。为了进一步神化和巩固统治地位,唐朝推行了一系列措施,鼓励道教发展。唐朝是道教兴盛的顶峰。唐玄宗李隆基不仅自己皈依道教,还号召皇室成员加入道教。唐武宗李炎是唐代皇室的第二位道士皇帝,主张"兴道废佛",因怀疑佛教寺庙里私藏兵器、蓄意谋反,制造了历史上著名的"会昌灭佛"事件,打击了佛教势力,使道教空前繁荣。

北宋统治者为维护统治,继续推行宽松的宗教政策,鼓励道教发展。宋太祖赵匡胤、宋真宗赵恒送女儿入道教,宋徽宗赵佶确立道教节日为全国节日,努力将道教奉为国教。

(3)衰落阶段。总体上,南宋至明清时期,道教渐入低谷,从停滞逐步走向凋零。南宋王朝国力衰弱,受到北方少数民族政权的排挤,迁都临安(今杭州),偏安一隅,道教势力有所削弱。元代,道教出现短暂兴盛局面,但这种兴盛与隋唐时期道教相比，主要不是教理教义上的，而是教团组织上的：新老道派呈现合流的趋势，形成了“北方以全真道为代表，南方以正一道为中心”的格局；王重阳创立的全真道龙门派受到了元朝统治者成吉思汗的赏识，获得了主管天下道教的权力。

明太祖朱元璋一方面推崇道教，另一方面又采取了一些限制道教发展的措施，对道教的态度表现出两面性。朱元璋对道教的尊崇，主要在于政治需要。由于明政权是借助宗教（明教）组织而取得的，因此，他对宗教特别是宗教教团的发展持抑制态度，害怕宗教同农民起义搅在一起，不利于统治。朱元璋曾下令去除道教第四十二代天师张正常的天师封号，削弱张正常的道教领袖地位，只让他继续担任龙虎山教主。

明朝统治者只关注道教个别神灵和道教方术等问题，对整个道教教团组织进行严格管理，这或多或少限制了道教教团的发展，也造成了民间信道者呈现出世俗化倾向，以致道教徒心中弥漫着浓烈的功利思想，这与道教的最根本目的——成仙和济世背道而驰。在这种情况下，道士不太关心道教教理的传播，而是关心自己在现实社会中获得利益的多寡；道士大多不再超脱，而是成为普通的社会成员；甚至符咒禁忌、祈禳去疾、观风望气、风水墓穴等仿佛成了部分道士的正业和谋取生计的重要手段。如此，道教在教团组织与教理上，没有得到多大的发展。

清朝政府对道教采取了严格的限制政策。乾隆皇帝信奉藏传佛教，降低正一真人官阶，由二品降为五品，限制天师职权，取消天师掌管三山（龙虎山、阁皂山、三茅山）的领袖地位，只准其执掌龙虎山，官方道教更加衰落。鸦片战争以后，中国陷入半殖民地半封建社会，一些道教宫观被改造为学校、机关、军营等，道教的俗神祭祀活动陷入停滞状态。

事实上，道教自明代起，日趋世俗化，显示出强大的民间影响力。

（4）新生阶段。新中国成立之后，道教获得了新生。1957年在北京白云观召开了第一届全国道教代表会议，成立了中国道教协会，并积极开展活动。在党和政府宗教信仰自由政策的指导下，召开道教会议、培养道教人才、发行道教刊物、恢复道教仪式等一系列活动全面铺开，促进了道教的复兴和发展。

3. 道教在世界各地的传播

随着中外文化交流和华人移居海外，道教传播到了世界其他国家和地区，并在世界上产生了一定影响。日本、英国、法国、加拿大、美国、澳大利亚及韩国的一些学者，对道教文化有较深的研究。

道教传入日本大约在七世纪末。关于道教传入日本的途径，说法不一：一说由日本“遣唐使”带回日本，一说由朝鲜传入。道教传入日本后，得到了上至朝野政要、下至黎民百姓的社会各阶层的重视，对日本传统文化产生了深远的影响。中国道教并非原封不动被朝鲜吸收，而是与朝鲜固有的神仙思想、天神信仰以及佛教等相融合，形成了具有朝鲜特色的道教。

东南亚华侨和华裔人口众多，道教影响力较大。早在唐代，东南亚民众开始信仰道教，如今东南亚各国信奉的海神“妈祖”就是道教神灵。

近年来，道教在欧美国家传播并产生了一定的影响。欧美各国的道教信徒以华侨为主，本地居民中虽然信仰道教的人不多，但对道教的养生学说感兴趣的人却不在少数。

4. 主要宗派

道教在发展过程中，产生过很多派别，东汉时期的五斗米道和太平道，宋元时期的正一道、全真道、真大道、太一道和净明道五大宗派，都是著名的宗派。依据共同尊奉的祖师、共同信奉的教义、共同遵守的戒律、共同信仰的道术和共有的祖庭，道教的主流宗派是“正一道”和“全真道”（表8–2）。

表8–2　正一道与全真道的区别

教派	正一道	全真道
创立	源于东汉张道陵创立的五斗米道	创立于金朝初年，创始人是王重阳
教义	《正一经》	《道德经》《孝经》《般若心经》
戒律	居家道士，可以不居宫观，不蓄发，不戒荤腥，可婚娶生子	讲求清修，道士必须出家、吃素，不取妻室
道术	崇拜神仙，画符念咒，驱鬼降妖，祈福禳灾	主张生（命）道（行）合一，通过筑基（修复体内的精气神）、炼精化气、炼气化神、炼神还虚四个阶段的修炼，达到长生不老的境界

（二）道教的教义和典籍

宗教教义是指宗教所信奉和宣扬的神学义理。宗教典籍指与宗教有关的法典、图籍等重要文献。

1. 道教的基本教义

（1）宣传“道”是“万物之母”，是宇宙万物中最核心的东西。道教奉老子为最高天神，以其著作《道德经》为经典，以《道德经》中两个基本概念“道”和“德”为最根本的信仰。道教认为，“道”是万物之母，宇宙由“道”派生，宇宙生元气，元气演化成天地、阴阳、四时、五行，再生万物；“德”是“道”的显现，得于道果谓之德；道为天，德为地；道为主，德为养；道为阴阳，德为五行；道为原理，德为方法等。

道教继承和改造了道家的宇宙论。老子的《道德经》视“道”为“虚无”，是超时空的永恒存在，是天地万物的根源，有“道生一，一生二，二生三，三生万物”之说。在道教中，“道”不仅仅指精神世界，而是包含了物质世界和精神世界的全部内容；“道”是“万物之母”，是产生和支配天地万物的造物主，是宇宙的本原和主宰，是道教的最高崇拜对象。

(2)追求长生不老，肉身成仙。道教认为，“道”可因修而得，只要认真修炼，就能“使道与生相守，生与道相保，二者不相离”，“神与道合，谓之得道”，得道即可长生不老，成神成仙。道教以生为乐，重生恶死，追求长生不老，肉身成仙。这种“生道合一、长生不死”的基本教义同佛教、基督教等世界主流宗教认为“人生皆苦”的观念大相径庭。

道教与中国民间信仰密切相关，并在发展过程中不断世俗化、民间化，将很多民间俗神融入自身的神仙谱系，形成了多神崇拜的宗教特性。在道教看来，只要是修炼成道、神通广大、变化无常、长生不老的人，都可以成为道教徒心目中的“神仙”。因此，在三清尊神以下，道教还有玉皇大帝、关公、城隍、土地、灶君、财神、八仙、妈祖、文昌帝君等诸多神仙，甚至儒家的先贤尧、舜、颜回，历史上建功立业的帝王秦始皇、周文王、汉高祖、光武帝等，也都列入神仙之列。

道教对于“神仙”有独到的解释：“神”和“仙”虽然同属一种宗教信仰，但二者内涵有所不同：“神”是先天就存在的，不是世间的凡夫俗子通过修道可以修成的圣贤，比如三清尊神、玉皇大帝、南极仙翁、南辰北斗诸星辰的星君；而“仙”却是后天的，凡是在开天辟地以后通过长期修炼最终达到长生不老的人，就是仙人。总之，“神”是常人不可期盼的，只能对其顶礼膜拜，虔心信奉；而“仙”却是可以通过修炼而成的。因此，千百年来，激励众多道教信徒历尽艰险而百折不挠的最终目标，就是修炼成仙、长生不老。

2. 道教主要典籍

道教的主要经典是《道藏》。《道藏》是道教的典籍汇编，是一部内容庞大的丛书，包括道教经典、符图、法术、宫观、山志、神仙谱录和人物传记等，是道教的百科全书。其不仅收录了大量的儒家及其弟子百家著作，而且收录了许多古代有关医药、养生、炼丹方面的医学著作。其中，外丹方面的著作为研究中国古代化学、冶金技术提供了历史资料；内丹方面的著作对研究中国气功有重要价值。

(三)主要供奉对象

道教文化吸收了众多中国传统人物和民间崇拜对象,神仙谱系十分庞杂,由尊神、神仙和俗神三大系统组成。

1. 尊神

(1)三清。“三清”是道教最高尊神的合称,即玉清元始天尊、上清灵宝天尊、太清道德天尊。

关于元始天尊名称的由来,一般认为,“元”是“本”的意思,“始”是“初”的意思,也就是说元始天尊禀自然之气,在宇宙万物形成之前就已经存在。道教认为,盘古是元始天尊的前身,盘古开天辟地以后,蜕去躯壳,灵魂化为元始天尊。元始天尊一般都被供奉在三清殿的中央,头上有宝盖向龛顶发出灵光,手执混元珠,或左手虚拈,右手虚捧,象征着“天地未形、万物未生”的“元极”状态。

灵宝天尊是三清中排位第二的尊神,又被称为“太上道君”或“上清灵宝天尊”。一般地,在道教宫观的三清殿中,灵宝天尊常居于元始天尊的左侧,手持太极图,或是玉如意,象征着世界从无形向有形过渡的“混元”状态。

道德天尊,即太上老君。这位尊神最早并不是神仙,而是古代著名的思想家老子。由于老子在历史上第一次提出“道家”思想,因此,自先秦以来人们都将老子视为先秦道家学说的创始人。西汉末年以后,老子逐渐被神化。到东汉张道陵创立五斗米道,正式奉老子为教主,以《老子》作为主要经典,宣称“道”就是“一”,“一散形为气,聚形为太上老君”,从此老子被神化为道教的始祖太上老君。

(2)四御。在道教尊神中,四御的地位仅次于“三清”,分别是昊天玉皇大帝、紫微北极大帝、上宫天皇大帝、后土女神。

玉皇大帝住在太微玉清宫,总管天、地、人三界,主持天道,总御万灵,造化万物,是“四御”中的最高神。民间有所谓“天上玉帝、地上皇帝”的说法。

紫微北极大帝在“四御”中排名第二,其名称的由来与古代星辰崇拜有关。北极是北极星的简称。天人感应说认为,北极星相当于地上的天子,其他群星就相当于群臣。由于北极星处于我国古代天文图“紫微垣”的位置,因此道教将其神化为“中天紫微北极太皇大帝”。由于紫微垣又叫做紫微宫,后世也将天子居住的地方叫做紫禁城。

上宫天皇大帝,又称“勾陈上宫南极天皇大帝”,是“四御”中的第三位神。“勾陈”是“紫微垣”中星座的名称,靠近北极星,共由六颗星组成。勾陈大帝的职责是协助玉皇大帝执掌南、北极与天、地、人,统御诸星,并主持人间兵戈之事。因此,屡受外族入侵而又屡战屡败的宋朝朝廷,对勾陈南极大帝极为崇奉。据史书记载,宋朝皇帝在每次大战之前都要到神庙祭祀勾陈大帝以祈求胜利。

后土女神为主宰大地山川的女神,民间俗称后土娘娘。道教认为,后土娘娘执掌生育、万物之美与大地山河之秀。"后"原指君王,古时天子和诸侯均可称"后"。后来也尊称皇帝之妻为"后",引申为女神。北宋真宗皇后曾经在高山建殿供奉后土神像,并使其享受同玉皇大帝一样规格的礼仪。目前一些道观仍专门设有后土殿,民间也修建了不少后土娘娘庙。每逢农历二月十八后土诞辰纪念日,大批善男信女要到后土娘娘宫观里祭祀。

(3)真武大帝。真武大帝全称"北镇天真武玄天大帝",又称玄天上帝、玄武、真武真君,是道教神系中赫赫有名的天界尊神,在道教中主管军事与战争。真武起源于古代星辰信仰——二十八星宿中的北方七宿玄武神。玄武七宿在天空中成龟、蛇状,所以将龟、蛇视为玄武神的象征。直到北宋时期,玄武神的形象还是龟、蛇。北宋真宗为避财神赵公明(赵玄朗)讳,将玄武改成真武。到了南宋,人格化的真武神形象才开始出现。

(4)西王母。西王母是玉皇大帝的夫人,身份居道教女仙之首。

(5)五岳大帝。受五行学说的影响,中国很早就有"三山五岳"的说法。人们相信五岳之中都有山神存在,十分崇拜五岳山神。道教将五岳山神纳入神系后,从唐宋以后统称为五岳大帝。道观中供奉的五岳大帝的服饰和神物的颜色和五行的颜色相一致,如东岳大帝着青袍,中岳大帝乘黄龙等。

2. 神仙

八仙是中国民间广为传诵的道教神仙。道教的八仙指的是汉钟离、张果老、吕洞宾、李铁拐、韩湘子、曹国舅、蓝采和、何仙姑等八位神仙。八仙之中,有的是传说中的神仙,有的确有其人(如吕洞宾、张果老、韩湘子)。八仙所持的法器被称为"道家八宝",暗指道教八位神仙。

3. 俗神

俗神是先流传于民间后为道教所信奉的神灵。道教在世俗化、民间化的过程中,吸纳了众多的民间俗神。

道教俗神按其特性可分为四大类:一是与自然现象相关的自然神,如二十八星宿、北斗星君、雷公、风伯等;二是带有明显的人间特征的英雄神、文化神,如关帝、文昌等;三是专门保护个人、家庭和社会公众安全的守护神,如三官、门神、灶神、城隍、土地、妈祖等；四是有特定职能的行业神和功能神，如药王、财神、蚕神等。在中国民间广为供奉、与日常生活密切相关的俗神主要有10余位。

（1）三官。即天官、地官、水官。道教的三官信仰源于原始宗教对天、地、水的自然崇拜。道教认为，产生天地万物的三个基本元素是天、地、水，即“天官”“地官”“水官”，又称为“上元”“中元”“下元”。其神职分别是天官赐福、地官赦罪、水官解厄。上元大帝是天官，生于正月十五，所以正月十五元宵节叫上元节；中元大帝是地官，生于七月十五，所以七月十五叫中元节；下元大帝是水官，生于十月十五，所以十月十五叫下元节。三官都在其生日执掌神职，人们就在这三个日子拜三官。三官后来演变为福、禄、寿三星神。

（2）四大元帅。四大元帅有不同的说法，其中以马、赵、温、关四元帅一说最普遍。马元帅名马胜，俗称马王爷，传说由五团鬼火投胎而生，面露三眼，生性刚正，敢于为民除害，手持金印、宝剑，掌管天下冤枉之事。赵元帅名赵公明，张道陵入鹄鸣山精修时收之为徒，并使其骑黑虎守护丹室。张天师炼丹成功，分丹药于赵公明，遂使赵公明能变化无穷，形似天师。张天师命其守玄坛（即道教的斋坛），赵公明因而被天帝封为“正一玄坛赵元帅”。温元帅名温谅，博学多才却屡试不第，便绝意仕途，后见苍龙落珠，拣起来吞服下，化为天神，玉帝封为亢金大神。关元帅就是关羽，一生以“忠义、勇猛、武艺高强”著称，佛道两家都奉他为护法神，民间也把他奉为忠义的化身和道德的楷模。

（3）城隍。城隍神是中国古代神话中守护城池的神，后为道教所信奉，并将其职责扩大到护国安邦、剪恶除凶、调理风雨、执掌死人魂魄等。明太祖朱元璋特别崇信城隍，令各级官员赴任时都要向城隍宣誓就职，以取得城隍保佑。这是他利用神权来进行统治的典型举措。城隍信仰起初在吴越地区比较流行。赤乌二年（239），东吴孙权在安徽芜湖建城隍祠，此为历史上关于城隍信仰的最早记载。上海黄浦区的城隍庙是我国最有影响的城隍庙。

（4）灶君。中国古代神话传说中主管饮食之神，亦称灶王爷。灶神信仰源于古代人对火的崇拜。唐宋以后，腊月二十三祭灶，逐渐形成民俗。传说灶王爷每年腊月二十三上天“述职”，过年后回到人间。为了防止他在玉帝面前胡言乱语而给家中带来灾难，一般人都用汤团、麦芽糖等甜食祭祀，用“糖衣炮弹”封灶君的嘴，让他在玉皇大帝面前多说人间好话。

（5）财神。中国旧时民间供奉的招财进宝之神。财神有不同的化身，一般认为民间财神为四大元帅中的赵公明。民间亦有分文武财神的，武财神即赵公明，文财神相传为春秋战国时之范蠡。有的奉关帝为财神。旧时民间奉祀财神的活动主要有:正月初五(各地不一,有的为正月初二)去财神庙祭祀,在家迎接财神帖子,在店堂迎接由人装扮的财神登门等。

(6)药王。中国古代或传说中的名医,后演化为神。药王的化身有以下几种说法:①神农。传说神农尝百草,首创医药,世后尊其为药王。②黄帝太医扁鹊。他洞晓医源,深明脉理。河南郑州城北药王庄相传为扁鹊故里,后人立药王庙,供扁鹊为药王神。道教尊扁鹊为灵应药王真君。③唐代道士、著名医学家孙思邈。后人尊其隐居之处五台山为药王山,并立庙塑像供奉。民间于每年农历四月二十八举行药王会,以示崇敬。

(7)蚕神。中国古代神话中的司蚕神,又名蚕女、马头娘。据《原化拾遗记》载:高辛氏(黄帝的曾孙帝喾)时,蜀广汉有养蚕少女之父为人所掠,唯所乘马在。母誓于众曰:有得父还者,以女嫁之。马闻言,绝缰而去。不数日,父乘马以归。马见女嘶鸣不食,母具以告父,父怒而杀之,曝皮于庭。女过其侧,皮蹶然而起,卷女飞去,栖于桑树间,女化为蚕,吐丝成茧,以衣被于人间。唐宋以后,蚕神又成为乘云驾马的九宫仙嫔。后世宫观塑蚕神为女像,披马皮谓为马头娘,用以祈蚕事。中国盛产丝绸,蚕神崇拜反映出中国百姓祈求保佑农事的心理。

(8)文昌。又称文曲星,或文星、文昌神、文昌帝君,是道教中主管仕禄的尊神。文昌原是天上六星总称。元代将文昌奉为帝君,其人物原型是唐代蜀人张亚子。张亚子即张育,因笃信道教,在四川广泛宣传道教教义,死后人们敬仰他的品德,就在其迁居的七曲山(四川省梓潼县)建庙,命名为"清虚观",并且刻有"梓潼君"碑,成为梓潼神,供人祭拜。元延祐三年(1316),仁宗封梓潼神张亚子为文昌帝君,司文事,主科举考试。文昌帝君身边有二位童子,一个叫天聋,一个叫地哑,以示不泄漏考试秘密。

(9)妈祖。原为中国东南沿海民间传说中的女神,道教奉为航海保护神。据史料记载,妈祖生于福建莆湄洲,姓林名默,精研医理,为人治病,性情和顺,热心助人。由于生活在海边,熟悉水性,又能预测天气,善于指引航船,拯救海难,人们称之为"神女""龙女"。逝世之后,民间多次传说她显灵,救助遭海难或海盗的商船和渔舟,遂被封为天后圣母,人们尊称其为妈祖。

二、道教文化景观

道教文化景观是道教活动所形成的景观,反映了道教文化体系的特征。道教宫观景观、道教山岳景观、道教仪式、道教节日与民俗等物质和非物质的道教文化景观，构成了具有特色的道教旅游资源。

（一）道教宫观景观

道教宫观是道教徒供奉和祭祀神灵、集体开展宗教活动的场所。道教认为，神仙居住在仙境之中，许多名山胜地与世隔绝、清雅脱俗，被视为神仙洞府，天下名山有“十大洞天”“三十六洞天”和“七十二福地”。“洞”即“通”，指可以通达上天；“福”指祥瑞，表示在该处修道可以得道成仙。道教宫观便是建在这些仙境之中的修行场所。

1. 宫观名称的演变

“宫观”是“宫”和“观”的合称。历史上，“宫”本是房屋的通称。秦汉以后，“宫”特指皇帝的住所、宗庙及道士居处的地方。“观”本意是动词“看”，相传道教最早的宫观——陕西周至县楼观台，本是春秋时周王朝地方官尹喜观察天象的处所。“观”后演变为名词，指城郭上可供眺望之处，又衍生为道士居住之处，并与“宫”联合起来，成为道教活动的主要场所。

早期的道观有“治”“靖”“馆”等不同的称呼。张道陵创立五斗米教后，实行“政教合一”，“治”是早期道教区域组织形式，也是道教活动中心，主要功能是祭祀神明和管理教众；“靖”“静室”是道教信徒治病、反省和与神进行沟通的处所；“馆”“仙馆”既是接待外来信徒的住所，同时也是迎接神仙的地方。汉武帝刘彻信仰神仙，听说神仙都喜欢居住在高处，于是命人在长安（今西安）修“飞廉观”，在甘泉修“延寿观”，祭祀神仙。这时的“观”是一种楼台。到了北周武帝时期（561—578），周武帝下令将全国称为“馆”的处所一律改称为“观”。七世纪后，唐王朝皇帝自称是老子的后代，首先将老子加封为“皇帝”，凡是供奉老子的地方均改称“宫”。后来被封为“帝”的道教神仙不断增多，许多“道观”改称“道宫”，“宫观”就成为道教场所的总称。

2. 宫观类型

根据规模，道教宫观可分为三种类型：十方丛林、子孙丛林和子孙庙。不同规模的道教宫观，其性质和管理方式存在较大的差别。

（1）十方丛林。又称十方常住，是道教分布在全国各地的重点宗教活动场所，如北京白云观、沈阳太清宫、成都青羊宫、陕西楼观台、西安八仙宫等。十方丛林规模通常较大，道产多，道士多，有一套严密的组织机构和管理体制。十方丛林的财产是道众的公有财产，其主要执事如方丈、监院等由道众选举产生，一般执事也由道众公议推举。十方丛林可传戒但不收徒弟，可以为云游四方的道众提供食宿（道教称“挂单”）。丛林宣布传戒时，由小庙推荐的徒弟要集中接受三堂大戒（初真戒、中极戒、天仙戒）。

（2）子孙庙。又称小庙。小庙庙产私有，师徒相传，徒弟既继承师父法嗣，也继承其财产。小庙可招收徒弟，但不能传戒。在子孙庙内，师父便为主持，居庙的道众较少，无复杂的组织机构，类似于一个家庭。小庙一般不接待云游四方的道众。通常，集镇和农村的宫观属于子孙庙。

（3）子孙丛林。又称子孙常住。介于十方丛林和子孙庙之间，大多是子孙庙兴旺以后的产物，可以接收十方道众。子孙丛林也可以传戒，但传戒后就要按丛林规制不得招收徒弟，所以子孙丛林实为子孙庙的升格。

3. 宫观布局

道教初期的建筑体现了道家崇尚自然、清静无为的思想，在建筑布局上随形就势，不求严格规整。道教发展到后期，受佛教寺庙的影响，道教建筑逐渐形成了统一的布局。

道教宫观具有中国传统宫殿式建筑和园林式建筑的双重风格，吸收了中国传统的阴阳五行学说及八卦思想，以南北向的中轴线布局主体建筑，辅助建筑分布在主建筑的两旁，形成建筑群。比较典型的道教宫观建筑群从山门开始，中轴线上先后依次排列着灵官殿、三清殿或玉皇殿、四御殿、纯阳殿、重阳殿或老律堂等建筑。中轴线主殿两边常设配殿，包括钟楼、鼓楼、藏经阁、斋堂、负责安置游方道士的十方堂（或称云水堂）等。

（1）山门殿。供奉道教护法神青龙和白虎（相当于佛寺的哼哈二将）。

（2）灵官殿。供奉道教护法镇山神将王灵官，职能和佛教的韦驮相似；四周有四大元帅，职能相当于佛教的四大天王。

（3）三清殿。道教宫观的主体建筑，供奉道教诸神中地位最高的“三清”。

（4）玉皇殿。供奉玉皇大帝。

（5）四御殿。供奉道教尊神中地位仅次于“三清”的四位天帝。

（6）纯阳殿。供奉道教八仙之一的纯阳子吕洞宾。

（7）重阳殿。供奉道教全真派首领王重阳。

（8）老律堂。原名七真殿。供奉全真七子，即全真派祖师王重阳的七大弟子：中座为邱处机，左边依次为刘处玄、谭处端、马钰，右边依次为王处一、郝大通、孙不二。清代道士王常月曾奉旨在七真殿讲道，开坛传授戒律，求戒弟子遍及大江南北。后世为纪念这一盛事，便将七真殿改称“老律堂”，即传授戒律之殿堂。老律堂建筑面积较大，是观内道士举行宗教活动的地方。每天早晚，道士们都要来到这里诵经。每逢道教节日或祖师圣诞，要在这里设坛举行斋醮法会。

4. 宫观建筑特点

(1)体现道教哲学思想。道教宫观建筑与自然环境有机结合，充分体现了道教“顺应自然”“天人合一”的思想。“顺应自然”与“回归自然”是道教在建筑上的追求，建筑取山林野趣，结合山势，适应环境，同时选址上又符合阴阳五行和八卦的规律，融于山水之间，达到技术、艺术与自然的和谐、“天人合一”的境界。

武当山道教建筑群充分体现了道教“融于自然”的哲学思想。武当山金顶坐落于天柱峰之巅的小块台地上。明永乐年间(1403—1424)，明成祖朱棣下令建造武当山金顶大殿，要求顺应地形，不在建筑体量上营造雄伟之势，而是通过建造金光闪耀的屋顶，突出金顶的神圣地位。同时，在建造金顶围墙时，强调不要大规模开凿山体，而要顺应自然之势。

许多道教宫观选址于山麓、山坳或坡地上，背山面水，负阴抱阳，这是出于风水考虑。风水学说认为，这样的地形有利于对“气”进行疏导、汇聚和回收，体现了建筑与自然环境的有机结合。

(2)营造仙境氛围。道教宫观多建于名山之上，这与中国古代宗教中的山岳崇拜有密切关系。道教认为，高山之顶耸入云端，与天庭最近，是天地交汇之处，神仙真人常常在那里出没，因此，必须把宫殿建在山顶之上；凡人要想上山敬神，必须经历一段由凡入圣、步步攀登的历程。道教还认为，名山福地是人间仙境，于是在布局其建筑物时，着力营造仙境氛围，构建洞天福地、神仙境界。武当山、齐云山等道教名山建筑的总体布局，都显露出仙境的特色。

安徽休宁县齐云山道教建筑有效地营造了道教名山的仙境氛围。从休宁县城西行10千米，过登封桥，上白岳峰，经“九里十三亭”到达“望仙亭”。过此便进入展浩峰的“仙关”境界，山路渐险，景致愈奇。往上的山腰部分沟谷起伏，多悬崖峭壁，道士利用天然岩石稍加人工砌筑，建一天门、二天门、三天门，象征由凡界经仙境升入天庭的三道天门。过三天门即到月华街。月华街附近有多处宫观道院，如玄天太素宫、小壶天等。齐云山的许多洞穴环境清幽，稍加整饰，便有洞府意境。如小壶天一景，巧妙利用了天然洞穴，将洞门修凿成壶状，寓息海上神仙——“壶天圣境”(海上三山：方丈曰方壶，蓬莱曰蓬壶，瀛洲曰瀛壶)。洞内有

“一线泉”，水声潺潺，如同“幽泉漱玉”（道教三妙音“幽泉漱玉”“金磬摇动”“秋蝉曳绪”之一）之音[1]。

（二）道教四大名山

道教徒在山岳中修行，在山岳建造道教宫观，为山岳风光增添了人文意境。中国道教四大名山，有三座得到公认，分别是湖北武当山、江西龙虎山、安徽齐云山，道教第四座名山存在不同的说法，一说是四川青城山，一说是四川鹄鸣山，一说是甘肃崆峒山。目前，中国道教名山以湖北武当山、江西龙虎山、安徽齐云山、四川青城山最有影响力。

1. 武当山

武当山位于湖北省西北部丹江口市西南，又名太和山、玄岳山。武当山是“真武大帝”的道场，相传道教“真武大帝”在此修仙得道升天，“武当”之意来源于“非真武不足当之”。武当山是道教武当派的祖庭，也是中华武术武当武功（拳术、械术和气功）的发祥地。

武当山建筑是根据真武大帝修仙神话来布局的，并且按照政权和神权相结合的意图营建，体现皇权和道教所需要的“庄严”“威武”“玄妙”“神奇”的氛围。

现在武当山古建筑群主要包括太和宫、南岩宫、紫霄宫、遇真宫四座宫殿，玉虚宫、五龙宫两座宫殿遗址，加上其他道教建筑约200处，建筑面积约5万平方米，占地总面积约1平方千米。遇真宫是纪念中华武术武当派的创始者张三丰的宫殿。

武当山古建筑群于1994年入选世界文化遗产，被列入的主要文化遗产包括太和宫、紫霄宫、南岩宫、复真观、“治世玄岳”牌坊等。

武当山山巅的金殿是中国古建筑的瑰宝，始建于明永乐十四年（1416），是中国现存最大的铜铸建筑物之一。金殿高5.5米，宽5.8米，由铜铸部件拼榫而成，外鎏赤金，殿脊装饰着镂雕的珍禽异兽，栩栩如生。金殿有“雷火炼殿”和“长明灯”两大奇观。古时，金殿没有避雷设施，雷雨时，金殿四周往往电光闪烁，火球翻滚，景象绚丽万千，而每次雷击过后金殿不仅分毫未损，而且更加金光闪耀，新灿如初，好像回炉冶炼了一次。其原因是金顶上只有一座金殿，金殿与天柱峰合为一体，成为一个良好的放电通道，雷电时只可能出现炼殿奇观而又不被雷击而

[1] 潘谷西. 江南理景艺术[M]. 南京：东南大学出版社，2001：318.

损毁。武当山金殿真武神像前的“长明灯”，被人们奉为穿越了时间隧道的“神灯”。据说这盏灯从1416年开始点燃，数百年间不摇不摆，不大不小，总在金殿中发出均匀的光亮，无论狂风骤雨、电闪雷鸣，从未熄灭一次。原因是工匠们把金殿的缝隙填得非常严密，殿内外的空气不能强烈对流，神灯得以长明。

2. 龙虎山

位于江西贵溪县，由龙、虎二山组成，两峰相峙如龙昂虎踞。龙虎山为道教正一派“祖庭”。明太祖朱元璋将张天师视为仅次于孔子的圣人，因此，在全国所有私家府第中，龙虎山的天师府建筑规模唯一可与孔府相媲美，故有“北孔（孔夫子）南张（张天师）”之称。历来被尊称为仙灵都会、“百神授职之所”的上清宫，始建于东汉，为天师张道陵修道之所。

龙虎山另一奇特之处是其千古未解的崖墓之谜。崖墓葬（悬棺葬）是我国古代特有的一种丧葬形式，也是我国多种葬法中最古老、最特别的一种丧葬形式。这种葬法即将棺椁置于溪流边陡峭绝壁上的天然岩洞中、崖缝内，或半悬于崖外。在龙虎山仙水岩的百米绝壁上，有大片距今2 600多年的春秋战国崖墓，以其分布广、数量多、位置险、造型奇特、文物丰富而成为研究古越族史及中国纺织史、乐器史、音乐史等的珍贵资料[1]。

3. 齐云山

齐云山位于安徽省黄山市休宁县境内，古称白岳，与黄山南北相望，风景绮丽，因最高峰廊崖“一石插天、与云并齐”而得名。清乾隆皇帝称之为“天下无双胜景，江南第一名山”。齐云山山体东北—西南走向，丹霞地貌，最高峰海拔585米，以幽、丽、奇、险著称，历来与黄山、九华山并称为“皖南三大名山”。

齐云山现存道观6处，道院2处，著名的宫观有玉虚宫、真武殿、玄天太素宫等。齐云山碑刻及摩崖石刻是全国重点文物保护单位，流派纷呈，风格各异。独特的丹霞地貌、众多的崖谷、峰洞以及恐龙遗迹，还赋予齐云山以地质科考价值。

4. 青城山

青城山位于四川省都江堰市西南，因山内古木参天，群峰环抱，四季如春，青山相合，状若城郭，故名青城山。东汉顺帝汉安二年（143），晚年的张道陵来到青城山，结茅传道，并在此羽化，青城山遂成为道教的发祥地，被道教列为“第五洞

---

[1] 龙虎山风景旅游区概况[EB/OL]. [2009-11-15].http://www.izy.cn/travel_guide/3b5/0_2397_0_1_0_0.html.

天”。此后,青城山成为天师道的祖山,全国各地历代天师均来青城山朝拜祖庭。天师道经过张道陵及历代天师的创建和发展,逐渐扩及全国。晋隋时期,天师道分化成北天师道和南天师道两大分支。青城山所传属于南天师道的正一教派。全山道教宫观群以天师洞为核心布局,包括建福宫、上清宫、祖师殿、圆明宫、老君阁、玉清宫、朝阳洞等数十座道教宫观。其中,建福宫始建于唐开元十八年(730),现存建筑为清光绪十四年(1888)重修。建福宫内的394字的对联,被赞为“青城一绝”“天下第一长联”。

(三)道教仪式

道教拥有独立的宇宙观和生命观,并在漫长的发展过程中,形成了自身独特的教义、经典、供奉对象和仪式,形成道教文化体系。道教不但有精微的教义、完备的经典、规模庞大的神仙谱系,还有庄严肃穆的仪式。

道教仪式也称作道教科仪,源于中国古代的祭祀仪式。其仪式包罗万象,因事而异,从道教教徒日常生活中的早晚功课、行止、沐浴、服饰、入食、安神位、做功德、收惊(魂)、开光点眼、栽花换斗、关煞解厄都有科仪规范。其中,规模较大的仪式是斋醮仪式。

斋醮是道教的祭祀仪式,斋醮科仪是斋醮活动所依据的规范。每逢朔望日、重要节日、祖师圣诞,宫观道众都要举行祝寿或庆贺等斋醮活动。在中国古代,“斋”为斋戒、洁净之意,指在祭祀前,必须沐浴更衣,不食荤酒,不居内寝,以表示祭祀者的诚意。道教吸收了这种方法,在开坛设醮之前,吃素食以清心,沐浴以洁身,谓之“修斋”。“醮”的原意是祭,为古代礼仪。道教继承并发展了醮的祭祀一面,借此法以与神灵相沟通。斋法与醮法本不一样,后来相互融合,至隋唐以后,“斋醮”合称,流传至今。斋醮仪式主要有道场科仪和祭典科仪两种[1]。

(四)道教节日与民俗

道教以与自己信仰关系重大的日子和所奉神灵、祖师之诞辰日为节日。在某些重大节日,举行盛大斋醮,以示庆祝。道教各派别在信仰上存在差异,所崇奉的神灵和祖师也有同有异。一般说来,最高神三清、最高天神玉皇,以及历史悠久的三官、社会影响很大的西王母、东岳大帝、文昌帝君、真武大帝等的诞辰纪

---

[1] 谢路军. 道教概论[M]. 北京:中央民族大学出版社,2006:265-276.

念日，是各派共奉的节日；各派所奉的祖师，如正一派的张道陵、三茅真君、许真君，全真道的吕洞宾、王重阳、邱处机等之诞辰日，则是分奉的节日。

由于道教信仰源于中国古代民间信仰，因此，道教节日与中国民间风俗节庆有着密不可分的联系。其中，发展至今影响较大的有以下节日。

1. 元宵节

正月十五日为元宵节，又称上元节等。“元宵”二字，顾名思义，因正月是元月，而夜为宵，故称“元宵”。因正月十五是新年后的第一个月圆之夜，故又称为“上元节”。

上元节的来历与道教有关。上元节是道教天、地、水“三元三品三官大帝”信仰中“天官大帝”圣诞之辰。每逢此日，道教宫观作法事为民祈福。“天官赐福”是众所周知的一句吉言，实有出处。按《三官经》及《天官宝诰》所述，天官之职即是为人赐福，所以此日朝拜天官、酌水献花、虔诚斋戒、悔过祈福，胜于平日之祈。

唐代是道教鼎盛时期，受道教影响，中国人多称此节为“上元节”，而很少称作“元宵”。这种现象，北宋时期亦然。“元宵”一词出现的时间晚于“上元”。当今中国人称“元宵”者多，知“上元”者少。由此可见，这一节日的名称呈现出由雅向俗转化的趋势。

2. 三月三

农历三月三日是道教真武大帝的寿诞。相传农历三月三又是王母娘娘的生日，因此三月三也叫“王母娘娘千秋节”。各地道教宫观在三月三这一天都要举行盛大法会，道教信徒也会在这一天到宫观中烧香祈福，或在家里诵经祈祷。在真武大帝的道场湖北武当山，每年三月三举办的庆祝活动，已经发展成为武当山“三月三”民俗文化庙会暨道教旅游文化月(节)，集“登山、踏青、旅游、观民俗”于一体，给游客展现武当山丰富的道教文化，让游客身临其境地感受武当道教“道法自然”“天人合一”的意境。

在中国民俗中，三月三是汉族及多个少数民族的传统节日。除了祭祀之外，汉族有吃地(荠)菜煮鸡蛋的习俗。汉族传统民俗是踏青、登山、逛庙会，同时也是男女出游踏青的日子，并延伸出河畔嬉戏、男女相会、插柳赏花等民俗活动。唐代大诗人杜甫“三月三日气象新，长安水边多丽人”诗句，描写的就是这一节日场景。

壮族的三月三是“歌仙节”，相传为纪念壮族歌仙刘三姐而形成的节日。这一天，人们赶歌圩，搭歌棚，举办歌会，青年男女们对歌、碰蛋、抛绣球，谈情说爱。

侗族的三月三是“花炮节”，举行抢花炮、斗牛、斗马、对歌、踩堂等活动。

瑶族的三月三为“干巴节”，是集体渔猎的节日，先将捕获的鱼类按户分配，共享收获的欢乐，然后云集于广场，唱歌跳舞，欢度佳节。

畲族以三月三为谷米的生日，家家吃乌米饭。在畲族民众中，三月三是可以与春节相提并论的重大节日。是日，家家宰杀牲口，祭祀祖先。许多人家往往选择这一天举办婚礼。夜幕降临时，则举行篝火会，竞相对歌。

黎族称三月三是预祝“山兰”（山地旱谷）和打猎丰收的节日，也是青年男女自由交往的日子，人们称它为“谈爱日”。

三月三是土家族的“情人节”。是日，土家族的阿哥阿妹聚在一起，以山歌为媒，以踩脚定亲。

3. 清明节

清明节既是中国的民俗节日，也是道教的重要节日。道教奉行的教义之中，包括祭祖宗和礼神明的内容。道祖老子认为，人们依道而行，就会有“子孙以祭祀不辍”（《道德经》第五十四章）的福报。子孙祭祀先人，缅怀先人的恩德，表示对先烈、对已逝亲人的深切怀念，对于慎终追远、敦亲睦族、孝亲敬老的良好社会风气的形成有着重要的意义。

每逢清明节，道教都要举办祭幽度亡的法会，以满足信众追思、感恩亲人的愿望。届时要在观内为信众设置“青玄济度坛”或“寒林坛”，安放亡魂的灵位。

清明节民俗活动主要是扫墓祭祖、踏青戴柳。

4. 端午节

关于端午节的起源，众说纷纭。就全国习俗而言，普遍认为端午起源于历史人物屈原。其实，端午节发源于中国古代的原始崇拜和迷信禁忌也是一说。依据闻一多《端午考》和《端午节的历史教育》之考证，端午节原为古代吴越人祭祀图腾——龙的活动日。每年五月初五，吴越人都要举行一次盛大的图腾祭。

道教出现后，将这种民间信仰发展为祭祀祖先的神祭活动，称为祭“地腊”。腊，古称“蜡”，是传统的祭祀神农和祖先的重大典礼。秦汉后祭祖和祭百神的蜡礼合而为一，腊为岁终祭众神之名。腊祭原置于农历十二月，此月称为腊月。南朝时，将腊日定于十二月初八；后来道教在《赤松子章历》卷二中将其含义扩大，把全年分为五腊，全称“五腊日”，即正月初一天腊，五月初五地腊，七月初七道德腊，十月初一民岁腊，十二月初八王侯腊。

至汉魏时，端午节由原始崇拜、禁忌等逐渐演变为祭奠有关历史人物，包括祭奠越王勾践（此日操练水军）、介子推、伍子胥、曹娥、屈原等。魏晋南北朝时，端午节奠祭由楚地传遍全国。唐宋以后，端午节纪念屈原更为民众所公认。

端午节民间习俗有吃粽子、赛龙舟、饮雄黄酒、躲午、沐香汤、插菖蒲、戴艾蒿、贴天师符、斗百草、驱五毒、缠五色丝、挂长命缕、挂老虎索、佩香囊、吟诗等。

5. 中元鬼节

在中国民间，历来有“七月半，鬼乱串”之说。中元鬼节与佛教的盂兰盆会（见本章第三节）、道教的中元节都有联系。这一天，佛教举行超度法会，称为盂兰盆会，道教设道场祈福。此举正好和中国民俗中的“鬼月祭拜”不谋而合，因而中元节和盂兰会便同时流传下来。

道教认为，中元地官于七月十五生日之时普度无子嗣的孤魂野鬼，有罪的人可向其祈求赦罪。在七月十五地官生日这一天，他会打开地狱之门，让鬼魂回家团聚，这天因此习称为“中元鬼节”。

中元节时，道教宫观举行“中元斋醮”，殿上设地官神位，为民众祈福。卯时，道众闻鼓上殿。法师头戴五老冠，金莲盖顶，身披天仙法衣，手执朝简，在钟鼓齐鸣中拈香、宣表，称“庆贺朝科”，拉开法会序幕。法会中，超度前羽后化的祖师，并普度十方孤魂。

在民间，这天很多地方都会送水饭和馒头给孤魂野鬼吃，以求他们不来捣乱。同时，家人均需祭祖、上坟，还要点河灯为亡魂照路，以使其能顺利来回。放河灯，体现了华夏民族对先祖亡灵的一种人文关怀。河灯照亮亡魂来回之路，让其与家人团聚。节日一过，亡魂便原路返回，以免给在世的人增加麻烦，同时还在阴间保佑人们的平安。但有的亡魂过于留念人间生活，迟迟不肯回去，这时就要举行另外一种仪式——“跳钟馗”或“跳端公”，以把鬼魂统统吓回去，确保家人平安。但不管怎样，来年的“鬼节”人们仍然会放河灯，照亮亡魂们来回之路[1]。

6. 重阳节

农历九月初九是中国传统节日——重阳节。早在战国时期，重阳节就已经形成，到了唐代，重阳节正式成为民间节日，此后历朝历代沿袭至今。重阳节首先有登高、尝重阳糕、赏菊花、插茱萸的习俗。在民俗观念中，九九重阳，因为与“久久”同音，包含有生命长久、健康长寿的寓意。1989年，我国把每年的农历九月九日定为老人节，因此重阳节又多了一层新含意。

---

[1] 放河灯[EB/OL]. [2009-11-15].http://www.guzhenu.com/Article/92.html.

在道教看来，重阳节是道教神仙太上老君的诞辰日，还是斗姆星君的诞辰日。在道教众星神中，斗姆星君以善治恶疾、能驱邪魔而著称。

在道教文化中，九月九日重阳节这一天是“升天成仙”的最好时间，所以道教传说中多选择九月九日“升天成仙”。道家认为，这一天清气上扬，浊气下沉，地势越高，清气聚集越多，人就可以乘清气而升天。传说，中华民族的始祖轩辕黄帝在这一天乘龙升天，五斗米教的创始人张道陵、东南沿海各地尊奉的道教神仙妈祖也在这一天升天。

重阳节的重要习俗“登高”，与道教九月九日“升天成仙”也有内在联系。因为相信九月九日是神仙升天的日子，先民们就选择九月九日登高，意图能像那些得道成仙的人一样，升入天宫。这种对升天的渴望，溯其源头，是人们对长寿的一种企盼。道家升天成仙，追求人生永续，与凡夫俗子追求长寿是一致的。从这个意义上说，九月九日登高升天成仙，已经内化为九九重阳祈寿。

第三节 佛教文化

佛教是世界三大宗教之一，既是一种信仰实践，又是一种社会力量，也是一种文化现象。佛教传入中国之后，在与中国传统文化适应、融合的过程中，对中国社会的政治、经济、文化、艺术、民俗等方方面面产生了深远的影响。中国佛教的传播与发展，造就了丰富多彩的佛教文化景观，形成了具有中国特色的灿烂辉煌的佛教文化。

一、概述

所谓佛教，狭义地说，指佛的言教，即佛法；广义的则包括佛陀、佛经、僧团、各类仪式、清规戒律和情感体验等复杂内容在内的综合体。佛教的起源与发展、中国化进程、基本教义、供奉对象等佛教文化信息，是佛教旅游者关注的主要内容。

（一）佛教的起源与发展

佛教起源于公元前六世纪至五世纪的古印度（相当于我国的春秋时期和古希腊文明的发达期），距今已经延续了2 500余年。两汉之际，佛教进入中国，随着翻译和宣讲佛经日渐成为文化时尚，众多的中国人理解和接受了佛教，佛教在中国的发展历程由此开始。

1. 释迦牟尼创立佛教

佛教创始人释迦牟尼,姓乔达摩,名悉达多。悉达多意为“成就者”。因其族姓释迦,后人尊称他为“释迦牟尼”,意为“释迦族的圣人”。悉达多成道后又被称为“佛陀”,简称为“佛”(梵语Buddha的音译,也译为浮屠、浮图、佛驮等),意为“觉悟真理的人”,即成为“自觉(使自己觉悟)、觉他(使众生觉悟)、觉行圆满”的人。

释迦牟尼确有其人,其生平经历见于各大佛教经典之中。但是,佛教经典为渲染佛教超越世俗的至高境界,在其教主的人生经历中或多或少地加入了夸张成分,因此,释迦牟尼的一生是在历史事实的基础上笼罩着一层浓厚的神话色彩。相传,释迦牟尼是古印度迦毗罗卫国(今尼泊尔南部提罗拉科特附近)净饭王之子,其母名摩耶夫人。释迦牟尼出生前,摩耶夫人按当地的风俗回娘家分娩,路过蓝毗尼花园时生下了他。中国佛教界把农历四月初八定为“佛诞日”。释迦牟尼生活的年代是公元前565年至前486年,与我国孔子的生活年代(公元前551年至前479年)大致相同。释迦牟尼天资聪颖,净饭王对其寄予厚望,对他进行严格的教育和精心的培养,为他建造了豪华的“寒”“暑”“温”三时宫殿,创造了优越的生活环境,希望他能继承王位,但释迦牟尼未能如其父所愿。释迦牟尼时代的迦毗罗卫国,是一个农业小国,政治上和军事上都很弱小,地处恒河南岸的摩揭陀国和西北边的峤萨国两个大国的挟持之中,处境艰难。处于动荡不安的社会中,释迦牟尼深深感受到社会现实的变化无常,意识到国家处于危机之中,渴望寻求解脱危机的途径。

关于释迦牟尼出家的原因,佛典记载不一:有说是因为他外出郊游,看见农夫在炎炎烈日下辛苦劳作,耕牛饱受鞭打,皮破血流……猛然感悟到世间残酷和生命悲惨,立志要出家修行,思考解脱苦难的方法;有说是因为他在东、南、西、北四个城门分别看见步履艰难、老态龙钟的老人,辗转呻吟、痛苦不堪的病人,失去生命、尸体僵硬的死人,游走四方的沙门修道者,对比之下,痛感人生的痛苦与悲惨、短暂与无常,萌发了游走四方、出家修行的动机;有说是在释迦牟尼29岁时,他终于感悟到释迦族的危机不可挽回,毅然放弃优越的生活条件,出家修行,以求找到救民族于危难、人民于水火的真理。

释迦牟尼出家后,曾到当时政治和文化中心的摩揭陀国,拜当时的宗教导师阿罗逻·迦罗摩和优陀伽·罗摩子为师,但终因不得要领,辞别二人,独自修行。他认为,摩擦湿木不能生火,摩擦干木才能取火,人身也需要经过修行,清除体液，才能悟出真理。于是，他逐渐减少饮食，直到每天吃一粒米，或七天进一餐。六年后，即在他35岁时，他已身如枯木，依然没有收获，但他意识到苦修无用，决定另辟蹊径。他到河边洗去六年的污垢，又吃了牧女提供的鹿奶（一说为乳糜），恢复精力后，到附近的荜钵罗树下静坐沉思七天七夜（一说49天），终于悟出“四谛”真理。悟道的那天据说是农历十二月初八，中国佛教将这一天定为佛“成道日”。释迦牟尼悟道的地方叫菩提迦耶，梵语“菩提”意为“觉悟”，荜钵罗树后被称为菩提树。释迦牟尼悟道成佛后，首先到鹿野苑初转法轮，宣讲佛法。此后，他创立了佛教教团组织，传播佛教，传教范围遍及恒河流域，直至80岁在拘尸那迦涅槃，历时45年。

佛教信徒将佛陀的出生地蓝毗尼花园、成道地菩提迦耶、初转法轮地鹿野苑和涅槃地拘尸那迦，并称为佛祖的四大圣迹。

2. 佛教的分化与传播

（1）分化。古印度是佛教的发源地。从公元前六世纪（释迦牟尼创立佛教）到公元十三世纪，佛教在发源地经历了兴起、发展直至衰败的演化过程。在此期间，佛教经历了四个时期。

①原始佛教时期（公元前六世纪至前四世纪中叶）。这一时期，佛教主要在恒河中游一带流传，佛教教团团结，佛教教义与信徒的修行生活未出现重大差异与分歧。由于释迦牟尼在世宣讲佛法时只是口授身传，没有文字记载，所以弟子们所闻所记各有差异。为了纯洁教义，维护教团组织和戒律的统一，继承佛法，佛教徒曾经进行过四次大“结集”。所谓“结集”，就是通过集体会诵经典而确立佛典。“五百结集”是佛教历史上第一次大结集，基本确立了佛典。

②部派佛教时期（公元前四世纪中叶至公元一世纪中叶）。释迦牟尼在世时，佛教内部对佛法的理解就存在一定的分歧。佛陀涅槃后，分歧逐渐扩大，终于在公元前四世纪中叶出现了分裂，佛教从原始佛教时期演进到部派佛教时期。部派佛教是从原始佛教分化出来的各个教派的总称，主要分为上座部和大众部两大部派，两大部派内部又有细分。

上座部佛教与大众部佛教的区别主要在宗教理想、理论和实践等方面。在宗教理想上，大众部抬高佛陀的形象和人格，把佛陀看做是神通广大、超脱自然的“神”；上座部则认为佛陀不是“神”而是历史人物，是古印度伟大的思想家、伦理学家，没有超自然能力。在宗教理论上，大众部只承认存在“现在”，即只有现在是有实体的，过去和未来都没有实体；上座部则承认过去、现在、未来都是普遍存在的(即三世实有)。在宗教实践上,大众部主张放宽佛教戒律,可以接受金钱施舍,上座部认为绝对不能接受施舍。

从两大部派对佛教发展的影响看,大众部的宗教理想和实践对后来的大乘佛教有较大影响,上座部的宗教理论与大乘部的部分派别(如大乘有宗)有较多的渊源关系。

③大乘佛教时期(一世纪中叶至七世纪)。大乘佛教兴起于公元一世纪中叶。当时,印度正从奴隶社会向封建社会过渡,阶级关系发生了变化,开始奉行与我国历史上的门阀制度类似的种姓制度,即整个社会分为不同的种姓,种姓代代相传,不同种姓之间不得通婚。种姓制度激化了阶级矛盾,也促成了佛教的革新。

大乘佛教是社会革新的产物。"乘"是梵语意译,表示"乘载""道路"之意。小乘佛教是大乘佛教中对原始佛教和部派佛教的贬称。在大乘佛教看来,小乘是"小道",是释迦牟尼为小根器的人(指志愿很小,没有长远眼光,只希望解除眼前的痛苦、得到眼前福报的人)宣讲的佛法。大乘佛教宣称自己能运载无量众生从生死大河的此岸到达涅槃的彼岸,即能"普度众生"。大乘佛教又分为大乘有宗(瑜伽行派)和大乘空宗(中观学派)两大派别。

④密教时期(七世纪至十二世纪)。七世纪,古印度的婆罗门教融合佛教、印度民间信仰及外国宗教思想,发展成印度教。当时的印度统治者既信奉印度教又重视佛教,密教是印度教与佛教相结合的产物,兴盛于七世纪至十二世纪。密教形成后,将其他各种以语言文字明显表示佛教教义的教派统称为"显教",奉行咒术,教理通俗,仪礼简单,主张身、语、意三密,即手密(手结契印)、语密(口诵真言咒语)、意密(心作观想佛尊),三密结合,即身成佛。

十二世纪后,伊斯兰教传入印度。伊斯兰教无偶像崇拜,印度佛教遭到毁灭性的打击。十三世纪初,印度仅存的佛教寺院——超行寺被毁,佛教在印度本土绝迹。直到600年之后的十九世纪,印度佛教出现"复兴运动",佛教才由斯里兰卡回到印度。

(2)传播。佛教由印度向其他国家传播,始于公元前四世纪孔雀王朝的阿育王统治时期。公元前327年,希腊军队入侵印度,旃陀罗笈多(月护王)起兵推翻当时的难陀王朝,赶走入侵者,合并印度中、西、北部,建立印度历史上著名的孔雀王朝。其孙子阿育王继承王位后,版图进一步扩大,国力进一步强盛,印度空前统一和繁荣。阿育王信奉佛教,将佛教定为国教,大力推广佛法,下令大建寺塔,并把推行佛教的敕令刻在全国各处的石头上,希望它们能世代相传。同时,他派使节到各地传播佛教，由此，佛教开始向斯里兰卡、缅甸、泰国等东南亚国家以及中国内地传播，进而向朝鲜、日本、越南、中国西藏、蒙古等地传播。佛教在亚洲地区的传播，大致经由南传和北传两条路线。

①南传佛教。南传佛教主要是小乘上座部佛教体系。公元前三世纪，佛教最先传入斯里兰卡。公元前三世纪至前二世纪，佛教传入柬埔寨，到六世纪，柬埔寨已发展成为东南亚佛教中心。三世纪，大乘佛教传入泰国，在泰国北部、中部广为流传。十一世纪，小乘上座部佛教传入泰国，并于十三世纪被定为国教。五世纪，佛教传入缅甸，获得很大发展，至今缅甸有佛塔10万多座，素有“佛塔之国”之美誉。其后，佛教又向印度尼西亚、马来西亚等东南亚国家传播，经缅甸传入我国云南的西双版纳、德宏等地。南传佛教对云南傣族及其周围地区的文化和习俗影响深刻。例如，傣族男子要在少年时期当一次和尚，是否还俗取决于个人，有些人因此成为终身僧侣。

②北传佛教。北传佛教主要是大乘佛教体系。北传佛教有两条分支：一条经大夏、安息、大月氏，越过帕米尔高原，传入中国西北地区，沿丝绸之路传入中国内地，形成中国汉族地区佛教，再传入朝鲜、日本等地；另一条由尼泊尔越过喜马拉雅山，传入西藏，形成藏传佛教，再由西藏传入中国内地、蒙古和西伯利亚地区。

③佛教向世界传播。佛教南传和北传，主要是向亚洲传播。佛教向欧洲、美洲大陆传播，开始于近代。十九世纪，佛教开始向亚洲以外的世界其他地区传播。英国在十九世纪早期开始佛学研究。美国的佛学研究比英国晚了近一个世纪，二战后进入高潮。此后，佛教还由英国传入法国、意大利等西欧国家，经美国传入加拿大、巴西、阿根廷等美洲国家。

（二）佛教的中国化进程

古印度佛教传入中国后，经过与中国传统文化、中国本土宗教、中国民间信仰的交流、冲突、适应的复杂过程，在佛教理论、佛教建筑、佛教艺术、佛教礼仪等方面融入中国传统文化元素，逐渐演变成中国化的佛教。这一演变过程，称为佛教的中国化进程。

佛教倡导的“因果报应”“生死轮回”“命中注定”“天堂地狱”等思想，无疑有利于旧时统治者对大众的统治；而旧时穷苦大众面对佛教倡导的“众生平等”“慈悲为怀”“因果报应”“极乐世界”等思想，似乎唤起了对未来的一线希望，也很容易接受佛教。

1. 汉地佛教

佛教在两汉之际传入中国汉族地区。有关佛教传入中国汉地的具体事件，佛教史的说法存在分歧，主要有二：一是伊存授经，二是永平求法。

据鱼豢《魏略·西戎传》(《三国志·魏志》三十卷裴松之注)记载："汉哀帝元寿元年(公元前2年)，博士弟子景卢受大月氏王使伊存口授《浮屠经》。"这便是"伊存授经"的来历。景卢，又名秦景宪，是当时五经博士(官员名，历史知识渊博，以备皇帝咨询)的弟子。西汉中期，汉武帝为反击匈奴进攻，巩固统治，正式开辟了横贯亚洲内陆的东西交通要道——丝绸之路。丝绸之路使中国内地与西域的贸易和文化交流空前频繁，到西汉末年汉哀帝时期，佛教由此传入中国，完全具有可能。

"永平求法"又称"汉明求法"。东汉永平七年(64)，明帝刘庄夜梦金人，在博士傅毅的启发下，遂派蔡愔等人出使西域。蔡愔在西域幸遇佛教大师摄摩腾和竺法兰，获佛像经书，以白马驮之，共归洛阳。史称"永平求法"。

佛教传入中国内地后，其发展经历了译传、创造、融合三个阶段。两汉及其后的魏晋南北朝时期，中国僧人以翻译佛教经典为主，称为译传阶段；隋唐时期，中国僧人以佛教经典为依据，开宗立派，形成自己的理论体系，中国佛教分化为禅宗、净土宗、天台宗等八大宗派，称为创造阶段，这一阶段是中国佛教的鼎盛阶段；宋代以来，佛教空前广泛、深入地与中国文化全面结合，呈现出佛、道、儒"三教合流"的交融局面，称为融合阶段。

2. 藏传佛教

藏传佛教是指以藏民族为信教主体，以藏语系为主要施教、学修工具，在西藏地区特殊的自然和人文环境中形成的、具有浓厚藏族文化特色的佛教。藏传佛教俗称喇嘛教。喇嘛是藏语音译，意为"上师"(弟子对师父的尊称)，是民间对藏传佛教僧侣的尊称。佛教传入西藏始于七世纪初。藏传佛教的发展以"达玛灭佛"为界，分为"前弘期"和"后弘期"。

(1)前弘期。六世纪，雅隆部落(西藏地区原始部落)赞普(部落首领)松赞干布统一青藏高原各部落，建立起以拉萨为中心的吐蕃王朝。他先后迎娶尼泊尔赤尊公主和唐朝宗室之女文成公主为妻，两位公主分别带去了印度佛教和中国汉地佛教。松赞干布为巩固政权，支持佛教在西藏的传播，分别兴建惹摩伽寺和大昭寺供奉两地佛像，并下令用藏文翻译佛经。佛教传入西藏后，经过与当地原始宗教——苯教(又译作"钵教""笨教"等，因其教徒自称"本波"，又称"本波教")

的融合，形成独特的藏传佛教。松赞干布及其后的统治者赤德祖赞、赤然巴巾，都支持藏传佛教的发展，三人被尊称为藏传佛教的“三大法王”。赤然巴巾时期，前弘期藏传佛教发展到顶点。赤然巴巾极端崇佛，导致苯教徒不满，他们将其暗杀，拥护其兄达玛上台。达玛下令废除佛教，史称“达玛灭佛”，标志着前弘期的结束。

(2)后弘期。“达玛灭佛”百年后，佛教分别由东西两路再度传入藏地。由东部多康(吐蕃语，指吐蕃王向外发展的通道和基地，在今青藏高原的北部和东部)传入的称为“下路弘法”，由西部阿里传入的称为“上路弘法”，藏传佛教由此重新兴起，进入后弘期。后弘期佛教的主要标志是藏传佛教宗派的形成。宁玛、格鲁、迦举、萨迦、迦当、希结、觉囊、绰普等十几个藏传佛教教派都在这一时期兴盛起来。按其服饰颜色的不同，宁玛、格鲁、迦举、萨迦主要宗派分别称为红、黄、白、花派。其中，由宗喀巴创立的格鲁派势力最大，最有实权，影响最为深远。由于喇嘛不能娶妻生子，为解决宗教首领的继承问题，格鲁派创立了达赖、班禅活佛转世制度(但需得到政府册封)，形成了当时中国西藏地区政教合一的政权。

(三)佛教的基本教义

佛教教义是指释迦牟尼宣讲的佛法。佛教能够在世界范围内广泛传播，得到不少国家和地区信众乃至统治阶层的支持，有些国家甚至将其地位提高到国教的高度，大力弘扬，是与其教义所宣扬的思想紧密相连的。

1. 基本教义

(1)三法印说。三法印指佛教的三个基本命题，即诸行无常、诸法无我、涅槃寂静。之所以称之为三法印，是指这三个基本命题犹如“印鉴”，是佛教与其他宗教学说相区别的标志。佛教认为一切皆空，“无常”和“无我”体现的便是“空”的佛教哲学观念。佛教徒常言“色即是空，空即是色”，“色”指各种物质，“空”指万事万物都处在变化之中。这句话是指各种物质(色)都在不断变化，不停吐故纳新，不停运动。佛教中的“四大皆空”，也是指构成物质(色)的四种基本元素(地、水、风、火)都处在不断变化之中。

三法印可以这样理解：“诸行无常”指世界万事万物都是变化的，世界上没有永恒不变的事物。“法”指事物，“我”指物相，“诸法无我”指一切存在都没有独立的不变的实体或永恒的表相。“涅槃”也译为圆寂、灭度等，原意指火的熄灭，佛教中指从生死轮回的此岸世界到达不生不灭的彼岸世界。“涅槃寂静”也即达到“灭身灭智”、超脱生死的解脱境界。

(2)四谛说。四谛,意为四条真理。四谛说是佛教教义的核心,是各派别共同认可的基本教义。四谛包括苦谛、集谛、灭谛、道谛。苦谛是佛教的世界观,即万象皆苦;集谛是阐述痛苦产生的原因;灭谛是指佛教要达到的境界;道谛指摆脱痛苦所要理解的说教和所要经历的实践道路。

①苦谛。苦谛认为,世界和人生本性皆苦。这是释迦牟尼说教的出发点,也是佛教对世界的最基本认识。佛教关于苦的说法很多,有二苦、四苦、八苦、九苦、十一苦等,比较多的说法是“八苦”,即生苦,老苦,病苦,死苦,怨憎会苦(不得不与仇人憎事相处而产生的痛苦),爱别离苦(不得不与所喜爱的人和物别离而产生的痛苦),求不得苦(物质和精神得不到满足而产生的痛苦),五阴炽盛苦(人存在本身即是苦,人的一生是诸苦的集合体)。佛教夸大人生的痛苦,宣扬一切皆苦,苦海无边,是对人生的一种片面认识。

②集谛。说明产生“苦”的原因。佛教从“缘起说”和“轮回说”等方面论证痛苦产生的原因。

缘起说用十二因缘来解释一切事物和现象的起缘。佛教在观察人生的过程中,将人生分为彼此互为条件和因果关系的十二个环节。由十二个环节构成的前后相续的因果链条,称之为十二因缘。这十二因缘分别是:无明(即无知)、行(由无明而产生的善与不善等行为)、识(指人在投生一刹那间的精神活动)、名色(相当于人在胚胎中的精神和物质方面的形体)、六处(即眼、耳、鼻、舌、身、意等六种感觉器官)、触(相当于人出生后开始接触外界事物)、受(即对苦乐等的感受)、爱(即生起贪爱等欲望)、取(指追求色、香、味、触等)、有(即生存的环境)、生(即来世之再生)、老死(即人生的终结)[1]。相传佛祖有感于人生生老病死等痛苦,从老死开始逆推,即逆观十二因缘,认为“无明”是引起人生痛苦的总根源,只有消除“无明”,才能获得解脱。

轮回说认为,人生由三世(过去世、现在世、未来世)组成,众生的生死流转如同车轮一样不断旋转,过去世的行为决定了现在世的结果,现在世的行为决定了未来世的结果,这便是人生的“因果报应”。人生的类别有六道:地狱(指在地狱中受苦的众生)、饿鬼、畜生、阿修罗(指原本在天国但因失去德性被逐出天界的魔神)、人、天(指高于人类的上界生类),前三道为三恶道,后三道为三善道。当

---

[1] 百度百科:十二因缘[EB/OL]. [2009-11-15].http://baike.baidu.com/view/984700.htm.

人的生命结束时，其一生的“业”的总和（即一切身心活动）决定其来生转世的类别，修善的随福业上升至三善道，修恶的随恶业下堕至三恶道，即“善有善报”，“恶有恶报”，如此不断在六道中轮回流转，永不停止。佛教认为，只有皈依佛教，修成正果，才能跳出六道轮回的痛苦过程。

③灭谛。说明佛教的目的是消灭“苦”，即消灭世间诸苦产生的一切原因，从生死轮回中解脱出来，从而达到“不生不灭”绝对平静的佛教最高境界——涅槃。

④道谛。道谛是指消灭痛苦达到涅槃的方法和途径。佛教提出“八正道”：正见、正思维、正语、正业、正命、正精进、正念、正定。正见即正确的见解；正思维即舍弃享乐，不怀恶意，无伤害之心；正语即不妄语，不恶语，不绮语，不谤语；正业即行为正，不偷盗，不杀生，不邪淫，不做一切恶行；正命即生活正，过符合佛法戒律的生活；正精进即要努力不息，止恶修善；正念即思念正，铭记四谛之理，远离邪非之说；正定即精神集中，信念坚定，专心一致。“八正道”为佛教徒提供了修行的方法，同时也提出了严格的要求，只有按“八正道”修行，才能由凡入圣，消灭痛苦，跳出轮回，达到涅槃的理想境界。

2. 佛教思想的积极意义

佛教虽然存在着一定的消极思想，但作为世界上存在历史最悠久的宗教之一，无疑具有生命力。佛教蕴涵的深邃智慧和积极意义是其生命力的核心所在。

（1）佛教“性空”“无常”之说的积极意义。许多人把佛教的“性空”“无常”之说当成是消极悲观的世界观，这种见解是片面的。佛教认为的“性空”“无常”，并不同于虚无，而是一种贯穿事物本质的说法——任何事物没有一个是固定不变的。佛教的“缘起说”，也就是辩证法中的“联系的观点”；由“缘起改变”导致的“结果改变”，也就是辩证法中的“运动变化的观点”。“缘起性空”之说，是要求人们积极创造与把握事物发展的相关联系，让事物的发展、尤其是命运的发展，向着理想的方向转变。

佛教的性空，并不是目空一切，而是对事物本质及其变化规律的把握。真正的佛教修学，要求通达“五明”——声明（语言、声音、文学艺术）、因明（逻辑哲学）、内明（佛教心理学）、医方明（医学、药物学）、工巧明（工程技术），这些都是佛教徒普度众生所必需的学问。另外，佛教主张教徒与众生结善缘，为自己种善因、修善果，以修成正果。由此可见，佛教教化佛教徒在利他（普度众生）中利己（修成正果），具有宽广的胸怀和双赢的理念。

（2）佛教的和谐思想。佛教以追求圆满和谐为最终目标，佛教最高境界——

涅槃，便是功德圆满后的归宿。佛教的缘起说告诉我们，宇宙、万物与人类是相互依存、同体共生、不可分割的整体，其精神内核用一个字表达就是“和”。顺应“缘起”法则，正确处理好人我关系、物我关系以及身心关系，实现各种关系的和谐、均衡与圆满，这是人类所能达到的最高智慧和境界。佛教的和谐思想与“建设和谐社会”的时代思想异曲同工。

(3)佛教积极入世的精神。佛教道谛中的“正精进”，主张精进不懈，这是积极的人生态度。相传，释迦牟尼修行时，曾舍身饲虎，割肉喂鹰；唐代玄奘大师为求佛法，西行取经，涉八百里荒漠，历尽艰难险阻，宁愿向西方进一步死，不愿向东方退半步生；禅宗二祖慧可，参拜达摩祖师，立雪断臂，不退初心；地藏菩萨立志“众生度尽，方证菩提，地狱不空，誓不成佛”。这种不为自己求安乐但愿众生皆离苦的精神，就是佛教积极入世精神的表现。佛教普度众生的志愿，还表现在其积极投身慈善事业、教育事业、维护世界和平等方面。

孙中山先生曾说过，政治能治外在，宗教能治人心；宗教能辅助政治，政治能拥护宗教。佛教虽然超越政治，超脱于权位荣利之外，但关注政治，有自己的政治思想，“不倡乱而止乱，不滋事而息事”，佛教的教化可以补救旧时政治不及边远等缺陷，能深入民心。佛门大德自古就有帮助生产、发展交通、利济行旅、翊赞教育、解除疾病、赡恤灾荒等诸多善举。

(4)佛教“人生是苦”的积极意义。佛教不仅说人生是苦，还说苦有苦因，消除了苦因就可得到安乐。佛教徒应按照佛指示的方法去修行，把这不彻底不圆满的人生改变过来，成为一个圆满的人生。这个境界，佛法叫做“常乐我净”。“常”是“永久”，“乐”是“安乐”，“我”是“自由自在”，“净”是“纯洁清净”，四个字合起来，就是永久的安乐，永久的自由，永久的纯洁。佛教最大的目标，不单说人生是苦，而是主要在于将这苦的人生改变过来，成为永久安乐、自由自在、纯洁清净的人生。佛教徒不只在困苦时知道努力向上，就是享乐时也随时留心，快乐不是永久可靠的，不好好向善努力，便会堕落、失败。

(5)佛教戒律的积极意义。佛门有五戒，不乱杀近于仁，不乱取近于义，不邪淫近于礼，不饮酒昏乱近于智，不妄语近于信。五戒教人向善，教育信徒要勤勤恳恳、兢兢业业地造福于他人与社会，同时不怀私心，不图私利，不做任何有损于他人和社会的事情。

“五戒”的第一戒是“戒杀生”，对保护珍稀濒危动物、保护生物多样性、维护生态平衡、实现可持续发展具有重要的现实意义。佛教反对人有贪念，主张珍惜每一粒粮食、每一份资源，奉行节约的消费模式，与现今倡导的“建设节约型社会”也有共鸣。

另外，佛教提倡孝敬父母，倡导人类和平，佛教徒积极投身慈善事业，均体现出其对人类、对社会的积极意义。

（四）主要供奉对象

佛教的信仰对象由高到低包括佛、菩萨、罗汉、诸天、地狱鬼神等。在如此众多的供奉对象中，佛、菩萨、罗汉是佛教的主要供奉对象，即主神。

1. 佛

佛是“佛陀”的简称，意为“自觉、觉他（使众生觉悟）、觉行圆满者”，是佛教修行的最高结果。小乘佛教所讲的“佛”，一般是专指释迦牟尼，是对其的专用尊称。大乘佛教除指释迦牟尼外，还泛指其他一切觉行圆满者。佛教认为，只有佛具备以上三觉，菩萨缺最后一觉，罗汉缺后两觉。

（1）佛祖释迦牟尼。释迦牟尼是佛教的始祖，又称“如来”“世尊”等，供奉在佛教寺院中的正殿——大雄宝殿中。“大雄”是释迦牟尼的德号，是对他道德、法力的尊称。其塑像通常有坐像、立像和卧像三种姿势，以坐像居多。大雄宝殿里释迦牟尼的坐姿通常为“成道相”，即左手横放在左足上，名为“结定印”，表示禅定，右手下垂指地，名为“触地印”，表示释迦牟尼成道前所作的种种牺牲，都是在大地上做的事，只有大地才能证明。另一种坐姿名为“说法相”，左手放在左足上，右手向上屈指作环形，表示说法的姿势。

（2）三身佛。“身”指由觉悟和集聚功德而成就的佛体。三身佛指佛具有法身、报身、应身三种佛体。法身佛居中，该佛将佛法人格化，显法成身，名为法身，称为“毗卢遮那佛”。居左者为报身佛，该佛以法身为因，经过修习而获得佛果（功德圆满）的佛身，称为“卢舍那佛”。居右者为应身佛，指佛为超度众生而适应三界六道不同状况的需要而现身，称为“释迦牟尼佛”。

（3）三世佛。三世佛有横三世佛、竖三世佛两种说法，是佛教寺院大殿里大多供奉的三种佛像。横三世佛中的“世”指的是“空间”。横三世佛是指中、东、西三个不同空间世界的佛。竖三世佛中的“世”指的是“时间”，即以因果轮回为断的个体一生存在的时间。竖三世佛即指过去、现在、未来三个不同时间世界的佛。

①横三世佛。横三世佛是指东方净琉璃世界的药师佛、中央娑婆世界的释迦牟尼佛和西方极乐世界的阿弥陀佛。三尊佛像的排列一般是释迦牟尼佛居

中，药师佛居左，阿弥陀佛居右。药师佛，是梵文意译，全称是“药师琉璃光如来”，又称“医王善逝”“大医王佛”，是东方净琉璃世界的教主。其形象多取坐姿，左手持钵，钵内盛甘露，右手持药丸。药师佛与胁侍日光菩萨、月光菩萨合称“东方三圣”。释迦牟尼是中央娑婆世界的教主，这是释迦牟尼教化的世界，也就是现实世界。阿弥陀佛是西方极乐世界的教主，是净土宗信仰的对象，也就是中国民间有着广泛影响的佛爷。虔诚的佛教徒口中常念的“南无阿弥陀佛”的“南无”读作“那谟”，意为“致敬”“归敬”“归命”，是佛教徒一心归顺于佛的用语，常用在佛、菩萨名称前面，表示对佛、法的尊敬和虔信。“南无阿弥陀佛”的意思就是“向阿弥陀佛致敬！”阿弥陀佛造型多取坐姿，右手垂下，左手当胸，掌中有一莲台，表示接引众生之意。阿弥陀佛与左胁侍观音菩萨、右胁侍大势至菩萨，合称“西方三圣”。

②竖三世佛。竖三世佛在时间上相连，分别指过去佛——燃灯佛、现在佛——释迦牟尼佛和未来佛——弥勒佛。其位置为释迦牟尼佛居中，燃灯佛居左，弥勒佛居右。燃灯佛相传是释迦牟尼的启蒙老师，佛典中说他身边光明如灯，故而得名，因其比佛祖的辈分高，所以称为过去佛。弥勒佛，“弥勒”是梵文音译，意为“慈氏”，是佛教的菩萨名，与佛还相差一等，是释迦牟尼的弟子，侍立一旁听法。释迦牟尼预言，弥勒佛将继承自己的事业，拯救世人，因而称为未来佛，即释迦牟尼的法定接班人。

弥勒佛的塑像一般有三种类型：一是作为竖三世佛之一的弥勒佛，庄严肃穆，超凡入圣，凝神入定，一幅悲天悯人的神情，这种塑像在大雄宝殿中常见；二是菩萨形的弥勒佛，身着菩萨装，戴天冠，脚交叉而坐，或以左脚下垂，右手扶脸颊，单独在天王殿、弥勒庵（或称慈氏庵）中供奉，是菩萨形象；三是中国民间喜闻乐见的“大肚弥勒”。这是一种中国化的弥勒佛，其形象是一个袒胸露腹、大腹便便、喜眉乐目、笑口常开的和尚。

2. 菩萨

菩萨是梵语音译“菩提萨埵”的简称，意译为“觉有情”“道众生”“道心众生”，旧时又译为“大士”“大王”等。在大乘佛教中，地位仅次于佛，其职责是协助佛，用佛的宗旨和教义解救在苦海中苦苦挣扎的众生，将他们“度”到极乐世界去，忘却一切烦恼。在中国化的菩萨中，较为流行的是文殊、普贤、观音、地藏，合称“四大菩萨”。

(1)大智文殊。文殊菩萨是梵文音译“文殊师利”的简称，意为“妙德”“妙吉祥”。在四大菩萨中,专司“智慧”,表“大智”,在诸菩萨中辩才第一,故又称“大智文殊”。在佛殿中,文殊是释迦牟尼的左胁侍,与释迦牟尼及其右胁侍普贤合称“华严三圣”或“一佛二菩萨”。常见的文殊菩萨塑像为头顶有五髻,象征五种智慧;左手执莲花,花中安放《般若经》一部,表示般若一尘不染;右手持宝剑,象征智慧如同金刚宝剑一样锐利,能够斩断妖魔和一切无名烦恼。有的塑像坐于莲花台,表示清净;有的驾狮子,表示智慧、威猛。

(2)大行普贤。即普贤菩萨,中国佛教常称为“普贤大士”。在四大菩萨中专司“理得”“行德”,表“大行”,故又称“大行普贤”。在佛殿中,普贤通常作为释迦牟尼右胁侍出现,与文殊并列在佛的两边,是“华严三圣”之一。普贤菩萨的法像常为头戴宝冠,身披法衣,手执如意,骑六牙白象。手执如意,表示能满足众生的愿望;骑六牙白象,表明普贤愿行广大,功德圆满。

(3)大悲观音。观音是“观世音”的简称,又译为“光世音”“观自在”“观世自在”。唐代,避唐太宗李世民的讳,略去“世”字而简称“观音”。在四大菩萨中,观音的职责是拯救一切苦难众生,使他们得到解脱。依佛经云:“救他人苦之心谓之悲,佛菩萨之悲心广大,故曰大悲。”因此,观音又被称之为“大悲观音”,人们尊称观音为“大慈大悲救苦救难观世音菩萨”。在佛殿中,观音是阿弥陀佛的左胁侍,是“西方三圣”之一。观音菩萨在中国民间的名气和影响几乎超过一切神灵,是世俗心目中第一菩萨,家喻户晓,妇孺皆知。《法华经》称其为大慈大悲菩萨,众生遇难时只要诵其名号,菩萨就会闻其声音前往拯救解脱。观音造型为头戴宝冠,冠中有阿弥陀佛像,手持莲花或为“结定印”。一般观赏用的观音小塑像,多为手持甘露净瓶,瓶中插柳枝的立像或坐像。

(4)大愿地藏。地藏菩萨的“地藏”是梵文意译,因《地藏十轮经》称其“安忍不动犹如大地,静虑深密犹如地藏”,故名。据佛教说法,受释迦牟尼嘱托,在释迦牟尼圆寂、弥勒佛降世之前这一段时间内,他“代佛驻世弘法”。因此,他发誓“众生度尽,方证菩提,地狱未空,誓不成佛”,尽度六道众生,拯救他们的苦难,然后自己才成佛,因此又被称为“大愿地藏”。观音菩萨是以救度世间众生为主,而地藏菩萨则是救度地狱中的“罪鬼”。

传说地藏菩萨在佛祖圆寂后的一千五百年,降生于新罗国,是新罗王子,名金乔觉,出家后来九华山修习,九十九岁圆寂,肉身不腐。地藏菩萨的造型与寺院中的和尚相差无几,身着比丘装,右手持锡杖,左手持如意宝珠。持锡杖,表示爱护众生、修持精严;持如意宝珠,表示能满足众生的愿望。其坐骑是一头类似狮子的独角兽，名叫“谛听”。

3. 罗汉

罗汉是梵语音译“阿罗汉”的简称。在小乘佛教中，罗汉是佛教徒修行的最高果位，而在大乘佛教中，罗汉次于佛、菩萨，为第三等。一般而言，寺院中供奉的罗汉大多数是释迦牟尼的亲传弟子，只有少数几个是后世修行有为的和尚。罗汉的形象也和现实中的和尚相差无几。释迦牟尼传教45年，弟子众多，其中最出名的有十人，即所谓“十大弟子”，他们都是佛祖亲传，亲耳听闻释迦牟尼言教而成为觉悟者，获得罗汉果位而成为罗汉。

佛殿中供奉的罗汉群像常为十六罗汉、十八罗汉或五百罗汉。元代之前的寺院多供奉《法住经》中记载的十六罗汉。元代之后，增加了第十七、十八位罗汉，构成十八罗汉。这两位罗汉，民间说法不一，直到清乾隆年间(1736—1795)，乾隆皇帝将其钦定为降龙(迦叶尊者)、伏虎(弥勒尊者)，至此，十八罗汉所指何人才有了定论。五百罗汉因其阵容庞大，多另辟罗汉堂安置。五百罗汉从何而来，说法不一。《法住经》中说是佛祖的五百弟子；《大唐西域记》中说是枯树中的五百只蝙蝠，因聆听商人诵经，最终修成罗汉；敦煌石窟壁画将其刻画成五百个强盗，受佛感化后，修成正果。五百罗汉造型各异，与世俗众生相似，可以说是各类人物的写照，颇有人缘，因而广受老百姓欢迎。

二、佛教文化景观

佛教文化景观包括佛教寺院、佛塔和石窟，还有石幢、石灯等建筑小品物质文化景观，以及佛教艺术、佛教仪式、佛教节日等非物质文化景观。中国佛教文化景观在形成初期受到印度佛教的影响。佛教传入中国之后，这些景观很快在中国兴盛起来，以后又和佛教思想一起开始了中国化的进程。如今的中国佛教文化景观，融汇了中国人的审美观和文化性格，表现出宁静、平和、内向的氛围，是旅游者了解佛教文化、欣赏佛教艺术的重要载体，是中国重要的人文旅游资源。

古往今来，僧侣打坐修炼时常常双手合十。研究表明，双手合十很有奥妙。美国纽约大学医学院教授史蒂文·拉姆认为，人在双手合十时，可以使身心放松，最大限度地进入一种使身心彻底松弛的状态；这种近乎催眠术的姿势，能使人达到一种忘我的境界。日本学者发现，当人的左、右掌上的同名穴位温差超过0.5℃时，人就会感到不舒适；双手合十，使左、右掌同名穴位之间架起了沟通温度的桥梁，可以使左、右掌同名穴位之间的温度达到平衡，有利于健康。

(一)佛教建筑景观

1. 寺院

佛教寺院建筑是僧众的生活和修持之所,不仅是供奉佛像、弘扬佛法、汇集僧众以及举办各种佛事活动的场所,也是美轮美奂的人文景观,同时还肩负着收藏佛教文物和艺术品、教化及安抚香客、救济世人的社会责任,蕴涵着丰富的文化内涵。

(1)寺院的历史演进。印度佛教寺院名为“僧伽蓝摩”(梵语音译)。在梵语中,“僧伽”是僧众之意,“蓝摩”是园林之意,“僧伽蓝摩”即僧众共同居住的园林,中国音译简称“伽蓝”。僧伽蓝摩主要有两种形式,一是精舍式,一是支提式。精舍式伽蓝设有殿堂、佛塔,殿堂内供奉佛像,周围建有僧房;支提式伽蓝是依山开凿的石窟,内有佛塔和僧房。佛教传入中国后,逐渐使用中国化的名称——寺院(“寺”是中国秦汉时期官署名,“院”指院落,因一寺内有多个院落,故称为寺院),寺院建筑逐渐吸收中国宫殿建筑和园林建筑精华,形成独具特色的中国佛教寺院。除寺院这一常用名称外,佛寺还称为“寺庙”。“庙”原指祭祀祖先的礼制建筑(如外八庙等),后也指供奉佛像之处。佛寺也被称作“梵刹”,“梵”表示清净,“刹”表示土地或国土,即将佛寺称为清净之地。佛寺又称“丛林”,原指禅宗寺院,又称禅林,后来其他宗派也仿照这一说法,称寺院为丛林。此外,佛寺还有精舍、窟、庵等其他名称。

中国历史上第一座佛教寺院始于永平求法。东汉永平十年(67),出使西域的东汉使臣蔡愔等人携佛像、经书,与印度高僧摄摩腾、竺法兰一道回到都城洛阳后,被安置在鸿胪寺中。汉朝的中央政权实行三公九卿制,寺为九卿的办公官署,如主管刑狱事务的大理寺,负责宫廷财政事务的太府寺,主管祭祀、礼仪和教育的太常寺等,鸿胪寺是掌管外交事务的官署。次年,为了向两位印度僧人提供礼佛、译经和传法的专门场所,汉明帝下诏,在洛阳雍门外的御道旁修建一座佛寺。因两位僧人先前入住之处以寺为名,而佛经是由白马驮回的,于是将该寺定名为白马寺。

南北朝时期,佛寺发展较快。此时佛教经典译著不断涌现,学术思想空前繁荣,加上统治阶级大力扶持佛教的发展,佛寺数量激增,仅北魏都城洛阳就有佛寺1 367座,北齐邺城(今河北临漳西南)有佛寺4 000余座。南朝的都城建康(今南京)也曾有“南朝四百八十寺,多少楼台烟雨中”的宏伟景象。此时的佛寺主要有石窟寺(仿支提式伽蓝形式建造)、塔庙(由精舍式伽蓝演化而来)以及由王侯府第改造而成的“前厅为佛殿、后堂为讲堂”的寺院三种形式。

隋唐至宋是中国佛寺的鼎盛时期。此时中国的佛教寺院在数量上处于巅峰。唐武宗会昌五年(845)“灭法”,一次拆去佛寺44 600所,由此可见一斑。在建筑布局和风格上,此时的寺院已经改变了以塔为中心的布局,形成了“以殿堂为中心,以庭院式为组织形式”的中国化寺院建筑形式。在印度佛教寺院中起中心坐标作用的塔,此时已成为佛教寺院的陪衬,有些寺院在寺旁另建塔院,有些在大殿前面建双塔,或一塔一阁并峙,最普遍的佛寺布局形式是前殿后堂,围以廊院,廊院正面是山门,四隅有角楼。

元明清时期,佛教从汉族地区向少数民族地区迅速传播,藏传佛教成为佛教的重要流派,藏传佛教寺院逐渐在全国范围内兴盛起来[1]。当时不仅在藏传佛教盛行的西藏、青海、甘肃、宁夏地区掀起了建造寺院的高潮,而且也影响到了汉族地区。建于清康熙三十三年(1694)的北京最大的藏传佛教寺院——雍和宫,便是这一时期内地藏传佛教寺院的典型代表之一。

(2)寺院选址。从寺院的地理位置来看,主要有两种:一是建于城市中的寺院,二是建于山林中的寺院。但无论哪种寺院,在选址上都极力营造“超凡脱俗”的境界,以达到佛教教义中所宣传的“跳出六道生死轮回,进入西方极乐世界”的佛教至高境界。

①山林寺院选址。为从外部环境和心理环境两方面全面营造超脱尘世的宗教氛围,寺院需要一个“蝉噪林愈静,鸟鸣山更幽”的清净环境,以摆脱世俗生活的干扰,便于学经和修行。所以,山林一直成为佛教寺院的首要选址对象。

北宋诗人赵抃诗云的“可惜湖山天下好,十分风景属僧家”,道出了中国佛教寺院的选址特色。中国历史上,许多名刹古寺都坐落于雄伟奇拔、山清水秀、清泉悬瀑、古木参天、云蒸霞蔚的名山胜景之中[2]。山中寺院,寺以山名,山以寺灵,佛教寺庙建筑与美丽的大自然、美好的传说交相辉映,相辅相成。在远离红尘喧嚣、幽美寂静之地,建立栖身修道的寺院,能够营造出“梵境幽玄,义归清旷,伽蓝净土,理绝嚣尘”(《魏书·释老志》)的绝妙佛家境界,有利于止息俗念,潜心修行。

②城市寺院选址。有些寺院建于政治、经济、文化中心,如洛阳白马寺、扬州大明寺,以利用城市人口集中、影响面广的特点,布道宣教。城市寺院常建在城

[1] 霍国庆. 佛教旅游文化[M]. 北京:北京图书馆出版社,2000:157.

[2] 李桂红. 中国汉传佛寺建筑与佛教传播初探[J]. 西南民族学院学报:哲学社会科学版,2002(12):235-237.

郊。这是一种折中的选址方式，既离城市不远，便于发挥城市人多有利于宣教的功能；又能与世俗生活保持一定的距离，突出佛门净土的寺院氛围，利于僧人清修。如西安郊区的中国净土宗祖庭香积寺，北京郊区的隋朝古刹潭柘寺，成都郊区的宝光寺，宁波郊区的报国寺等。身处闹市的寺院，多选址在地势较高、引人注目的地方。如宁波报国寺，四面沟堑湾塘相连，庙宇寺院建在中央高地之上，以地理位置的不凡来体现佛教寺院的“超凡脱俗”。

此外，佛教寺院在选址时往往把景观因素放在十分重要的位置。山林中的寺院本已身在秀丽的山岳景观之中，自不待言，城市中的寺院也以自然景观优美为选址要素。如杭州寺院选址多以环西湖赏景或沿钱塘江观潮地带为主，灵隐寺“楼观沧海日，门对浙江潮”，径山寺“前望都城，自西湖、浙江以至越山，历历如指诸掌，真绝景也”[1]。

(3)寺院布局。中国早期寺院的布局主要受印度佛教精舍式伽蓝的样式影响，其布局以佛塔为中心，周围建筑殿堂和僧房，形成独立院落型的廊院式平面结构，大的寺院由多个廊院组成。中国现存的廊院式结构的寺院已经十分稀少，只有在五台山龙泉寺等少数寺院中才能找到这类寺院的遗存。

藏传佛教寺院的布局较为自由，没有明显的中轴线，根据地形自由布局寺院建筑，不均匀中求对称，变化中显协调[2]。

纵轴式布局是中国汉族地区寺院最常见的布局样式。基本结构是将寺院内各主要殿堂布置在一条纵轴线上，每个殿堂前、左、右各置一座配殿，形成三合或四合院落，一个院落即为一进，常有数院，院院深入，回廊周匝，廊内壁画琳琅满目，引人入胜。

在纵轴式布局中，佛殿代替佛塔，成为寺院中心。通常的纵轴式布局寺院中，中轴线上的建筑依次为山门、天王殿、大雄宝殿、法堂、藏经楼，中轴线两侧分布伽蓝殿、药师殿、祖师殿等配殿，寺院东侧是僧人住所，西侧是禅房等建筑。

①山门。山门是寺院的大门，因寺院常选址于山林，因此便将大门称为山门。山门又作“三门”，依佛经言，三门即三解脱门(空门、无作门、无相门)的简称。三解脱门被佛教称作是涅槃之门。称寺院大门为三门，是取入道之义。佛教大门通常是三门并立，中间是一大门，两旁各一小门。山门是佛教寺院南北中轴线的起点，也是佛门净土与凡尘俗世的分界线，入山门即进入佛国世界，言行

[1] 张朝晖，张黎红. 关于禅宗寺院空间的思考[J]. 青岛建筑工程学院学报，1999(3)：13-17.

[2] 霍国庆. 佛教旅游文化[M]. 北京：北京图书馆出版社，2000：160.

举止都要遵守佛教教规。

三门常以三门殿的形式出现，殿前摆一对石狮，竖眉鼓目，纯真威武。殿内供奉守护山门的佛教神，通常为二大金刚像，名为哼哈二将。有些规模较小的寺院将三门殿与天王殿合并，在三门殿里供奉四大天王像（如山西大同的善化寺）。

②天王殿。天王殿是寺院第二进殿宇，与大雄宝殿、藏经阁并称三大殿。天王是佛教的护法神。天王殿内的中央神龛供奉弥勒坐像，坐北朝南，面向山门，神龛后面为韦驮立像。韦驮是诸护法神的领袖，面向北面的大雄宝殿。东西两旁供奉四大天王像。因大多寺院的天王殿正中供奉的是弥勒菩萨，故天王殿又称弥勒殿。有些寺院的弥勒造像是弥勒的真身，即以菩萨形象出现的未来佛——弥勒佛。有些寺院供奉弥勒的化身，即中国的大肚弥勒佛。有些寺院在天王殿中只供奉四大天王像，如河南嵩山少林寺的天王殿，殿内的主神便是挺胸怒目、威武庄严的四大天王。四大天王也叫护世四天王，按佛教传说，须弥山有四峰，各有一王居之，各护一方天下，是保护佛教和众生的神。持琵琶者，名东方持国天王；持宝剑者，名南方增长天王；持伞者，名北方多闻天王；托塔者，名西方广目天王。

③大雄宝殿。大雄宝殿是寺院的主体建筑和寺院的核心，也是寺院佛事活动的中心场所。大雄宝殿包含“大”“雄”“宝”三层意思。“大”者包含万有；“雄”者摄伏群魔；“宝”者，即佛、法、僧三宝。大雄宝殿内供奉的佛像，有一尊、三尊、五尊、七尊之分，其中一尊、三尊最为多见。供奉一尊佛像即释迦牟尼佛，两旁有他的两个弟子：迦叶、阿难。释迦牟尼圆寂后，迦叶即为佛教的长老，阿难又继迦叶后为长老。相传佛教经典是阿难凭着记忆，把佛祖生前所说的话写在贝叶上流传下来的。三尊常供奉三身佛（卢舍那佛、毗卢遮那佛、释迦牟尼佛），或横三世佛（药师佛、释迦牟尼佛、阿弥陀佛），或竖三世佛（燃灯佛、释迦牟尼佛、弥勒佛）。释迦牟尼佛的背后塑观音菩萨。观音两旁是善财童子和龙女，都是观音的侍从。大殿左右塑十八罗汉，每边九位，或喜或忧，或怒或笑，神态毕现。

④法堂和藏经阁。法堂位于大雄宝殿后，为高僧讲经说法处，规模仅次于大雄宝殿。有些寺院的法堂与藏经阁分开，法堂在前，藏经阁在后，如福州五大禅林之一的西禅寺。更多的寺院法堂与藏经阁为一体建筑，如河南嵩山少林寺法堂，内供汉白玉大卧佛，东西两壁设有经柜。有些寺院一层是法堂，上层为藏经阁。福建厦门南普陀寺藏经阁，高两层，上藏文物，下为法堂。

⑤配殿。在南北中轴线建筑的东西两侧，常设有配殿。配殿的类型主要有

伽蓝殿、六祖堂、菩萨殿、千佛殿、罗汉堂等。

伽蓝殿位于大雄宝殿东侧。伽蓝是“僧伽蓝摩”的简称，意译“众园”，音译兼意译为“僧园”，原指修建僧舍的基地，转而为包括土地、建筑物在内的寺院的总称。伽蓝殿供奉守护伽蓝土地之神像，古时又称土地堂。

祖师堂位于大雄宝殿西侧，常见于禅宗寺院，殿内供奉的是禅宗六位祖师：初祖达摩、二祖慧可、三祖僧粲、四祖道信、五祖弘忍、六祖慧能，中间供观音，称为“六祖朝观音”。有些寺院在殿堂正中供奉初祖达摩，左侧供奉六祖慧能，右边供奉百丈禅师（首创禅宗丛林制度者）。其他宗派寺院除供奉以上祖师外，还在祖师堂中供奉本宗祖师像。

菩萨殿以菩萨为本尊，如观音殿、地藏殿、文殊殿、普贤殿等。其中，观音殿最为常见，地藏也常单独设殿供奉。一般寺院的文殊和普贤像常出现在佛祖左右两边，但在规模较大的寺院也会供奉在独立的文殊殿、普贤殿中。如河南嵩山少林寺，在立雪亭（中轴线建筑之一）的东侧设文殊殿，殿内供有一尊明代汉白玉普贤佛像。

千佛殿和罗汉堂因人物造像多，占地面积大，在一般寺院难得一见，只有少数大型寺院有实力建造。如安徽九华山、河南嵩山少林寺。中国的四大罗汉堂分别位于成都宝光寺、北京碧云寺、武汉归元寺、苏州西园寺内。成都宝光寺罗汉堂历史最久，规模最大。

除上述主要殿堂外，寺院还包括僧房（居室）、香积厨（厨房）、斋堂（饭堂）、职事堂（库房）、客堂（接待室）、放生池、如意寮（医疗室）等建筑。

俗话常说“无事不登三宝殿”，比喻没有事不会登门造访，只要登门必定有事相求。俗话虽是比喻，但佛教中三宝殿确有所指。佛教“三宝”指佛、法、僧。三宝所在之殿称为三宝殿，即佛教信徒登场做法事的地点“大雄宝殿”，佛家珍藏经书、经典之所“藏经楼”，僧人休息的“寂静禅房”。这三处地方是清静高洁的佛教重地，不可随意乱闯，因此“无事不登”。旧时去三宝殿通常是在以下几种情况下：初一、十五拜佛诵经；新年、节日祈福祭天；战争、灾荒、婚丧、生日、病痛……常要求神拜佛；法事、仪式、招魂必要拜佛上香，请僧人出庙；因健康、考试、生育许愿还愿……中国人心目中的三宝殿已成为老百姓祈福禳灾的神灵之处。佛教寺院对世俗社会的影响，佛教文化与中国传统文化的渗透与交融，可见一斑。

2. 佛塔

印度佛经记载，最初建佛塔的目的是用来保存佛祖释迦牟尼“舍利”。相传佛祖即将涅槃时，众弟子悲痛不已，问佛祖："你离去后，我等将何所依？"佛祖说："我与尔等留下'三所依'，今后你们可以此三为供奉依托之所在。""三所依"即"身之所依"——佛像，"语之所依"——佛经，"意之所依"——佛塔。佛塔，梵语曰"浮屠"。佛圆寂后，他的舍利被分成八份，分别由八国建塔供奉，佛塔由此而来。

印度最初的佛塔呈半圆覆钵形，由方方正正的基座、半圆形的塔身和细长的尖顶组成。佛教传入中国后，佛塔逐渐吸收了中国传统建筑样式，形成了具有中国特色的更加丰富多彩的佛塔。

(1)佛塔结构。中国佛塔样式独特，造型各异，但每座塔的结构大致相同，都是由地宫、塔基、塔身、塔刹四部分组成。

①地宫。地宫是中国佛塔所特有，印度佛塔无地宫。印度佛塔摆放舍利的地方是在地面之上的塔身内，但中国传统的丧葬方式是"入土为安"，因此在佛塔中建造地宫安放高僧的舍利。地宫通常为砖石结构。舍利安放在地宫内的石函内。石函层层相套，最里面一层安放舍利。除安放舍利外，地宫内还存放金银珠宝、玉器、丝织品、经卷等珍贵物品，甚至有些佛塔并无舍利，而将珍宝安放在石函内，以显尊贵。

国内最著名的宝函出自陕西法门寺塔地宫。该处出土的八重宝函系唐懿宗赐赠，最外层是一个檀香木银棱顶宝函，里面套着三个银宝函、两个金宝函、一个玉石宝函，最内层的一座单檐四门纯金塔内供奉着佛指舍利宝函和金塔，做工精细，造型优美，精雕细琢，美不胜收，世所罕见。

②塔基。塔基是佛塔组成部分中最先露出地面的部分，是佛塔的基础。早期的塔基较低，较少装饰，主要突出实用价值。唐代之后，由于受中国建筑重视基座的影响，为突出塔的宏大高耸，塔基分成基台和基座两部分。基台如同早期的塔基，样式简单。基座位于基台之上，雕饰华丽，装饰作用突出。同时，基座也加高了佛塔的高度，使塔身更加雄伟，增加了佛塔的形象美。

③塔身。塔身是佛塔的主体部分，也是区分塔型的主要标志。大多数塔身六面七级，"六面"应佛家"六和敬"("和"即"外同他善"，"敬"即"内自谦卑"。"六和净"即"身和同住""口和无诤""意和同悦""戒和同修""见和同解""利和同均")，"七级"即七级浮屠。一般地说，塔身以木、砖、石等材料筑成，也有用土、铜、铁、象牙、金、银等材料建造。佛塔变化多姿的类型，体现在塔身上。从外观上看，塔身有楼阁式塔、密檐式塔、亭阁式塔、花塔、覆钵式塔、金刚宝座塔、过街

塔等多种类型。从内部构造上,主要有实心塔和空心塔之分。实心塔身以土、石、砖等材料填实,有的还加有木筋,结构比较简单。空心塔塔身,有的为空筒形,内设楼梯、楼板,外有腰檐、平座,可供人攀登环眺四周;有的为中心柱形,中心柱用木、石、砖等材料建成;有的为高台形,如金刚宝座塔,中设台阶,可以拾阶而上。

④塔刹。塔刹为佛塔所独有,是佛塔区分于中国其他高层楼阁建筑的特殊标志[1]。从所处位置来看,塔刹位于佛塔顶部,是佛塔中最高耸的部分;从装饰美的角度看,塔刹做工精细,外形极具表现力,是佛塔各组成部分中最具艺术特色的部分;从重要性上看,刹在印度佛教中即是佛国之意,塔刹是佛国净土的象征,是中国佛塔结构中最为重要的部分。

塔刹本身也是一座小塔,由刹座、刹身、刹顶组成,三部分由刹杆相连。刹座形式多为须弥座或仰莲座,刹身由相轮和宝盖组成。相轮是套在刹杆上的圆环,环数为奇数,环数的多少表示佛塔等级的高低。现存佛塔中相轮最多的是五台山的笠子塔,为13环。宝盖位于相轮之上,是刹身的冠饰。刹顶是佛塔的顶部,一般由仰月、宝珠或火焰、宝珠构成。

(2)佛塔类型。按造型划分,佛塔可分为楼阁式塔、密檐式塔、亭阁式塔、花塔、覆钵式塔、金刚宝座塔、过街塔、宝箧印经塔等类型。

①楼阁式塔。楼阁式塔是中国佛塔中最为常见的类型,是中国传统楼阁式建筑与印度佛塔相融合的产物。半圆形结构印度佛塔传入中国之后,为适应中国传统建筑方法和审美习惯,中国建筑工匠对其进行了改造,形成了中国特色的楼阁式塔。唐代之前的楼阁式塔均为木结构。现存最古老的楼阁式塔是建于辽清宁二年(1056)的山西应县佛宫寺释迦塔,或称应县木塔。木结构塔惧雷电,易腐蚀,又因寺院多香火易引起火灾,所以唐之后的楼阁式塔多改为砖石结构。建于唐永徽三年(652)的大雁塔是著名的砖石结构的楼阁式塔(该塔为保存玄奘由印度带回的佛经而建,最初为仿西域建筑形式的砖表土心五层方塔)。

②密檐式塔。密檐式塔是中国佛塔结构在由木结构向砖结构转变过程中发展起来的。此类塔的第一层塔身特别高大,以上每层的层间距则特别小,层层塔檐紧密相叠。除第一层外,塔身无窗无柱。我国现存最早的密檐式佛塔是河南登封县的嵩岳寺塔。该塔也是我国现存最古老的砖砌佛塔,建于北魏孝明帝正

[1] 沈祖祥. 旅游宗教文化[M]. 北京:旅游教育出版社,2003:46.

光元年(520),高40余米,12边形,15层,国内独一无二。云南大理崇圣寺三塔也是密檐式塔的代表之一。

③亭阁式塔。亭阁式塔是中国精巧的亭阁式建筑与印度佛塔联姻的结果。与亭阁建筑类似,亭阁式塔有方形、六角形、八角形或圆形之分,一般都是单层塔,小巧玲珑。山东历城神通寺四门塔建于隋大业七年(611),是目前我国现存最古老的石塔,也是最早的亭阁式佛塔和中国亭阁式塔的代表。

④花塔。花塔的主要特征是塔身上部装饰着各种繁复花纹。装饰内容有巨大的花瓣,密布的佛龛,以及佛、菩萨、天王、力士、狮、龙、象、鱼等雕刻图案。花塔是由楼阁式、密檐式塔的塔身以及亭阁式塔的顶部发展而来的,是古塔由质朴到华丽、由实用到单纯崇拜发展的结果。花塔的出现和建造时间主要在宋、辽、金时期,全国现存实物仅有10余座,著名的有北京房山坨里花塔和河北正定广惠寺花塔等。

⑤覆钵式塔。覆钵式塔俗称"喇嘛塔",是印度佛塔在中国的再现,藏传佛教的佛塔多为此种类型。喇嘛塔的分布与其传播路线有关。藏传佛教佛塔造型主要沿袭了尼泊尔地区古印度佛教的造塔风格,形成与汉地佛塔相区别的覆钵式塔,因其广泛流行于藏传佛教寺院,又称"喇嘛塔"。我国现存最大的元代藏式喇嘛塔是北京妙应寺白塔。

⑥金刚宝座塔。金刚宝座塔属于佛教密宗,以五方佛为供奉对象。它的特点是:有一个高大的台座,中设梯级,可以上达;台座上建造五塔,中塔较高大,四角的塔较矮小;各座塔的基座上,分别雕刻着大象、狮子、孔雀、金翅鸟王等动物图案,象征着金刚界五部主佛,即五方佛。我国现存的10多处金刚宝座塔,均建造于明代以后。但从敦煌壁画来看,早在1 500多年前的南北朝时期,就已经有了它的雏形。四川彭县的金刚宝座塔虽然建于清末,但塔座低矮,主塔高大,四塔矮小,保持了印度此类佛塔的风格。

⑦过街塔。过街塔是建于大街或大道上的一种佛塔,其最大特征是塔的下部为门洞形,可通行人车马。过街塔是印度古塔与中国传统的城关式建筑相结合的产物。从佛教修行方式来看,过街塔的修建是一种创造。因为塔是埋葬舍利的建筑物,人从过街塔穿行,便是向佛顶礼膜拜,从而给信佛的人大开方便之门。北京昌平居庸关过街塔是著名的过街塔。

⑧宝箧印经塔。宝箧印经塔是中国古塔中的一种特殊形式。956年,由五代时期的吴越国王钱弘俶创建。因其形似宝箧,内藏印经,故名。又因它是受古

印度孔雀王朝国王阿育王造塔故事的启发而建造的,也叫阿育王塔。因此类古塔多以铜、铁铸造,外涂以金,又名金涂塔。宝箧印经塔是由楼阁式塔、亭阁式塔塔刹的形式发展而来的。现存的这类古塔分大、小两种。小者多为金涂塔,存放舍利,置于佛寺或地宫中。如安徽博物馆藏金涂塔,高仅32厘米,出土于地宫。大者始建于宋、元,多为石砌,置于佛寺院中。如潮州开元寺宝箧印经式石塔。

除以上八类外,由众多佛塔密集分布形成的塔群蔚为壮观,构成另外一类独特的佛塔景观。其中比较著名的有少林寺塔林和宁夏青铜峡108塔古塔群。

3. 石窟

石窟是由印度支提式伽蓝发展而来的,是古代佛教建筑中的一个特殊类型。石窟的最大特点是依山开凿。

如果就艺术特色来分,世界文化遗产敦煌石窟侧重于绚丽的壁画,世界文化遗产云岗、龙门石窟著名于壮丽的石刻,而世界文化遗产"丝绸之路"遗迹之一的麦积山石窟则以精美的泥塑闻名于世。

(1)莫高窟。又称"千佛洞",位于敦煌城东南25千米处,是世界上现存规模宏大、保存完好的佛教艺术宝库之一。自汉武帝通西域开"丝绸之路"之后,敦煌成了一个繁华的城镇,丝绸之路的重要交通站。作为中西交流的枢纽,它接受西域文化的影响,同时也不断得到中原文化的充实。

莫高窟是一个集建筑、雕塑和绘画于一体的综合性艺术群,现存洞窟4 000多个,彩塑2 400多尊,壁画45 000多平方米。莫高窟的艺术特色主要体现在绚丽多彩、内容丰富的壁画上。由于莫高窟开凿在砾岩悬崖上,因砾岩不宜雕刻,古代艺术家匠心独造,先在洞壁的四周及顶部抹上草泥,白垩打底,再绘制壁画。壁画题材多为佛教故事,规模极为宏伟,主要表现佛国圣地的壮丽图景。

(2)云冈石窟。位于山西省大同市城西16千米的武周山南麓,依山开凿,东西绵延约一千米,存有主要洞窟45座,大小窟龛252座,石雕造像51 000余尊。武周山位于内外长城之间,是北魏通向北方的咽喉要道,当时人马车队来往频繁,还驻扎有军队,是北魏皇帝祈福的"神山"。该山东西绵延,山清水秀,是"藏风得水"的风水宝地。云冈石窟坐北朝南,既有龙门石窟的高大体量,又有敦煌石窟的彩绘艺术,在佛像石雕史上具有重大的艺术价值和崇高的历史地位。

与其他石窟相比,云冈石窟有鲜明的个性特征:其一,始建于北魏,是佛教自两汉之际传入中国以后,第一次由朝廷主持的大规模营造工程,投入力量大,开凿耗时前后60余年。其二,由于是新疆以东最早出现的大型石窟群,因而成为佛教石窟艺术中国化的先驱。其三,由于主要洞窟全部由北魏政权倡导开凿,不仅洞窟规模宏伟壮观、气势非凡,还体现了强烈的皇家政治色彩。第一、二窟,五、六窟,七、八窟,九、十窟等,都是形制规模相同、内容构图相连一致、开凿时间顺序统一、窟前塑造双塔的"双窟"。云冈中期石窟的实际倡导者是北魏孝文帝和他的祖母冯氏。据文献记载,从承明元年(476)至太和十三年(489),虽然孝文为帝,但冯氏对国事具有决定作用。所以,当时称孝文和冯氏为"二圣"或"二皇",云冈石窟大量"双窟"间接反映了这一历史事实。

(3)龙门石窟。位于河南省洛阳市南郊13千米处,风光秀丽的伊河伊阙峡谷两岸。这里东(香山)、西(龙门山)两山对峙,伊水中流,形似天然门阙,故古称"伊阙"。伊阙两山数以千计的像龛,绝大多数都是北魏和盛唐两个造像高潮阶段的杰作。龙门石窟以壮丽的石刻著称。石窟南北长约一千米,拥有两千余座窟龛和十万余尊造像,规模庞大。

(4)麦积山石窟。位于甘肃省麦积山风景名胜区,距天水市45千米,是中国诸多石窟中风景最为秀丽的一座。麦积山为典型的丹霞地貌,因形如农家麦垛而得名。山崖拔地而起,山势险峻,周围绿树成林,环境清幽。麦积山石窟的惊险陡峻,在我国现存石窟中也很罕见。洞窟大都开凿在二三十米乃至七八十米高的悬崖峭壁上,洞窟之间全靠架设在崖面上的凌空栈道通达。麦积山以精美的泥塑闻名于世。由于麦积山为砂岩,岩石不宜精雕细镂,所以大多采用泥塑和壁画的艺术表现形式。麦积山泥塑以形传神,形神兼备,内容具有世俗化和浓厚的生活情趣,塑绘手法是上彩不重彩,特色鲜明。

4. 绘画与雕塑

佛教建筑是与绘画、雕塑密切联系,实用性和艺术性高度结合的完美的建筑整体。石窟壁画、寺院造像等都是精美的艺术品。

(1)绘画。按照类型,佛教绘画可分为彩绘和壁画两大类;按照题材,佛教绘画可分为佛教人物和佛教故事两大类。佛教人物画常有佛、菩萨、罗汉等造型,佛教故事包括佛说法图、佛本生图(描述释迦牟尼佛教化众生的事迹)及各种经变故事图(佛经中所叙故事的绘画)等。

①彩绘。彩绘是指运用浓艳的色彩在建筑物上描绘的各种图案纹样。彩绘并非佛教所独有,也是我国传统建筑的构成要素之一。佛教彩绘特指绘在寺院、佛塔、石窟等佛教建筑中的彩绘作品。彩绘的价值不仅在于直观形象的装饰作用,还具有防潮、防腐、防蛀的实用价值。我国古代建筑多以木质为主,必须经油

彩刷饰后才能保证建筑物不直接受到日晒雨淋，木质骨架不至于腐烂虫蛀。这是我国建筑运用彩绘的最初目的。

②壁画。壁画是指绘制在墙壁、岩石、洞穴壁上的图案。中国古代壁画一般以绘制场所的不同而区分，绘于岩壁上的绘画亦称“岩画”，绘制在佛教建筑中的壁画作品称为佛教壁画。

石窟中除了大量的石雕佛像、泥塑佛像以外，就是遍布各个角落的壁画。较早的石窟壁画当属新疆克孜尔千佛洞。以新疆克孜尔千佛洞为代表的壁画，普遍采用工笔重彩的画法，有的结合白描，相互衬托。莫高窟是中国壁画的宝库。敦煌壁画的目的是以高超的艺术形式宣扬佛法，用高度概括和丰富想象的壁画语言把内容与形式统一起来，寓教义于绘画之中，是极有美学价值的壁画艺术珍品。

(2)雕塑。佛教雕塑可分为浮雕和圆雕两大类。佛教浮雕多以连环画的形式展示连续性的佛教故事，如宋代后广为流传的“唐僧取经”的故事。飞天是佛教浮雕常见的装饰图案，是佛教护法神天龙八部中乾达婆和紧那罗的合称。佛教圆雕多用于各类人物造像，佛教寺院中的供奉对象多为圆雕作品。圆雕是一种立体感很强的艺术形式，人物外形饱满，刻画细致，极其形象逼真。

5. 佛教文化景观的意境美

意境是指由人的主观情意与客观物象相互交融而形成的、使人沉浸其中的想象世界。意境美是理想的审美境界，情真景真、情景交融、虚实相生、韵味无穷是意境美的具体表现。佛教建筑的选址、布局、装饰等元素，有着超越具体形象的更广的佛教艺术空间，体现出庄严清净、超凡脱俗、凝重深沉、博大深厚的韵味。

(1)庄严清净。在佛教中，庄严是一个广义词。因佛教主张远离欲望，为戒视觉的贪欲，避免引起妄想，极少用漂亮、美丽等倾向性的词语，而一律用“庄严”二字。这是一个脱离情与欲的崇高美的形容词。在佛教文化景观中，佛教的庄严气氛主要通过佛像、庄严具来表现。佛教人物造像大多慈祥、威严，以表现作为至高无量主宰的佛的庄严肃穆。庄严具是佛教建筑内外部装饰物的统称，根据其安放位置的不同，又分为外庄严和内庄严两部分。外庄严包括石狮、法轮、幢、经幡等，内庄严有须弥座(佛像底座)、龛、背光、唐卡、堆绣等[1]。石狮的威严造型、须弥座的精美细致、背光严格的规范造型和深刻的寓意，都体现了佛教庄严肃穆的意境。

[1] 王惕. 中华美术民俗[M]. 北京：中国人民大学出版社，1996：511-512.

佛教建筑常选址于名山大川，借用高耸入云的山峰或幽深莫测的沟壑营造视觉上的神奇。“深山藏古刹”常常令人联想到“佛国净土”，具有与世隔绝、幽深静雅的佛境美，体现了佛教消除杂念、清净修行的思想。

(2)松风水月。佛教建筑周围常遍植松竹，一方面绿化，另一方面表现出佛教脱离凡尘、高风亮节的意境。松竹成林，营造出松涛、竹韵的视听感受。佛国净土，幽雅寂静，松竹之声与清净修行的僧侣相伴，高洁、静雅之意境跃然而生。

“松风”是指松树成林；“水月”则是指月光泻地。水中之月最引人注目。水亦清净之物，象征佛土洁净无尘。松风水月既是一种品格，隐喻僧尼所追求的精神境界；也是一种自然景观，从视听上衬托了佛教徒隐逸潜居的生活状态；还是一种人文景观，注释了佛教景观的超凡脱俗。

(3)晨钟暮鼓。钟、鼓是佛教号令僧众的法器，有声音，有形象，有寓意。钟声鼓声悠扬壮美，体现了佛教徒执著修行、精进用功的生活态度，成为佛教景观必不可少的组成部分。“有钟必有寺”。悬在钟楼上的钟称梵钟。佛教认为，钟声传入地狱，会在地藏菩萨那里注册，击钟者死后不会下地狱。

中国流传最广的钟声当属寒山寺钟声，“月落乌啼霜满天，江枫渔火对愁眠。姑苏城外寒山寺，夜半钟声到客船。”寒山寺因钟声闻名。

晨敲钟、晚击鼓，以别一日之内阴阳二时，是汉地佛教的习俗。晨钟暮鼓洋溢着佛境的肃穆庄严气氛，荡涤着世俗的尘嚣和烦恼。

(二)佛教四大名山

“天下名山僧占多”，寺得山净，山得寺灵。作为佛教文化的缩影，佛教寺院等建筑景观丰富了山岳自然景观的文化底蕴，自然与人文紧密结合，相得益彰。佛教名山多与菩萨有关，其中，山西五台山、四川峨眉山、浙江普陀山、安徽九华山分别是文殊、普贤、观音、地藏四大菩萨的道场，被称为中国佛教四大名山。

1. 五台山

世界文化景观五台山位于山西省五台县东北，东、西、南、北、中五座高峰的山巅都是高大的缓坡平台，故名五台山。五台山的海拔高度多在2 700米以上，最高的北台海拔达3 058米，为华北第一高峰，素有“华北屋脊”之称。五台山以其悠久的历史文化和规模宏大的寺庙建筑群位居四大佛教名山之首，加之盛夏不知炎暑，有“清凉佛国”之称。

五台山成为佛教圣地，始于东汉永平年间(58—75)。东汉明帝刘庄派蔡愔出使西域，请来印度高僧摄摩腾、竺法兰在中国传播佛教。两位高僧来到五台山，见五座台顶拱围台怀腹地，其山形地貌与释迦牟尼佛的修行地灵鹫山几乎相同，便奏请汉明帝在五台山修建寺院。明帝准奏颁旨，在五台山修建了大孚灵鹫寺(今显通寺的前身)。大孚灵鹫寺是与洛阳白马寺齐名的我国最早的佛寺之一。

五台山是文殊菩萨的道场。五台山最著名的寺院是台怀镇周围的“五大禅寺”(显通寺、菩萨顶、殊保寺、罗睺寺、塔院寺)和台外五台县附近的南禅寺、佛光寺等。

五台山地处长城脚下，位于历史上农耕民族与游牧民族的交界地带，历来受到封建王室的高度重视。从北魏孝文帝在山上建立避暑胜地开始，隋炀帝、宋太宗、元英宗、清康熙、清乾隆等都曾亲临五台山。如果说长城是民族对抗的产物，五台山佛教则是民族团结、融合的象征。五台山既有青庙(汉地佛教寺院)，又有黄庙(藏传佛教寺院)，汉地佛教和藏传佛教共处一山。清朝统治者信奉藏传佛教，把藏传佛教传入五台山，五台山由此出现青黄二庙各具特色，汉、藏、蒙、满各族僧众和睦相处的佛山风貌。

2. 峨眉山

世界文化与自然遗产峨眉山位于四川省峨眉市西南7千米处，是大峨山、二峨山、三峨山、四峨山的总称。大峨山为峨眉的主峰，通常说的峨眉山就是指大峨山。峨眉山以“峨眉天下秀”著称于世，古木参天，流泉飞瀑，风景独秀。唐代诗人李白诗曰：“蜀国多仙山，峨眉邈难匹”；明代诗人周洪谟赞道：“三峨之秀甲天下，何须涉海寻蓬莱。”随着季节和位置的不同，以及阴、晴、风、雨、云、雾、霜、雪的渲染，峨眉景象变化万千。“金顶祥光”“象池月夜”“九老仙府”“洪椿晓雨”“白水秋风”“双桥清音”“大坪霁雪”“灵岩叠翠”“罗峰晴云”“圣积晚钟”，清代诗人谭钟岳笔下的“峨眉十景”名扬四方。

相传峨眉山是普贤菩萨的道场。主要寺院有报国寺、伏虎寺、清音阁、洪椿坪等。峨眉山金顶是寺院和景点最集中的地方，为峨眉山精华所在，由华藏寺和高48米的十方普贤金像以及金殿、银殿、铜殿、朝拜大道等组成，有世界上最壮丽的天然观景台，可观日出、云海、佛光和圣灯四大奇观，是佛在人中、人在景中、景在佛中的人间天庭。

3. 普陀山

普陀山位于浙江省普陀市距杭州湾东约100多千米的莲花洋上，是舟山群岛中的一个小岛，面积约12.76平方千米，素有“海天佛国”之誉，是观音菩萨的道场。

相传在五代后梁(907—923)时,日本僧人慧锷去五台山朝圣,请一尊木雕观音像乘船回国。当船行至舟山群岛附近莲花洋时,风浪大起,不能前行,慧锷认为是观音显灵不肯东渡,于是下船上岸,在岛上建"不肯去观音院"。从此,普陀山有了专供观音的寺院。宋代以后开始大兴土木,至清末已有普济寺、法雨寺、慧济寺,寺内专供观音像。由于观音菩萨在我国民间的广泛影响,普陀山一年四季游客不断,香火不绝,尤以农历二月十九、六月十九、九月十九即观音菩萨圣诞日、成道日、出家日三大法会期间最盛。如今,33米高的普陀山南海观音像作为"传统佛教艺术与现代科学技术的完美结合",已成为"海天佛国"宗教艺术的瑰宝和普陀山标志性建筑,备受世人瞩目。

普陀山是中国佛教四大名山中唯一坐落海上的佛教圣地,海滨景观与佛教名胜融为一体。身处普陀,处处海阔天空,虽有海风怒号、浊浪排空,却无惊涛骇浪之感,异景奇观使人振奋。普陀山既以海岛风光著称,又以山林美景见长,形如蟠龙戏珠,升腾在浩浩东海之中,海浪滔滔,渔帆点点,景色极为动人。前人对普陀山评价道:"以山而兼湖之胜,则推西湖;以山而兼海之胜,当推普陀。"

4. 九华山

神奇灵秀地,天下九华山。灵山九华,佛佑天下。九华山位于安徽省池州市青阳县西南,距县城30千米,方圆约120平方千米,素有"东南第一山"的美名。唐以前,以"此山奇秀,高出云表,峰峦异状,其数有九",得名"九子山"。唐代大诗人李白漫游九子山,遥望其九座山峰如九朵莲花,将其更名为"九华山",写下"妙有分二气,灵山开九华","天河挂绿水,秀出九芙蓉"等绝妙佳句。

九华山最著名的山峰有天台、天柱、十王、莲花、罗汉、独秀、芙蓉等九峰。主峰十王峰海拔1 341米。九华山山灵水秀,风光绝妙,自古就有"五溪山色""莲花云海""舒潭印月""桃岩瀑布""东岩晏坐""平冈积雪""天台晓日""化城晚钟""九子泉声""天柱仙踪"十大名景。九华山99米大佛,为九华山增添了一处新的名景。

九华山相传是地藏菩萨的道场。据《九华山志》记载,唐天宝年间(742—755),新罗国王子金乔觉到九华山隐居修行75年,99岁圆寂。死后三年,开缸时"颜面如生,兜罗手软,骨节有声,如撼金锁"。人们根据其金刚不朽之身及其修行誓愿与佛经中的地藏菩萨相同,认定他是地藏菩萨的化身,称之为"金地藏"。他的真身保存在月身宝殿。月身宝殿"殿中有塔,塔中有缸,缸中有肉身"的建筑结构是九华山绝景之一。九华山极盛时有佛寺近千座,素有"九华一千寺,撒在云雾中"之说,俨然一个“莲花佛国”。现存寺院主要有化城寺、月身宝殿、百岁宫、祇园寺、上禅堂、慧居寺、旃檀林、甘露寺、天台寺等。化城寺始建于东晋，是九华山开山主寺。

2013年8月31日开园的大愿文化园为九华山增添了一座新的标志性景观，为九华山游客增添了新的旅游吸引物。大愿文化园主体项目地藏菩萨露天铜佛像身高76米，加上莲花座底盘共高99米（暗含九华山99座山峰、金地藏享年99岁），整个铜像连同三层底座观瞻总高度139米，是目前世界上最大最高的佛教造像。该铜像的奇观之处很多，如利用现代光电手段为菩萨头部设计光环产生背光，夜间熠熠生辉；铜像背东面西，以狮子峰为背景，每当太阳升起时，从正面看霞光万道，而且在每年的春分和秋分时节还会形成独特的佛光现象。

（三）佛事仪式

佛事仪式是指佛教为举行各种法事活动所拟定的种种行法、规范和仪制。广义地，从三皈（三皈依就是皈依佛，皈依法，皈依僧）五戒（不杀生，不偷盗，不邪淫，不饮酒，不妄语）到三坛大戒（沙弥戒、比丘戒和菩萨戒），从简单念诵经文到各种仪规等，都可称为佛事仪式。狭义地，主要指举办佛忌、祈祷、追福等大型法会和念经、供佛、为人追荐等小型法事。

释迦牟尼时代的僧众实行乞食制，僧伽受信仰者斋供。信徒遇有丧葬喜庆，总要斋僧。旧时，在信奉南传上座部佛教的地区，每逢丧葬等，都要请僧侣念经；在信奉北传大乘佛教地区，佛事更盛。中国汉地佛教主要佛事仪式有以下几种。

1. 忏法

忏法又称忏法仪，指依照佛经上的说法在佛前忏悔罪过的仪则。整个忏悔仪式包含礼忏仪、忏愿仪两部分。在佛前举行忏悔仪式前，需先行礼赞，称为礼忏仪；忏悔后再行许愿，称为忏愿仪。“忏”是通过诵经和礼拜诸佛来消除自己业障的意思。

2. 打七

禅宗和净土宗的主要修行仪式不是忏法而是“打七”。打七指在七日之中，除必要的饮食睡眠之外，专心参究佛法。依据宗派的不同，细分为“打禅七”（禅宗）和“打净七”（净土宗）。

3. 水陆法会

水陆法会，或名水陆道场，是佛教寺庙中举行的隆重而盛大的佛事活动，全称“法界圣凡水陆普度大斋盛会”。因为这种佛事主要形式是供奉饮食，超度水陆一切亡魂，又有“水陆斋”之称。水陆法会所要达到的目的主要有三：一是对先亡者幽灵所作的追善;二是将此功德回施到施主自身及其眷属,得以延寿增福;三是救济六道众生,普超三界。

4. 盂兰盆会

盂兰盆会是汉地佛教根据《佛说盂兰盆经》而举行的超度历代宗亲的法会。盂兰盆是梵文ullambana的音译,本意是指“救倒悬”,佛经上说亡者的苦有如倒悬,应尽快解救。盂兰盆会缘于佛经故事《目连救母》。目连是释迦牟尼佛的大孝子弟子大目犍连。目连是个大孝子,他在修证佛法的过程中开发出了自己智慧和身体的潜能,能够用“天眼”观察世界。他发现过世的母亲一直在地狱里受苦却无力救赎,便向佛祖求救。佛祖告诉他,光靠他一个人的力量不行,要在七月十五日那天以百果、五谷、各种食品供佛供僧,请所有的僧人一起念经,才能超度地狱的饿鬼。南朝时,梁武帝崇尚佛法,在七月十五率先在都城建康(今南京)同泰寺设盂兰盆斋,并将其定为节日,以供养僧众,请其超度生生世世的父母和亲人,于是就有了盂兰盆会。

5. 放焰口

放焰口是寺院中经常举行的佛事,全称“瑜伽焰口施食仪”,本是佛教密宗的一种行仪,后来广为佛寺所采用,是对饿鬼施水、施食,救其饥渴之苦的一种佛教仪式。

“焰口”是饿鬼的名称,又称“面燃”,形容枯瘦,咽细如针,口吐火焰。焰口的缘起,据佛经所说:阿难在林中坐禅时,看见一个饿鬼,形容枯瘦,面貌丑恶,喉细如针,脸上喷火。他对阿难说:“我生前吝啬,贪不知足,死后堕入饿鬼道中,变成了这般模样。饮食到口即化为火炭,故长年受饿。但你在三天之后,也会堕入饿鬼道,变成我这样。”阿难听后大惊,急忙到佛前哀求救度。佛说:“你若能给众多的饿鬼施以饮食,不但不会受堕,而且能延年益寿,遇事吉祥。”从此以后,施放焰口,以求饿鬼都得到超度。

放焰口有两类:与丧事中追荐亡魂结合在一起的,称为“阴焰口”;为活人消灾、延寿施放焰口的,称为“阳焰口”。此外,寺庙在重大法会圆满之日,有的也放焰口。过去放焰口可在寺院、俗家或公共场地举行,现在一般在寺院的殿堂中举行。放焰口的时间都在黄昏或夜间,一般需要四个小时以上才能完毕。

(四)佛教节日与民俗文化

佛教节日主要与佛教教主释迦牟尼的生平事迹有关,也涉及在佛教供奉对象中地位较高的佛和菩萨的生日等。这些佛教节日传入中国后,与中国早期的民间节日有机结合,在丰富中国民俗文化的同时,也增强了佛教在中国百姓中的感染力和影响力。

1. 浴佛节与傣族泼水节

农历四月初八,是佛教浴佛节。是日,佛教徒都要到寺院以净水浴佛,其意义除了缅怀佛陀之外,还有净化心灵,希望社会清净安宁,没有暴力、诈欺、邪恶,环境优美清静,并且借助浴佛的功德,净化自己的烦恼尘垢,转污浊恶世为清净的净土,导邪恶人心为智慧的觉者。

浴佛节来源于佛典:佛祖在蓝毗尼花园树下诞生后,一手指天,一手指地,说"天上天下,唯我独尊",意思是说"我乃是宇宙最尊贵的觉者,我将广度一切沉沦生死的众生",随即两股水从天而泻,沐浴在王子的身上。后来,佛教徒每年为庆祝佛陀诞辰就沿用此例,举行浴佛仪式。

浴佛节与流行于云南傣族地区的民间传统节日——泼水节关系密切。泼水节的历史早于佛教的浴佛节,最早源于古印度,是古婆罗门教的一种仪式,佛教出现后,为佛教所吸收,成为佛教的浴佛节。约在十二世纪末至十三世纪初,泼水节经缅甸随佛教传入云南傣族地区。随着佛教在傣族地区影响的加深,泼水节成为一种民俗流传下来。在泼水节流传的过程中,傣族人逐渐将之与自己民族的神话传说结合起来,赋予了泼水节更为神奇的意蕴和民族色彩。

如今,泼水节是傣族的新年佳节,一般在傣历新年期间举行,为期三四天。第一天为"麦日",类似于农历除夕,傣语叫"宛多尚罕",意思是送旧。此时人们要收拾房屋,打扫卫生,准备年饭和节间的各种活动。第二天称为"恼日"。"恼"意为"空",按习惯这一日既不属前一年,亦不属后一年,故为"空日"。第三天叫"麦帕雅晚玛",意为"日子之王来临之日",是傣历的元旦。

傣族是个爱水、恋水、惜水、敬水的民族,以水表示洁净。泼水节期间,人们互相泼水祝福,主要活动有浴佛、龙舟比赛、燃放孔明灯、放焰火和高升、丢包、跳孔雀舞等。泼水节的水代表着吉祥、幸福和健康,因此被泼得越多越预示着新年好运。傣族人能歌善舞,泼水节自然少不了舞蹈。大规模的舞蹈主要安排在泼水节的第三天。从七八岁的娃娃到七八十岁的老人,都穿上节日盛装,聚集到广场集体舞蹈。

泼水节的传统,并非只有傣族,布朗族、德昂族的新年典礼也是泼水节。泼水节也是信奉小乘佛教的民族和大部分东南亚国家的主要节日,如缅甸、泰国、柬埔寨、老挝等。

2. 盂兰盆节与中元鬼节

农历七月半是道教的“中元鬼节”，佛教称之为盂兰盆节。盂兰盆节的主要仪式由净坛绕经、上兰盆供、众僧受食三部分组成。在正式仪式开始前，须先立佛坛（特称“中元坛”）、普施坛、孤魂坛等三坛。佛坛上设有佛像及如意尺等，普施坛上放置多种供品，孤魂坛上设有若干灵位牌。

3. 成道节与腊八节

中国民俗节庆中的“腊八节”与佛成道日有关。释迦牟尼成佛后，佛教把释迦牟尼成道日作为“成道节”。印度佛教传入中国后，中国佛教徒认为释迦牟尼成佛是农历十二月（即腊月）初八，遂以“腊八”为成道节。每逢这一天，各寺院都要诵经纪念，仿效牧女献鹿奶（一说为乳糜）之事，以各种香谷、果实煮粥（称为腊八粥）供佛、施众。

中国的腊八节起源于先民的祭祀活动。农历十二月称为腊月。在腊月里，人们要祭祀的诸神共八位：一为先啬神，祭神农；二为司啬神，祭后稷；三为农神，祭古时田官之神；四为邮表畦神，祭始创田间庐舍、开道路、划疆界的人；五为猫虎神，祭其吃野鼠野兽，保护禾苗；六为坊神，祭堤防；七为水庸神，祭水沟；八为昆虫神，祭以免虫害。因此，称为“腊八”。汉代以前，腊祭虽都在十二月，但日子并不固定，有时在月初，有时在月底。汉代以后，祭祀的日子逐渐固定在腊月初八。腊八节是春节的序幕，从这一天起，人们准备过年了。南北朝时期，佛教在中国已初具影响，中国佛教徒便将佛教成道日与民间腊八的祭祀活动合二为一，形成了如今既具有佛教色彩又极富民俗韵味的腊八节。

每到腊月初八这一天，寺院僧众要熬腊八粥供佛，诵经纪念；民间也要准备腊八粥，并且先要盛上几碗，置于庭院天井、碾磨盘、牛马羊猪圈的门框上，但其意义与佛教不同，是表示庆贺丰收、驱疫避邪、喜迎吉祥之意。

4. 其他佛教节日

佛教诸神的诞辰日也是重要的佛教节日，如弥勒佛的生日正月初一，观音菩萨的生日二月十九，普贤菩萨的生日二月二十一，文殊菩萨的生日四月初四，地藏菩萨的生日七月三十。此外，还有观音成道日六月十九，观音出家日九月十九，阿弥陀佛诞生日十一月十七，等等。每逢菩萨的诞生日，相关寺院、佛山都要举行规模宏大的庙会，其中以佛教四大名山最为隆重。五台山的文殊庙会，峨眉山的普贤庙会，普陀山的观音庙会，九华山的地藏庙会，已成为当地著名的佛教旅游节庆活动。

复习思考题

1. 宗教与迷信有哪些区别?

2. 宗教产生的主要根源是什么?

3. 中国宗教有哪些特点?

4. 道教正一道与全真道有哪些主要区别?

5. 道教有哪些基本教义?谈谈你对它们的认识。

6. 道教和佛教的主要供奉对象有哪些?

7. 佛教中国化的进程是怎样的?

8. 佛教有哪些基本教义?谈谈你对它们的认识。

9. 佛教思想有哪些积极意义?

10. 佛教建筑景观有哪些类型?

11. 佛教寺院布局有哪些特征?

12. 中国佛塔的结构是怎样的?

13. 按照佛塔造型分类,佛塔有哪些类型?

14. 与佛教有关的中国传统节日有哪些?

第九章 戏曲文化

戏曲是中华民族的传统艺术,是地域文化的重要代表,是非物质文化遗产的重要组成部分。它综合了文学、音乐、舞蹈、美术、武术、杂技等诸多艺术因子于一体,集内容美与形式美于一身,形成独特的视觉和听觉景观。本章概述了戏曲文化的发展历程,分析了戏曲文化的地域差异,阐释了戏曲的功能,结合戏曲审美特征介绍了戏曲景观。

学界普遍认为,中国戏曲、古希腊戏剧和古印度梵剧是世界三大古老戏剧。由此看来,“戏曲”与“戏剧”二词似乎可以通用,其实两者之间差别较大。首先,两者的范畴不同。《现代汉语词典》(商务印书馆2013年第6版)对“戏剧”词条的解释如下:“①通过演员表演故事来反映社会生活中的各种冲突的艺术。是以表演艺术为中心的文学、音乐、舞蹈等艺术的综合。分为话剧、戏曲、歌剧、舞剧等,按作品类型又可以分为悲剧、喜剧、正剧等。②指剧本。”从解释①中可以看出,戏剧范围极广,戏曲只是其中的一支。这与《现代汉语词典》(商务印书馆2013年第6版)对“戏曲”的解评是一致的:“我国传统的戏剧形式,包括昆曲、京剧和各种地方戏,以歌唱、舞蹈为主要表演手段。”其次,两者在我国出现的先后顺序不同。我国近现代学术巨子王国维在《宋元戏曲史》余论中说,“我国戏剧,汉、魏以来,与百戏合;至唐而分为歌舞戏及滑稽戏二种;宋时滑稽戏尤盛,又渐借歌舞以缘饰故事;于是向之歌舞戏,不以歌舞为主,而以故事为主,至元杂剧出而体制遂定。南戏出而变化更多,于是我国始有纯粹之戏曲;然其与百戏及滑稽戏之关系,亦非全绝。”由此可见,中国可冠以戏剧的艺术形式出现较早,后逐渐形成戏剧大家族,戏曲是戏剧大家族中出现较晚的一个,但因其比早期戏剧成熟,又集众戏剧之大成且影响甚广,所以在人们的心目中,戏曲成了中国传统戏剧的代名词。最后,中西方文化的界定不同。英语常用“opera”(歌剧)、“drama”(戏;剧;戏剧)、“play”(戏剧;剧本)等单词来界定本土文化中综合性的舞台艺术,但这些词都偏重“戏剧”之意，在英语中没有可直译为“戏曲”的单词，中国也习惯将西方融合歌舞、故事的舞台艺术都叫做戏剧。因而，“戏曲”一词与中国戏曲艺术是中国文化所特有并得到中西方人士的认同。

“戏曲”一词最早见于宋元间刘壎《水云村稿》的《词人吴用章传》：“至咸淳，永嘉戏曲出，泼少年化之。而后淫哇盛，正音歇。”这里的“戏曲”是指戏中之曲。王国维在《戏曲考原》中对“戏曲”有如下界定：“戏曲者，谓以歌舞演故事也。”据此，故事是戏曲的核心，戏曲必须辅以歌舞。随着戏曲的不断发展，它还吸收了诸如美术、杂技、武术、雕塑等多种艺术因子，并巧妙糅合且以艺术综合体的形式呈现给观众，进而成为一种包罗万象且极其复杂的文化现象。可以肯定的是，“曲”在戏曲剧种分类中始终具有举足轻重的作用。

戏曲文化是以戏曲为载体的文化，观看聆听戏曲是旅游者娱乐内容之一。近几年风行国内旅游市场的旅游演艺业，包含着众多的戏曲文化元素。

第一节 概述

戏曲起源众说纷纭，莫衷一是。戏曲的创生有其浓厚的地理背景，戏曲特色有其明显的地域性。戏曲具有娱乐、教育、审美多种功能，是非物质文化遗产的重要组成部分。

一、戏曲简史

戏曲是诸多艺术形式的综合体，在漫长的孕育过程中，任何一种社会现象或艺术形式都有可能被它吸收。因此，戏曲的渊源并非唯一，戏曲的发展是社会进步和文明的集合。

（一）戏曲起源诸说[1]

中国戏曲的孕育创生历经几千年之久，有关戏曲起源尚无定论。

1. 源于古代宫廷俳优说

俳优是古代从事歌舞乐和杂戏的艺人的总称，即后世的演员。“善肖人之形容”的优戏与戏剧的创生有关。“肖人之形容”不是指一般的拟形拟态，而是指有

[1] 郑传寅. 中国戏曲文化概论[M]. 修订版. 武汉：武汉大学出版社，1998：6-37.

特定对象的人物装扮。从这个意义上说，最早从事人物装扮的优戏，有可能是戏曲艺术的最初端倪。

按照这一思路回溯戏曲之始，我国古代学人多以楚国宫廷乐人优孟为我国戏剧表演的始作俑者。《史记》一百二十六卷《滑稽列传》记载了楚乐人优孟借助孙叔敖衣冠装扮孙叔敖，模拟孙叔敖音容笑貌，以致楚庄王难辨真伪、欲以为相的故事。优孟装扮孙叔敖，不仅有衣冠、化妆，而且还有对白、歌唱和动作，其中含有戏剧美的因子自不待言。

2. 源于皮影戏和傀儡戏说

皮影戏是指以灯烛之光弄影于屏壁，借以表演故事的一种艺术形式。因常以羊皮等皮革刻制故事中的角色形象供弄影之用，故俗称皮影戏。

傀儡戏即木偶戏，刻木为人形，靠人操纵，以木偶的歌舞动作表演故事。木偶最初只用于殉葬，用于娱乐相传始于汉代。

早在戏曲诞生之前，皮影戏和傀儡戏就已在我国广大地区流行，是深受群众喜爱的表演艺术，而且都以装扮人物的故事为干，故均被视为戏曲文化之源。

3. 源于古印度梵剧说

在世界三大古老戏剧中，古希腊戏剧的“血统”和“世系”比较清晰，古印度的梵剧和中国戏曲的“血统”和“世系”较为模糊，加之它们都降生于古希腊戏剧之后，故有学者认为梵剧源于古希腊戏剧，中国戏曲则源于梵剧。历史事实是否足以让人作这样的猜想，有待研究论证：古希腊戏剧随着亚历山大入侵而输入古印度，梵剧据此得以创生；梵剧形成之后又随着佛教东传输入我国，中国戏曲据此得以创生。

4. 源于宗教仪式说

无论是史前时代的巫术仪式、图腾崇拜仪式，还是文明时代的祭祀仪式，均有戏剧性极强的装扮活动和化身表演，而且大多有“人物”（神）的生平事迹作为仪式活动的“脚本”。这些仪式被许多学者特别是西方一些学者，视为戏剧乃至一切艺术样式的生命之源。

（二）戏曲的形成与发展

汉代百戏。百戏是对古代民间表演艺术的泛称，“百戏”一词产生于汉代。“百”者，多也。百戏是一种杂合了竞技、杂技、魔术、游戏、歌舞、装扮等诸多表演的大联盟，但彼此之间又相互独立。百戏中，以角抵戏最为盛兴，演员三三两两，头戴牛角相抵。自汉以后直到隋，百戏的表演剧目不断增加，至北齐时已超过了

100种，成了名副其实的“百戏”。

唐玄宗李隆基即位后，设立乐部，专门训练乐工，教于梨园。遂后，世称戏曲界为梨园界，称戏曲演员为梨园弟子，唐玄宗被奉为戏曲祖师爷。唐代优戏不断发展，最著名的是参军戏。参军戏有参军（被戏弄者）和苍鹘（戏弄者）两个角色，以戏谑为主题。

此外，在载歌载舞中演出的歌舞戏已经有了简单的情节。著名歌舞戏有：《大面》（又称《代面》《兰陵王》）主要演绎齐兰陵王长恭破敌的故事；《拨头》（又称《钵头》）讲述父亲被虎伤害，儿子悲痛欲绝，上山寻父遗体并杀死老虎的故事；《踏摇娘》（又称《踏谣娘》）述说醉汉殴妻，妻边唱边扭动身躯以歌诉苦的故事。

中唐以后，参军戏表演逐渐与歌舞戏相结合。

五代时期的优戏继承了唐代传统。至宋代，戏曲初出，约十二世纪形成完整的戏曲形态。

1. 宋金杂剧与宋南戏

杂剧之名出现在唐代，主要包括各种表演、歌舞和杂技。

宋时，宫廷、军队和民间勾栏杂剧演出十分活跃，勾栏杂剧与世俗民情结合甚密。勾栏是专供各种艺术表演的专业场所。在勾栏表演的艺人以卖艺为生，演出内容包括小说、讲史、诸宫调、武术、杂技、各种傀儡戏、影戏、笑话、猜谜、舞蹈、滑稽表演等，其中以中元节上演的《目连救母》最为著名。《目连救母》演出时间历时七天，叙述佛陀的大弟子目连拯救亡母出地狱的故事。

北宋杂剧盛行于汴梁。至南宋，汴梁杂剧南移，都城临安杂剧演出较为频繁。金攻打汴梁时，掳走了大量杂剧艺人。这些杂剧艺人后来主要在燕京一带发展。人们习称此时戏剧为院本。院本是指民间戏班使用的脚本，其角色行当与宋杂剧相同，实为北方派杂剧，因此，常将院本与宋杂剧并称之为“宋金杂剧”。

南戏，又称南曲戏文、南曲、戏文，形成于浙江永嘉（温州）一带，故又称“温州杂剧”或“永嘉杂剧”。南宋中期，南戏北入杭州，南入闽南，西入江西，在南方广大区域传播。南戏的戏文以歌颂爱情忠贞、谴责男子因发迹而负心为主，著名作品有《赵贞女》《王魁》《乐昌分镜》《王焕》《张协状元》等。

2. 元杂剧与元南戏

元代在北方以北曲曲调为基础形成了一种新的戏曲样式——元杂剧。后来，元杂剧由中原地区逐渐扩展并影响到江南地区。元杂剧的结构通常是“四折一楔子”。“折”是剧情发展的单元，每一折用一套曲调，四折对应完整故事的起、承、转、合，若折与折之间衔接不够完美则加一个“楔子”。

元朝曾一度中断科举制度，文人仕途受阻，前途黯淡，遂醉心于戏曲创作，尤其是元杂剧的创作，从而出现了一大批元杂剧作家及作品，其中有不少优秀的传世之作。如关汉卿的《窦娥冤》，马致远的《汉宫秋》，白朴的《墙头马上》和《梧桐雨》，郑光祖的《倩女离魂》，王实甫的《西厢记》，纪君祥的《赵氏孤儿》等。元杂剧题材广泛，有的揭露上层统治者的罪恶，有的控诉吏治之黑暗，有的涉及女性婚姻情感。

元杂剧在南方曾一度占领南戏市场，直到元代后期，随着元杂剧的衰落，南戏又逐渐恢复生机。元南戏的主题多表现动荡社会中人们的遭遇或夫妻间的离合。南戏起初并不受文人重视，南戏作品的作者大多没有留下姓名。元南戏著名的四大剧本是“荆、刘、拜、杀”（《荆钗记》《刘知远白兔记》《拜月亭》《杀狗记》）。高明所作的《琵琶记》集南戏之大成，有“词曲之祖”的美誉，也是文人参与南戏创作的重要标志。

3. 明清传奇

到了明代，杂剧渐趋衰落，南戏逐步兴盛，并以南戏为基础形成新的戏曲样式——传奇。传奇不限折数，在音乐、文学、表演等方面都较为缜密和规范。明代的传奇创作极其繁荣，著名作品有李开先的《宝剑记》，王世贞的《鸣凤记》，高濂的《玉簪记》，郑之珍的《目连救母劝善记》，汤显祖的《牡丹亭》，洪昇的《长生殿》，孔尚任的《桃花扇》等。

南戏在各地广泛流行的过程中，结合地方音韵，形成了不同的声腔。这些声腔包括余姚腔、海盐腔、弋阳腔、昆山腔、杭州腔、乐平腔、徽州腔、青阳腔、太平腔、义乌腔、潮腔、泉腔、四平腔、石台腔、调腔，其中余姚、海盐、弋阳、昆山四大声腔影响力最大，为后来地方剧种的产生奠定了基础。

经过明嘉靖年间（1522—1566）杰出的戏曲音乐家、戏曲革新家、人称“昆曲之祖”的魏良辅等人的改良，昆山腔作为剧曲逐渐兴盛。明代戏剧家梁辰鱼所作的《浣纱记》将原本清唱的剧曲搬上舞台，成为独特剧种，即被誉为“百戏之祖”的昆曲。《牡丹亭》《长生殿》和《桃花扇》是昆曲的代表剧目。

4. 百花齐放

清中叶以后，地方戏逐步兴盛，出现了戏曲史上的“花雅之争”。“花”即“杂”，指地方戏的声腔花杂不纯。“雅”即“正”，当时奉昆曲为正声。雅部昆曲在经历几百年的繁荣之后逐渐受到冷落，而不受文人士大夫扶植的花部却因其内容和形式贴近生活而得到大众拥戴。经过数次花部与雅部的角逐，戏曲舞台成了花部诸腔的天下。

在地方声腔相互借鉴并各自完善的同时，出现了一个合各腔之长的新剧种——京剧。国粹京剧是安徽地方剧种徽剧在京城戏曲舞台上与汉调合流后形成的。京剧的辉煌让全国从事地方剧种表演的艺人信心大增，各地剧种逐渐呈现出繁荣之势，中国戏曲园地百花齐放。至此，中国戏曲的格局大体形成。

二、戏曲的地理特征[1]

(一)剧种斑斓多彩的地理背景

我国庞大的戏曲体系在世界上独一无二。地域辽阔，民族众多，语音复杂，民俗丰富，长时间封闭的经济体系，是我国剧种斑斓多彩的原因。

自古以来，我国戏曲便有地域差异。清朝初叶，时称“南昆、北弋、东柳、西梆”。根据1984年调查，全国共有360个剧种。按照地域分布的广度和专业剧团的数量，我国剧种大体可以分五个层次：①全国影响的剧种——京剧。②跨省影响、专业剧团超过70个以上的剧种，北方有评剧、二人转、豫剧、晋剧和秦腔，南方有越剧、粤剧和川剧。上述8个剧种再加上京剧合称9大剧种。③省级影响、专业剧团在25个以上的剧种，包括山西蒲剧、河北梆子、山东吕剧、河南曲剧、安徽黄梅戏、江苏锡剧、福建闽剧、湖北楚剧和湖南长沙花鼓戏。这9个剧种有专业剧团341个，占全国专业剧团的14.8%。④维持少数专业剧团的地方剧种174个，共有专业剧团662个，平均每个剧种不到4个专业剧团。其中，92个剧种只有一个专业剧团。⑤没有专业剧团的剧种168个，几乎占剧种总数的一半。这些剧种大都只有业余剧团在农闲喜庆期间演出。10个剧种已经失传。

我国剧种约80%属于地域性很强的民间小戏。在民间歌舞说唱基础上形成的小戏，演出以两小或三小(小旦、小生、小丑)为主，乡情乡音，贴近生活，载歌载舞，轻快活泼。

地域阻隔、语言和民俗差异，使得同一类民间小戏又分化成许多地方剧种。在语言繁杂的东南各省，这种情况尤其普遍。以采茶戏为例，发源地在江西安远九龙山茶区，共有18个剧种。以湖南为中心的花鼓戏也有18个剧种。秧歌戏、

[1] 胡兆量. 中国戏曲地理特征[J]. 经济地理，2000(1)：84-87.

道情戏等民间小戏同样有众多分支剧种。

1984年全国共有少数民族剧种10多个，主要分布在云贵湘桂四省区。云南有傣剧、白剧、彝剧和云南壮剧，贵州有贵州侗戏、贵州布依戏、贵州苗戏和彝傩，湖南有湘西苗剧和新晃侗族傩戏，广西有广西壮剧、广西苗戏、广西侗戏和广西毛南戏。此外，藏族地区有西藏藏剧、青海藏剧和甘南藏剧，蒙古族地区有辽宁蒙古剧。

我国北方地方戏的剧种也很丰富。由于语言的歧义度较小，北方剧种间的相似度比较高。梆子戏是北方戏剧的主流。秦腔俗称梆子腔，评剧又名平腔梆子戏，豫剧、晋剧和蒲剧原名河南梆子、中路梆子和蒲州梆子。梆子戏用坚硬的枣木梆子作打击乐器，具有很强的地域性。梆子戏系统共有23个剧种，在北方的专业剧团共有806个，占北方戏剧专业剧团总数的65.4%。

（二）九大剧种的地域分布

京剧是我国最具代表性的剧种，分布遍及全国。除西藏以外，各省份都有京剧专业剧团。台湾省有5个京剧团，占全台戏剧专业剧团总数的一半。京剧是我国戏曲文化的高度凝聚。诸腔汇集的京城作为京剧的诞生地是历史的必然。以徽商为经济支柱的徽剧是京剧的正源。当时演员主要来自安徽怀宁县石牌镇一带，有“无徽不成镇，无石不成班”之说。徽班进京后吸收汉剧、昆曲和秦腔精华演化而成京剧。西皮和二黄是京剧的主要曲拍，又称皮黄。西皮源于甘肃的西秦腔，被汉剧吸收后移植到京剧之中，曲调活泼刚劲，昂扬欢快。二黄来自湖北黄冈和黄陂一带，曲调苍凉深沉，悲愤激郁。

评剧、二人转、豫剧、晋剧和秦腔是我国北方五大剧种，自东而西分布在东北、华北和西北。评剧主要活跃在东北与河北。二人转集中在东北和内蒙古东部。豫剧以河南为中心，扩展到周边省份，包括河南人移居的兰新铁路沿线地区。晋剧以山西为中心，也是山西人大规模移居的内蒙古西部地区的优势剧种。秦腔又称山陕梆子、乱弹、西秦腔，基地在陕西关中，遍及整个西北。秦腔专业剧团占西北地区专业剧团总数的75%。一个剧种专业剧团数量占一个地域诸多剧种专业剧团数量比重如此之大，分布如此之广，非常罕见。

越剧、粤剧和川剧是我国南方主要剧种。越剧以浙东为中心，扩展到整个华东，兼及华北，专业剧团遍布13个省份，范围之广，仅次于京剧。粤剧集中在广东和广西粤语区，在港澳和海外华人中颇有影响。川剧的大本营在四川，云贵两省也有市场。

(三)戏曲和音乐的南北差异——南柔北刚

戏曲离不开音乐,民间歌舞是戏曲产生的基础。南曲如抽丝,北曲如轮枪,南柔北刚,是我国戏曲和音乐南北差异的主要特征。

江南声乐轻歌曼舞,低吟细唱,委婉曲折,清新柔和。明代文学家王世贞在《曲藻》中称南曲“字少而调缓,缓处见眼”,“辞情少而声情多”。明代文人徐渭在《南词叙录》中说:“南曲纡徐绵渺,流丽婉转,使人飘飘然。”江南水乡,小桥流水,山明水秀,人烟稠密,人与人之间距离近,低吟轻唱并不妨碍彼此之间的交流。

欣赏南国声乐,有如雨如水、如梦如画、如诉如泣、如痴如醉的感受,犹如一幅“泉眼无声惜细流,树荫照水爱晴柔”的画卷,又如进入“春雨断桥人不渡,小舟撑出绿荫来”的意境。在1997年7月1日香港回归的交接仪式上,江南民歌《茉莉花》委婉柔美的旋律,反映了大陆人民和香港人民百余年悲欢离合的情谊。苏州声乐,喉音和鼻音很重,声色近于叹息和鼾声间,具有妩媚色彩。有些南方戏曲,男角也由女子扮演,唱腔过于委婉。发源于浙江省上虞县的越剧,唱腔清丽委婉。越剧传统剧目《梁山伯与祝英台》,剧中演员大半由女子扮装。

南方丝竹与北方鼓吹。江南丝竹、广东音乐、潮汕丝弦乐、福建南音和云南丽江纳西族白沙细乐,都可以归属丝竹乐中。以江南丝竹为例,丝乐有三弦、二胡和扬琴,竹乐有笛、箫和笙,音色细腻。广东音乐中,丝乐有粤胡、板胡、扬琴等,竹乐有洞箫、喉管等,音色清脆明亮,热烈欢快,富有南国情趣。

到了北方,听到的则是铿锵的鼓声,高昂的唢呐,悠远的古筝。在节奏热烈的鼓声配合下,高亢的唢呐和鼓声反映了北方人激昂火爆的性格。威风锣鼓是北方文艺的代表之一。刚毅雄壮的威风锣鼓,有“黄河百战穿金甲,不破楼兰终不还”的气概。1990年北京亚运会开幕式上,气吞山河的威风锣鼓一亮相,深深感染了观众,烘托了顽强拼搏的竞赛氛围。

秦腔“声调铿锵,音节高昂而响亮,有如瑞士山歌,使人联想到呼号的风声,似在高山上,似在旷野里,又似风吹沙丘”。陕西十大怪之一,“唱戏大声吼起来”,“八百里秦川黄土飞扬,三千万人民吼叫秦腔”。“吼”是秦腔的特色。从事秦腔编剧和研究的王绍猷在《秦腔记闻》中写道,秦腔“声振林木,响遏行云,风云为之变色,星辰为之失度”。吼声发自肺腑,磨烂喉咙,悲壮肃杀,如黄河奔腾,如华山宏伟,如黄土地深厚。“一声秦腔吼,吓死山坡老黄牛,八尺汉子眼泪流,出嫁的姑娘也回头。"这是陕西人民对秦腔的赞词。高亢的秦腔兼容了淳朴西北民风和山地民歌的吆喝高调。

二人转是在东北秧歌和莲花落等民间歌舞基础上发展起来的,是九大剧种中最接近民间小戏的剧种。二人转演出简便,很少有舞台,融唱、说、做和舞四功于一体。短小轻快的二人转,兼有相声、小品、戏曲的长处,与东北人"虎""乐""实"性格相协调。东北人相当一部分是闯关东的移民后裔,经济和文化基础与京剧等大戏之要求有一定距离,但他们有自己的精神需求,恰恰为民间小戏二人转提供了广阔的舞台。因此,东北有"宁舍一顿饭,不舍二人转"之说。

高原山地民歌的特点是高亢嘹亮。生活在山区的人们很早就发现山谷是天然的回音壁和共鸣箱。山高人稀,人们吊着嗓子招呼同伴,高亢的吆喝声在山谷长时间回荡。高山中引歌高唱,还可以抒发情怀,驱散寂寞。因此,在山歌中常有吆喝演唱而成的喊句。同样是高山民歌,也有南北的区别。云贵高原气候温和,流水潺潺,民歌优美多情,《小河淌水》"月亮出来亮汪汪……山下小河淌水清悠悠"便是代表。四川民歌《川江号子》中的喊句高亢清畅,再现了船工与激流搏斗的情景。陕北民歌,粗犷有力,浑厚朴实,有音域宽阔的拖腔。

三、戏曲的功能

在古希腊悲、喜剧和印度梵剧早已湮灭无闻的今天,中国戏曲以其顽强的生命力活跃在世界戏剧舞台上。在历经了无数次的起起落落之后,中国戏曲依然能产生超乎想象的吸引力,其原因归结于戏曲强大的社会功能。在不同的时空中,戏曲肩负着不同的使命:在祭祀活动中处于萌芽状态的戏曲是娱神的工具,在茶余饭后戏曲是娱乐怡情的途径,在古代文人豪富之家它是交际的手段,在更多的场合下它是价值观念宣传的媒介。对联"从来不过几个人真中假假中真愈真愈假檀板轻敲出百千人面孔凭君去取/上下只此一丈地歌而舞舞而歌载歌载舞花毯细铺出亿万里山河任我参观",概述了戏曲的部分功能。

(一)寓教于乐

无论戏曲的功能如何多样,提供娱乐始终是它的主要目的。这种功能在戏曲初生之时就已经具备。随着戏曲的不断成熟,它的"乐"不再是单纯的逗乐,而是在"乐"中传达思想,让观者接受心灵的洗涤,即寓教于乐。

戏曲的寓教于乐功能,古今学者皆有认同。明清戏剧家李渔在《闲情偶寄》中说:“因愚夫愚妇识字知书者少,劝使为善,诫使勿恶,其道无由,故设此种文词,借优人说法,与大众齐听。谓善者如此收场,不善者如此结果,使人知所趋避。”从古到今,每一部优秀的戏曲作品,都是在传达着人们对真、善、美的诉求,对假、恶、丑的批判。

(二)审美殿堂

观赏戏曲的过程实质上是一种审美的过程。戏曲中有形象的人物,华美的装扮,精致的表演,斑斓的舞台,丰富的声腔和跌宕的故事,它们源于生活却又高于生活,以极尽夸张的手法予以呈现。一切美的事物都可以唤起人们发自内心的愉悦之感。在戏曲审美殿堂里,观能悦目,听能悦耳,悟能悦心,使人们能够实现由外及内的全方位审美。

(三)活态博物馆

戏曲是一个庞大的博物馆,这里有文学、音乐和舞蹈,包含方言、民俗和技艺,容纳了本土与异域艺术,体现了古代与现代文明。戏曲不是静止的器物和文字,而是一个活着的博物馆,它能突破时空限制,通过演员的语言、唱腔、动作等,鲜活地再现古今文化和艺术风貌,是非常重要的非物质文化遗产。

联合国教科文组织2001年设立《人类口述和非物质遗产代表作名录》,当年公布了第一批代表作共19项,2003年公布了第二批代表作共28项,2005年公布了第三批代表作共43项。2008年联合国教科文组织正式设立《人类非物质遗产代表作名录》,并将前述《人类口述和非物质遗产代表作名录》纳入其中,2009年公布了第四批代表作共76项,2010年公布了第五批代表作共51项,2011年公布了第六批代表作共19项。在2001—2011年共公布的236项非物质文化遗产代表作中,包括昆曲、粤剧、京剧在内的我国不少于32项非物质文化遗产被联合国教科文组织列入《人类非物质遗产代表作名录》。

2006年5月20日,国务院审定公布了我国首批国家级非物质文化遗产项目,共518项。到2014年7月15日,国务院共审定公布了三批国家级非物质文化遗产十大类1 219项(民间文学125项,传统音乐155项,传统舞蹈111项,传统戏剧158项,曲艺114项,传统体育、游艺与杂技70项,传统美术109项,传统技艺212项,传统医药21项,民俗144项),戏剧位居第一。

第二节 戏曲景观欣赏

欣赏戏曲文化不仅要了解它的渊源和发展，更要了解它的美学特征，理解各景观组成部分的内涵及不同剧种之间的差异。

一、戏曲的美学特征

戏曲的美学特征包括综合性、虚拟性和程式性等。有人将其归纳为气韵与程式、节奏与韵律、虚拟与写意，有人将其归纳为写意化、舞台化与程式化。

（一）综合性

戏曲是综合性极强的艺术，它巧妙地融合了文学、音乐、舞蹈、绘画、雕塑、武术、杂技等诸多艺术因子，充分体现了中国传统文化的和谐精神，展现了中国传统艺术的和合之美。剧本是文学在戏曲中最集中的表现，在表演中运用方言和诗词歌赋，能使戏曲更具文学美。在戏曲舞台上，绘画体现为勾勒脸谱、搭配戏装和设计舞美。戏曲表演人物上台时需要“亮相”，在表演的关节点上还需要“定型”等，体现了戏曲的雕塑美。戏曲表演的做和打是中国舞蹈、武术和杂技的巧妙融合，极富动作美。戏曲的声腔、曲牌和乐器，共同传递着音乐美。

（二）虚拟性

舞台表演是戏曲最传统的展现途径。戏曲要求有丰富的场景，但舞台空间有限，戏曲表演者巧妙地使用虚拟手法在方寸之地展现了千变万化的场景。如昆曲《牡丹亭·游园》一出，舞台上空无一物，经演员仔细指点，观者恰似见到了满园春色。戏曲舞台可以通过简单的道具激发观众对生活实物的联想，如持鞭示马，持桨示舟，持旗示车等。

在戏曲舞台上，演员的动作可以表现空间的跨越。如走“圆场”，演员在舞台走上一圈就是千里路，一场“趟马”就能代表马过千重山。戏曲舞台可以表现时间的变化，演员的一次上下场便是时点的变换。

演员的规范性动作可以做到“无中生有”。如开门、关门，演员只需虚拟地拉开或插上门闩，分开或合闭双门，抬脚迈过门槛，无需将真门搬到舞台中央。

(三)程式性

戏曲讲究格式和规范,即程式性。程式化的规定可以帮助观众直观、准确了解人物和剧情。戏曲对角色行当有明确的划分,不同的角色行当有不同的服饰和化妆,有不同的唱腔和动作。如昆曲中不同角色所执的扇子扇法各异,素有"文扇胸、武扇腰、丑扇肚、媒扇肩、僧扇手心、道扇袖"的规定。又如京剧舞台表演有"气椅"程式,当剧中人物听到不幸的消息晕倒时,必须使用这种程式:演员先喊出"哎呀"的"哎"字时手抬起后扬,水袖从头上垂到身后,随着吐出"呀"字,手与袖随声落下,低头跌坐在椅子上。

二、戏曲景观欣赏

戏曲属非物质文化,表演时景观丰富和美,表演结束时表演所用的物质载体少有生机。综合考虑人们接受戏曲文化的感受系统(主要依靠视、听两个感官来接受戏曲信息),可以将戏曲景观划分为视觉景观和听觉景观两大类。

(一)视觉景观

戏曲是一种舞台艺术,除了演员的演唱和念白之外,还必须通过角色、服饰、化妆和表演细致地刻画人物形象,通过舞台、布景渲染表演氛围。观众通过视觉在接受这些信息的同时,加深了对戏曲内容的理解。因此,视觉景观是戏曲文化的重要部分,在辅助表演的同时,强化了戏曲舞台的美感。根据人们从舞台获取的视觉信息,可进一步将视觉景观划分为舞台人物和舞台布景两类。

1. 舞台人物

人物是戏曲舞台的核心,舞台人物是戏曲视觉景观中最活跃的部分。舞台人物通常划分角色行当,并借助得体的装束和丰富的肢体语言完成表演。

(1)角色[1]。在戏曲表演中,所扮人物有年龄、性别、身份以及善恶美丑的不同类型,不同演员又有不同技艺之长。在戏曲文化的历史积累过程中,按剧中人物分类与按演员技艺分工结合,产生了中国戏曲特有的角色体系,习称为"行当"。

一般地,人们常以生(男性)、旦(女性)、净(花脸)、末(年纪较大的男性)、丑

[1] 周育德. 中国戏曲 [M]. 北京:京华出版社,1995:95-96.

(滑稽人物)来概括戏曲中的角色体系。

中国戏曲的角色体系,经历了由简单到复杂、由笼统到具体、由粗疏到缜密的发展过程。唐代的“参军戏”已分出“参军”与“苍鹘”两行角色。宋杂剧与金院本以“副净”与“副末”为主,还有“末泥”“引戏”和“装孤”,称作“五花爨弄”。在宋元南戏中,角色分生、旦、净、丑、末五大类。到明成化年间(1465—1487),传奇已分出正生、小生、正旦、贴旦、老旦、小旦、外、末、净、丑等角色。清代的昆曲班社,以副末为领班,以下男角色有老生、正生、老外、大面(京剧和某些地方戏中“净”的别称,俗称“大花脸”)、二面、三面,女角色有正旦、老旦、小旦、贴旦,再加上“杂行”,人称“江湖十二角色”。清乾隆年间(1736—1795)以后,传奇表演完全成熟,各行角色塑造人物都有了一套成功的经验和丰富的表演程式,角色分工更加缜密。近代昆曲戏班的各色“家门”已不再是“十二角色”,而是分成十六行:副末、老外、老生、冠生、小生、大面、二面、三面、白面、老旦、正旦、作旦、刺杀旦、五旦、六旦、杂旦,各行角色都有专门的基本功和特有的表演程式,并且大都有若干出为观众所公认的在唱、念、做、打诸方面要求很高很难的戏。

我国现有300多个剧种,角色分工各有特色,名称也五花八门,大体上不出近代昆剧所有的行当,但是不同的剧种所强调的行当不太一致。

京剧的行当分为生、旦、净、丑四大类,生包括老生(末)、小生、武生、红生和娃娃生等,旦包括青衣、花旦、花衫、武旦、老旦和彩旦等,净包括正净、副净和武净等,丑包括文丑和武丑。

福建莆仙戏行当分七色:正生、贴生、正旦、贴旦、靓妆(净)、丑、末,称“七子班”。后增加老旦一角,称“八仙子弟”。

高腔剧种都强调“九脚头”,即生、外、末、旦、贴、老、丑、副、净,具体称呼又有特点。如湘剧高腔分三生(大靠、二靠、小生)、三旦(正旦、贴旦、婆旦)、三花(大花、二花、三花),统称“九老图”。有了这九行角色,就可以演出各种剧目,所以高腔剧种有“九顶网子打天下”的说法。

一般情况下,演员步入戏曲这一行都会选择特定的行当作为专攻的方向。也有一些地方剧种的行当划分比较灵活,分工不很精细,演员可根据剧目需要饰演不同行当的角色。如安徽黄梅戏中,同一个女演员可兼演青、中、老年女性,亦可兼演闺秀、巾帼等。

(2)服饰。“戏具谓之行头,行头分为衣、盔、杂、把四箱”(清·李斗《扬州画舫录》)。其中的衣、盔两箱外加杂箱中的相当一部分都是供演员装扮之用,即服饰。服饰既帮助观者辨别舞台角色,又增强了戏曲的视觉美感。

中国戏曲中以昆曲和京剧的服饰最为丰富、严格,皆有“宁穿破、不穿错”的要求。

昆曲产生于元末明初之际(十四世纪中叶)的江苏昆山一带。昆曲服饰配套按常规可分为戏衣、盔帽、靴鞋、髯口四类。戏衣种类繁多,有帝王将相穿用的蟒袍,有一般官员穿用的官服,有书生穿用的蓝衫,有达官贵人常用的帔,有一般男女角色常用的褶子,有旦角使用的各色女裙,有武将穿着的靠,有穷生穿着的富贵衣,有各种用处不同的马褂、坎肩、开氅,还有太监衣、和尚衣、茶坊衣、刽子衣、孩儿衣、龙套衣等诸般样式。盔帽类型也颇为复杂,包括方翅纱帽、圆翅纱帽、尖翅纱帽、相貂等各种官帽,夫子盔、霸王盔、虎头盔、狮子盔、荷叶盔、帅盔、将巾等各式武将盔帽,文生巾、解元巾、苦生巾、必正巾、儒巾等各种书生头巾,凤冠、头面等各种女角冠帽头饰,九龙冠、平天冠、堂帽、帝皇巾、草堂等各种王霸冠冕,以及太监帽、毗卢帽、老人巾、童儿帽、刽子巾、皂隶帽、草帽圈、道姑巾、渔婆罩等各种不同人物的帽饰。靴鞋种类较简单,常用者有高底靴、快靴、朝方靴、镶鞋、彩鞋、蒲鞋等,分别适用于各种男女角色。髯口为男性角色所用,因疏密、长短程度不同而有满髯、短满、三髯、五绺等区分;因形状不同而有扎髯、虬髯、一撮髯、一字、二字、八字、夹嘴、吊搭等区分;因色彩不同而有黑髯、白髯、花髯、红髯等区分[1]。

由于昆曲发源于著名的丝绸、刺绣之乡,所以昆曲所有的戏衣多用丝绸、苏绣,色彩图案搭配多显雅致之气,每件戏衣都是精美的艺术品。

京剧的服饰大致可分为六大类:袍服类(包括蟒、官衣、宫衣、帔、褶子、开氅、箭衣、斗篷、富贵衣、大坎肩、旗袍等)、短衣类(包括茶衣、女式袄裤、罪衣、抱衣抱裤、打衣打裤、快衣快裤、马褂、彩裤、水衣等)、铠甲类(包括长靠、软靠、改良靠、女靠等)、灰帽类(包括盔头、冠、巾、纱帽等)、靴鞋类(包括厚底靴、薄底靴、快靴、金盆底鞋、彩鞋等)及辅助服装类(包括水袖、胖袄、翎子、玉带等)。欣赏京剧时,可通过演员的服饰判断人物的身份或个性。如蟒的色彩不同,可分为上五色(红、绿、黄、白、黑)、下五色(紫、粉、蓝、湖、秋香),王侯、宰相、元帅、钦差、驸马着红蟒,善武者着绿蟒,英俊少年着白蟒,性格刚猛者着黑蟒,俊雅小生着粉红蟒,年长者着秋香色蟒。人们还可以通过服饰上图案形状或纹路判断人物身份或个性。如京剧中的盔帽,正面人物戴方翅纱帽,表示品行端正;包拯戴的帽子叫“相

[1] 郑雷. 昆曲[M]. 杭州:浙江人民出版社,2005:175-178.

纱”，两边有长而平的翅子，象征办事公平；奸诈、凶残的人物戴尖翅纱帽；昏官、贪官以及势利小人戴圆翅纱帽；贪财的人纱帽的翅子上有铜钱状的花纹。京剧产生的时间在昆曲之后，服饰上向昆曲借鉴，亦以明代装束为主。京剧服饰大多颜色鲜亮，华丽夸张，纹绣华美，做工考究。

黄梅戏在成长过程中一直向昆曲、京剧等大剧种学习，在行当划分与舞台服饰方面也借鉴它们，但在服饰的舞台使用方面较昆曲和京剧灵活得多，既可以浓重浑厚，也可以轻淡典雅，均视具体需要而定。昆京中的服饰在黄梅戏中也经常见到，但黄梅戏中更多的是贴近生活的服饰打扮，少繁琐、华丽和夸张的成分。如黄梅戏传统剧目《打猪草》，讲述的是两个小孩子在打猪草的过程中发生的故事，由于主角是乡村的孩子，所以女主角的装扮与村姑无异，没有华丽的服饰，没有复杂的饰品，简洁自然，生活气息浓厚。黄梅戏的服饰灵活性强，随着时代的发展，塑造同一个人物可以用不同的服饰和造型。如不同版本和时期的《天仙配》，演员装束存在很大的差异。随着人们审美要求的不断提高，黄梅戏服饰仍在不断变化发展之中。

戏曲服饰在使用上与一般的舞台艺术或影视有较大差别。以昆曲为例，一方面，装扮有行当、种类的分别，而无时代、季节的变化，无论演绎的是什么朝代、什么季节的故事，都不可能从演员的着装上分辨出来。例如《烂柯山》中的朱买臣、《牡丹亭》中的杜宝、《鸣凤记》中的杨继盛，一为汉臣，一为宋臣，一为明臣，但同样都头戴方翅纱帽，身穿红官衣，腰束角带，足蹬高底靴，单从装束上根本看不出历史时代的差异。再如《琵琶记·赏荷》中牛小姐的打扮是“身穿大红素褶子罩大红团头帔，腰束白裙，白彩裤，彩鞋”，《衣珠记·堕冰》中刘湘云的打扮是“身穿月白花帔衬湖色素褶子，腰束白裙，白彩裤，彩鞋”，两出戏一夏一冬，但两位深闺小姐的衣装除颜色不同外，并无太大的区别，如不联系剧情，一般很难弄清剧中的时令背景。另一方面，装扮往往同人物的特点结合在一起，人物的年龄、身份、性格及出现场合不同，穿戴往往也随之发生变化。如《千金记》的《鸿门》一出，项羽“头戴草堂，口戴黑满，身穿黑蟒加帅肩，腰束角带，红彩裤，高底靴”，俨然一派霸主气势；到了《乌江》一出，他的装扮变成“头戴霸王盔，口戴黑满，身穿黑靠加背旗，红彩裤，高底靴，腰挂宝剑、执枪和马鞭”，“临自刎时右手拿宝剑架头颈上，左手提盔”，末路英雄的惶遽悲凉展露无遗。《金印记》中的苏秦，落魄还乡时的装扮为“头戴高方巾，身穿富贵衣，腰束黄宫绦，黑彩裤，镶鞋”，穷愁潦倒之状望而可知；待到六国封相、飞黄腾达之后，顿然装扮一新，“头戴相貂，身穿大红蟒，腰束角带，大红彩裤，高底靴，项挂黄金印"，扬眉吐气之情尽显服饰之间。一些精通场上之道的剧作家和艺人，非常重视装扮对于表现人物性格所能起的积极作用。如明末清初著名戏曲作家李玉在《清忠谱》的《骂像》一折，特意安排周顺昌穿戴"方巾、白衣"，同满台"纱帽、红员领"，"监帽、蟒服"的大小阉堂构成鲜明对比，以此凸现忠贞之士的铮铮铁骨。再如《审音鉴古录》的《琵琶记·规奴》一出，要求扮演牛小姐的演员"戴鬏古扮，莫换时妆"，将服饰同人物"幽闲窈窕"的个性联系起来，显示出对剧作意蕴及昆曲舞台装扮的深刻理解[1]。

(3)化妆[2]。戏曲演员上台表演，除服饰之外，还少不了头、面部的装饰。

昆曲中生行演员的头、面部化妆较为简单，面部一般使用红、白、黑三色脂粉和油彩，黑色勾画眉眼，白色涂抹面部，红色晕染眼窝周围，同时勾涂眉心，画出红唇。文生眉心红纹为弧线状，武生眉心红纹则为箭头状。面部化妆完成后，再以网巾勒头，将眼角、眉梢向上吊起，显示出扮相的勃勃生气。

旦行演员化妆时同样以红、白、黑三色的胭脂、花粉和油彩涂画面部，颜色轻重根据剧中人物的身份、年龄而定，一般少女较重，中年妇女次之，老年人则较淡。面部化妆完成后，接下来是将黑色的"片子"贴在额际和鬓边，用以表现女性的发式。而后视其具体情况装上假发髻，丫鬟之类的角色使用"抓髻"，夫人、小姐之类的角色使用"大头"，再用网巾勒好头部，戴上应用的头面首饰，头面化妆即算完成。

末行演员的头、面部化妆与生行演员较为接近，但一般要戴上髯口，以代表中老年人的胡须。

净行演员面部化妆需以各种色彩在脸上勾画出不同图案，俗称"勾脸"。所画图案通称脸谱，均有一定规范，不能随意改动。

丑行演员的面部化妆也有谱式，俗称"豆腐块"，即以白粉在双眉之间、鼻梁上部涂出一个小白块，而后再用黑笔勾画。副行演员的面部化装跟丑行差不多，但白方块比丑要大，往往会扩展到整个鼻、眼部分。

按构造样式来区分，净行脸谱主要包括整脸、三块瓦、烂脸等类型。整脸以一种色彩为主，用其他颜色勾出眉、眼，有的还画上少量表情纹样，形态较为严整。三块瓦又名"三块窝"，面部经勾画明显分隔成额头、左颊、右颊三块，形态较为匀称。烂脸出现不多，一般用于匪盗角色，图案没有定式，可以随意涂画。

---

[1] 郑雷. 昆曲[M]. 杭州：浙江人民出版社，2005：178-179.

[2] 郑雷. 昆曲[M]. 杭州：浙江人民出版社，2005：173-175.

昆曲脸谱向有“七红八黑三和尚”之说，指的是三种代表性的脸谱类型。其中红色脸谱象征忠义赤诚，《单刀会》中的关羽、《唐三藏》中的老回回、《坠钗记》中的炳灵公、《双红记》中的昆仑奴、《风云会》中的赵匡胤、《九莲灯》中的火德星君等，均属此类。《八义记》中的屠岸贾虽为奸佞，却也用红脸，属于例外。这七种脸谱即构成“七红”。黑色脸谱象征刚烈勇猛，《千金记》中的项羽、《牡丹亭》中的胡判官、《人兽关》中的阎王、《宵光剑》中的铁勒奴、《天下乐》中的锺馗、《西川图》中的张飞、《慈悲愿》中的尉迟恭、《如是观》中的金兀术等八人，均属此类，合称“八黑”。《昊天塔》中的杨五郎、《西厢记》中的惠明、《祝发记》中的达摩，其脸谱各有特点，但都为出家人专用，因此总名为“三和尚”。

白面大净是昆曲舞台上的一个重要行当，其脸谱以白色为主，仅在眼、眉部位勾出黑色细纹，整体上给人以阴鸷奸谲之感。《荆钗记》中的万俟卨、《连环记》中的董卓、《鸣凤记》中的严嵩、《精忠记》中的秦桧、《红梅记》中的贾似道等，均为此类脸谱。

除此之外，另有一些特殊脸谱，如用以表现神道人物的金色脸谱，用以象征兽类的像形脸谱等，使用较少。昆曲中还有一种形貌高度夸张的外戴面具，可供演员装扮神鬼时使用。如《白兔记》中的三眼脸、《狮吼记》中的土地脸、《一文钱》中的财神脸、《人兽关》中的牛头脸和马面脸等，皆属此类。丑、副行演员的脸谱不及净行花样繁多，但有时也会根据角色情况进行创造性发挥。如《十五贯》中将娄阿鼠鼻梁上的小方块画成一只白老鼠，形象地揭示了这类人物贪诈狡猾的无赖本性。

京剧演员的头部装饰与昆曲相近，脸部化妆略有不同。经过化妆的京剧演员脸上都有厚厚的脂粉，掩饰了演员生活中的本来面貌。通过化妆，可以将男性化妆成女性，将好人化妆成恶人。尤其是京剧中丰富且深具内涵的脸谱，更使京剧舞台魅力无限。观众虽然很难猜度到面孔背后演员的真实面目，但可以通过观察演员面部色彩和图案来推测演员在舞台上的身份和性格。京剧脸谱在昆曲脸谱基础上不断丰富，按表演对象可分为将官类、英雄类及神怪类；按着色手法可分为勾脸、揉脸和抹脸；按谱式图案可分为整脸（俗称六分脸）、三块瓦脸、花三块瓦脸、碎脸、破脸（俗称歪脸）、象形脸；按颜色可分为黑、白、红（脸谱主色，俗称“主三色”）、黄、绿、蓝、灰、紫、金、银等[1]。从色彩上看，红色脸谱表征忠勇或正义

---

[1] 盛华. 中国京剧脸谱[M]. 北京：人民音乐出版社，2002：6.

的品格，如关羽、姜维等；黑色脸谱表征刚烈、正直的品格或勇猛、粗鲁的性格，如包拯、张飞、李逵、牛皋等；黄色脸谱表征凶狠、残暴的个性，如典韦、姬僚等；白色脸谱表征阴险、奸诈的个性，如曹操、董卓等；蓝色、绿色脸谱表征勇猛、强悍或性格暴躁；紫色脸谱表征人物沉勇、果敢；酱色脸谱表征年老气衰。从勾画的图案上看，如张飞的脸谱舒眉笑脸，表现张飞有勇有谋，还带有几分喜剧色彩；项羽的脸谱是哭相，象征他是个悲剧人物；窦尔墩的眉梢处画有钩形图案，表示他善使虎头双钩。

黄梅戏的化妆在向昆曲、京剧等大剧种学习的同时，注意保留并发展自己的特色。与昆曲、京剧相比，黄梅戏演员的化妆要简易得多、生活化得多。黄梅戏选择轻描淡写、接近生活的化妆方式，观众能够透过简约的脸部妆扮隐约见到表演者生活中的相貌。想直接从黄梅戏人物化妆来判断角色的善恶并非易事，然而黄梅戏中女扮男装的人物形象却能轻而易举地被观众识破，这些都体现了黄梅戏求实求真的特点。另外，黄梅戏也运用花脸装扮人物，但数量甚微，观众印象深刻的有早期《天仙配》中的天神（大花脸）和《打豆腐》中的王小六（小花脸），新近推出的一些剧目以及现在上演的《天仙配》和《打豆腐》等剧中已见不到花脸。

（4）表演。戏曲界把戏曲演员的基本功法和手段概括为“四功五法”[1]。

所谓“四功”，指的是唱、念、做、打四种基本手段。这些基本功夫，是中国戏曲长期积累的结果。

“唱”在戏曲舞台上占有十分重要的地位。在戏曲发展的历史过程中，人们对“唱”的认识和要求不断发展。元杂剧时代，戏班人员不多，只要“正末”或“正旦”两行角色会唱曲。南戏和北曲、杂剧不同，不但要求生、旦两行角色会唱，而且要求每种角色都能唱。所以，戏班里每个成员都必须有唱功的修养。中国戏曲进入传奇时代，弋阳、海盐、余姚、昆山等声腔并起。昆山腔经过魏良辅等人的改革，歌唱技巧大大提高。明清两代的各种戏曲声腔，都很讲究歌唱艺术，既讲究唱“声”，又讲究唱“情”。

“念”就是道白。戏曲谚语“千斤白话四两唱”，是对戏曲重唱轻白的历史偏向的矫枉过正的说法。宋元南戏和元杂剧的念白比较粗糙。明代人演戏，尤其是宴会演戏，仍然以听唱为主。所以，文人作传奇依然“曲为主、白为宾”，艺人们

---

[1] 周育德. 中国戏曲[M]. 北京：京华出版社，1995：87-91.

则以自己的演出实践纠正这种偏向。他们不断改造文人剧本的念白,使之通俗化、性格化、戏剧化,而且锤炼出一整套的念白功夫。戏曲发展到近代,从高度综合的舞台艺术的要求出发,已经形成了有中国特色的、不同风格、不同用途的念白。以京剧为例,有韵白、白话、吟诵、怯口等。从人物性格出发的精彩的念白功夫,可以为演出增色不少。京剧《四进士》的宋士杰公堂陈词,《法门寺》的贾桂读状纸,都是杰出的例子。

"做"是形体表现的功夫。它伴随着唱、念、打,贯串于演出过程的始终。戏曲的做功也有不同的类型。有属于韵体的做功,伴以节奏性强的音乐,动作较严整。韵体的做功最突出的是舞蹈。舞蹈化做功又可分为两类,一类是载歌载舞,如昆曲《夜奔》《思凡》;另一类是纯舞,如京剧《霸王别姬》的虞美人剑舞。戏曲表演中还有一种属于韵体散体结合性的做功,虽不像舞蹈那样有宏伟的套路,但比起生活原貌来却更加规范,更富有节奏感——"程式化"的动作。戏曲舞台人物的行走、坐立、出门、进门、上楼、下楼,以及吃茶、喝酒、窥探、瞭望……一切动作几乎都是规范化的,还要配合以锣鼓点。戏曲表演中有时还有哑剧式的片断,完全以动作来表现人物的关系和心情,如蒲剧《挂画》、京剧《三岔口》。戏曲舞台上的动作和生活动作之间始终保持相当距离。传统戏曲表演始终贯穿着舞蹈精神,高度的节奏感和舞蹈化是戏曲表演的基本风格。生活中的动作在戏曲表演中几乎都被提炼成舞蹈化的动作,并同音乐的节奏协调一致。

戏曲表演还少不了"打"功。不仅武生、武旦、刀马旦等行当需要有武打功夫,就是其他行当也得有相当的武打功夫,才能胜任表演。有些激战场面,大都以武打组成。即使通常的剧目,也少不了要翻一个"抢背",走一个"吊毛"之类,所以"打"功也是戏曲演员必须学习的功夫。戏曲的"打"功,一般分两类:毯子功和把子功。有的在毯子功中又专门分出了"筋斗功"。

在"做"功和"打"功中,还含有特技,如翎子功、帽翅功、扇子功、手绢功、甩发功、髯口功、变脸功等。

所谓"五法",指的是演员身体各部分表演的具体方法,实质上都属于"四功"中"做"的实践方法和套路,包括手、眼、身、步等方法。

戏曲舞台上"手法"很重要,演员会不会演戏,伸手之间便可看出,正所谓"行家一伸手,便知有没有"。手法包括手状、手位、手势。

戏曲演员非常强调眼神,瞧、看、瞄等都有许多讲究。表演时要求"眼中有物",尽管是在空舞台上表演,也要"看山如山在,看水如水流"。为了使观众能透过演员的眼睛看到角色的内心活动，还必须讲究眼神的夸张。

“身”法讲的是身体躯干部分颈、肩、胸、背、腰、臀的姿态，其正、斜、弯、弓等任何一个姿态都可能成为塑造人物的手段，也就是“身段”。在身段之中，腰部的灵活性十分重要，有“一动百动起于腰”的说法。

艺人称“步”法为“百练之祖”。人要在舞台上立起来，走起来，而且要给人以美感，步法十分重要。步法包括站立的步位和行走的台步。基本步位是正步、八字步、丁字步、弓步、马步、骑马步、虚步、掏腿。台步则有云步、碎步、方步、圆场步、矮子步、跪步、蹉步等。

讲到“五法”，有人还把“法”字单独提出来，与手、眼、身、步并列，这“法”就是手眼身步四法以及唱做念打四功的综合运动的法则。有人把这“第五法”概括为“四欲”“六合”，即“欲进先退，欲左先右，欲放先收，欲上先下”，“心与口合，口与手合，手与眼合，眼与脸合，脸与身合，身与气合”，说的都是相反相成、对立统一、突出矛盾、加强效果的道理。

戏曲注重“四功五法”，但不同剧种各有侧重。如昆曲“唱”的比重大，辅以细致的动作和舞蹈，歌舞曼妙。京剧“唱念做打”并重，一台表演中或几者并举，或专注一功，唱要字正腔圆，念要抑扬顿挫，做要传神美观，打要清晰稳健。黄梅戏以唱、念为主，做、打二功略显单薄，没有川剧中诸如托举、踢慧眼、变脸、钻火圈、藏刀等绝活，也没有京剧中丰富的做工戏，极少出现打斗的场景，专门的打斗戏更是难得一见。黄梅戏表演虚实结合，规范但不乏灵活：角色上场、下场动作有随意性，有规定程式却不限于程式；演员动作没有明确的限制，演员可以根据表演需要和自己对剧情、人物的理解适度调整；不同演员在表演同一剧目的同一段时，语言、动作甚至唱腔处理都不要求绝对统一。

2. 舞台布景

(1)舞台[1]。中国传统戏曲的演出没有固定的剧场，仅以戏台为中心向周围环境开放形成观演场所，因此，戏台就是中国的剧场。戏曲的演出往往与各种民俗礼仪活动相叠加，迎神祭赛、集市贸易、宾主自娱、市井消闲……各种场合都是戏曲演出的空间。因此，中国戏台有不同的类型：从时间的先后与性质的区别来看，有乡间祭神祀祖的庙台、祠台等，可称之为神庙戏台；有市井消闲的舞楼乐棚、勾栏瓦舍、戏庄茶园等，可称之为城市戏台；有士大夫私家园林、放纵声色的

[1] 高琦华. 中国戏台[M]. 杭州：浙江人民出版社，1996：1-131.

亭台池阁,可称之为私家戏台;还有宫廷气势煊赫、神鬼杂出的大戏台,可称之为宫廷戏台。这些形态各异的戏台构成了传统戏曲色彩斑斓的演出空间,形成了中国独特的戏剧观演场所,即戏曲剧场。

传统中国戏曲及其观众向来没有西方那样的剧场意识,因而各类戏台无论是雕绘繁饰的皇家内苑戏台,还是结草为绳、立木为台的民间白板戏台,其用途都只限于为艺术提供了一个抬高了的便于观众观看的场地而已,区别只在于演员身上有没有功夫,以及演戏的缘由、看戏人身份,和戏曲艺术本身并无多大关系。

从戏台演化的历史来看,最初的戏剧演出没有台,戏台大约始于宋元之际,农村的神庙戏台的出现早于城市营业性戏台。

中国戏台建筑具有三大特征。一是空间开放。就其建筑形制来看,除了一面留作后台,其他三面都向观众开放。就其最初形态来看,它应该由四面皆空的亭式建筑发展而来(或者说由更早的四面皆空的裸台发展而来)。另外,就其与周围环境的关系来看,它从不自我封闭,没有巨大的围护起来的内部空间,舞台空间面积小,设施简单,缺少变化。但是,中国戏曲对室外空间的利用令人惊叹,它通过舞台本身的开放,把狭小的内部空间引向室外的自然空间,广场、草坪、天井、街旁空地,甚至包括房屋的两侧厢楼都是戏台的舞台空间由内向外的自然延伸。

二是坐南朝北。东西方向的空间展开与主要建筑物的坐北朝南是中国传统建筑的一大特色,也是我国大多数地区尤其是汉族地区所遵循的主要建筑布局格式,但中国古戏台却大都坐南朝北。中国人传统是以北向为尊、为主、为上,南向为次、为从、为下。中国戏曲诞生一开始就与神灵祭祀有着内在联系,戏曲之初当为供奉神坛前的重要"祭品",既然是"祭品",演戏用的戏台亦便有祭台的功能,因此,相对于神灵居住的主建筑来说,戏台必然是坐南朝北。

三是造型与装饰的独特性。在造型上,戏台建筑多采用"大屋顶"、高台基;屋顶造型变化多样,有歇山式、卷棚式,也有悬山顶、硬山顶,较多的是造型简洁的单檐歇山式,在此基础上又有诸多变化。台基有以土石垒之,也有用柱子搭之,戏台下面通透空荡。台基把戏台的飞檐举折、挑角翕然的艺术形象衬托得更加明丽突出。

在宫廷与民间、南方与北方,戏台的造型也有区别。一般地,民间戏台灵活朴素,造型简洁,宫廷戏台以及一些大的神庙戏台往往重檐庑殿,庄重典雅。由于雨水多,为了保护木构架及墙体,南方戏台出檐比较深,有的还利用斗拱斜搭出廊檐,因而戏台屋顶的曲线显得俏丽、灵动;北方戏台的屋顶坡度相对和缓,显得刚劲有力。另外,北方戏台台基多以土石为之,南方则砖木混用。

斗拱是戏台建筑的又一特色。以斗拱的层层上叠、旋收做成屋顶的穹井,其作用不仅在于装饰和美观,更重要的是穹井所形成的回声能造成强烈的共鸣,使演员的唱腔显得更加珠圆玉润,观众在远处也能听得一清二楚。

在建筑艺术上,传统戏台最令人赞叹之处还在于它的细部装饰,其屋脊、壁柱、梁枋、门窗、屏风,包括细小的构件,如檐板、斗拱、雀替等,都经过艺术修饰,或雕刻或彩绘,从而使整座舞台建筑显得精致而富丽。戏台的屋脊往往在中央处塑以宝塔,或以各种聚宝盆式样收顶,也有塑成二龙戏珠状。正脊与斜脊上则砌有各种塑像,如戏曲人物、神话人物或各种动物,有的还在檐下缀以小铜铃。戏台台前的两立柱上则镌有对联,或诗或词,其内容或贴近戏曲,或点示环境,都恰到好处,颇有画龙点睛的作用。如“一声占尽秋江月/万舞齐开春树花”,“一曲商音演成千古兴亡胜负/数声越调点出百年离合悲欢”,“真武庙中真舞妙/水星殿外水星流”,“锣鼓一场唤醒人间春梦/宫商两音传来天上神仙”,都贴切主题。有的戏联行文还别具一格,如绍兴陶堰严助庙戏台前柱楹联,上联为7个“盛”字,下联为7个“行”字,即“盛盛盛盛盛盛盛/行行行行行行行”,以同字异读来表现锣鼓喧阗与观众欢声笑语的热闹场面(绍兴方言作如下读:盛(shèn)盛(cháng)盛(shèn)盛(cháng)盛(shèn)盛(shèn)盛(cháng),行(yìn)行(háng)行(yìn)行(háng)行(yìn)行(yìn)行(háng))。

(2)布景。戏曲舞台上最常见的景物造型是各种道具,梨园行习称其为“砌末”。除灯台、壶盏、行李、金银等小物件外,戏曲道具还有一些可以表示环境的摆设,如山片、布城、门帐、布帐等。这类砌末在多数场合已成为“符号”,可以指代多种舞台环境。如门帐既可以作床榻,也可以做彩楼,还可以作营帐。戏曲舞台上使用最多的“符号”莫过于“一桌二椅”。戏台上的桌椅既有它们的正常功能,如桌子既可以是饭桌,也可以是茶几、书桌、龙案,也有戏剧特有的指代功能,如表示楼、山、台。桌椅的不同摆法,可以表示不同的环境。有的砌末是要舞弄的,如马鞭、船桨、兵器、扇子、手绢等[1]。

受空间的限制,传统戏曲舞台布景追求其象征性,但不同剧种在布景的处理上又各不相同。如京剧中不需要将实物搬上舞台,演员手中的一些道具比生活

[1] 周育德. 中国戏曲[M]. 北京:京华出版社,1995:94.

中的实物要小很多。同时，京剧的道具和布景又是规范的，特定的物品不同的处理都有规定的含义。

与京剧相比，黄梅戏的道具和布景要写实得多，一些表演延续了传统戏剧“一桌两椅”的格局，另一些表演常常根据需要，增加道具和布景，被搬上舞台的器物与生活实物一般大小，如《天仙配》上的槐荫树，《红楼梦》上的拱形门和棺木，《孔雀东南飞》上的水车、风铃和人扮的水牛等。回廊、花卉、树木、瓷器等实物在黄梅戏舞台上更为常见。黄梅戏舞台布景没有特定的模式，不同的剧团在不同的表演场合、同一剧目使用的舞台布景有可能完全不同，各剧团可以根据需要和条件适当增减。

（二）听觉景观

戏曲中的视觉景观是为了使观众更准确地理解剧情，塑造演出氛围，增加艺术美感，从而使演出更加生动。如果撤掉舞台，仅靠聆听演唱和念白，人们仍然能够比较准确地把握故事情节。因此，听觉景观是戏曲景观中的核心部分，它可以脱离视觉景观独立存在却不影响受众接收信息。根据听觉接收到的信息类型，戏曲听觉景观可分为音乐和剧目（包括故事与语言）两个部分。

1. 音乐[1]

音乐是戏曲听觉景观的重要组成部分。戏曲中的乐队，梨园行习称为“场面”。

当戏曲融歌舞、说唱、滑稽、武术、杂技等各种艺术或技术为一体，成为一种和谐的戏剧品种时，舞台上的一切均实现了歌舞化和节奏化。音乐本身的节奏性，是把唱念做打组织协调起来，实现舞台歌舞化和节奏化的最重要的凝聚因子。

宋元时期，打击乐已经成为实现戏曲舞台节奏的最根本的手段。直到现在，各地的戏曲剧种中，打击乐仍然是戏场的“筋节所关”。戏曲舞台上，大至战场厮杀，小至抬手动足，甚至眼珠转动、眼皮开合、鼻翅闪动，都要靠锣鼓点子“描绘”。如果去掉了锣鼓点子，那么演员的表演立刻就会变得含糊无力，舞台的节奏感随之就会消失。各种打击乐器的音响组成的“锣鼓经”，是中国戏曲独有的文化遗产。

中国戏曲以丝竹管弦伴奏同样有着悠久的传统。元杂剧以唱为主，伴奏除了鼓、板，还有笛子，后来又加上了弦索。明嘉靖年间（1522—1566），昆山腔的演

[1] 周育德. 中国戏曲[M]. 北京：京华出版社，1995：96-98.

唱开始摆脱干唱的习惯，使用笛、管、笙、琶伴唱。后来，经魏良辅等音乐家的改良，昆山腔的丝竹伴唱提升到了新的水平。清乾隆年间(1736—1795)，以梆子、皮黄为代表的乱弹腔风起云涌，胡琴又被推到了乐队的主要地位。

(1)昆曲音乐。昆曲的昆山腔融合北曲与弋阳腔、海盐腔等南曲诸腔于一炉，并加以提炼。在节奏上，除了通常的一板三眼、一板一眼外，又出现了赠板，使音乐布局的空间增大，变化增多，其缠绵婉转、柔曼悠远的特点也更加突出。昆曲的唱腔被称为水磨腔，在演唱技巧上，注重声音的控制、节奏速度的徐疾和咬字发音，并有"豁、叠、擞、嚯"等腔法的区分以及各类角色的性格唱法。音乐伴奏也颇为齐全，管乐有笛、箫、唢呐等，弦乐有琵琶、三弦、月琴等，打击乐有鼓板、大锣、小锣、铴锣、云锣、小钹、堂鼓等。由于以笛子为主要伴奏乐器，加上广泛使用赠板，以及它本身受吴中民歌的影响而具有的"流丽悠远"的特色，使昆腔音乐以"婉丽妩媚、一唱三叹"著称。昆曲的音乐属于联曲体结构，简称"曲牌体"。据不完全统计，它所使用的曲牌有1 000种以上。昆曲曲牌中，不仅有古代的歌舞音乐，唐宋时代的大曲、词调，宋代的唱赚、诸宫调，还有民歌和少数民族歌曲等。在念白上，昆曲主要以中州韵白为主，丑角还有一种基于吴方言的地方白，如苏白、扬州白等[1]。

(2)京剧音乐。京剧音乐包括唱腔、念白、曲牌和打击乐四部分。京剧唱腔丰富多彩，以西皮(旋律起伏变化较大，节奏紧凑，曲调高亢、激越，较为流畅、活泼、明快，适于表现喜悦、欢快的情绪，或抒发缠绵、细腻的情感，也可以表现慷慨激昂的情绪)、二黄(旋律比较平稳，节奏舒缓，曲调深沉、凝重、稳健、浑厚，适于表现庄严肃穆的情境，或抒发沉郁、忧伤、哀怨、悲愤的情感)为主(西皮、二黄属于板腔体结构)，以昆曲为辅，以民间音乐、杂腔小调为陪衬。京剧唱词具有格律性，按十三辙押韵(北方戏曲通用)，讲究上下句的音调。演唱时，不同行当的唱法有所不同，本嗓与假声兼有，老生、武生用本嗓，表现男子的阳刚之美；老旦用本嗓，表现老妇的苍老、衰迈；青衣、花旦用假声，表现女性的阴柔之美；小生真假声结合，表现青少年男性的清秀、儒雅。京剧演唱难度很大，唱法上有明显的流派之分。京剧曲调丰富，每种曲调都有规定的名称("曲牌")，每一曲牌又有规定的曲调、唱法、字数、句法、平仄。京剧念白有韵白和京白两种。韵白用湖广音、中州韵念，声调高低起伏，极为夸张，节奏感鲜明，给人以严肃、沉稳、

[1] 百度百科：昆曲[EB/OL]. [2009-08-06]. http://baike.baidu.com/view/7915.htm.

庄重、矜持之感。京白以北京方言为准，接近口语，给人以轻松、活泼、亲切、自然之感。打击乐在京剧音乐中起主导作用，根据演奏谱式的不同，有不同的名称，简称“锣鼓经”。锣鼓点子不仅可以引导、结束唱腔，还可以烘托气氛，模拟声音，衔接表演。在何种场合、何种角色用什么唱腔、念白、曲牌和打击乐，京剧都有明确的规定[1]。

(3)越剧音乐。在表演方面，越剧以演唱和念白占主要部分，曲风具有委婉清丽、缠绵隽永、细腻悠扬的特点。越剧在其发源地嵊县一带方言土音的基础上不断改进，形成一种特别的舞台语言——“越语”。越剧的唱腔有流派之分。在音乐伴奏方面，越剧不像京剧、梆子那样用大锣大鼓敲出强烈的节奏。二十世纪四十年代中期，越剧废除了全部打击乐。新中国成立以后，越剧虽然适当恢复了一些打击乐，但主要还是用越胡、扬琴、琵琶、箫、笙、笛子等带有江南丝竹味道的乐器，抒情性仍然非常明显。

(4)黄梅戏音乐。黄梅戏的唱腔吸收了众多民歌的成分，由花腔、彩腔、主调三个腔系构成，节拍平稳，节奏灵活，音区不宽，旋律平滑，快慢适宜，活泼灵动，同一唱腔可用于表现不同的角色、不同个性的人物、不同的情绪。演员可以通过节奏、速度、旋律以及细微装饰音的变化，用一种唱腔塑造不同人物的不同心理。黄梅戏的演唱都用本嗓，易懂易学，唱法上没有明显的流派之分，唱词发音以安庆方言为主。在乐器使用上，综合运用了打击乐和各类丝竹弦乐，灵活搭配，扬各家之长。因此，黄梅戏音乐不似京剧厚重，也不似越剧柔婉。黄梅戏中的“唱”占有较大比重，念白以安庆方言为准，完全口语化，通俗平实。黄梅戏也有自己的曲牌和锣鼓点子，但在数量上不及京剧丰富，在使用上却比京剧灵活。总之，黄梅戏在音乐上具有简约、通俗的特征。

2. 剧目

剧目是戏曲表现的主题，不同戏曲的剧目侧重不同。

(1)昆曲剧目[2]。昆曲历史悠久，传统深厚。据有关方面统计，昆曲剧本遗产有1 800多折，能够上演的不到400折。昆曲剧目分本戏和折子戏两类。折子戏在清乾嘉年间(1736—1820)开始盛行。昆曲艺人将大戏拆成很多折子，每折戏自成单元，通过对折子戏的反复搬演，表演艺术日益精致，因此，人们对昆曲折子戏印象深刻。昆曲剧目共计保留了来源于南戏、传奇作品和少量元杂剧的400多出折子

---

[1] 石呈祥.京剧艺术：中国文化的一朵奇葩[M].保定：河北大学出版社，2003：29-265.

[2] 百度百科：昆曲[EB/OL].[2009-08-06].http://baike.baidu.com/view/7915.htm.

戏。现存辑录折子戏的曲谱有《纳书楹曲谱》《遏云阁曲谱》《六也曲谱》《昆曲大全》《集成曲谱》《粟庐曲谱》等。演出较多的有100多出，如《浣纱记·寄子》《宝剑记·夜奔》《鸣凤记·吃茶、写本》《牡丹亭·闹学、游园、惊梦、寻梦、拾画、叫画》《玉簪记·琴挑、秋江》《渔家乐·藏舟、刺梁》《长生殿·定情、酒楼、絮阁、惊变、哭像、闻铃、弹词》。

在剧本语言上，昆曲继承了古代民歌、唐诗、宋词、元曲的优点，采用了长短句的方法，每句参差错落、疏密相间，通过字调、韵律、句法结构，产生一种刚柔、长短、轻重和谐的艺术效果，把汉语的音乐性发挥得淋漓尽致。

昆曲尊重剧本原创，直到现在还经常原封不动地演唱几百年前作家的作品。由于昆曲作品多出自文人之手，因而阅读昆曲剧本就是一种美的享受，很多剧本名为唱词，实为诗词。如《牡丹亭·惊梦·皂罗袍》中的唱词："原来姹紫嫣红开遍，似这般都付与断井颓垣，良辰美景奈何天，赏心乐事谁家院。朝飞暮卷，云霞翠轩，雨丝风片，烟波画船，锦屏人忒看的这韶光贱。"

(2)京剧剧目[1]。京剧剧目极为丰富，收录剧目最多的《京剧剧目辞典》(中国戏剧出版社，1989年版)收录了5 300多个剧目。京剧剧目来源非常广泛，除了从徽调、汉调、昆弋腔、梆子腔等剧种继承的剧目外，相当一部分剧目源于古典文学作品，如《封神演义》《东周列国志》《三国演义》《水浒传》《包公案》《说岳全传》《西汉演义》《东汉演义》《隋唐演义》《说唐》《施公案》等。有的剧目源于说唱文学、民间传说、宋元杂剧、明清传奇，如《窦娥冤》《白蛇传》等。

按故事发生的时间，京剧剧目可分为传统戏、古装戏、时装戏和现代戏。传统戏多是表现反侵略、反封建、反压迫、反暴政、古代政治和军事斗争的题材，也有反映社会伦理的生活小戏和爱情戏；古装戏以歌舞为主；时装戏和现代戏以现实生活为主。

京剧剧目以历史题材为主，乐于塑造"金戈铁马"的大场面，以爱情为主题的故事比重小。从剧目所体现的精神内涵来看，京剧多体现儒家思想精髓，比如仁与乐相结合、"寓教于乐"以及"和为贵"的思想，传统伦理道德观念，重视"忠孝节义"，善于刻画大人物、大事件。与昆曲相比，京剧唱词稍微通俗一些。如《铡美案·包龙图打坐在开封府》中的唱词："包龙图打坐在开封府，尊一声驸马爷细听端底。曾记得端午日朝贺天子，我与你在朝房曾把话提，说起了招赘事你神色不定，我料你在原郡定有前妻。到如今他母子前来寻你，为什么不相认反把她欺？我劝你认香莲是正理，祸到了临头悔不及。"

---

[1] 石呈祥. 京剧艺术：中国文化的一朵奇葩[M]. 保定：河北大学出版社，2003：29-265.

(3)越剧剧目。据不完全统计,越剧的剧名数量约5 000多个。越剧经典剧目多取材于民间传说、古典文学名著等,善于述说"西厢记""梁祝""红楼梦"之类凄美缠绵的故事。越剧唱词句式灵活,有七字句、十字句、六字句、九字句等,但是前两者最为普遍,上句可韵可不韵,下句必须押韵,七字句如"我家有个小九妹,聪明伶俐人敬佩,描龙绣凤称能手,琴棋书画件件会"(《梁祝》),十字句如"绕绿堤,拂柳丝,穿过花径;听何处,哀怨笛,风送声声?人说道,大观园,四季如春;我眼中,却只是,一座愁城"(《红楼梦》)。

(4)黄梅戏剧目。从数量上看,黄梅戏剧目不及京剧、昆曲多。有关黄梅戏传统剧目素有"三十六本大戏,七十二出小戏"之说,《黄梅戏传统剧目汇编》共收录了黄梅戏大戏98本,小戏109出。

从内容上看,黄梅戏剧目突出"小",以生活中的"小人物""小事件"来阐述生活真谛是它的一大特色。大部分黄梅戏故事取材于民间生活,再现生活中民情疾苦、道德风尚以及生活情趣,虽悲喜交融,却乐观豁达,虽质朴平凡,却传奇跌宕。诸如《天仙配》《女驸马》《夫妻观灯》《打豆腐》《打猪草》等广为人知的优秀剧目中,都没有宫廷之争和血战沙场的悲壮场面,都是以人类最朴实的情感为主题,描述的都是民间生活场景,表达了人们对美好生活的憧憬。故事中的角色不是来自历史,而是源于周遭。黄梅戏有相当数量的剧目体现了人们对美好生活的热爱,对真善美的追求。

与昆曲、京剧相比,黄梅戏的唱词更加通俗和生活化。如《打猪草》中的唱词:"小子本姓金呀子依子呀,小毛是我名依嗬呀,天天要看笋嗬啥,防猪进笋林呀子依子呀。呀子依依子呀嗬啥,防猪进笋林呀子依子呀。急忙走急忙行呀子依子呀,来到笋草林依嗬呀,树下来打坐嗬啥,看笋子要小心呀子依子呀。呀子依依子呀嗬啥,看笋子要小心呀子依子呀。"

复习思考题

1. 简述中国戏曲发展简史。
2. 理解并举例说明戏曲的地理特征。
3. 理解并举例说明戏曲的主要功能。
4. 理解并举例说明戏曲的审美特征。
5. 理解并举例说明戏曲的视觉景观。
6. 理解并举列说明戏曲的听觉景观。

后 记

安徽师范大学出版社《旅游文化》第二版付梓之际，我真诚地对与我主编的《旅游文化》有关的学者、读者、相关单位的领导、编辑、合作撰稿者写上几句萦绕心头的话。

衷心感谢众多学者给我们学术营养和诸多启迪！我们试图既“读万卷书”，也“走万里路”，写出点文化含量来，凸显“旅游的内核是文化”。如有学者的大作被引用而没有注明，敬请海涵！

衷心感谢读者给我们信心和力量！2006年8月安徽人民出版社安徽师范大学编辑部组编、安徽人民出版社出版了我们的《旅游文化》，2010年6月安徽师范大学出版社挂牌以后该书改由安徽师范大学出版社出版，到2014年7月先后发行两万册，读者遍及省内外：有的高校将其选作旅游管理专业教材，有的高校将其选作通识课程教材，有的培训机构将其选作进修教材，有的旅游企业将其选作员工培训教材……

衷心感谢在本书写作和出版过程中以及出版以后给予我们帮助的单位、领导、编辑和朋友！在安徽人民出版社版《旅游文化》的写作和出版过程中，得到了安徽师范大学教材建设基金、安徽省高校人文社会科学重点学科——安徽师范大学旅游发展与规划研究中心建设基金、安徽师范大学特优强专业——旅游管理专业建设基金的资助。安徽人民出版社版《旅游文化》出版以后，被评为“安徽省高等学校‘十一五’省级规划教材”。出版社领导和责任编辑为《旅游文化》的出版作出了诸多贡献。

衷心感谢合作撰稿者的精诚合作！安徽人民出版社版《旅游文化》共八章，除了主编外，作者还有番禺职业技术学院吴源（第三章）、淮北师范学院丁晓娜（第六章第三节）、黄山学院王娟（第七章）、安庆师范学院夏玢（第八章）。安徽师范大学出版社2010年8月版《旅游文化》共九章，除了主编外，作者还有广西师范大学杨军辉（第三章）、九华山旅游发展股份有限公司田坤跃（第五章）、安徽师范大学刘云霞(第七章)、黄山学院王娟(第八章)、安庆师范学院夏玢(第九章),参加书稿讨论的有安徽师范大学旅游文化课程教学团队的余伶莲、罗振、尹寿兵、张伟,副主编刘云霞。

顺便提及一下改版的缘由。2010年8月安徽师范大学出版社版《旅游文化》出版以来,一方面,我国旅游业发展环境发生了很大变化,如《旅游法》颁布施行,"中国旅游日"国务院常务会议通过,《国民旅游休闲纲要(2013—2020年)》颁布,旅游者消费理念不断更新,新的旅游客体不断涌现,"旅游的内核是文化"深入人心,全民旅游休闲时代已经到来等;另一方面,我们对旅游文化也有了一些新的认识,2014年7月安徽师范大学出版社版《旅游文化》图书售罄。基于此,我们需要对2010年8月版的《旅游文化》予以改版。《旅游文化》(第二版)作者群和分工未变,只是部分作者已经易地发展(如杨军辉已到西北大学攻读博士学位,田坤跃已到苏州白金汉爵大酒店有限公司任职),改版工作由主编全权负责。

限于学识,书中定有不当和疏漏之处,敬请读者批评指正。

黄成林

二〇一四年八月八日